◆高等院校会展专业教材

◆南开大学出版社

◆主　编　刘松萍　吴建华◆

◆副主编　郭彦娜　胡　静◆

会展文案

图书在版编目(CIP)数据

会展文案 / 刘松萍，吴建华主编. —天津：南开大学出版社，2010.4(2021.3 重印)
高等院校会展专业教材
ISBN 978-7-310-03394-2

Ⅰ.①会… Ⅱ.①刘…②吴… Ⅲ.①展览会—文书—写作—高等学校—教材 Ⅳ.①H152.3

中国版本图书馆 CIP 数据核字(2010)第 051460 号

会展文案
HUIZHAN WENAN

南开大学出版社出版发行
出版人:陈 敬
地址:天津市南开区卫津路 94 号 邮政编码:300071
营销部电话:(022)23508339 营销部传真:(022)23508542
http://www.nkup.com.cn

天津市蓟县宏图印务有限公司印刷 全国各地新华书店经销
2010 年 4 月第 1 版 2021 年 3 月第 4 次印刷
787×960 毫米 16 开本 22.375 印张 412 千字
定价:39.00 元

如遇图书印装质量问题,请与本社营销部联系调换,电话:(022)23508339

前　言

会展活动是一种有组织和目的的，在特定的时间和空间进行的信息交流活动，它为主办者、与会者、参展者、客商和普通观众创造了一个巨大的信息互动平台。会展信息的运动离不开载体的传递、发布、交流、反馈和存储。会展信息的载体多种多样，可以是磁带、光盘记录声音、视频类的会展信息，也可以是纸质或电子载体记录文字和图表类会展信息，后者就形成了我们所说的会展文案。

会展文案的设计与制作是展览会营销效果的重要影响因素之一。一篇文笔流畅、重点突出的文案，就好比展览公司最优秀的业务代表，不仅能够表达展览会组织者满足客户需求的愿望和决心，更可以让客户迅速了解展览会的核心优势和价值。

本书主要面向普通高等院校会展专业或方向的学生，同时也适合于从事或拟从事会展工作的从业人员。

本书由广州大学旅游学院刘松萍、广东商学院吴建华主编，广州大学郭彦娜、胡静共同撰写完成，是编者广东省软科学课题（项目编号：2008B07080075）、广州大学现代服务业基地项目的部分研究成果。该书的编著亦同时得到了广州大学教材基金的资助。会展文案的写作并非一项简单的工作，它有一定的规范与要求。本书在编写过程中，参考了各专业会展网站、会展书籍等有关会展文案方面的资料，并结合会展专业的培养目标以及会展行业相关岗位的需要，对会展文案相关知识进行了详细的介绍，能够给会展人员的文书撰写带来帮助。本书分为报告、文案与合同三大类，并在每类之后，配备了相关的案例和表格，以供会展人员在进行文案写作时作为参考。

在本书即将出版之际，我们向在本书中被引用的文献资料的单位和作者以及向我们提供案例和帮助的朋友，表示由衷的感谢，并借此机会向自始至终关心和支持本书出版的南开大学出版社的领导和编辑们表示衷心的感谢。另外，恳切希望广大读者对书提出宝贵的意见和建议，以便修订时加以完善。

由于编者欠缺一定的会展实操经验，书中不足甚至错漏在所难免，恳请读者批评指正。

编 者

2010 年 1 月

目　录

上篇　会展报告类

中篇 会展方案类

下篇 会展合同类

上篇

会展报告类

学习目的：

报告类文案是会展文案中不可缺少的一部分，通过本篇内容的学习，要了解会展文案中有关报告的种类，各类报告文案的含义、内容、特点和写作要求，熟悉各类会展报告的写作形式以及各类问卷表格的形式内容，掌握会展调查问卷的设计，会展调查报告的写作；会展项目立项可行性研究报告的写作；会展评估报告的内容与写作。

主要内容：

会展调查问卷表的设计，会展调查报告的结构及写作；会展申办报告的内容、结构及写法；会展项目立项可行性研究报告的内容、框架；会议报告的类别及写法；会展评估的内容及评估报告的撰写；展后总结报告的种类及写作。

思考习题：

1. 设计调查问卷表，对现有的会展活动进行问卷调查，并试着写出简要的调查报告。

2. 构思新的会展项目，并对会展项目的可行性进行分析，撰写可行性研究报告。

第一节 会展调查报告

一、会展调查报告的含义和特点

1．会展调查报告的含义

会展调查报告是调查报告在会展领域的运用。所谓会展调查报告，就是针对会展管理或会展活动中的某一事件、情况、经验或问题，进行深入细致的调查，在充分掌握资料的基础上，进行科学、系统的分析研究，从中找出规律，引出正确的结论，并撰写成的书面报告。

会展调查报告运用广泛，会展行政管理机关、会展行业协会、会展企业、会展组织者、参展单位以及新闻媒体都可以使用这一文体形式。在名称上，调查报告又可以根据具体情况称为“调查”、“情况调查”、“考察报告”、“调查分析”、“调查与建议”、“思考与建议”等。

2．会展调查报告的特点

（1）用事实说话。事实是调查报告的根基，用丰富确凿的事实说话，是调查报告的生命力所在，也是调查报告最基本的特点。强调用事实说话，首先，要求调查报告所使用的材料都必须反映客观存在，所涉及的事件必须是曾经发生或正在发生的。任何掺假、虚构、夸大、掩饰都是对调查报告的亵渎。其次，调查报告的作者可以对材料作出明确的判断和结论，并据此提出意见和建议。但这些判断、结论、意见和建议，必须建立在充分翔实的事实基础上，不能搞从概念到概念、从判断到判断的演绎推理。有时作者也可以不下任何结论，不提任何看法，让有关人员自己根据所提供的事实去作结论。

（2）为现实服务。调查报告的写作总是源于当前现实工作的需要。立足当前，为现实服务，是调查报告的根本使命。脱离了现实需要，任何调查报告都毫无意义。会展调查报告也同样如此，必须深刻反映当前如火如荼的会展业，通过深入调查，总结经验，揭露问题，从而指导会展业正确、健康地向前发展。

二、会展调查报告的作用和种类

1．会展调查报告的作用

（1）反映信息，献计献策，为会展决策提供依据。会展决策的前提是信息，只有全面掌握相关信息，才能保证会展决策的科学性。会展调查报告在提供信息方面具有及时、系统、深刻的优势，是会展决策信息的重要来源。会展管理机关、会展企业、会展主办单位以及参展企业，通过会展调查报告可以及时掌握国内外的会展动态，了解会展市场的需求，发现会展宏观和微观管理中的问题，总结成功经验，并在此基础上制定正确的政策，采取有效的措施，实现会展决策的科学化。

（2）树立典型，指导会展工作健康发展。会展调查报告通过对典型单位、典型事例、典型经验的发掘，解剖麻雀，揭示规律，可以起到扶植新生事物、弘扬先进理念、推广典型经验、指导会展工作健康发展的作用。

（3）揭露问题，引起各方关注。会展在蓬勃发展的同时，也必然会出现一些问题和不良倾向。通过调查报告，可以及时将这些问题揭露出来，以引起人们的警觉，并采取有力的措施加以解决，从而保证会展产业和会展经济沿着正确的方向发展。

2．会展调查报告的种类

（1）按调查报告的性质分

①经验性会展调查报告。这类调查报告的主要功能在于总结和推广会展工作的先进经验。

②问题性会展调查报告。这类调查报告的主要功能在于披露事实，揭露真相，反映问题，以引起社会或有关方面的高度警觉和重视。

③情况性会展调查报告。这类调查报告着重对一些会展领域中出现的新情况、新事物、新方法、新理念进行调查研究，分析发展趋势，然后形成书面报告，引导人们关注和理解它们存在的合理性、发展的必然性以及所带来的正反两方面的效应。

④建议性调查报告。这类调查报告的目的在于通过调查，掌握情况，找出问题，分析原因，向有关部门提出解决问题的意见和建议，是问题性和情况性会展调查报告的延伸。一般通过立项调查而形成的调查报告都属于这一类。

（2）按调查的范围分

①综合性会展调查报告。即对某个地区、某个国家会展业发展情况进行全方位、多角度的考察而形成的书面报告。比如，《北京市会展业情况的调查》一文，先从该市会展企业、会展业务、会展经济的特点等基本情况入手，列举数据，肯定了近年来该市会展业发展的成绩，同时从基础设施、人才短缺、体制制约、重复办展导致资源浪费和效益低下、缺乏有效的行业协调等若干方面提出问题，最后围绕这些问题，提出了相应的建议。

②专题性会展调查报告。即对某个地区、某个国家会展业发展的某个方面的问题，或者某个展会中出现的新事物、新方法、新经验、新问题进行专项调查而形成的书面报告。如《第九届国际机床展调查报告》等。

（3）按调查的方法可分为

①会展普查报告。即通过普遍调查的方法获得大量数据，加以整理、分析后形成的会展调查报告。

②会展典型调查报告。是在对调查对象进行全面分析的基础上，有目的地选择一个或若干有代表性的对象进行深入调查而形成的会展报告，又称会展个案调查报告。

③会展抽样调查报告。抽样调查是依据概率论的原理，按照随机原则，从调查对象总体中抽取部分样本进行调查，用以推断总体的一种调查方法。根据这一方法形成的会展书面报告就是会展抽样调查报告。

三、会展调查报告问卷设计

（一）利用调查表向参观者搜集资料

在会展实施阶段，利用调查表向参观者搜集资料，是定量评估展览的主要方式，也是评估展览的主要资料来源之一。在会展实施阶段，调查表的调查对象主要是参观者。调查方式的理论依据是概率论，即从数量角度研究自然现象的规律性。调查表的使用方式是抽样，按照概率论的随机抽样方法，调查结果准确度高。如果无科学根据地随意抽样调查，结果可能有很大偏差，甚至截然相反。因此，科学的做法是由展览公司的专业人员事先编制调查表，展出期间组织专人对参观者进行随机抽样调查，或者委托专业公司办理。

（二）利用调查表向展览人员或参展者搜集资料

向展览人员或参展者进行调查，若调查对象数量较少，可以不采取抽样方式，直接对全体人员进行调查；也可以委托专业公司办理内部调查，委托专业公司需要付费，其调查结果一般不受人际关系的影响，结果比较公允，质量也较高，这是其优势。

对展览人员或参展者的调查结果不仅对展会的评估具有很大价值，而且也是对组织者的工作、对贸易成果进行评估的重要内容。一般而言，用于展览人员的调查表较简单，用于参展者的调查表较复杂。

1．对展览人员或参展者资料的搜集

组织者和参展者之间是一种松散的关系，组织者对参展者的约束力有限，因此，向展览人员和参展者搜集资料存在一定的难度。但若在展览筹备时就着手资料的搜集工作，效果会好一些。

在展览工作开始时并确认参展公司后，组织者便可向参展者提出有关资料搜集的明确要求：必须说明展出的目标和目的；必须在展出结束时提供成交数据、接待客户数以及其他有关数据和情况；必须对组织者的各方面工作予以评价；展会结束后在组织者询问时必须提供后续工作结果。

2．后续工作情况与资料的搜集

展览成果更多地体现在展览结束之后，因此，要有展览后续资料的搜集与评估工作。一般可安排两次，第一次安排在展览会闭幕后第6周，第二次安排在展览会闭幕后12个月。中小型的展出公司只要指定人员并交代任务，资料的搜集工作比较好做。大公司部门多，参展者多，后续工作情况与资料的搜集相对难些。

（三）会展调查问卷的设计

1．设计会展调查问卷表的关键因素

要想设计出一份好的调查问卷表，题量和问题是两个最重要的因素。例如，在所有的调查问卷表中，要尽量添加“个人情况”这一部分，如性别、年龄、收入、学历等。它要求与会者填写自己真实的情况，无须发表意见和看法。可以把“个人情况”这部分放在调查问卷表的最前面。

2．哪些问题应采用多项选择题

例如，在“个人情况”这一部分中，当询问年龄和收入情况时，应采用多项选择题，把年龄和收入分成5组。如果法定年龄是21岁，那么可以这样分组：

A．21岁以下（含21岁）；　　B．22岁至31岁；

C．32岁至41岁；　　D．42岁至51岁；

E．51岁以上。

有些人愿意用整数来表示，如：

A．25岁以下（含25岁）；　　B．26岁至35岁；

C．36岁至45岁；　　D．46岁至55岁；

E．55岁以上。

为什么说采用年龄分组形式较之于让被调查者写下自己的具体年龄更好呢？这是因为，第一，人们很容易说出自己属于哪个年龄段；第二，有些人不愿意说出自己的确切年龄；第三，分组后的数据便于输入和分析。

3．问题要明确、具体

提问时要尽量避免笼统问题，尽量不要在一个问题中问及两个或两个以上的问题，在问及有关个人情况时，姓名、地址这类问题要标为可选题。

4．关注参展商的问题

展览会的参展商来自不同行业或团体，他们的意见具有重要的参考价值。对具有普遍性的问题，可以向所有被调查者提出；对个别问题，可以有针对性地对某部分调查者提出。面对这种情况可以把调查表设计成不同的颜色，以方便后期的统计分析工作。

5．语言要尽可能通俗易懂

如果使用缩略语，一定要把它的全称写出来，避免出现歧义。此外还要注意尽量不要使用术语和方言。

6．在调查问卷表的文后，要对被调查者的积极配合表示感谢。

四、会展调查报告的结构和写法

1．标题

会展调查报告的标题要揭示主题，通常有以下几种写法：

（1）公文式标题。即采用类似公文标题的写法，由调查范围、调查主题和文种组成。例如，《上海会展人才状况调查》，其中“上海”是指这次调查的范围，“会展人才状况”是调查的主题，“调查”是文种名称。调查主题也可用前缀“关于”构成介宾词组，以突出主题。

（2）新闻式标题。新闻式标题较为活泼，具有较强的可读性，特别适用于在媒体上公开发表的会展调查报告。通常有提问式标题、单行式标题和双行式标题。如：

世界一流会展品牌是如何打造的？

——德国汉诺威会展业考察报告

（3）论文式标题。有些在调查的基础上，带有思考性和研究性的会展调查报告，可采用论文式标题，如《关于我国会展人才培养模式的调查与思考》。

2．署名

调查报告署名有两种，一是以机关或课题组的名称署名；二是以作者个人的姓名署名。署名一般置于标题下方，以作者个人姓名署名的，可注明作者单位和职务。

3．正文

（1）开头。开头又称前言、总述、引子，一般有以下几种形式：

①交代式。即交代调查的目的、对象、时间、地点、范围、调查方法等，以便读者对这次调查有一个大致的了解。大型调查报告，或者抽样调查报告多采用这类形式开头。

②议论式。报告在开头先对调查的必要性和重要性作一番简短的议论，然后交代调查的具体对象、时间和地点等。

③提问式。开篇提问，引起注意。这种形式的关键在于所提问题能吸引人，是大家所关心的问题。

④点题式。即一开头先点明调查报告的主题。

调查报告的开头形式多样，写法也不尽相同，但要求是共同的，即文字必须高度概括。

（2）主体。主体是调查报告的核心部分，承接开头，详细介绍调查的情况和事实，以及所作的分析、结论。主体部分的结构安排大体有三种：

①纵式结构。其特点是按照事件和问题的发生、发展和结局的时间顺序安排材料，把事件和问题的来龙去脉逐一交代清楚。这种结构形式多用于会展专题调查报告。

②横式结构。其特点是按事件或问题的性质，将主体部分分成并列的几个部分，每一部分说明事件或问题的一个方面。

③递进结构。其特点是按照作者的逻辑思维顺序来安排结构，组织材料。如先摆出问题，然后逐一分析原因，再根据分析的结果，提出解决问题的意见和建议。这类结构形式逻辑严密，层层推进，主题集中而且鲜明，具有较强的感染力。

（3）结尾。调查报告的结尾有多种写法，可以是总括前文，得出结论；也可以是强调意义，深化主题；还可以指出不足和问题，或提出意见和建议，补充说明前文没有说到而应当交代的问题等。

正文部分的结构层次一般采用小标题的形式。每个小标题要能够概括表达这一层次的中心内容，并与总标题相呼应。

4．日期

公开发表或用简报转载的会展调查报告一般不用写日期，但如果单独提交，则应当写明定稿或提交的日期。日期可写在正文右下方，也可置于署名之下。大型调查报告设有封面，日期应写在封面上。

案例：

2003年浙江省出国展览调查报告

展览是一种兼市场性和展示性为一体的经济交换形式。尤其出国展览，作为国际商贸活动的一种重要形式，已成为企业开拓国际市场的重要活动载体和有效途径。浙江省中小企业发达，产业资源丰富，商品特色鲜明，企业“走出去”积极性高涨，出国展览效果显著，出展对扩大出口所产生的拉动效应已越来越明显。

一、出展回顾

浙江省组织出国展览活动始于20世纪70年代，1974年浙江省派出展览团先后赴喀麦隆、塞内加尔和毛里求斯三国举办中国浙江省手工艺品展览会。改革开放以后，随着浙江省对外交往和进出口贸易自主经营权的不断扩大，尤其是80年代中期以后，浙江省对外开放力度不断加大并伴随省内专业展览公司的成立，赴境外办展逐步增多。1985年11月1日至15日省经贸厅和省贸促分会联合组织“中国馆”，首次参加第22届巴格达国际博览会；1986年11月17日至20日省外经贸厅组织省级9家外贸公司首次赴澳大利亚举办“浙江省出口商品展销会”；1987年3月27日至4月5日省外经贸厅、省贸促分会与美国美华集团联合，首次在美国洛杉矶市举办综合性“浙江省出口商品展览会”；1989年9月4日至7日省外经贸厅和省贸促分会在荷兰乌特列支市首次举办“浙江省出口商品洽谈会”；1990年6月11日至16日省外经贸厅和省贸促分会联合组织的“浙江省出口商品展览会”首次在联邦德国汉堡市举行。据统计，1985—1991年浙江省重要经贸团组赴境外举办重大展览项目17个；1992—2000年发展到289个（年平均32个），出展国家也扩展到加拿大、法国、巴西、奥地利、匈牙利、俄罗斯、挪威等20多个国家。进入21世纪，浙江省出国展在数量、规模和办展主题方面不断扩大。2001年全省有关部门组织出展摊位达到1000多个，摊位数量居全国榜首，占全国数量的1/10。2002年全省有关部门组织出展摊位近2000个。

二、2003年出展情况

2003年上半年尽管遭受SARS重创，但经过“非典”洗礼后的浙江出展活动更加多姿多彩，2003年浙江省出国展在举办内容和规模上又上新台阶。据调查统计，全省外经贸（含贸促会）共组织参加境外展览会项目200多个，出展摊位达到3500多个，成交额13.5亿多美元；浙江企业参加中央部办、商会、协会组织的展会的出展摊位近2000个；企业自行参展的摊位约1000多个。三者相加，全省出国参展摊位共计6000多个，占全国的1/4。举办出国展览有力地拓展了国际市场，推动了对外贸易的发展。2002年以来，浙江省已连续两年一般贸易出口额位居全国首位，其中出国展览对出口额的影响率已超过50%，70%的出口订单是在参加国外展览会时获得。据调查，90%的进出口企业客户是在展览会上结识；3%是在互联网上结识；7%是经行业人士介绍或通过其他途径结识。从参展内容看，国内的参展商在国际上有影响的博览会中所占的比重逐年上升，出国展览在促进贸易业务方面的作用日益为企业所认识和重视。

2003年浙江省出国展览呈现以下特点：

一是浙江以一般贸易为主，企业出国参展积极性高，2003年全省出口额为371.8亿美元，其中一般贸易出口额为305.4亿美元，比去年增长39.8%，居全国第一，浙江省外贸出口之所以能持续快速增长、再创佳绩，主要得益于以拓展市场快的一般贸易为主及出国参展和多种贸易方式并重的外贸出口格局。

二是民营企业已成为出国参展的主体，2003年全省拥有进出口经营权企业

12858 家，其中民营企业占的比重达 36%，出口额达 151.99 亿美元，已成为浙江外贸的主力军，依靠国家支持出国参展的政策，境外参展已成为民营企业开拓国际市场的重要手段。

三是以欧美传统市场占绝对数量的出展格局没有改变，欧洲展会占 42%，中国的香港地区、日本及东南西亚占 22%，美国占 16%，南美占 3%，非洲占 2%，其他国家和地区占 10%。

四是在国际大型展览会尤其是服装、消费品、机电产品、五金、面料等轻工产品展参会上浙江企业数量占到全国参展企业的三分之一甚至一半以上；出国参展产品档次正逐步提高，20%已经进入主流国际展会。

五是已有 5%的企业参加展览会后，设点促销开拓市场，以延续展览会的效果，如参加在巴拿马举办的展览会后，发现它的自由贸易区在政策等各方面都对企业开拓南美市场有利，企业即在巴拿马设办事处或注册公司。阿联酋的情况也如此。

三、对出国参展的定位思考

出国参展作为出口企业直接接触买家的重要渠道，是企业打开国际市场的一条公认的捷径。一直以来，浙江企业对国际市场变化的关注往往多于对自身产品的认知，故欧美发达国家常常被许多企业所青睐，也因此成为主要的出展目标市场。欧洲展尤以德国、意大利、英国、法国为浙江省企业出国办展最集中的地区。德国是传统的办展强国，不仅因为德国的展会涵盖各个行业，数量众多，更重要的原因是德国的展会国际性很强，很多展会都是全球范围内行业里领先的导向性展览会。1994 年，中国去德国的参展人数不足 400 人，2003 年已是 4900 多人，参展企业达 1400 多家。如杜塞尔多夫 GDS 专业鞋展，1994 年中国仅 6 家企业参展，2003 年增加到 130 多家，其中浙江省占 30%。世界上规模最大的 20 个展览会中有 15 个在德国举办，科隆、杜塞尔多夫、法兰克福、汉诺威、慕尼黑的展览会是浙江企业最向往参展的目标市场。

另外，如意大利每年约举行 40 个国际交易会，约 700 个全国和地方范围的交易会，展出内容几乎涉及了各个生产领域，如时装业、家具与室内装饰业、机床和精密机床、木材加工和纺织机械等，各企业都把国际博览会作为向国际扩展的跳板，这些高水平的展览会使意大利成为浙江企业开拓国际市场的重要渠道。法国每年举办全国性的国内展和国际展约为 175 个，其中专业展 120 个左右。法国大型展览会的国际参与程度正在不断提高，有些世界著名的展会，外国参展商超过总数的 50%，是吸引浙江企业参展的一大成因。

美国展览业以其规模大、反映世界最新科技及商品销售渠道而独具特色。美国每年举办净展出面积超过 500 平方米的展览会约 4000 个，总面积约 4000

多万平方米，参展商 100 多万，观众超过 7000 万，美国展会在世界的影响力大，现已成为浙江企业共同关注的出展市场。

由此可见，欧美发达国家已成为浙江企业最主要的出展目标市场。但也应该看到，随着世界经济一体化的不断发展，各国之间经济上的互补性越来越强，为各国带来经济利益上的空间也越来越大，浙江企业要获得深度发展，除立足国内和欧美发达国家的市场外，在国际上也应适应多元市场。中东、东盟、俄罗斯、非洲等国家和地区相对于欧美市场各有其特殊性和代表性，可进入空间很大，公司选择在哪个国家的展会参展应根据本企业产品结构、市场拓展战略而定，浙江企业尤其要重视开拓新市场。如以单一资源经济拉动整体经济的中东石油国家贸易市场，其没有欧美市场严格的产品要求规范和质量标准，因此最适合中小型准备开拓海外市场的浙江企业；发展中的东欧、俄罗斯市场，目前仍旧处于不规范市场的阶段，先进的市场经济机制和调节杠杆没有形成，早期的计划经济特征和转轨后的混合经济结合，造成市场的不稳定和不安全。对浙江企业而言，目前除传统欧美市场外，宜发展和开拓的首选市场为中东国家市场，其次为东盟，最后为非洲市场。东欧和俄罗斯市场可逐步开发。

四、可供拓展的市场空间

（1）东盟国家在未来十年中是最具活力、最能带来商机的贸易多边市场。

马来西亚是中国在东盟中最大的贸易伙伴，2003 年双边贸易额突破 200 亿美元。马来西亚华人华侨人口不到 500 万，约占总人口的 20%，但却控制了 40% 的经济。该国人均 GDP 达到 4000 美元，经济实力强，有一定的消费能力，而且是东盟经济最活跃、转口贸易最发达的地区。马来西亚比较有名的展览会有家具展、重型机械展、汽配车展、两年一度的电子产品展（轮流在吉隆坡和槟城举行）。浙江的机电产品、电子产品、家用电器等在马来西亚都有市场。待时机成熟时，可在马来西亚举办高档次的浙江产品（马来西亚）展览会。

其次是越南，近年来随着经济的发展，各种展会项目举办数量呈逐年上升趋势。由越南国家贸易部主办的“河内国际贸易展览会”每年举办一次，是越南规模最大的综合性国际贸易展览会。越南市场的潜力相当大，主要表现在农机、化肥、服装加工及中药产品方面。越南是一个以农业为主的国家，但农业机械技术落后，产量不足，需要进口大量的农业机械。越南受中医的影响，对中药有着很强的依赖性，但是，其制药技术落后，而这对浙江的中药生产企业来说却是个很好的商机。越南市场蕴藏着相当多的发展机会，浙江省的各类企业应认真分析自身产品特点与越南市场的实际情况，有计划、有目标地参展，不断开拓越南市场。

（2）非洲市场消费结构与浙江产品结构十分吻合，互补性强，潜伏着巨大商机。

喀麦隆地处非洲中西部，政局稳定，经济发展较快。作为中非国家经济与货币共同体的重要成员，喀麦隆对中非其他国家和地区市场具有较强的辐射能力，浙江的传统出口商品（如纺织、面料、鞋子、箱包）和档次高、质量好、附加值高的产品（如小家电、摩托车、灯具、低压电器、建材等）非常适合出口当地，参展对开拓中部和西部非洲市场具有良好的前景。

其次是刚果（布），它位于非洲中部西海岸，与多数非洲原法属殖民地国家一样，缺医少药，药品全部依靠进口。浙江出口商品中的中药材、中成药及医药原料、西成药医药产品在刚果具有广阔的市场。由于刚果首都布拉柴维尔地处连接几个中部国家交通枢纽的重要位置，产品不仅可以在有278万人口的刚果（布）销售，还可以通过陆路和水路（刚果河水运）销往邻国刚果（金）、中非共和国、喀麦隆、乍得、加蓬。这些周边邻国的医疗卫生状况和药品市场情况与刚果情况相似，加强对这一地区展览项目的开发，可以为浙江带来巨大的出口市场。

（3）位于欧、亚、非三大洲的结合点——中东地区是个庞大的消费市场，长久以来形成的贸易风气给展览会带来了生机。

阿联酋在中东地区素有"香港"的美称，其贸易活动辐射周边30多个国家和地区，是中东最重要的、也是最开放的自由贸易区，世界上许多国家都把阿联酋作为拓展中东、北非的前沿阵地。中东地区有15亿人口，也是世界人口增长最快的地区，市场潜力巨大，到阿联酋参展，能为浙江省扩大机电产品的出口创造机会。开拓阿联酋、北非（埃及）、西非（拉各斯）各类型的专业国际展览，以多种方式、多种渠道尝试和探索拓宽中东和非洲市场的途径，将使浙江产品在中东、非洲大有作为，对浙江企业拓展商机有深远意义。

（4）位于北欧的瑞典，其家用纺织品国内生产规模很小，主要依赖进口；同时芬兰、丹麦、挪威等国的家用电器、手工工具需求量与日俱增，组织企业走出去可给浙江产品进入北欧市场创造良好机遇。

此外，结合浙江产业结构的调整和升级，可逐步开发出口贸易附加值高的机械类、化工类、IT类以及建材类的展览项目。

五、出展面临的主要问题及对策

目前，出展面临的主要问题有以下五点。

一是我国当今在市场主体多元化、计划经济逐步过渡到市场经济的时代，出国展览仍实行计划经济年代的审批制，已与目前国际贸易主体多元化、出口资格登记制相违背。随着我国外贸公司外贸经营权限制的放宽和外贸经营权实行登记制，也必然要求出国展览的经营权逐渐放开。目前，中国国际贸易促进会既是全国出展项目的审批主管部门又是组展商，集裁判和运动员于一身，这样的审批管理部门缺乏以协调和服务者的身份对组展单位进行行业引导和提供咨询服务的意识，又制约了出展业中投诉机制的建立，对违规单位缺乏有效的监督和约束手段，使参展者和组展者之间难以妥善处理彼此产生的争议和纠纷，挫伤了企业参展的积极性。这与我国加入WTO后出展业面对服务贸易自由化、同国际市场全面接轨是相悖的。

二是民营企业、外资企业已逐步成为出口主力军，各企业将越来越多的到国外参加展览会，而外事等部门对参展人员服务手续复杂，使许多本有参展意愿的企业望而却步。应放宽对参展人员在外事、政审、外汇等方面的限制，并简化出国审批手续，方便企业走出去。

三是去发达国家尤其是世界顶级展览会参展，主办方已有限制中国企业参展的苗头，如德国科隆五金展从2005年开始改为两年一届，主要原因是中国参展企业在世界各地参展企业中的比例不断增加，改届的目的是主办方不愿将展览会办成中国企业的展览会；与此同时，其他不少欧洲国家也开始削减中国企业参展名额，或者从企业品牌、参展面积、特殊装修、认证要求、报价等方面提出多种附加条件，审核标准不断提高。

四是全球展会目前有三分之一展会供不应求，三分之一正在成长，三分之一正在培育和探索，多数知名度较高、展出效果较好的展（博）览会的摊位数远远满足不了参展企业的需求，加之去发达国家（尤其是美国）参展，办理签证时间长、签出率低，影响了中国企业参展。

五是组展资格取消以后，许多注册资金为10万元的企业开始做出展业务，一旦参展企业在展品报关运输、人员签证等方面出了问题，参展业务企业人员便逃之夭夭，对参展企业来说风险较大。有的组展公司层层代理，对所组织的展览了解程度不够，一些效果较好的展览项目争取不到摊位，而某些实际效果并不很好的展览项目又频频推出；有的组展公司地面接待服务工作不到位，使其服务成本提高，影响了企业参展；有的组展单位之间展开白热化竞争，无形之中抬高了摊位和服务价格，使参展成本大大提高，损害了参展企业利益；而众多组展单位又竞相参加品牌展项，就会出现一窝蜂倾巢而出的现象，导致同类企业参展产品雷同、相互压价，企业参展效果差。

针对以上问题，除要进一步加强与境外权威办展机构的合作，为企业争取到更多热点展会、知名展会的摊位，更好地为企业扩大出口服务外，组展单位应在注重巩固传统市场的基础上，积极开辟新市场和在进一步提高服务质量上下功夫，促进贸易方式从量到质的转变。其对策有以下3点。

（1）浙江要进一步扩大对外开放和实施深度走出去拓展空间，应在巩固现有欧美展览主战场的同时，积极培育正在成长着的其他国家和地区的专业性展会，开拓新兴的国际市场。中东、东盟、非洲市场作为后进市场有着相当的发展空间，中小型出口企业适应程度比较快。浙江企业应以战略眼光来看待这些市场。针对主流国际展会的新变化，打出品牌或集约参展，加大展位装修力度，以整体新形象出现在大型展会上，必将会提高浙江产品和企业的整体形象，获得更大的参展效果。

（2）利用有限的中小企业国际市场，开拓资金，提高出展项目品质，积极获得各项认证，努力争取到国际专业展上去设展位、找客户。要加大力度优先支持面向非洲、中东、东欧和东盟等新兴国际市场的拓展活动，支持中小企业取得质量管理体系认证、环境管理体系认证和产品认证等国际认证。通过市场开拓资金的使用导向，充分调动浙江省各中小企业开拓国际市场的积极性，提高中小企业自觉开拓国际市场的意识;综合运用出国参展补贴等各种政策手段，放宽对参展人员在外事、政审、外汇等方面出境的限制，并简化出国审批手续鼓励企业走出去；同时，参照德国、英国、新加坡及香港地区的一些做法，对参展企业在摊位租金、特殊装修、广告、展品运输、旅行交通等方面予以财政补贴，以减轻出国参展的经费压力，从而提高企业的参展积极性，并在国际市场上寻求更多的贸易机会。

（3）逐步建立出展中介组织的资质评审制度。目前，国家尚未建立起本行业规范的服务标准体系，使一些本不具备出展举办条件或资质的中介组织扰乱了出展活动，出现了变相买卖、转让批件，服务质量低，不具规模，重复办展等不良现象。随着中国展览业运行机制的逐步成熟，规范和加强行业的协调和管理势在必行，按照发达国家展览业的做法，这个协调和管理的机构将行使行业协调、行业规范和资质标准的制定、实施会员服务、争端解决等职能，切实担负起整合与发展浙江出国展览的重任。建议在省外经贸厅的指导下，成立浙江省国际会议展览协会，以推动浙江出展业尽快步入健康发展的轨道。

（例文选自远大会展网）

附录 1：参展商问卷调查表（1）

参展企业调查表（展览会使用）

展览会名称：＿＿＿＿＿＿＿＿＿＿＿＿＿＿＿＿＿＿＿＿＿＿＿＿

1. 本展览会您参加过以下哪届？

□1991　□1993　□1995　□1997　□本届

2. 本届展览会期间，您参加了几天？

□1天　□2天　□3天　□4天　□每天

3. 如果您参加展览超过一天，平均每天参加几小时？

□1小时　□2小时　□3小时　□4小时　□6小时以上

4．本届展览会您参加了以下哪几个馆？

□全都　□A馆　□B馆　□C馆　□D馆

5．您来展览会的路程有多远 （公里）？

□10　□50　□100　□200　□500以上

6．您从何途径得知本展览会信息？

□组委会直接发函　□报刊广告　□新闻报告　□内部刊物　□别人告知

7．本届展览吸引您注意的主要是哪几方面？

□展览设计　□产品　□展览人员　□资料　□其他

8．您有兴趣参展的产品是哪些？

（详细排列，供参展企业打勾选择）

9．您在公司参展过程中的作用是：

□决定　□参与　□建议　□仅执行

10．您参加过其他同类展览会吗？

□是 请列举1~2个：________________

□否

11．本展览会下一届将在某年某地举办，您是否参加？

□是　□否　□未确定

12．您对展览设计有何意见、建议？

____

13．您对展台人员表现有何意见、建议？

____

14．您对展品有何意见、建议？

____

15．参展公司名称：________________________

16．参展公司代表或负责人职务：________________

17．贵公司经营性质？

□制造　□进出口　□批发　□零售　□经销

18．贵公司经营范围？

（可列出表格供打勾）

19．贵公司成立时间：________________

20．贵公司雇员人数

□1~9　□10~49　□50~99　□100~499　□500~999　□1000以上

21．贵参展目的是什么？

□收集信息　□订货　□寻找代理　□寻找新货源

22．您经常阅读的专业报刊是什么？

□报纸A　□报纸B　□报纸C

□期刊A　□期刊B　□期刊C

日期＿＿＿＿＿＿　签字 ＿＿＿＿＿

参展商问卷调查表（2）

厦门市展览会参展商问卷调查表

尊敬的参展商：

为了帮助提高展览会的办展水平和成效，我们特此进行问卷调查，希望得到您的大力支持。谢谢！

<table>
<tr><td>展览会名称</td><td colspan="2"></td><td>举办时间</td><td colspan="2">年　月　日— 月　日</td></tr>
<tr><td>参展单位名称</td><td colspan="3"></td><td>展位号</td><td></td></tr>
<tr><td>填表人姓名</td><td></td><td>职务</td><td></td><td>联系电话</td><td></td></tr>
<tr><td colspan="6">1．贵公司性质
□国有　□民营　□台港澳　□外资　□代表处、办事处　□其他
2．贵公司参加本展览会
□第 1 次　□第 2 次　□第 3 次　□第 4 次　□第 5 次　□第 6 次
3．您获取本次展会信息的渠道
□上届参展　□组委会直接邀请　□网络　□媒体广告　□其他
4．您参展的主要目的
□宣传企业形象　□获取订单　□寻找合作伙伴　□与同行交流　□其他
5．本次展会贵公司签订合同数量为＿＿＿＿成交金额＿＿＿＿＿
6．请您对本次展会以下各项做出评价：
参展成效　□很满意　□满意　□基本满意　□不满意
展会服务　□很满意　□满意　□基本满意　□不满意
展馆秩序　□很满意　□满意　□基本满意　□不满意
宣传广告　□很满意　□满意　□基本满意　□不满意
到会客商及观众　□很满意　□满意　□基本满意　□不满意
11．贵公司是否参加下届展会
□是　□否　□未定
12．您对本展会的意见和建议：</td></tr>
<tr><td>调查单位</td><td colspan="5">厦门市会议展览业协会</td></tr>
<tr><td>调查人</td><td colspan="3"></td><td>调查时间</td><td>年　月　日</td></tr>
</table>

附录 2：参展观众调查表（1）

国家商务部中国会展经济研究中心

关于 2005 年中国义乌国际小商品博览会参展观众的调查

1．贵公司所在地位于______________（国家）__________________（城市）

2．您是：□专业参观者 □一般参观者

3．您的年龄：__________月收入：______________学历：______________

4．您是否参加过上届“义博会”：□是 □否

5．参观目的（请按照重要性顺序填写）：

（ ）（ ）（ ）（ ）（ ）（ ）（ ）（ ）

a.结识新客户 b.批发订货 c.零购 d.收集市场信息

e.招商引资 f.技术转让 g.旅游 h.其他

6．请问您所在企业从业人数：□50 人以下 □50~300 人 □300 人以上

7．请问您获知“义博会”的信息渠道是（可多选）：

□接到“义博会”组委会发函 □网络 □电视 □报刊或杂志

□别人告知 □商会或者行业协会组织 □其他

8．请您根据“义博会”众多参展企业的展台给您的整体印象进行评价：

	非常满意	满意	一般	较差	非常不满意
a．展台产品					
b．展台形象					
c．展台人员素质					
d．展台宣传资料					
e．展台礼品					
f．展台音乐					
g．展台模特					

综合起来看，以上 a~g 选项中最吸引您的是（请选择三项，按顺序排列）

（1）______ （2）______ （3）______

9．您觉得最有用的资料是：

□介绍产品和厂家的纸质资料 □介绍产品和厂家的电子资料 □样品

10．您计划在义乌停留时间为：

□1~3 天 □4~6 天 □7~10 天 □10 天以上

11．参展期间，您在义乌的个人消费计划大约是：

□1000 元内 □1000~5000 元 □5000~10000 元

□10000~20000 元 □20000 元以上

12．您前来义乌乘坐了哪几种交通工具（可多选）？

□飞机　□火车　□轮船　□公共汽车

□出租车　□自驾车

13．您对以下各项的满意程度为（请勾选相应的评价）：

	非常满意	比较满意	一般	不满意
交通				
住宿				
餐饮				
治安及安全水平				
整个城市的环境卫生				

14．您这次参展的总预算约为：¥________。

其中，住宿预算为：¥____/天；餐饮预算为¥____/天。

花费最多的三项是：

□交通　□住宿　□餐饮　□观光

□购物　□商务交往费用　□娱乐

15．义乌在以下方面给您的印象是：

	好	一般	差
市场状况			
城市建设			
当地民众的素质			

16．您对“义博会”的组织管理及服务水平进行总体评价如何？

□非常好　□好　□一般　□差　□非常差

17．明年是否继续参加“义博会”？　□是　□否

18．展览结束之后，您还计划旅游吗？　□是　□否

如果是，预算为：□1000 元内　□1000~3000 元

□3000~10000 元　□10000 元以上

19．这次“义博会”期间您接触的主要是哪些？□新客户　□老客户

20．您认为您接触的客户数量如何？

□超过预期水平　□达到预期水平　□略有不足　□与预期相差较大

21．您认为您接触的客户质量如何？

□超过预期水平　□达到预期水平　□略有不足　□与预期相差较大

22．您参加“义博会”实现您参展的预期目标了吗？

□超值实现 □实现 □微有不足 □实现很少

□没有实现

23．“义博会”需要重点改进的是（可多选）：

□安全服务 □展台配套服务 □现场服务 □交通

□餐饮 □住宿 □清洁卫生 □观众质量

□宣传推广 □娱乐 □旅游

24．请您对“义博会”提出您宝贵的期望与建议：____________________

专业观众调查表（2）

登记编号________

尊敬的先生/小姐:

您好!非常荣幸能邀请阁下作为本次动漫展调查对象，您的真实意见和想法将作为我们办好该展览的动力。我们将占用您宝贵的几分钟时间，请协助填写此份问卷，以便我们举办下届展览时带给您更多的商机。谢谢！

1．贵公司与参展商以前有无接触？

□有 □无

2．参观目的是？

□贸易 □投资 □合作 □收集信息 □自荐代理

□其他

3．本届展览期间，您参观了几天？

□1 天 □2 天 □3 天 □4 天

4．您参观了以下哪几个馆？

□全部 □A 馆 □B 馆 □C 馆 □D 馆

5．您从何处了解到展览信息？

□广告 □新闻 □内部刊物 □直接发函 □其他

6．展台最吸引您注意的是？

□展台设计 □产品 □展台人员 □资料 □其他

7．您在公司采购过程中的作用是？

□决定 □参与 □建议 □不参与

8．您是否参加过其他同类型的展览？如果没有，请直接跳到下一问题；如果有，请列明：

（1）______ （2）______ （3）______ （4）______ （5）______

9．对展览的感受：

	合适	不合适	建　议
时间			
地点			
宣传			
设计			
展台人员			

10．您感觉本次展览是否达到了您的目的？

□完全达到　　□一般　　□差太多

11．若您感觉本次展览使您未达到目的，您认为原因是什么？

□展商素质低　　□展品质量低　　□展品少　　□其他(请注明)________

12．您认为本次展览有何不足之处？

____

(如附名片，以下内容无需填写)

姓名：____　单位：____　部门：____

职位：____　地址：____　邮编：____

电话：____　传真：____　e-mail:____

附录3：展览人员调查表

展览会名称：________________________________

展览会日期：________________________________

1．展出目的/目标
2．展出目标实现程度
3．展出开支/展览成交额
4．实际成交额
5．估计6个月后成交额
6．接待老客户数
7．接触新客户数
8．对展出组织工作的评价:

设计、施工、布置： □很好 □良好 □一般 □差
宣传、公关、广告： □很好 □良好 □一般 □差
展品、运输： □很好 □良好 □一般 □差
行政、后勤： □很好 □良好 □一般 □差
组织、管理： □很好 □良好 □一般 □差
其他______（请填写）： □很好 □良好 □一般 □差

9. 意见和建议____

____

填表人：__________________
日　期：__________________

（注：请在展览会闭幕时将此表交至__________________）

附录 4：展会现场调查表

2006 中国国际电梯展览会

中国电梯信息港展会现场调查表

中国电梯信息港网站（www.chinaelevator.org）是由中国电梯协会、国家电梯质量监督检验中心、《中国电梯》编辑部联合主办的电梯行业门户网站。为了能更好地为电梯行业服务，我们特向您做以下调查。请您填写本表并打印，在展会期间直接交到中国电梯信息港展台 B201，即可获得赠品一份（数量有限，赠完为止）。

如有任何疑问请联系中国电梯信息港 刘艳梅（展场手机 13722611072）、龚国旗、张志刚，电话：（0316）2037481，传真：（0316）2311447，电子邮箱：market@chinaelevator.org。本表还可登陆中国电梯信息港（www.chinaelevator.org）下载。

A 您的信息：

姓名：________________单位:__________________邮编：______________
地址：__________________________________手机：__________________
联系电话（含区号）：______________________传真：__________________
E-mail：______________________________MSN 或 QQ：____________

B 意见反馈（请在相应选项前的“□”内划“√”，可以多选）：

1. 您认为电梯网站对电梯行业发展的作用如何？

□很大 □比较大 □一般

2. 您经常在中国电梯信息港网站浏览有关电梯行业的信息吗？

□经常　　□偶尔　　□根本就不知道这个网站

3. 您喜欢网站宣传的哪些形式？

□页眉横幅　　□首栏　　□中部横幅　　□普通大按钮
□底部横幅　　□通栏　　□小横幅　　□浮动图标
□滚动字幕　　□产品在线展厅　　□展厅产品推荐　　□企业中心关键词
□推荐企业文字链接　　□推荐企业大按钮　　□弹出窗口

4. 您认为中国电梯信息港新版在线展厅如何？

□很好　　□好　　□一般　　□差　　□很差

5. 您经常浏览哪些网站？

____

____

6. 您认为中国电梯信息港在哪些方面需要改进？

____

____

附录5：后续工作和效果调查表

公司名称：________________________

公司地址：________________________

1. 展览会后，意向成交有无变为实际成交？

□有：成交笔数________________________

　　　成交金额________________________

□无

2. 展览会后有无新的询价？

□有：询价次数________________________

其中　□老客户询价次数______________

　　　□新客户询价次数____________________

　　　□无

3. 展览会后有无订货？

□有：成交额________________________

其中　□老客户订货额______________

　　　□新客户订货额____________________

　　　□无

4．6个月后预计有无订货？

□有：预计额多少____________________

□无

5．后续工作建议

____

填表人__________________

职　位 _________________

时　间__________________

附录6：顾客满意度调查表

××展会顾客满意度调查表

1．您是第一次参加本届展会吗？

Is this the first time of you to participate this fair?

□否 No，（请指明 please specify）第 _________ 次 times

□是 Yes

2．影响您参加本届展会的主要原因是什么？

What is your main reason to visit this fair?

□ 主办单位 Organizer

□ 扩大您的采购与本地市场 To expand your sourcing and your local market

□ 您的竞争对手参加了本届展会 Your competitors participate in the fair

□ 地区/位置 Place/location

□ 理想目标参展商 Proposed target Exhibitors

□ 其他 （请注明）Others （please specify）

3．吸引您参展的主要媒体是什么？（可多选）

What are the sources of media that attract you to exhibit in this fair?

□ 报纸 Newspaper

□ 海报/传单 Poster/flyer

□ 直接招展邮件 Direct mail

□ 展商口碑 From words of mouth

□ 互联网/电子邮件 Internet/E-mail

□ 其他 （请注明）Others （please specify）

4．您认为本届展会对提升贵企业采购的作用是什么？

What is to what extent this fair will help you to increase your sourcing value:

□ 很好 Excellent
□ 较好 Good
□ 一般 Fair
□ 较差 Poor
□ 很差 Very Poor

5. 请您评价本届展会：
Please give comments about the fair

优点　Strength :

____
____
____
____
____

缺点　Weakness:

____
____
____
____
____

6. 您是否会参加下届展览会？
Would you participate in our next fair?

□ 是 Yes
□ 否，因为 No，　because

____
____

7. 请您对本届展会以下内容进行评估
Please evaluate the fair on the following:

	很好 Excellent	较好 Good	一般 Fair	较差 Poor	很差 Very poor
地点 Venue					
展馆 Exhibition Hall					
公关宣传活动 Public Relation					

续表

	很好 Excellent	较好 Good	一般 Fair	较差 Poor	很差 Very poor
主办者 Organizer					
专业参展商 Professional Exhibitors					
展会会刊 Fair Catalogue					
停车服务 Car parking Service					
参展商数量 Number of Exhibitors					
市内交通 Municipal Traffic					
住宿安排 Reservation Service					
食品 & 饮料 Food & Beverage					
卫生 & 配套 Health & Accessorions					

8. 与会参展商符合您的要求吗？

Do these exhibitors meet your need?

□ 是 Yes

□ 否 No

9. 如果这些客户不符合您的要求，您需要什么样的客户？

If they do not meet your need，what kind of exhibitors do you need?（please specify）

□ ________________________________

□ ________________________________

□ ________________________________

□ ________________________________

□ ________________________________

□ ________________________________

10. 对本届展会总体评价:

Comments in general for the fair:

____

____

____

11．您的个人资料 Your personal information:

请填写您的相关资料，以便我们能改善服务，更好地满足您的需求。

Please provide the following information， so that we can improve our services and meet your needs better.

姓名 Name:________________ 性别 Sex:____________ 年龄 Age: _____

职务 Position:______________ 教育 Education:____________________

国籍 Nationality:___________ 省份 State:_________ 城市 City:__________

通讯地址 Add:____

____________________________________ 邮编 Zip code:______________

公司名称 Company:____

____

电话 Tel:_____________________ 传真 Fax:_______________________

手提 Mobile:___________________ E-mail:__________________________

以上个人资料主要用于通讯以及服务，全部资料将绝对保密。

The personal information provided above will mainly be used for communications and services，and will be kept in strict confidence.

第二节　会展申办报告

一、会展申办报告的含义

会展申办报告是会展申办文案中最重要的文件。其主要作用包括两方面：一是陈述会展申办的理由和所具备的条件、优势；二是统领所有的会展申报文案，也就是说，其他配套的会展申办文件，如会展可行性报告、有关方面的支持函、与承办单位签订的协议书等，都可以作为会展申办报告的附件一起上报。

就国内机构提交的会展申办报告来看，可分为两种：一种是国内机构请求批准在国内举办自行发起的会展。目前这类申办报告的法定名称尚不统一，有的称为“报告”（如中国商会的规定），有的称为“申请报告”（如科技部的规定），有的干脆统称“申报文件”。由于国内机构申请举办会展都是由上级机关或级别较高的主管部门审批，因此实践中许多单位将申办报告称为“请示”。另一种是国内机构申请举办国际组织发起的会展活动。这时，申办机构要先向国内的有关主管机关请示，获得同意后再向发起会展活动的国际组织提交申办报告。

二、会展申办报告的基本内容

目前，我国的会展审批体制分条分块，各审批部门对申办报告（请示）的内容规定不尽相同，但一般而言，向国内审批机关提交的会展申办报告（请示）应当包括以下内容：

1．会展名称

举办国际性会展，应当写明中英文名称。

2．主办单位和承办单位的名称及分工

举办国际性会展，应当写明主办单位和承办单位的中英文名称。联合主办时，只需写明前两个主办单位的名称。各单位间的职责分工和具体责任必须写清楚。

3．历届展会的基本情况

时间、地点、展览面积、主办和承办单位、参展商和观众数量、展出内容和效果等。

4．本届会展的情况

本届会展的背景、目的、意义、宗旨、条件、主题、与会者、参展范围、活动形式等。

5．举办时间和地点

时间要求具体到日期，如有特殊情况可只报年月、会期和展期；地点要求具体到城市。

6．会议人数和展览面积

国际会议申请须提供总人数和国外代表人数，不含我国港、澳、台地区代表。展览面积指展览实际有效面积。单独举办的国际展览只需申报展览面积。如会议与展览同时举办，则另需提供参加会议的人数。

7．经费来源

详细说明本届展会的经费来源情况，尤其是有政府拨款或赞助的情况。

8．出国展特别说明

申办国外展要说明工作人员在外停留天数、出访路线等。

9．联系方式

会展联系人、联系办法、电话、传真、电子邮件地址和网址等。

10．附件

申请举办重要国际会议以及 1000 平方米以上的展览应提交可行性分析报

告、作为主办或支持单位的政府机构同意函、举办地主管部门的意见。

三、会展申办报告的结构和写法

会展申办报告的形式有两种：一种要求独立成文，一种是以表格的形式。独立成文的结构与写法如下：

1．标题

一般应写明会展申办机构名称、会展名称和申办（申请）报告或请示。

2．主送机关

写明负责审批的机关名称，不能多方主送。

3．正文

正文逐项写明申办报告的基本内容。要求条理清楚、层次分明，语言简练。

4．附件

申办报告都有附件，应逐项标志每份附件的序号及名称。

5．落款和日期

在正文的右下方写明申办单位的名称，再换行写明提交的日期。

表格形式的申办报告由审批单位统一制作成申请表，列出各项具体内容，由申请单位按要求逐一填写并加盖公章。

附录：××市对外经济贸易委员会

在境内举办对外经济技术展览会申请表

申请日期：　　　年　　　月　　　日　　　　　　　　申请单位盖章

<table>
<tr><td colspan="2">申请单位（中英文）</td><td colspan="5"></td></tr>
<tr><td rowspan="7">上届展览会情况</td><td>名称（中英文）</td><td colspan="2"></td><td>展览会类别</td><td colspan="2"></td></tr>
<tr><td>主办单位</td><td colspan="2"></td><td>承办单位</td><td colspan="2"></td></tr>
<tr><td>展览时间</td><td></td><td>展览地点</td><td></td><td>展览面积</td><td></td></tr>
<tr><td rowspan="2">参展商数</td><td>境外</td><td></td><td rowspan="2">观众数</td><td>专业观众</td><td></td></tr>
<tr><td>境内</td><td></td><td>非专业观众</td><td></td></tr>
<tr><td>展出内容</td><td colspan="5"></td></tr>
<tr><td>办展效果</td><td colspan="5"></td></tr>
</table>

续表

<table>
<tr><td colspan="2">申请单位（中英文）</td><td colspan="5"></td></tr>
<tr><td rowspan="7">本届展览会情况</td><td>名称（中英文）</td><td colspan="2"></td><td>展览会类别</td><td colspan="2"></td></tr>
<tr><td>主办单位</td><td colspan="2"></td><td>承办单位</td><td colspan="2"></td></tr>
<tr><td>展览时间</td><td></td><td>展览地点</td><td></td><td>展览面积</td><td></td></tr>
<tr><td rowspan="2">预计新增展览面积</td><td rowspan="2"></td><td rowspan="2">预计新增参展商数</td><td>境外</td><td colspan="2" rowspan="2"></td></tr>
<tr><td>境内</td></tr>
<tr><td>展出内容</td><td colspan="5"></td></tr>
<tr><td>申请单位联系人</td><td colspan="2"></td><td>电话</td><td colspan="2"></td></tr>
<tr><td colspan="7">需申报的材料［已附的，请在（）中打“√”］
（）1.招商招展方案和计划
（）2.合作单位（主办单位与承办单位合作、主办单位之间合作）证明材料
（）3.联合或委托办展证明材料（境外机构联合或委托境内单位举办的需报）
（）4.办展可行性报告（首次举办的需报）
（）5.责任承诺书
（）6.场地租用情况证明材料
（）7.安全防范工作方案
（）8.上年度办展的总结和会刊
（）9.其他相关材料（请注明）</td></tr>
</table>

第三节　会展项目立项可行性研究报告

一、会展项目立项可行性研究报告简介

完成了《会展项目立项策划书》，并不意味着就可以举办会展了。项目立项只是对举办什么题材的会展和如何举办该会展提出了一个初步的意见，制定了一套初步的方案，至于该会展是否真的可以举办和该方案是否真的可行，还需要对该会展项目及方案进行可行性分析。可行性分析的结论，才是决定是否可以举办该会展的最终依据。

会展项目立项可行性研究报告就是在对会展立项进行可行性分析的基础上完成的研究报告。会展立项可行性分析是会展项目立项策划的继续，是在仔细研究各种信息的基础上，深入分析举办会展立项策划提出的“那样的会展”是否可行，为最后是否举办该会展提供科学的决策依据。

如果会展立项策划通过可行性分析，证明计划举办会展的市场条件具备，项目具有生命力，各种执行方案策划合理，项目在经济上可行，风险较小且有一定的社会效益，就可以决策举办该会展了。

二、会展项目立项可行性研究报告的内容

会展项目立项可行性研究报告要对会展项目是否可行作出系统的评估和说明，并为最终完善该立项策划的各种具体执行方案提供改进依据和建议。其主要包括以下几项内容：

1．市场环境分析

（1）宏观市场环境：包括人口环境、经济环境、技术环境、政治法律环境、社会文化环境等。在获得上述信息后，结合会展产业的实际特征，对举办会展所面对的宏观市场环境的各个方面做出准确的分析，寻找市场机会，发现威胁，为会展项目立项可行性研究的最终决策服务。

（2）微观市场环境：是指对办展机构举办会展构成直接影响的各种因素。包括办展机构内部环境、目标客户、竞争者、营销中介、服务商、社会公众等。

（3）市场环境评价：对市场环境的整体分析和综合评估是建立在已经掌握的大量的有关信息的基础上，根据掌握的信息对未来的环境变化趋势做出预测。最常用的方法是“SWOT 分析法”，即内部优势、内部劣势、外部机会、外部威胁分析。

2．会展项目生命力分析

（1）项目发展空间：即分析举办该会展所依托的产业空间、市场空间、地域空间、政策空间等是否具备。

（2）项目竞争力：包括会展定位的号召力、办展机构的品牌影响力、参展商和观众的构成、会展价格、会展服务等。

（3）办展机构优劣势分析：办展机构的优劣势分析，决定着他们在哪些产业里举办会展成功的可能性较大，决定着他们举办怎样性质的会展将会有较大的优势。

3．会展执行方案分析

会展执行方案分析的对象是该会展和各种执行方案，分析的重点是各种执行方案是否合理、是否完备和是否可行。

（1）对计划举办的会展的基本框架进行评估，具体包括：

①会展名称和会展的展品范围、会展定位之间是否有冲突。

②办展时间、办展频率是否符合展品范围所在产业的特征。

③会展的举办地点是否适合举办该展品范围所在产业的会展。

④在会展展品范围所在产业里能否举办如此规模和定位的会展。

⑤会展的办展机构在计划的办展时间内能否举办如此规模和定位的会展。

⑥办展机构对会展展品范围所在的产业是否熟悉。

⑦会展定位与会展规模之间是否有冲突。

（2）招展招商和宣传推广计划评估，包括招展计划评估、招商计划评估、宣传推广计划评估。

（3）会展进度计划评估，主要从以下几个方面着手：各项工作进程安排的合理性、各阶段工作目标的准确性、各项工作安排的配套性、各项工作安排的可行性、各阶段工作安排的统一性。

（4）现场管理和相关活动计划评估，此项评估主要考察：现场管理计划的周密性、现场管理计划的可控性、相关活动必要性、相关活动的可行性、现场管理和相关活动的协调性。

4．会展项目财务分析

会展项目财务分析主要目的是分析计划举办的会展是否经济可行，并为即将举办的会展制定资金使用计划。

（1）会展项目财务分析的方法：它所需要的基础数据，如投入资金的多少、成本、收益和利润等，都来源于前期的市场调查和基于这种调查而做出的预测。

（2）价格定位：办展机构的定价目标主要有以下五种：利润目标、市场份额目标、市场汲取目标、会展质量领先目标、生存目标。办展机构最终选择哪种定价目标，主要受三个因素的影响：顾客、成本和竞争。

（3）成本预测：举办一个会展的成本费用一般包括：

①展览场地费用。即租用展览场馆以及由此产生的各种费用。这些费用包括：展览场地租金、展馆空调费、展位特装费、标准展位搭建费、展馆地毯及铺设地毯的费用、展位搭装加班费等。

②会展宣传推广费。包括广告宣传费、会展资料设计和印刷费、资料邮寄费、新闻发布会的费用等。

③招展和招商的费用。

④相关活动的费用。包括技术交流会、研讨会、会展开幕式、嘉宾接待、酒会、会展现场布置、礼品、聘请会展临时工作人员的费用等。

⑤办公费用和人员费用。

⑥税收。

⑦其他不可预测的费用。

（4）收入预测：举办一个会展的收入一般包括展位费收入、门票收入、广告和企业赞助收入及其他相关收入。

（5）盈亏平衡分析。

（6）现金流量分析：一般包括净现值分析、净现值率分析、获利指数、内部收益率等内容。

（7）资金筹措：办展机构在筹措资金时，应注意其规模要适当、筹措要及时、方式要经济、来源要合理。

5．风险预测

包括市场风险、经营风险、财务风险、合作风险。

6．存在的问题

包括通过以上可行性分析发现的会展项目立项存在的各种问题、研究人员在可行性分析以外发现的可能对会展产生影响的其他问题等。

7．改进建议

针对上述问题，提出对会展项目立项策划的改进建议。

8．努力的方向

根据会展的办展宗旨和办展目标，在上述分析的基础上，针对存在的问题，提出要办好该会展所需要具备的其他条件和未来的发展方向。

三、会展项目立项可行性研究报告的写作要求

可行性研究报告是展览策划者就某一个项目进行可行性研究的书面表达，它是会展组织者决定是否继续进行某展览项目的依据。在可行性研究报告中，策划人员要对自身所代表的组织和举办地的能力及条件进行全面分析。换句话说，要综合考虑盈利、场地要求、管理技术要求、预计参展商数量和观众人次、展览会的竞争力、公共与私人财物援助的可行性、行政支持等诸多因素。其中，准确估计展览会的成本和收益最重要。

一般而言，展览项目可行性研究报告包括6大部分，即项目简介、技术性要求（如对展览场地的特殊要求，需要配备的专业人员等）、财务预算（包括资金投入、政府拨款、展位销售收入、赞助和广告收入等）、展览会的市场前景与目标市场分析、管理技术和人力资源分析、结论。

会展项目立项可行性研究报告是办展机构决定是否举办该会展的重要依据，因此，会展项目立项可行性研究报告的写作必须做到材料真实充分，分析客观科学，判断准确有理。

市场环境分析是会展项目立项可行性分析的第一步，它是根据会展项目立项策划提出的举办方案，在已经掌握的各种信息的基础上，进一步分析和论证举办会展的市场条件是否具备，是否有举办该会展所需要的政策基础和社会基础。市场环境分析是从计划举办的会展项目的外部因素出发，来分析举办该会

展的条件是否具备，不仅要研究现有的市场条件，还要对其未来的变化和发展趋势做出预测，使得出的结论更加科学合理。

会展项目生命力分析则是从计划举办的会展项目的本身出发，分析该会展是否有发展前途。分析会展项目的生命力，不是只分析会展举办一届或两届的生命力，而是要分析该会展的长期生命力，即要分析如果本会展举办超过五届以上，本会展是否还有发展前途的问题。

会展执行方案分析是从计划举办的会展项目的本身出发，分析该会展项目立项计划准备实施的各种执行方案是否完备，是否能保证该会展计划目标的实现。会展执行方案分析的对象是该会展的各种执行方案，分析的重点是各种执行方案是否合理、是否完备和是否可行。

需要强调的是，对会展基本框架进行评估，重点不是分析构成会展基本框架的某一个因素的策划安排是否合理和可行，而是从总体上分析会展基本框架是否合理和可行。因为，尽管对构成会展基本框架的每一个因素的策划安排可能是合理和可行的，但由这些因素所构成的会展基本框架从总体上看却可能是不合理和不可行的。所以，要避免这种“个体合理，群体冲突”现象的出现，对会展基本框架进行评估就十分重要。

会展项目财务分析是从办展机构财务的角度出发，分析测算举办该会展的费用支出和收益。会展项目财务分析的主要目的是分析计划举办的会展是否经济可行，并为即将举办的会展指定资金使用规划。

对展览会的成本和收益进行估算是项目可行性分析的重要内容。因为对于展览公司而言，目标很明确，即通过举办展览会获取利润，即使目前不盈利，在连续举办几届以后也一定会获利。从这个角度讲，成本收益估算就是展览会的经济可行性分析。

若从会展立项可行性的角度分析，风险就是办展机构在举办会展的过程中，由于一些难以预料和无法控制的因素的作用，使办展机构举办会展的计划和举办会展的实际收益与预期发生背离，从而使办展机构举办会展的计划落空；或者是即使会展如期举办，但办展机构有蒙受一定的经济损失的可能性。因此，对会展进行风险分析是十分必要的。

四、会展项目可行性研究报告的框架

1．总论

有关商品交易会主题的主要理念、思想和简要的背景资料。

2．展会目标和范围

如有关商品交易会的目标参展商和专业买家，参展范围是国际展、全国展

或是地区展。

3．与行业市场有关的资料

与行业市场有关的全国性和地区性宏观经济如统计数字、销售额、增长速度、雇员数量等。

4．行业市场分析

①供应（国际、国家/地区）：如市场细分、市场结构、相关的和潜在的展览公司名单；②需求（国际、国家/地区）：如市场细分、市场结构、相关的和潜在的展览公司名单；③市场—销售系统：如市场结构、销售渠道、有关分销商名单、确定目标群体、利益相关者，并对他们进行目标分析；④市场趋势表现为国际、国内和地区趋势和发展，未来发展表现为技术进步、新需求和日益增长的需求。

5．竞争态势

国际竞争，中国国内竞争；类似的主题、构想；相同的参展商结构；顶尖级展览会。

6．可利用资源

会展项目的实施—可利用资源如有关的支持单位、赞助单位，包括政府机构、行业协会、媒体、大学科研机构。

7．财务分析

①粗略评估项目的预算（如计算成本和销售额）；②预期利润（如总成本计算和直接成本核算）；③预期收益。

8．活动预测

最差和最好的典型情境、风险分析，如影响因素、政治和法律风险；项目实施评估分析，如利用评分模型对项目、标准、展览主题、计划进程、竞争、可利用资源、财务负担/风险进行评估。

9．总结和建议

对项目是否可行给出结论，同时针对项目的开展提出建议措施。

案例：

××会展中心开发项目可行性研究报告

（一）总论

1. 项目概况

（1）项目名称：××会展中心

（2）项目占地面积：××万平方米

（3）项目投资总额：××万元

（4）项目建设地点：××××

2. 项目背景

3. 项目建设必要性及可行性

（二）建设方案与规模

（三）环保与节能

1. 能影响环境的因素

2. 环境保护防治措施

3. 节能措施

（四）项目实施计划与投资估算

1. 项目实施计划

2. 投资预算

（五）资金筹措及效益分析

1. 资金筹措及资金使用计划

2. 营业收入估算

3. 展出场地出租

4. 会议中心出租

5. 宾馆收入

6. 总成本费用估算

7. 利润预测

8. 现金流量

9. 敏感性分析

10. 社会效益

（六）综合评价与建议

（七）优惠政策

附录：

展览项目可行性报告

提纲		主要内容	备注
封面		公司名称、项目名称、报告完成时间	
目录		—	—
正文	SWOT 分析	分析主办单位外部的机遇与威胁，以及内部优劣，从而判断项目的生命力和竞争力	—
	市场结构分析	—	指展览会所在行业的市场结构
	财务分析	成本估计和收入预算	—
	项目执行方案	主要包括展览会基本情况、资金筹措方案、招展招商计划、宣传推广计划、服务供应商选择、人员安排计划、展览会进度安排、现场服务与管理计划等	—
	风险预测	主要包括政策风险、技术风险、财务风险、市场风险、管理风险等	—
	结论和建议	—	—
附录		相关调研资料	—

备注：摘自杨顺勇等《会展风险管理》

第四节　会议报告

一、会议报告的含义和种类

1．会议报告的含义

会议报告是指特定的组织或个人，根据会议安排向与会者所作的系统陈述、演讲或介绍。会议报告和公文中的报告属于两种不同的文种。前者适用于会议，上级领导、平级机关、下级干部和群众都可以是报告的对象；后者则属于法定上的行文，用于向上级机关汇报工作、反映情况、答复询问。

2．会议报告的种类

（1）会议工作报告。即特定的机关或负责人就某一时期的工作向所负责的会议作出汇报，同时提出下一阶段的工作任务和计划，提请会议审议通过的会议文件。比如，各级党委向同级党员代表大会所作的工作报告，各级人民政府向同级人民代表大会所作的《政府工作报告》，企事业单位领导人向职工代表大会所作的述职报告，社会团体的领导机构向该团体的全体成员大会或代表大会所作的工作报告。

（2）主旨报告。在大型论坛、学术研讨会、专题工作会议上，由主办方领导人所作的给会议定基调、指方向、下任务、提要求的报告，又称主旨演讲、主旨讲话。

（3）形势报告。即报告人向与会者阐明当前形势、指明事物的发展趋势，帮助与会者了解情况，提高认识、明确方向的报告。形势报告涉及领域广泛，只要是工作需要的或是群众关心的政治、经济、军事、科教、文化等方面的热点问题，都可以成为报告的内容。

（4）动员报告。其目的在于提高与会者对完成任务意义的认识，鼓舞与会者的斗志，使其掌握完成任务的方法、步骤和措施。动员报告具有较强的激励性和煽动性。

（5）学术报告。即交流学术见解、发布学术成果的报告。学术报告应当具有科学性、理论性、专业性和创造性。

（6）事迹报告。即介绍先进集体或个人事迹的报告。事迹报告应当具有真实性、典型性、生动性。

二、会议报告的结构和写法

1．标题

会议报告的标题有以下几种写法：

（1）主题加文种。例如，《关于二〇〇四年国民经济和社会发展计划执行情况及二〇〇五年计划草案的报告》。

（2）报告机关加文种。例如，《亚洲中小企业论坛理事会工作报告》。

（3）会议名称加文种。例如，《在亚洲博鳌论坛第三次年会上的报告》。

（4）正副标题。正标题揭示主题，副标题说明报告的场合。如：

全面建设小康社会，开创中国特色社会主义新局面

——在中国共产党第十六次全国代表大会上的报告

2．报告日期或题注

标题下方标注报告的日期。如标题中已经注明报告时间，就不必再标注。如果会议报告已经获得会议表决通过，可以在标题下标写题注，注明通过的日期和会议名称。

3．称谓

会议报告的称谓要根据会议的性质和出席情况而定，如“各位代表”、“各位委员”、“各位领导”、“各位同志”、“尊敬的主席先生、女士们、先生们”等。

4．正文

（1）开头。会议报告的开头形式多样，以会议工作报告开头为例，或交代报告人所代表的机关，揭示报告的内容范围，或者说明报告的缘起和目的，或者介绍报告的背景。主旨报告是会议开始的第一个发言，所以开头要向与会的来宾表示欢迎。无论哪一种会议报告的开头都要简明扼要、开宗明义，并能唤起听众的注意和兴趣。

（2）主体。主体部分具体展开报告的内容，会议工作报告主体的内容一般有两项：一是全面总结汇报任期内的工作，按成绩、经验、问题的顺序安排结构；二是提出下一阶段的工作目标、任务和措施。主旨报告的主题要阐明会议面临的形势、任务和本次会议的主题，提出应对形势的主张和建议，为会议确定基调。主体部分写作要紧紧围绕主题，条理清楚，内容要符合报告人的身份和报告机关的职权。

（3）结尾。如何结尾要根据报告的性质和内容而定。会议工作报告的结尾一般提出希望、发出号召，或请求审议。主旨报告、学术报告和形势报告的最后可以“谢谢大家”结尾，以示亲切、礼貌。

案例：

广州市会展业行业协会 2008 年工作报告

二〇〇九年二月十七日

各位理事：

2008 年对于我会是极不平凡的一年。我会在上级主管部门的正确领导、社会各界的热情关心、各位理事的大力支持和全体会员单位的共同努力下，按照年度工作计划，围绕规范会展市场，培育国际会展品牌这条主线，积极开展工作，克服了全球金融危机带来的困难，在发展壮大队伍、规范行业自律、组织人才培训、整合会展资源、开展合作交流、做大会展品牌等方面办了八件大事，取得了可喜成绩。现在，我受卜会长的委托，向大家报告协会 2008 年的主要工作情况。

一、积极开展评优评奖工作，树立和表彰了一大批先进典型

2008 年 1 月 16 日晚，我会在中国大酒店丽晶殿举行了盛大的“2007 年广州会展业评选活动颁奖典礼”。我市曹鉴燎副市长、陈绍康副秘书长出席了颁奖盛典，应邀出席的还有中国澳门贸易投资促进局、中国香港展览会议业协会、中

国澳门展贸协会、中国澳门会议展览业协会、中国澳门广告商会的负责人和广州市外经贸局、经贸委、知识产权局、统计局、文化局、广州海关、检验检疫局、财政局等广州市会展业管理领导小组成员单位的领导；广州会展业界人士、专家学者、主流媒体和协会全体会员单位代表等共300多人参加了典礼。曹鉴燎副市长、陈绍康副秘书长、卜灿雄会长等领导和嘉宾向先进单位和个人颁了奖。经过企业推荐，专家评定，领导小组审议表彰了十大优秀展会、杰出会展人物、十佳会展企业、最佳服务机构和优秀展示设计作品。活动之后，我会还通过《广州日报》、《广州会展》等媒体对获奖的企业、展会和个人进行了宣传报道，表彰先进，树立典型，为广州会展业的发展注入新的生机和活力。

二、制定了展装行业评级标准，提升了企业的发展水平

为适应广州地区会展业快速发展的形势，应对国际展览业的竞争与合作，提高展示工程的技术和施工水平，我会根据展装行业现状，在广泛听取会员企业意见和建议的同时，参考了国内其他地区行业协会以及本地一些展会、场馆的资质认证条件后，集思广益，经过多次的探讨和论证，于去年9月初制定颁布了“广州展示工程企业资质等级评定标准及细则（试行）”，并在协会内开展了首批展示工程企业资质等级评定工作。参加申报的企业共有38家，其中申报一级的有13家，申报二级的有15家，申报三级的有10家。目前，终审评定工作已全部完成，共评出一级9家，二级14家，三级9家。今晚，我们将为首批获得资质等级的企业颁发证书。

我会根据展装行业亟待正规化的需要，为完善会展市场准入门槛，2008年12月与海珠区质监局（负责制定行业联盟标准的职能部门）有关人员共同探讨了展装行业联盟标准的制定工作方案，并于2008年12月12日在海珠区质监局召开了“会展业联盟标准推进工作会议”。会议邀请了市协作办公室、市会展业管理领导小组办公室、市质监局、海珠区经贸局、海珠区知识产权局、海珠区科技局等管理和职能部门的领导以及5家展装企业代表参加，会上明确了展装行业联盟标准制修订程序和工作时间表，标志着会展业联盟标准制定工作正式启动。

三、组织参加国内会展活动，扩大了协会的宣传和影响

2008年4月12日，我会组织了近20家会员企业参加由中国会展经济研究会在广州举办的“第三届中国会展经济年会”，与来自国内外各地的代表围绕“大会展”、“会展评估与认证”、“国际会议的申办与组织”、“2008广州会展经济论坛”等热点展开了交流。

2008年9月5日，我会充分利用2008年广州博览会这一对外交流平台，组织了10多家展示工程企业与澳门会展业开展了资源共享、优势互补活动，为会员单位拓展其业务起到了积极的促进作用。

四、积极倡议，向灾区人民献爱心，以实际行动参与抗震救灾工作

2008年5月15日，在四川汶川发生大地震不到三天，我会即向全体会员单位发出了抗震救灾捐赠倡议书，要求协会会员积极行动起来，为抗震救灾贡献力量。协会会员积极响应，踊跃捐款，以不同形式向灾区人民表达爱心。2009年1月15日，我会又代表全体会员单位向我市对口援助建设的汶川县威州镇捐献了人民币10万元，以实际行动支援灾区人民重建家园。

五、成立了广州市会展业行业协会展览装饰分会，扩大了协会队伍

为规范和整合广州会展业展装领域的资源，促进广州地区展装行业稳健、规范地发展，使广州展装行业向专业化、国际化方向发展，跻身于世界展装之列，我会在2007年底已筹划成立展装分会。2008年，经广州市民政局批准，于8月12日正式成立了作为广州市会展业行业协会下属的分支机构——广州市会展业行业协会展览装饰分会。半年来，分会工作健康发展，取得了可喜的进步。

六、联合举办第二届穗港澳会展业合作论坛，加快了区域会展合作进程

2008年10月25日，我会与中国香港展览会议业协会、中国澳门会议展览业协会、中国澳门展贸协会、中国澳门广告商会联合举办的“第二届穗港澳会展业合作论坛”在澳门威尼斯人会展中心隆重举行。我会卜灿雄会长率领30多家会员单位近50人参加了论坛，我市曹鉴燎副市长也应邀出席了论坛。本届论坛还有来自海内外会展业界人士、各业界企业代表约150人参会，共同围绕如何通过会议展览促进对外贸易和投资、三地会展业如何利用CEPA开展互动以及三地会展业人才培训、交流的具体规划等内容进行了深入探讨。我会还在同期举行的第十三届澳门国际贸易投资展览会“展示配套服务和设备租赁展区”内租用了8个展位，宣传推介我市的展馆和展示工程企业。

七、配合广州海关创新会展服务措施，方便了企业的通关报关手续

2008年7月下旬，我会为了更好地服务会员单位，配合广州海关结合关区展览会监管业务的实际情况，创新会展服务措施，制定下发了《广州海关展览会监管业务管理规定》。该规定体现的通关便捷特点是：①“集中备案，属地监管”，全面掌握关区展览会、展览品监管情况；②“三种方式，明确时限”，企业备案更加方便快捷；③“无需转关，多点清关”，企业尽享通关便利。

八、建立培训机制，加快了会展业专业技术人才的培养

2008年11月13日，我会与广州市职业技能培训指导中心正式签订合作协议，共同举办“会展策划师”国家职业资格证（中、高级）培训班。之前，我会已与该中心合作，为会员单位开办了多期“会展策划师”、“会展设计师”（初级）培训班，培育了一批会展专业技术人才，为广州会展业的发展奠定了基础。

展览业是经济发展的晴雨表，2008年爆发的世界金融危机不仅影响中国经济也给展览业带来影响。但我们会展企业积极应对危机，用心把握发展机遇，同时金融危机也有利于不断优化会展业结构和培育广州会展品牌，这使广州会展保持了稳定快速发展。在会展业发展的过程中，涌现了一批先进单位和个人。在第五届中国会展高峰论坛和2008年度中国会展业颁奖盛典上，广州市荣获2008年度"中国最具影响力的会展城市"奖；卜灿雄会长获"改革开放30年中国会展风云人物"奖；李霞辉秘书长获"2008年度中国会展杰出贡献奖"。广州锦汉展览公司、广州经贸会展服务中心也分别获奖。

新的一年，我们相信有广州市政府的正确领导，有各位会员及社会各界的关心支持，广州市会展业行业协会将不断发展壮大，广州会展业也将迎来更美好的明天。

（摘自：广州会展网）

第五节　会展评估报告

一、会展评估报告简介

会展评估报告是指对展览工作、展览质量和展览效果进行的系统的、深入的评价总结。它反映市场状况的有关信息，是会展评估活动过程的直接结果，也是调研结论和建议的载体，有助于提高以后展览工作的效率和效益，其最终目的是为了提高展览会的价值和服务质量。

根据不同阶段的效果测评，汇总分析，对整个展览活动过程的效果进行总体评价，写出评估报告。报告内容一般包括评估项目、评估目的、评估过程与方法、评估结果统计分析、评估结论与可行性建议及附录等。

评估报告一般可分为两个方面：一方面是对展览环境以及对展览筹办工作及展览后台工作的评估报告，这一部分工作在展览会结束时完成；另一方面是对展台工作及展览前台工作的评估的总结，这一部分比较复杂，先在展览会结束时针对展台工作进行评估总结写成报告，然后在展览的后续工作过程中跟踪评估，写出报告。

二、会展评估报告的内容

会展评估是一个内容庞大且又复杂的体系。性质不同的会展，其评估内容也有所不同。评估内容不同，报告亦有所不同，一般说来有以下几个方面。

（一）办展评估报告

办展评估报告是由会展组织者在质量评估基础上进行的会展评估总结，主要内容包括：

1．展览规模

展览规模包括展览面积和展位数。要反映实际展览的面积和展位数与预计展览的面积和展位数的差异，以及同比情况，并分析增加或减少的原因。

2．参展企业

包括对参展企业的质量和数量评估。如目标客户、国外企业、行业龙头企业参展的数量和所占的比例，以及同比情况；本届和往届参展企业数量对比，并对增减原因作出分析。

3．观众情况

包括观众的地区分布、行业分布、具体职位和职权、参观单位的性质和规模、参观的天数、每天参观人数及比例、观众的密度等。

4．展览时间

包括展览举办的时机和展期是否适当，对参展和参观行为有何影响。

5．展览地点

包括举办城市和场馆的选择是否合适，下一届的举办地点是否需要调整。

6．展览管理

包括在参展程序、安全保卫、展品运输、布展撤展、现场管理等方面取得的经验和存在的问题。

7．成交情况

包括整个展览会的成交额、成交笔数，以及同比分析。

8．经济效益

即将本次办展的成本与效益相比，或用本次办展的成本或效益与往届办展的同一项目相比，并分析增长或下降的原因。

9．展览会综合印象

包括参展者和客商对展览会的环境、服务的评价以及参加下一届展会的态度等。

（二）参展评估报告

参展评估报告主要包括以下两部分：

1．展览工作报告

展览工作评估内容有定性的内容，也有定量的内容，评估的主要目的是了解工作的质量、效率和成本效益。报告内容具体包括：

（1）展出目标。主要根据参展公司的经营方针和战略、市场条件、展览会情况等进行评估。

（2）展览效率。展览效率是展览整体工作的评估指数。评估方法有多种，其中一种是展览人员实际接待参观客户的数量在参观客户总数中的比例；另一种是参展总开支除以实际接待的参观客户数量之商。后一种方式也称作接触潜在客户的平均成本，这是一个非常有价值的评估指数。

（3）展览人员。包括展览人员的团队精神、工作态度、工作效果等方面，这些不能直接衡量。一般是通过询问参加过展览的观众来了解和统计，另一种方法是计算展览人员每小时接待观众的平均数。

（4）展台设计。包括展台设计的成本效率、展览和设施的功能效率、展台突出程度、展台宣传资料是否有助于展出并突出公司形象等。

（5）展品工作。包括展品选择是否合适，市场效果是否良好，展品运输是否顺利及时，增加或减少某种展品的原因等。

（6）宣传公关。包括宣传和公关工作的效率及效果、吸引的观众数、资料散发数、新闻媒体的报道、评论（包括播放次数、版面大小、时间长短）等。

（7）管理工作。包括展览筹备和展览管理的质量和效率，管理工作有无疏漏，员工培训以及善后工作等情况。

（8）展览开支。包括预算制定是否合理，执行情况如何，如果超支原因何在等。

（9）展览记忆率。能反映整体参展工作效果的专业评估指数，是指参观客户在参加展览后 8~10 周仍能记住展览情况的比例。展览记忆率与展出效果成正比，若记忆率高，说明参展企业给观众留下的印象深刻，展览形象突出；反之，则说明参展企业给观众留下的印象一般或甚微，展览形象平淡或较差。

2．展览效果报告

有关展览效果评估的争议比较多，主要原因是对工作项目与工作成果之间关系的理解不同。在写展览效果报告时注意不要将评估结果绝对化。其报告内容主要包括：

（1）参展效果。如果展会上接待了 70%以上的潜在客户，而客户接触平均成本低于其他展览的平均值，其展览效果就是优异。

（2）成本效益比。这里的成本效益比内涵广泛，可以是此次展览的成本与效益相比，也可以是此次的成本与前次类似项目相比，效益与前次或类似项目相比，还可以是展出的成本效益与其他营销方式相比。例如展出开支为 20 万，展出效益（展览成交额）为 8000 万，那么成本效益比为 1∶400。

（3）成本利润。有一种评估观点是不仅要计算成本、计算成本效益，还应该计算成本利润。例如，签订买卖合同，先用成本总开支除以成交笔数，得出每笔成交的平均成本；再用展览总开支除以成交总额，得出成交的成本效益；最后，用成交总额减去展览总开支和产品总成本，得出利润，再用展览成本比利润，即成本利润。不同观点认为展览成交可以作为评估的参考内容，但是不能作为评估的主要内容。如果以建立新客户关系数为主要评估内容，则不存在利润。因此，不主张评估成本利润。

（4）成交。成交评估分消费成交和贸易成交两种。消费性质的展览会以直接销售为展出目的，因此可以用总支出额比总销售额，然后用预计的成本效益比与实际的成本效益比相比较，这种比较可以从一方面反映展出效率。贸易性质的展览会以成交为最终目的，因此成交是最重要的评估内容之一，但也是展览评估矛盾的焦点之一。许多展览单位喜欢直接使用展出成本与展出成交额相比较的方法计算成交的成本效益。要注意，这是一种不准确、不可靠的方法，因为有些成交确实是通过展览达成的，而有些成交无须展出，可能是展览之后达成的。因此，要慎重评估，并慎重使用评估结论。对成交评估的内容一般包括有无达到销售目标、成交额多少、成交笔数多少、实际成交额、意向成交额、与新客户成交额、与老客户成交额、新产品成交额、老产品成交额、展览期间成交额、预计后续成交额等，这些数据可以交叉统计计算。

（5）接待客户。这是贸易展览会最重要的评估内容之一，主要包括：①参观展台的观众数量，可以细分为接待参观者数、现有客户数和潜在客户数。其中潜在客户数是重点。②参观展台的观众质量。按照评估内容和标准分类统计观众的订货决定权、建议权、影响力、行业、区域等，然后根据统计情况将参观观众分为“极具价值”、“很有价值”、“一般价值”和“无价值”等情况。③接待客户的成本效益。计算方法是用展览总支出额除以所接待的客户数或者所建立的新客户关系数。

（6）调研。即通过展出对市场和产品有无新的了解和认识，有无更明确的发展和努力方向等来进行评估。

（7）竞争。指对在展览工作和展览效果方面与竞争对手相比较的表现的评估。

（8）宣传、公关。这方面的评估比较困难，因为定性内容比较多、评估技术比较复杂。具体包括宣传公关有无效果，效率、效益多大，是否需要增加投入提高展出者形象，以及形象对实际成交有多大关系等。

三、会展评估报告的结构

会展评估报告可能因评估的具体内容而有所分别，但一般来说都应该包含以下几个部分：

1．评估的背景和目的

在评估背景中，调研人员要对评估的由来或受委托进行该项评估的具体原因加以说明。说明时，最好引用有关的背景资料为依据，分析展览活动等方面存在的问题。

2．评估方法

（1）评估对象。说明从什么样的对象中抽取样本进行评估。

（2）样本容量。抽取多少观众作为样本，或选取多少实验单位。

（3）样本的结构。根据什么样的抽样方法抽取样本，抽取样本后的结构如何，是否具有代表性。

（4）资料采集方法。

（5）实施过程及问题处理。

（6）资料处理方法及工具。指出用什么工具、什么方法对资料进行简化和统计处理。

（7）访问完成情况。说明访问完成率及部分未完成或访问无效的原因。

3．评估结果

评估结果是评估资料的整理和分析。除了用若干统计表和统计图来呈现以外，报告还必须对图表中的数据资料所隐含的趋势、关系和规律加以客观描述，即对评估结果加以说明、讨论和推论。评估结果所包含的内容应该反映出评估目的，并根据评估标准的主次来突出所要反映的重点内容。一般来说，评估结果应包含以下内容：展台效果、成本效益与成交笔数之比、成交额、接待客户数量、观众质量等。

4．结论和建议

要用简洁明晰的语言作出结论。例如，阐述评估结果说明了什么问题，有什么实际意义，必要时可引用相关背景资料加以解释、论证。建议是针对评估结论，提出可以采取哪些措施以获得更好的效果，或者是如何处理已存在的问题，最好能提供有针对性的行动方案。

四、会展评估报告的格式

1．标题

由会展主办者撰写的评估报告的标题，一般由会展名称和“评估报告”字样组成，如《2003中国国际缝制设备展览会评估报告》。由参展单位撰写的评估报告，标题中应当注明“参展”二字，如《2005顺德家电配件采购展参展评估报告》。

2．署名

会展评估报告可以以组展单位或参展单位的名义撰写，也可委托专业评估机构撰写。署名一般置于标题之下。

3．正文

（1）开头。开头有两种写法：一种是介绍评估的目的、背景、过程与方法。如果委托专业评估机构撰写，撰写人要对评估的由来或受委托进行该项评估的具体原因加以说明。另一种是简要介绍展览会的基本情况。

（2）主体。主体部分具体表述会展评估报告的各项指标和结果。表述方法既可对应各项评估标准，列出评估结果的各项数据，也可采用各种形式的图表，辅以文字说明，将预期数、实际数和以往的数据加以对比。要求做到数据准确、材料与观点统一、语言简练。

（3）结尾。要用简洁明晰的语言作出结论，提出建议。例如，要阐明评估结果说明了什么问题，有何实际意义。建议必须针对评估结论，提出可以采取哪些措施以获得更好的效果。

4．附件

有的会展评估报告将说明性图表或资料作为附件，这样的话，必须在正文下方依次标注附件的名称。

5．日期

在正文右下方写明提交的具体日期。

五、会展评估报告的要求

1．语言

语言要简洁、有说服力。

2．结构

报告必须以严谨的结构、简洁的体裁将调研过程中各个阶段收集的全部有关资料组织在一起，不能遗漏重要的资料，但也不能将一些无关资料统统写进去。

3．资料

注意仔细核对全部数据和统计资料，务必使资料准确无误。

4．结论

报告应该对展会评估活动所要解决的问题提出明确的结论或建议。

案例：

第六届中国高新技术成果交易会展览报告

第六届中国高新技术成果交易会有来自42个国家和地区的115个代表团，62家跨国公司参会，总计逾50万观众参观。

本届“高交会”首次推出电子技术与电子生产技术专馆，电子专馆汇聚14个国家和地区的116家参展商，展览面积7500平方米，光地面积占70%以上，首届电子专馆吸引了瑞萨科技、全美达、伟创力、美国国家仪器、信利半导体、日本东光、美国ESS、MCCI、阿可－日精、福禄克、西门子、松下、环球仪器、安必昂、美国国家半导体、精工技术、罗德与施瓦茨、3M、PLX等国际企业以及中国电子器材深圳有限公司、劲拓等中国本土知名电子企业参展并进行技术发布，展品包括半导体、电子元器件、测试测量仪器、电子生产设备、防静电产品、光电技术等，参展商具有行业代表性，国际展商比例超过64%，同时主办方还协助邀请了两位嘉宾参加“全球CEO论坛”。

深圳市中电创意会展有限公司在展览期间对展商、观众采取了随机抽样问卷调查、电话访问等方式，对本届“高交会”电子专馆参展参观人员的基本构成情况，以及两者对“高交会”电子专馆的评价及明年参展意愿等情况进行了统计分析。

一、参展商分析

（一）参展商基本情况

参展商以新产品展示为主。76.3%的参展商是为了利用展览机会进行市场推广，寻找新的合作伙伴，显示专业馆参展商参展目的的务实趋势，为专业馆活动的成功举办及吸引专业买家奠定了基础。

外资比例较高。64%以上为国际展商，海外参展企业主要来自美国、日本、韩国、意大利、新加坡、德国、以色列等国家。

展商素质高。瑞萨科技、全美达、伟创力、美国国家半导体、美国国家仪器、东光株式会社、MCCI、3M、美国 ESS、阿可－日精、松下、西门子、安必昂、环球仪器、精工技术、罗德与施瓦茨、信利半导体、菲尼克斯、施耐德等国际著名企业参与了本次展览及研讨会。

（二）参展商反馈

（1）专业性定位获展商认同。电子技术是高新科技的重要组成部分，电子技术及电子生产技术的发展及应用对于推动高新科技产业的发展有着重要的意义及作用。“电子技术与电子生产技术专馆”首次设立，重点展示集成电路、生产设备、检测设备及其他电子组件，展出国际电子及电子生产领域的前沿技术，并配合专题研讨会，为广大参展商提供一个展示企业核心竞争实力，进行技术交流、合作洽谈的绝佳舞台；专业性突出，因其针对国内电子制造业的需求，故备受业界瞩目。本次电子专馆是“高交会”继续朝着专业化发展的再一次成功尝试。

（2）展商参展目的注重实效。“高交会”电子专馆展商的第一参展目的是推广产品市场，提高企业知名度则成为了第二目的。这表明本届高交会的参展商的参会目的更加务实，参展商更注重展览的实效。

（3）技术发布及研讨会受欢迎。调查显示，技术研讨会与产品发布深受展商欢迎。本届电子专馆的技术研讨会吸引了多个业界领袖企业参加，在行业影响广泛，几个研讨会均座无虚席，吸引了业界的关注。

（4）专业观众的数量和质量获得好评。本届"高交会"电子专馆的观众来源包括："高交会"原有的观众群、通过网站及传真报名的专业观众、特别邀请的VIP观众、展商邀请的客户等。参展商对于专业观众的数量和质量评价颇高。尤其是数量方面，获得一致好评。对于专业观众的质量，78%以上的展商感到满意或基本满意，同时希望专业观众的素质能进一步提高。

（5）下届"高交会"电子专馆参加意向。在针对所有展商的调查中，96%的展商有意向明年继续参展，同时有30%的展商表示下届会将扩大展览面积。另有多家企业在参观展览现场后对未能及时报名参展表示遗憾。

针对本届未参展的客户，我们也得到了积极的反馈，现场及电话调查中有40%以上的客户表示将考虑参加下一届"高交会"电子专馆。

（三）展商抽样调查

1. 是否有兴趣参加2005年第七届"高交会"？

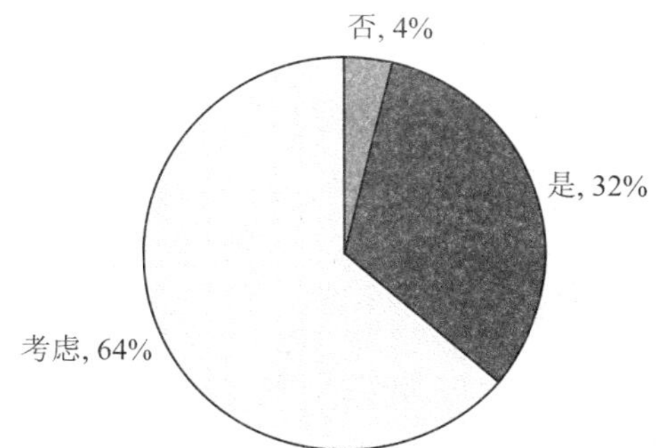

2. 对大会的总体评价

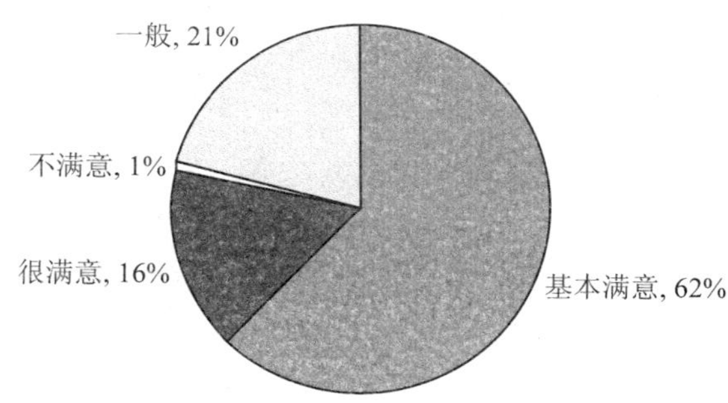

3. 对买家及观众的评价

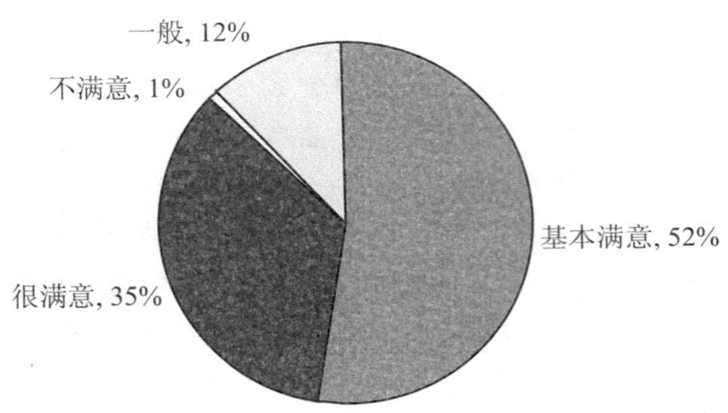

二、观众分析

（一）参观观众构成

1. 专业观众比例

电子技术与电子生产技术专馆以全球最前沿的电子技术及电子生产技术为主题，邀请了大批国内外电子制造商的决策人员、研发技术人员、采购经理参观，专业观众的比例高达70%以上。专业观众的参观目的主要是寻找可以合作的伙伴、寻找业界新的技术及产品、寻找新的供应商，也有的是来收集相关的市场资料。电子专馆的参展商都对今年的观众数量表示满意，大量的专业观众为参展商创造和提供了较多的市场机会。

◆ 附图：参观观众组成

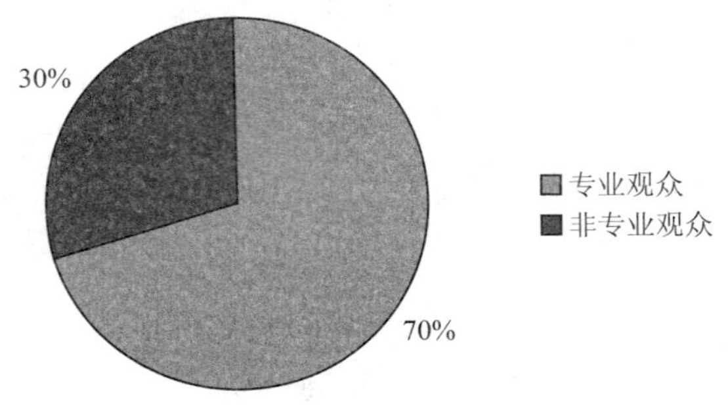

2. 参观观众主要来自于电子和通讯制造业

电子专馆通过专业媒体、行业协会以及买家数据库广泛邀请国内外电子信息企业的高层、专业技术人员、买家前来参观。其中专业买家主要来自消费类电子制造及通讯制造领域，其在所有观众中所占比例高达54%。从观众的结构上说，企业中高层管理人员和技术人员、采购人员所占比例最高。

◆附图　第六届“高交会”电子专馆专业观众结构

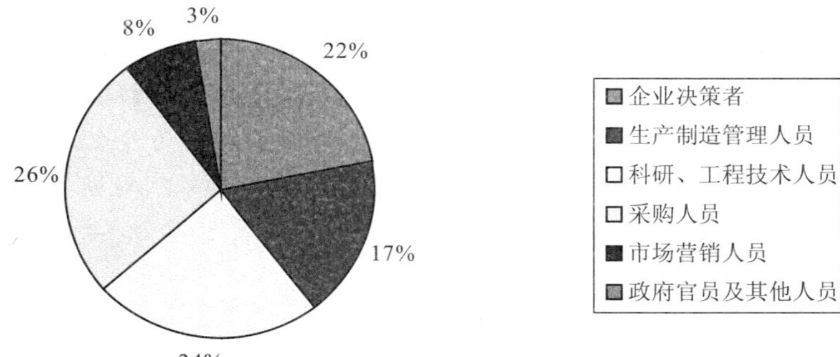

◆附图　第六届“高交会”电子专馆专业观众分布

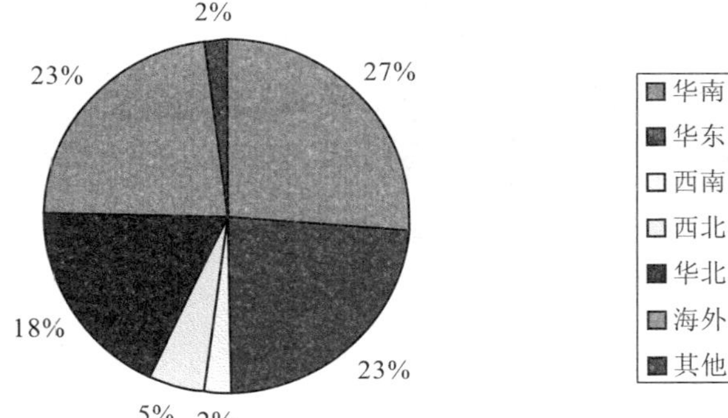

◆ 附图：参观观众所属单位性质的结构分布

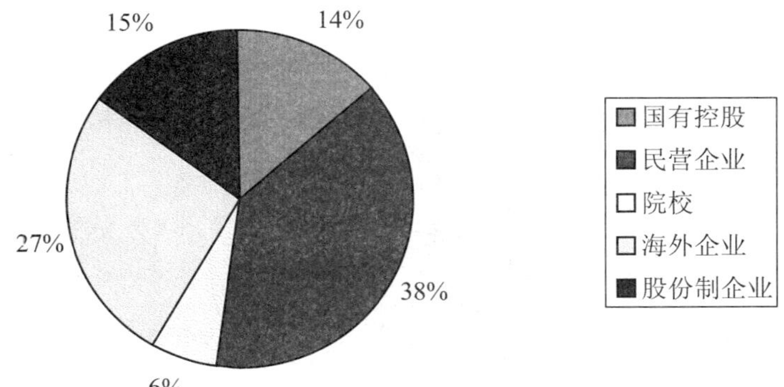

（二）观众分析

（1）电子专馆参观观众。调查数据显示，此次高交会电子专馆的专业观众数量得到保证，表明了电子专馆在组织参展商和参观观众方面采用了较为有效的方法，使展商在高交会上宣传推广产品收到良好的效应。

（2）专业观众群体开始形成，下一届参观意愿较高。本届高交会电子专馆的观众中，参观过两次以上高交会的观众达到43%，57%是初次参加。说明了超过一半的观众是由于专业馆的吸引到场的新增观众，这为专业馆未来的发展奠定了必要的观众基础，也证明了高交会专业化发展是必然趋势。97%以上的观众表示将参观下一届高交会电子专馆，而明确表示不会参加的观众仅占2.5%。

◆ 附图：参观观众是否考虑出席下届电子专馆

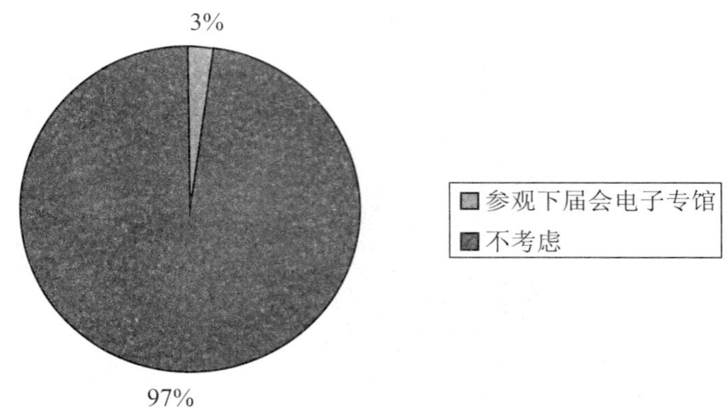

观众抽样调查：

1. 对本届大会的总体评价如何？

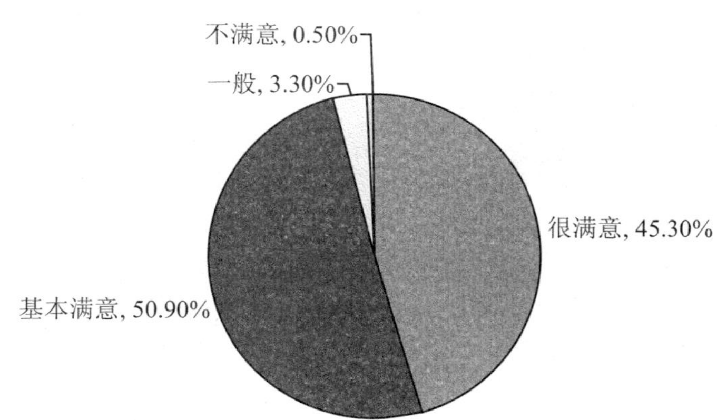

2. 对本届高交会首次举办电子专馆的参展商素质评价？

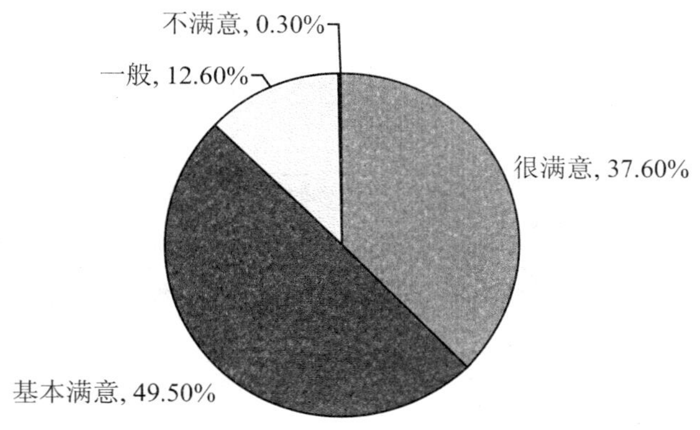

附录 1：

贸易展览会评估标准

种　　类	项　　目	重要性排序
参展企业质量	参展决策者的比重	1
	目标市场观众的比例	2
	展览会的专业性	8
	潜在客户的数量或比例	9
	筛选参展企业	15
参展企业数量	参展企业数量	3
	展览会组织者的宣传规模	5
	展览会参观者在过去几届的数量	6
展出位置	展出位置	4
	可以策划展出面积/位置等	7
	走廊观众流量	13
管理	登记可预先登记程序	10
	安全保卫	11
	展品运进、返出的手续	12
	运进、返出设施	16

附录 2：

主观评价指标体系的含义

项目	指　标	含　　义
满意度	参展商满意度	对展会不同满意程度的参展商在全体参展商中所占的比例
	专业观众满意度	对展会不同满意程度的专业观众在全体专业观众中所占的比例
	普通观众满意度	对展会不同满意程度的普通观众在全体普通观众中所占的比例
目标实现度	参展商目标实现度	参展目标不同实现程度的参展商在全体参展商中所占的比例
	专业观众目标实现度	参展目标不同实现程度的专业观众在全体专业观众中所占的比例
	普通观众目标实现度	参展目标不同实现程度的普通观众在全体普通观众中所占的比例
持续参展率	参展商持续参展率	继续参加展览的参展商在全体参展商中所占的比例
	专业观众持续参展率	继续参加展览的专业观众在全体专业观众中所占的比例
	普通观众持续参展率	继续参加展览的普通观众在全体普通观众中所占的比例

附录 3

客观评价指标的统计含义

项目	评价指标	统计含义
展位面积	出租的展位面积	指出租用作展览或特殊展出的面积（为参展商和（或）观众提供公共服务的行政管理机构、协会和组织所占用的面积不记为出租展位面积） 出租的展位应被划分为室内和室外展出面积，还应被划分为国内和国外展出面积。划分为国内和国外面积应以参展商的划分为依据。被用作舞台、特殊活动的面积不算作是净展览面积，除非他们满足特殊展位的条件
	特殊展位	在展会（包括消费类和贸易类）上，尤其是消费类展会上，组织者会安排额外的空间用作特殊展示（通常是和某些组织合作），如设计展示、研究成果、工艺展示、专业培训信息或其他一些内部专题展示
	总面积	包括所有用于展览的面积，如展位面积、走廊、休息厅面积等，但不包括诸如饭店、办公室等辅助设施。出租的展位面积与总面积的比例一般在 50%~60%之间。

续表

项目	评价指标	统计含义
参展商	参展商数量	凡是作为独立单元支付展位费用，并在整个展览持续期间完全由自己雇佣人员以自己或他人的名义来提供产品或服务的个体就被称为是参展商。支付展位费但未能参加展览的企业不被计为参展商。联合展出的企业也应被计为参展商，只要参展商是以自己的人员和产品展出即可，即使没有形式上的分离，但只要独立性是明显的即可，因此在展商登记方面必须能表现出展商的独立性，如果说联合展出的展商登记时不能表现出独立性，它们将被作为一个展商反映。如果一个展商占用一个以上展位，也应当被当作一个展商来记录。但是，如果一个展览被清晰地划分为几个部分，或者说提供不同的产品和服务，而且一个公司在不同的部分都有展位并且在每个展位上都能真正地展览，那么就应该根据这个参展商独立的展位个数来计量这个参展商的个数。即使母公司出现在展览上，只要子公司能提供自己的产品并满足其他的参展商的条件，子公司也是独立的参展商。在展会上为参展商或观众提供服务的服务提供商、行政管理机构、协会和各种组织不能被计为参展商。但当他们提供的服务与展览的主题相关，而且他们还支付了展位费时，就应该作为参展商来计量。筵席承办商不能算作是参展商
	外国参展商的数量	这是国际展的重要指标，指来自举办国以外的其他国家参展商的个数
	被代理企业数量	委托其他企业代为展览本公司产品的企业。一般代理商只能被记作一次，多次记录的规则与参展商一样；记录参展商的规则同样可被用于记录代理商；当公布参展商总数时，代理商的数量不能记在内
	参展商所代表的国家数量	参展商所代表的国家数的总和
观众	观众的数量	第三个重要指标。（国内和国外的）观众的绝对数量是观众分析评价的基础。这些数据都能从组织者处获得。观众人数也就是入场券的数量，一般可以通过观众入场系统或单天票数以及多天票数乘以最小使用频率来计算。在一些特殊的案例中观众数可以通过调查方式获得，对于一些并行举行的展会，以联票形式出售。调查问卷的形式获得的观众数据是可比的，但是由于策划的方法不同波动较大
	专业观众的比例	出于商业/专业目的参加展览的观众在观众总量中所占的比例

续表

项目	评价指标	统计含义
观众	国内专业观众的地区分布	国内专业观众在本地区和全国范围的分布
	国外专业观众的地区分布	国外专业观众在本地区和全国范围的分布
	专业观众行业分布	专业观众在各行业的分布
	专业观众对购买/采购决策的影响力	专业观众对所在公司/组织采购决策的影响力
	专业观众的职位	专业观众在所在公司/组织的职位
	责任范围	参展商能意识到专业展不仅是有负责采购的技术人员或管理人员参加，消费类展会也不完全是由购买者参加。尤其是在一些大型的公司或在一些大额的采购中，往往会有特殊部门来参加。消费类展会通常也有一些寻求零售灵感的个人销售者或市场专家参加。参展商应该特别注意和这些观众建立联系，因为他们对参展商的产品进入市场有重要影响
	参展频率	在一个已举办过的展览上，平均有20%~40%的观众第一次参展，也就是说，参展商有大量的机会和第一次参加展览的公司或者是经常来参加展览的公司的新员工建立联系
	专业观众的公司规模	指专业观众的公司规模，一般以公司雇员多少来表示
	专业观众停留时间	专业观众在展会上停留的天数
	普通观众比例	一般的消费类展会普通观众的比例超过80%，在特殊的消费类展会上这个比例可能会更低一些。还有些展会会有两类观众参加：专业观众和普通观众，而普通观众比例一般在30%~70%之间
	普通观众的地区分布	普通观众在国内、外的地区分布
	年龄	普通观众的年龄
	职业	普通观众的职业
	家庭净收入	普通观众的家庭中每个成员净收入的总和
	购买或预定活动/展后采购活动	普通观众在展会上以及展会后的购买/预定活动

续表

项目	评价指标	统计含义
媒体	媒体的数量	对展会进行报道的媒体的数量
	国内媒体的比例	国内媒体在媒体总量中所占的比例
	媒体所代表的国家数	媒体所代表国家数的总和

第六节　会展总结报告

总结通常有两重含义，即总结工作和总结报告。总结工作不是独立的业务工作，而是管理工作的组成部分。总结的功能是统计整理工作资料，研究分析已做工作，为未来工作提供数据、资料、经验和建议。总结对经营和管理有着重要意义和作用，评估工作是总结工作的一部分，总结工作还包括工作总结、财务总结、市场调研报告等工作。

一、会展总结工作

总结工作就是书面总结，是会展工作中使用极为广泛的一种事务文书。在会展工作中，经常运用总结对一定时期内的会展工作实践或已完成的某一专项会展工作进行全面系统的回顾、分析、检查和研究，找出成绩，发现问题，总结经验教训，揭示事物的客观规律，以指导今后的会展工作。

总结是管理的一项工作，需要有相应的计划和安排，应该在制定会展工作计划时一并考虑。总结工作要有负责人，其责任根据管理需要制定总结范围、内容和形式，监督具体办事人员或自己收集、整理、编写工作，并控制工作效率和质量。总结工作在会展工作开始的同时就要着手，主要是记录收集有关情况。收集方式与评估资料收集方式相同，可以结合起来做。总结工作贯穿于会展闭幕前后，主要做统计整理工作以及编写各种材料。总结所需材料较之评估所需材料范围更广。

总结工作需要一些技巧，包括随时收集、记录、统计有关资料和情况，因为会展一旦结束，再收集资料和情况就很困难；尽快动手写总结，一般是在会展闭幕到展台人员返回原地之间的时间内完成；总结材料完成后，要及时（最好在会展闭幕两周内）提供给所有有关部门和人员。

编写总结材料时，需要注意总结材料有内用和外用之别。内用总结报告要全面、实事求是，以便发现问题改进工作。外用总结材料要注意内容和措辞，否则造成不好影响很难转变情况。此外，有些总结材料需要保密，例如对本部门工作人员的评价、财务开支收益情况等。总之，要用公正的态度和科学的方法对待这部分工作。

会展工作涉及面广、环节多，各种统计、总结材料很多。把所有有关的总结材料分门别类汇集整理，并装订成册，将有利于阅读、保存和查询，有利于更好地发挥总结材料的作用。

负责总结报告的管理人员可以召开一个总结大会，让大家就一些议题畅所欲言，在发言中，既可就自己所负责的工作进行总结，也可以对其相关工作进行评估；对于各种发言，大会派专人做好记录，会后整理成文。同时，还要求每个工作人员会后就自己的发言写一书面总结材料，办展机构再将会议记录和该书面材料相结合，整理成一份完整的总结报告。

二、会展总结报告

展览工作总结报告是展览情况、工作、效果和建议的全面反映，是最重要的报告。总结报告内容要实不要虚。总结报告可以有内用和外用之分。另外，总结报告可以合写，也可以分开写。一份完整详细的工作总结报告内容包括展览会筹备、市场和竞争对手、展览工作与效果、贸易工作和效果等。具体内容如下：

一是展览会概况：展览会名称、日期、地点、规模、性质、内容、参展企业数量和质量、展览单位数量和质量、展览整体效果和评估结果等；

二是市场和竞争对手情况：数量、展览面积、展示内容、展示展览、展示方式、成果和评估结果等；

三是展览情况：展出目的和目标、内容、展馆面积、位置与评估结果、整体组织和管理工作、展品和运输、设计和施工、宣传和广告、海关和交际、行政和后勤、展览人员的素质、表现与评估结果等；

四是展览成果：成交额分类统计、接待客户数和分类统计、宣传效果评估结果等总结，成功与不成功的经验和教训，改进意见和建议。展览不论多么成功，总有可以改进之处，因此总结必须有建议。

根据需要，展览工作总结也可以分开写，可以划分为展览工作总结、贸易工作总结、市场报告（有市场细节情况）等。分开写要求内容更加全面详细。

一般地，展后总结报告的内容主要包括以下方面：

（1）对会展策划进行总结。对会展策划方案进行分析评估，评估的内容包括：会展的举办时间、地点、展品范围、会展规模、办展机构组成、会展定位、会展价格、人员分工、会展品牌形象策划等，找出它们好的方面和不足之处。

（2）对会展筹备工作进行总结。内容包括各项筹备工作的安排和调整等。

（3）对会展招展工作进行总结。内容包括：目标参展商数据库的建立和改进办法、展区和展位划分、展览题材的增减、招展价格的合理性、招展函的编印、招展分工、招展代理的工作、招展进度安排、招展宣传推广和招展策略等。

（4）对会展招商和宣传推广工作进行总结。内容包括：目标观众数据库的建立和改进办法、招商分工、招商宣传推广、招商进度安排、观众邀请函的编印、招商渠道的建立等。

（5）对会展服务进行总结。内容包括：会展的展前、展中和展后各服务环节的服务，以及对这些服务的质量、提供方式等进行总结。

（6）对会展现场管理工作进行总结。包括对会展布展、开展以及撤展等的现场管理进行总结。

（7）对会展的指定服务商工作进行总结。包括对会展指定展位承建商、指定展品运输代理、指定旅游代理、指定清洁和保安公司等的工作进行总结。

（8）对会展的时间管理办法进行总结。包括对会展的招展、招商、宣传推广、会展服务、筹展撤展以及会展整体时间管理等进行总结。

（9）对会展的客户关系管理措施进行总结。

案例1：

2007浙江宁海机床、工模具及塑料机械展览会总结报告

由浙江省设备管理协会主办，宁波海曙海德展览有限公司执行承办的“2007浙江宁海机床、工模具及塑料机械展览会”已于2007年11月16日至18日在宁海五一九国际广场中心隆重举行，并于18日成功闭幕。

一、本届展览会的召开背景及概况

作为工业特别是制造业之母，模具行业是宁海的特色优势所在，是“对外展示的窗口、提升行业的平台”，同时也是宁海工业的活力所在和后劲所在。“中国模具看宁波，宁波模具看宁海，而到宁海必看模具城。”其中作为行业对外展示窗口和中小企业发展孵化器的宁海模具城，更是被称赞为“小城扛起了中国模具大旗”，成为各地争相效仿的集约化发展模式之一。

宁海——中国模具产业带中心区域，它是“中国模具生产基地”、“中国模具产业基地”、“中国文具生产基地”，其模具制造业、塑料加工、汽配加工、灯具制造在国内有明显产业优势。宁海现有模具制作和塑料加工企业2000余家，其中模具专业企业就有500多家。2006年模具业产值达50亿元。随着模具业、塑料加工业的快速发展，企业对原材料及机器设备需求不断增加，尤其是具有较高科技含量、大型的加工设备需求在迅速增加。宁海经济靠工业立县，工业

经济在全市GDP总量中占三分之二比例，综合经济实力和基本竞争力在全国百强县市中名列前茅。随着近年来宁海县工业经济的迅速发展，模具、文具、汽车配件、灯具、五金机械、电子电器六大特色行业在政府的有力推动下，特色优势更突出，技术创新能力更强，国际化程度更高，专业化分工协作逐步显现，支撑起宁海工业经济发展。日前，宁海县经贸局为培育壮大特色行业，出台文具、模具等行业龙头企业评选标准和特色行业发展实施细则。再经过五年左右的努力，把宁海县打造成为一流的中国模具生产基地和中国文具生产基地，进入国际汽车零部件采购体系，形成较大规模的灯具、五金机械、电子电器产业集群。

各制造型企业对国内外先进生产设备的需求越来越大。举办“2007浙江宁海机床、工模具及塑料机械展览会”不但满足了我县广大企业的这种需求，还为他们搭建了一个与国内外先进设备制造企业进行技术交流的良好平台，加强了企业的对外沟通，同时对于提升我县的知名度也起到积极作用。本次展览会展出了各类模具制造设备、数控设备、塑料机械、雕刻机、刀具等大中型机械设备，有来自上海、杭州、宁波及三门、象山、奉化等周边县市的众多客商。参展企业主要来自日本、中国香港、中国台湾、上海、广东、山东、江苏及浙江等地，在本次展览会上，参展企业的档次和参展设备的技术含量等相比往届都有很大提升。

“2007浙江宁海机床、工模具及塑料机械展览会”设标准展位348个，汇集了日本、韩国、法国、德国、美国、中国及中国的港、澳、台地区等10多个国家和地区的208家企业，展示了知名品牌的最新技术和最新产品。

二、参展商情况

1. 基本情况

“2007浙江宁海机床、工模具及塑料机械展览会”是一个高度专业化的展会。在本次展会上，中外模具行业及设备类的著名厂商带来了最新的技术和产品。沈阳机床集团、中国海太机械集团、云南磨床厂、台湾台励福、台湾协鸿、瓯野精机、台湾立驰、北京精雕、大韩EDM、上海电气集团、香港机械进出口公司、大虹工具、拓泰工业、精诚模具等作为中国机械模具行业领域的代表在展会上强力出击，不仅展示了企业形象，加强了合作与交流，同时带来了新的设计、制造技术。

2. 参展商的反映

（1）在宁海举办的机床展，重在交易，优势明显，非常成功，是宁波地区效果最明显的展览会。

（2）作为区域性品牌展，参展商基本聚齐，达到了预期效果。

（3）据展商反馈（60%的参展商调查报告显示）2008 年将继续参加的占 78%，待研究的占 22%，不准备继续参加的为零。

三、贸易情况

本次展览会在展会结束前对参展商进行了问卷调查，约 80%展商反馈结果显示，展会期间结识和接待了许多新老客户（累计 20284 人次），意向成交额约为 5.84 亿元人民币，实际成交额为 9475.1 万元人民币。

四、观众情况

展会在观众宣传组织方面，除得到 20 多家中外专业媒体的支持与协作，配合向业界读者发送邀请函，同时通过全国及地方行业协会、学会系统、政府行业管理系统和大型企业系统等多方面渠道的宣传组织，邀请有关家电、模具、五金、汽摩配、纺织、电子、文具、轴承、机床等行业的相关生产、销售、进出口公司亲临展览会现场参观、订货。为期三天的展会，共接待了专业观众 25831 人次（不完全统计）。据统计观众中企业总经理、高级管理人员占 13%，整机制造商 21%，采购人员占 7%，设计行业企业占 29%。对购买产品有最终决策权和有建议权的观众占 58%。观众兴趣在机械设备方面的占 23%，对模具感兴趣的占 45%。

从以上数据可以看出，本次展会观众专业性极强，涵盖了各类模具生产设备产业链的各环节企业及终端产品制造商，可谓是行业大聚会，确实为业内相互交流、加深了解、探讨合作创造了一个很好的机会。

五、目前的不足之处

（1）约 9 家参展单位反映本届展览会的场馆太简陋，硬件设施和专业展览馆相比还有很大的差距。

（2）部分采购单位反映本届展览会指示牌不够多（现场已及时补充了指示牌）。

六、宣传工作

为了扩大本届展会的影响力，使参展商得到实际效果，主办单位对展会进行了广泛宣传，以多种形势通过多种渠道和机会加以宣传和分析，在国内多种专业刊物上刊登了新闻和信息，通过《机电商情》、《模具工程》、《机床商情》、《模具机械工业》、《电加工与模具》、《模具工业商情》、《国际模具工业》、《机电产品市场》、《数控机床市场》、《机床制造产业》、《机床工具制造业》、《机械加工与机床》、中国机床网、中华机械网、中国模具网、全球五金网、中国塑料模具网、中国机械买卖网、中国机床工具网、中国机床商业网、中国轻工模具网、中国机床工业网 、国际机械信息网、机电在线中国网、中国数控机床工具网、现代金报、东南商报、宁海电视台等新闻媒体上对展会作新闻报道，进一步宣传和介绍宁海机床模具展。

七、鸣谢

“2007 浙江宁海机床、工模具及塑料机械展览会”取得了圆满的成功，宁波海曙海德展览有限公司真诚、衷心感谢以下单位：

浙江省设备管理协会

浙江国宏电气股份有限公司

宁海县精汇机电物资有限公司

宁波同盛机电设备有限公司

宁海县飞马刀具有限公司

各专业媒体和网站

浙江省各大报社、电视台、广播电台

⋮

在此组织单位向各单位再次表示衷心感谢！宁波海曙海德展览有限公司将总结本届工作中的不足之处，继续努力，再接再厉，精心组织策划 2008 年宁海机床模具展，争取把展会办得一届比一届好。

宁波海曙海德展览有限公司

2007 年 11 月 21 日

案例 2：

2007 灯饰制造业配套采购展展会总结报告

主办单位：中山市古镇商会、中山市古镇照明电器协会

广州博优会展服务有限公司

协办单位：四川省照明电器协会

媒体同盟：国内外 50 余家专业媒体

承办单位：广州博优会展服务有限公司

展会概况

2007 第二届灯饰制造业配套采购洽谈会由广州博优会展服务有限公司联合中山古镇商会、中山古镇照明电器协会共同主办，大会得到了中山市公安消防支队第三大队、中山市工商行政管理局小榄分局、中山市小榄镇体育运动委员会、四川省照明电器协会等单位的大力支持。第二届灯饰制造业配套采购洽谈会参展企业达 180 多家，比首届规模扩大了 40%，是国内“灯饰配套”领域内专业化程度最高的展会。

组委会在提升观众质量方面狠下功夫，强化与媒体的合作，得到媒体的广泛宣传报道，参观人员非常踊跃，99%以上的观众为灯饰业内专业人士，松本、华泰、华艺、雷士、欧普、TCL、胜球等一大批品牌灯饰企业高层领导及相关采购人员到会参观采购。参展商和参观商一致认为广州博优会展服务有限公司主办的2007第二届灯饰制造业配套采购洽谈会取得了圆满成功。本届展会的成功举办，为灯饰产业链领域的生产、流通、销售和使用的企业及专业人士之间架起一条交流合作的桥梁，对推动灯饰行业的发展、促进行业交流有着十分积极的意义。

本届展会的相关数据统计

展会规模：展场总面积3000m^2，展会共设置展位（3m×2m）179个。（注：大会实际报名参展企业达191家，因体育馆场馆有限，部分企业未能获得展位，在此深表歉意）

展商分析：总计167家，分别来自中国香港、中国台湾、上海、浙江、江苏、安徽、湖南、广州、深圳、东莞、中山、珠海、佛山、江门等地区。

论坛及研讨会：展会期间博优会展和慧聪网共同主办了“中国灯具企业营销论坛”。

展会成果：

◆展会签订贸易合同及合作意向书137项，技术合同（转让/合作）及意向书53项，包括产品与技术的购买、合作、代理、使用等。

◆展会意向成交额3300多万元。

观众分析：

◆总参观人数：11000多人次，99%为专业观众及买家（第一天：5500人次；第二天：4100人次；第三天：1400人次）。

◆观众地区分布：全国10余个省、市、自治区，港澳台地区以及美国、意大利、西班牙、埃及等多个国家和地区。

◆观众行业分布：成品灯饰生产企业、灯饰配件供应商、灯饰原材料供应商、灯饰设计、物流、OEM、灯饰设备生产商、行业协会、咨询机构、金融机构、媒介等。

◆媒体宣传：共计刊登广告、信息320版／条

◆专业杂志：41家

◆专业网站：70家

◆大众传媒：5家

◆到会记者：31位

其他宣传：

◆本届展会共计寄出邀请函、入场券、请柬等15万张（包括通过合作媒体

寄出邀请函及入场券 3 万张，通过参展商寄出邀请函及入场券 15000 张），开展前集中寄出信函 32513 封，发送传真 63100 多份、发送手机短信 32000 多条。

◆展会办公室通过电话联系、上门拜访、展会推广等多种方式，广泛邀请业界人士到会。

组委会小结

2007 第二届灯饰制造业配套采购洽谈会的成功举办，正是博优会展在坚持良好操作模式下取得的又一次良好成绩，令人欣慰，第二届灯配会的成功举办，为往后“博优灯配会”的发展奠定了坚实的基础，积累了宝贵的经验，我们将总结经验，再接再厉，在举办下届展会时改进和完善以下工作：

①整合和优化有关资源，继续扩大展会规模，提升展会档次，强化展会的专业性，继续深化与各大媒体的联系及合作，拓展宣传推广渠道，使展会进一步成为“官—产—学—研”交流合作的平台；

②多渠道收集终端用户的相关资料，继续扩充和完善观众数据库，并与参展商分享用户及买家信息，使展会的后续服务成为参展的延续收益。

第三届博优灯配会展望

2008 博优第三届灯饰制造业配套采购洽谈会预计展场面积超过 8000 平方米，展商达 300 多家。今年与会的各重要参展商均表示将继续参与，今年因故未能参展的一些著名公司也纷纷表示将参加第三届博优灯配会。

我们将秉承多年专业经验，力争在展会规模、专业水平、观众数量及质量、展会服务等方面更上一层楼，使第三届灯配会再创新高，更创辉煌。

展会免费增值服务

为了最大程度地让本届参展商取得良好的参展效果，广州博优会展服务有限公司将展会期间到会参观采购商的名片复印后整理成册，免费提供给本届大会的参展商。

本届展会所有参展商将免费获得由慧聪网提供的会员商铺一年。

大会配套印刷会刊一万册，会刊编录了所有参展商的信息，部分因为时间原因未能前来参观的采购商，将能免费得到组委会邮寄会刊一本。附件：参观采购商名片精选集！参展商慧聪网会员商铺网址！敬请广大参展商对我们的会展工作提出宝贵的意见，不胜感激！

（例文：选自中国照明网）

三、会展财务总结报告

财务报告对企业经营管理有着非常重要的意义和作用。财务报告的内容除了应当有基本统计包括预算、决算外，还应当有反映经营效益、效率、利润的计算和推算。对企业而言，效率、效益和利润是最为重要的。由于展览效果和效益需较长的时间才能体现出来，因此，财务报告可以根据实际情况分为开支报告和远期的效益报告。

附录1：

预算表（一）

类别	项目	预算	实际支出	备注	备用
直接开支	场地费			注明支付日期	15%
	标准展架				
	道具、文图、模特			尽快预定	
	服务：水、电、气、冰箱			查对在合同之内或之外	
	电话、花草				
	保险			公司原保险上加保	
	清扫				
	家具、地毯			查对在合同之内或之外	
	人工费：设计、施工			使用专业人员	
	差旅			实地考察	
设计施工	展具制作			尽快安排	10%
	展具购买			使用标准件	
	搭建、拆除				
	仓储			努力减少仓储时间	
	测试				
	运输			准备往返运输	
	装卸				
宣传广告	广告：报纸、电视			结合公司整体广告安排	20%
	海报、直接发函			尽快印刷	
	展览会目录：登记、购买品				
	专业报刊广告				
	技术资料：设计、翻译			结合展览会活动安排	
	排版、印刷				
	公关活动				
	招待、宴请				
	新闻工作			指定人负责	
	摄影、摄像				
	贵宾访问				
	特别活动			竞赛、评奖	

续表

类别	项目	预算	实际支出	备注	备用
人员费用	操作人员				5%
	培训、培训材料				
	会议				
	住宿			及时订	
	交通				
	安全保卫			展品、道具、人员	
	制服				
	胸章、入场证				
	翻译、模特				

预算表（二）

项　目	预算开支	实际开支	差额比例	占总额比
1．场地租金				
2．展台设计费				
3．施工费/标准展台费				
4．文图制作费				
5．道具制作租用费				
6．接电、电费				
7．以上 15%应急预算				
8．设计施工总预算				
9．交通费				
10．市内交通费				
11．膳食费				
12．住宿费				
13．工资、补贴、奖金				
14．以上 5%应急预算				
15．人员总预算				
16．展品制作费				
17．展品包装费				
18．展品、道具运输费				
19．海关税、商业税、增值税				
20．保险费				
21．以上 10%应急预算				
22．展品运输总预算				

续表

项　　目	预算开支	实际开支	差额比例	占总额比
23．资料编印费				
24．直接发函费				
25．广告费				
26．记者招待会、新闻稿费				
27．宴请、贵宾接待公关费				
28．接待室费用				
29．摄影、摄像费用				
30．宣传总预算				
31．以上 20%应急预算				
32．总预算				

附录 2：

展出成本详表

展　出　成　本	
展览目标	包括成效、接待客户等
	接触潜在客户的平均成本
	与潜在客户建立联系的平均成本
	签订合同的平均成本
非展览目标	包括扩大影响、提高形象、市场调研等
	散发资料（包括直接发函）或用品的平均成本
	音像放映、表演的平均成本
	新闻报道平均成本（可以以每一次报道或每千字为单位）
	广告平均成本（可以以报刊面积或电视、电台的播放时间为单位）
	研讨会出席人员平均成本
	了解竞争对手情况平均成本
	参加（展览会组织者劳动保险展览单位组织的）研讨会的平均成本
	调研报告的平均成本

附录3：

展品运输费用表

类别	项目	去程	回程	合计	总计
展品费	制作、购买费				
	包装费				
	维护费（保卫、清洁）				
	保险费				

续表

类别	项目	去程	回程	合计	总计
展品费	关　税				
	增值税				
	附加税				
	销售税				
	所得税				
运输费	参展企业所在地路陆运输费及杂费				
	发运地仓储费				
	装货港口、机场、车站费				
	保险费				
	运输及杂费				
	运地港口、机场、车费				
	装卸费				
	目的地仓储费、堆存费				
	至展馆运费				
	装卸费、掏箱费				
	空箱回运费				
	空箱存放费				
	运输代理费				
	海关代理费				
其他					

四、会展专题总结报告

展览总结报告还有许多其他种类，展览各方面情况、各环节工作几乎都可以列为专题写出报告，例如展览报告、参展企业情况报告、展览经理工作报告、展览人员工作报告等。撰写要根据需要和条件决定，专题性质的报告大多是为了了解情况，解决具体问题。

案例 1：

2004 第十届中国（上海）零售业博览会
展商及行业数据分析报告

在整个展览期间，主办机构组织人力对 106 家参展商进行了抽样调查，现将汇总结果公布如下：

1. 参展商从事的行业分析

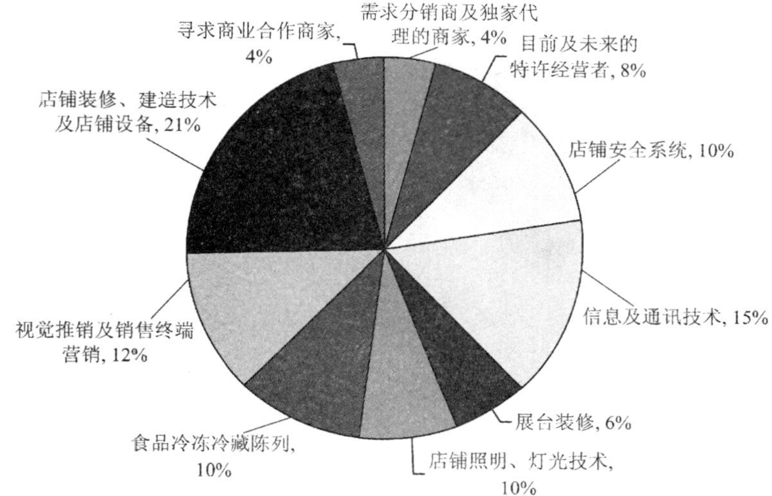

2. 参展商新建客户数量

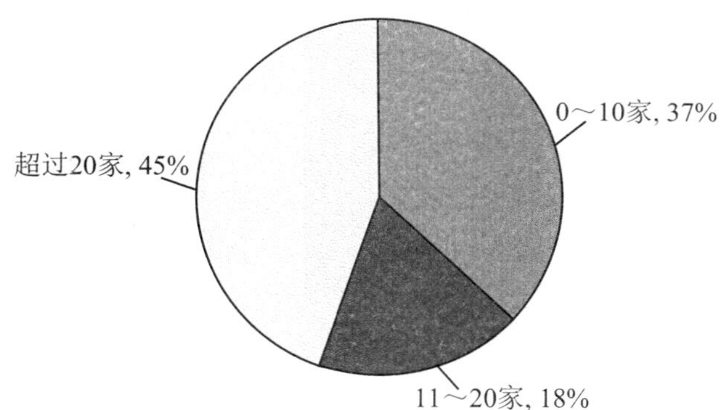

3. 参展商对新建业务质量的评价

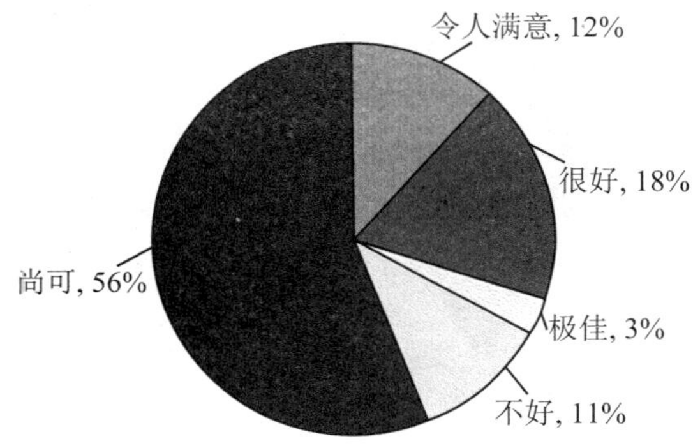

4. 参展商对专业观众质量的评价

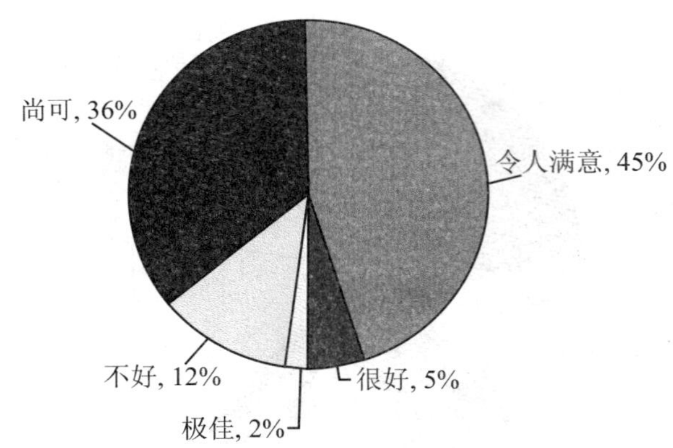

5. 参展商对展览的评价

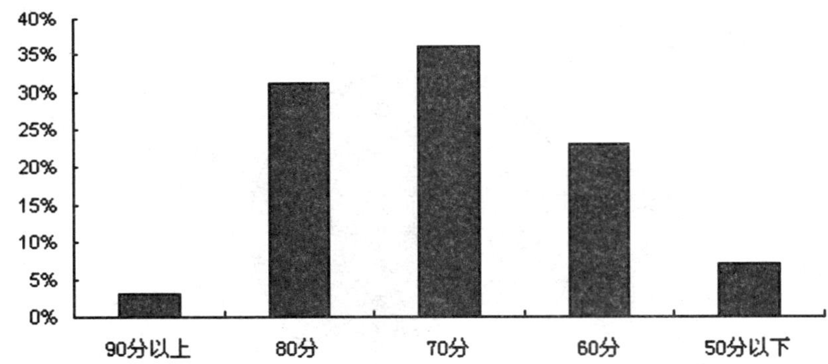

6. 参展商对主办单位的评价

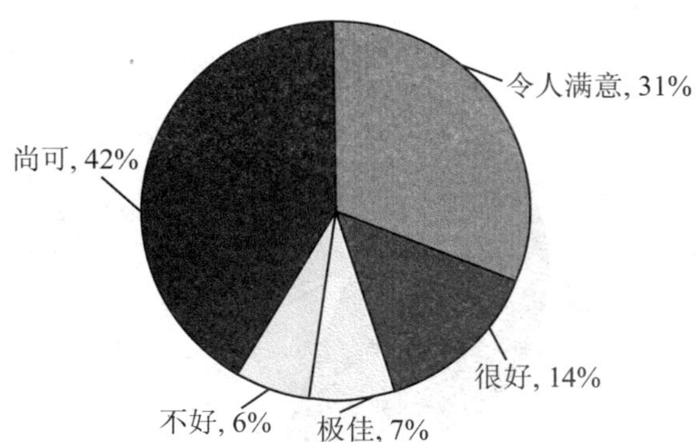

7. 是否参加下届展览

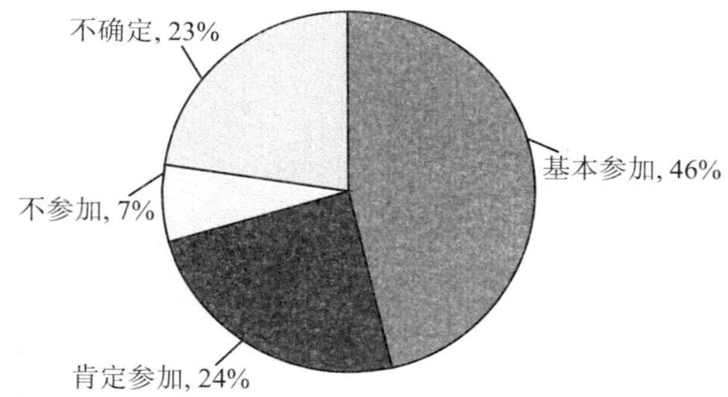

案例 2：

2005 世界客车博览亚洲展览会观众分析报告

◆国内观众来源区域统计

按照行政区域分析（除展览本地外），可以看到，来自展览临近地华东地区的观众占了较高的比例为 69.91%，其他的华中地区占 9.50%，华北地区占 8.01%，华南地区占 5.70%，东北地区占 3.39%，西南地区占 2.14%，西北地区占 1.36%。展览会的举办可以带动展览本地及周边地区的旅游、交通、餐饮等各相关行业的发展。同时也可以看出下届展览还要加强在其他区域的宣传力度。

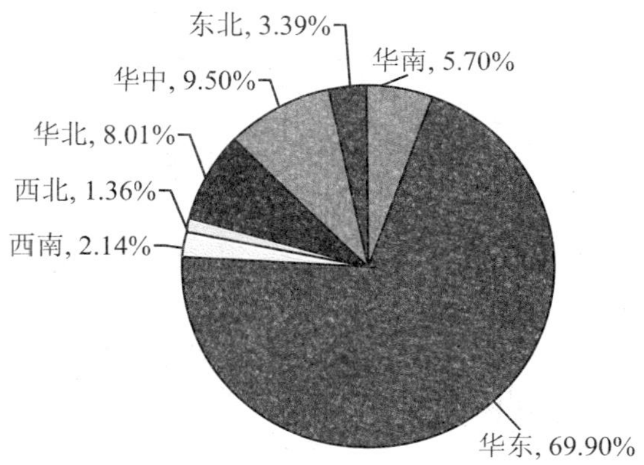

◆海外观众来源区域统计

单独对海外观众进行分析看，亚洲的观众所占的比例较大，占到了 63.95%，欧洲占 24.37%，北美洲占 8.38%，非洲占 1.78%，大洋洲占 1.02%。无法判别的占 0.51%。

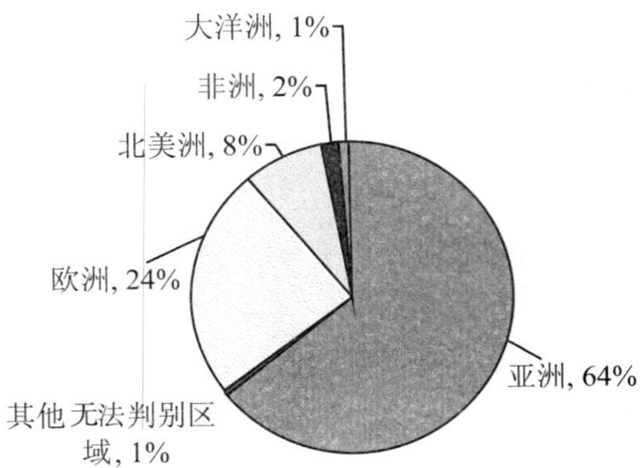

◆**观众部门分类统计**

来源最多是管理类观众，占相对比例的 35.35%，可以看出管理人员对此次展览的重视，同时也说明本展览得到了专业观众的肯定和认可。其次是技术类观众，说明来自生产商的观众较多，作为参展商和观众的沟通桥梁，争取做到下届展览能为他们提供更直接、更方便的洽谈交流条件。

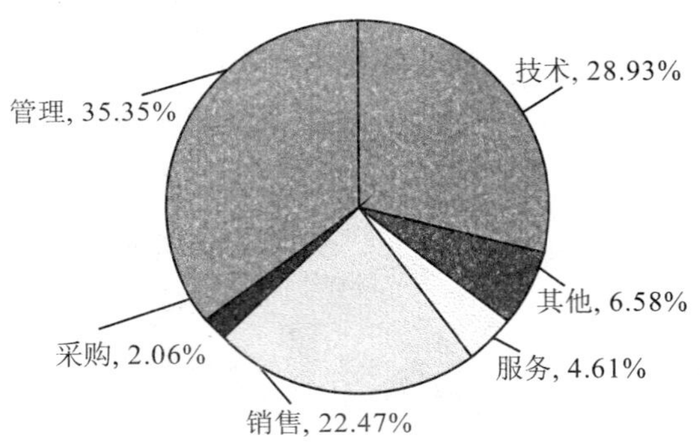

◆**观众职位统计**

作为工作的具体实施者，中级职员（往往对企业的决策具有影响力）占了 64.14%，而具有决策权的观众——高级职员也占了 16.47%。

为了把下届展览办得更加完善，吸引更多的专业观众，我们必须了解观众的需求。以下是在展览现场对 264 位观众进行有效抽样问卷调查的结果。

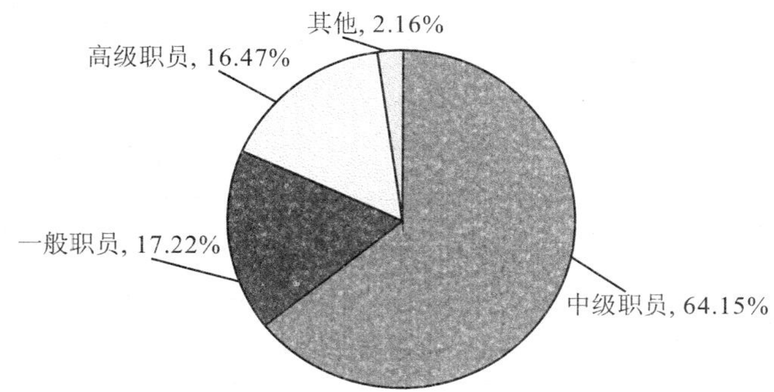

◆观众的兴趣统计

从数据中可以看出，以整车为参观目标的观众占大多数，约为43.37%，其次是配件类和公交客运类，分别为24.31%、16.85%。

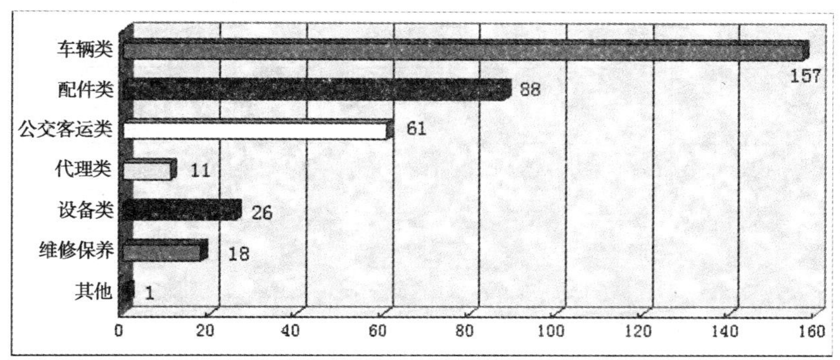

◆观众参观目的统计

许多观众关心客车行业的发展趋势，说明展会的观众比较专业，多为业内人士；而"寻找新产品"和"建立新客户"也是展商最希望的。

选　项	数量	比例
建立新的客户	74	18.97%
加强与原有客户的联络	46	11.79%
寻找新产品	87	22.31%
了解行业发展趋势	133	34.10%
购买产品	20	5.13%
参加会议	13	3.33%
考察展览以便明年参展	15	3.85%
其他	2	0.51%

◆观众对展览的评价

总体来说，观众对展览的评价比较高，满意率达75%。

选　项	数 量	比　例
极佳	11	8.21%
很好	40	29.85%
令人满意	49	36.57%
尚可	33	24.63%
不好	1	0.75%

附录1：

展览项目设计评价与控制评分表

项目编号：

项目名称：

考评内容	具体要求	标准分	评分档次	评分
1.资料完备程度及质量（8分）	（1）文、图、表齐全、完善并相互吻合	5	0~5分，每档相差0.5分	
	（2）附图和附表完整、美观、简明、清晰	3	0~3分，每档相差0.5分	
2.文字编写质量（7分）	（1）章节、内容齐全，安排合理，符合设计编写要求	3	0~3分，每档相差0.5分	
	（2）思路清晰，重点突出，文字简明扼要，概念表述清楚	4	0~4分，每档相差0.5分	
3.目标任务（15分）	（1）目标任务符合任务书要求	4	0~4分，每档相差0.5分	
	（2）对任务书要求进行了具体分解，对项目要解决的问题表述清楚	6	0~6分，每档相差0.5分	
	（3）预期成果及成果提交时间符合任务书要求	5	0~5分，每档相差0.5分	
4.设计的依据（20分）	（1）对主题资料收集齐全	5	0~5分，每档相差0.5分	
	（2）对以往展览设计评述准确，并充分利用	5	0~5分，每档相差0.5分	

续表

考评内容	具体要求	标准分	评分档次	评分
	（3）对区域市场背景的分析透彻	6	0~6 分，每档相差 0.5 分	
	（4）对项目进行必要的实地勘察	4	0~4 分，每档相差 0.5 分	
5.工作部署、工作方法和技术路线（32 分）	（1）总体工作部署合理，工作阶段划分明确，工作程序安排清楚	6	0~6 分，每档相差 1 分	
	（2）工作部署能达到预期成果目标	6	0~6 分，每档相差 1 分	
	（3）各项具体工作安排和工程布置目的明确，依据充分，施工顺序合理	8	0~8 分，每档相差 1 分	
	（4）技术路线可行，工作方法策划得当，可操作性强	7	0~7 分，每档相差 1 分	
	（5）工程施工、编录质量要求明确，并符合相关技术规范	5	0~5 分，每档相差 0.5 分	
6.实物工作量（8 分）	实物工作量合理，既经济可行又能满足实际需要	8	0~8 分，每档相差 1 分	
7.设计管理和质量保障（10 分）	（1）结构合理，满足项目任务要求	4	0~4 分，每档相差 0.5 分	
	（2）质量保证措施完备	6	0~6 分，每档相差 1 分	
总评分				
设计质量等级标准	优　秀：100~90 分　良　好：89~75 分 合　格：74~60 分　不合格：59~0 分		设计质量等级	
审查人签字： 年　　月　　日				
设计师签字： 年　　月　　日				

设计实施过程中，在展览项目设计的总体评价的基础上，对设计的艺术风格和表现手法进行总结和控制，由评价到控制，由控制再转为评价，层层相扣，循环进行，有利于整体设计质量的提高。

附录 2：

展览项目执行方案评估的主要内容

<table>
<tr><th></th><th>执行计划</th><th>评估的关键性标准</th><th>备　注</th></tr>
<tr><td rowspan="6">展览会基本框架</td><td>会展名称/主题</td><td>定位清晰、主题鲜明</td><td></td></tr>
<tr><td>会展标志</td><td>简明易记，突出主题</td><td></td></tr>
<tr><td>举办地点</td><td>符合产业发展需要，且场地合适</td><td></td></tr>
<tr><td>举办时间</td><td>符合产业特点</td><td></td></tr>
<tr><td>办展机构</td><td>各单位之间能精诚合作，且合作条款具体清晰</td><td></td></tr>
<tr><td>会展规模</td><td>充分考虑到市场规模</td><td></td></tr>
<tr><td></td><td>办展频率</td><td>符合产业特点</td><td></td></tr>
<tr><td colspan="2">论坛及相关活动安排</td><td>和展览交相辉映，且执行计划可行</td><td></td></tr>
<tr><td colspan="2">资金筹措</td><td>能保证展览活动的顺利开展</td><td></td></tr>
<tr><td colspan="2">招展计划</td><td>能达到预期的招展目标</td><td></td></tr>
<tr><td colspan="2">专业观众组织计划</td><td>能达到预期的专业观众组织目标</td><td>包括数量和质量</td></tr>
<tr><td colspan="2">宣传推广计划</td><td>配合招展、招商，并有利于提升展览会品牌形象</td><td></td></tr>
<tr><td colspan="2">服务供应商计划</td><td>能满足参展商和专业观众的需要</td><td></td></tr>
<tr><td colspan="2">人员安排计划</td><td>能保证各项工作的正常开展</td><td>包括临时招聘人员和志愿者</td></tr>
<tr><td colspan="2">会展进度控制计划</td><td colspan="2">各阶段工作目标明确、内容环环相扣、措施切实可行</td></tr>
<tr><td colspan="2">现场服务与管理计划</td><td colspan="2">各项工作分工明确、责任到人</td></tr>
<tr><td colspan="2">展后工作计划</td><td>有利于把下一届会展办得更好</td><td>主要工作包括数据库更新和会展总结评估等</td></tr>
</table>

备注：摘自杨顺勇等《会展风险管理》第 41 页

附录 3：

受损报告书

__________年________月________日__________号

保险凭证号码：

保险金额：

运输工具名称：

航程：自　　　　　　　经　　　　　　　至
起运日期：
受损日期：
损失情况：
施救整理情况：
索赔金额：
备注：

负责人：＿＿＿＿＿＿＿＿　填报人：＿＿＿＿＿＿＿

中篇

会展方案

学习目的：

本篇所涉及的方案类写作是会展文案的写作主体，通过十三节方案写作理论及案例的学习，了解各类会展方案的含义、内容、特点及写作要求，熟悉会展计划的写作形式，会展总体方案的结构及写法，各类会展专题策划方案的写作，掌握会展立项策划书，会展招展文案、观众组织方案的撰写技巧。

主要内容：

会展计划的特点及写作要求；会展总体方案的撰写；各类会展专题策划方案（会展接待方案，会展开幕式、闭幕式方案，会展相关活动文案，会展项目财务预算方案，会展时间管理方案）的含义及制作；会展立项策划书的内容与写作要领；会展招展文案包括招展函的编写和招展方案的拟定；会展观众邀请函的制作及招商方案的拟定；会展赞助方案及宣传推广文案的特点、内容及方案拟定；会展项目设计计划书、会展项目设计方案书的含义、内容及实例；会展项目施工程序书、会展项目验收报告书简介及内容格式；参展说明书、会展记录的编写。

思考习题：

1. 如何进行会展活动的招商招展工作？
2. 如何拟定会展立项策划书？
3. 各类会展专题文案的策划要领是什么？

第一节　会展计划

会展计划是预先对会展工作作出打算和安排的文书。会展计划是一个笼统的概念，纲要、规划、方案、设想、意见、安排及工作重点等都属于此类文书。

一、会展计划的特点

一是具有明确的目标，即在一定时间内要完成什么任务，达到什么目的；二是具有很强的预见性；三是措施具有可行性；四是具有一定的约束力，不能随便更改。

二、会展计划的种类

会展计划的种类很多，按内容可分为综合会展计划和专项（单项）会展计划；按性质可分为展览计划、展销计划、会议计划等；按范围可分为国家会展计划、地区会展计划、部门会展计划、单位会展计划等；按期限可分为长远会展计划、年度会展计划、季度会展计划、月度会展计划、时日会展计划等。

三、会展计划的写作方法

会展计划可以采用文字式、表格式或条目式。文字式会展计划即以文字叙述来表达会展计划的内容。表格式会展计划则主要用表格来表达会展计划的内容。条目式会展计划即逐条列出会展计划内容，这种方法使用最为广泛。以上三种方法往往综合使用。

一般较规范的会展计划都由标题、正文和落款三部分组成。

1．标题

标题由会展计划单位、会展计划时限、会展计划事由和文种组成。基本样式如《××行业××年××的会展计划》，有的也可省略其中第一、二项的标题。

2．正文

正文一般由前言和主体两部分组成。

前言一般应简要说明制定会展计划的指导思想、主要依据以及会展计划的总目标或总任务。文字表达要高度概括。

主体部分一般由目标、措施、步骤三部分组成，被称为会展计划的“三大要素”。这部分首先要写明规定时限内所要完成的基本目标或基本任务，以及这些目标、任务数量和质量上的要求。其次要写明实现目标的措施与方法，如由谁或什么部门负责，用什么方法完成。再次要说明完成目标、任务所采取的步骤，先做什么，后做什么，具体有什么要求。撰写这部分内容，措辞要准确简明，层次要清楚，表述要具体明确。

3．落款

落款一般包括单位名称和日期。

制定会展计划对完成任务有着重要作用。古语云:“凡事预则立，不预则废”，这个“事预”，就是计划。制定会展计划，可以让工作人员心中有数，知道“做什么”和“怎样做”，从而统一思想、明确目标，有利于会展活动的顺利进行。

附录 1：

2008 年 3 月中国国内会展计划

2008-3-1~2008-3-2　第十三届中国国际教育巡回展 中国国际贸易中心

2008-3-1~2008-3-3　2008 中国郑州国际焊割设备及五金工具展览会 中原国际博览中心

2008-3-1~2008-3-3　2008 年中国（郑州）国际机床工模具展览会 中原国际博览中心

2008-3-1~2008-3-3　2008 中国西部（西安）特许经营、连锁加盟招商洽谈博览会 西安曲江国际会展中心

2008-3-1~2008-3-6　2008 中国华东进出口商品交易会 上海新国际博览中心

2008-3-1~2008-3-3　2008 第十一届中国沈阳药品 保健品交易会 沈阳科学宫会展中心

2008-3-2~2008-3-6　2008 北京国际房地产及建筑室内装饰展览 北京国际会议中心

2008-3-3~2008-3-5　2008 广东国际广告展、第四届广州国际打印技术及耗材展览会 广州市锦汉展览中心

2008-3-3~2008-3-5　2008 年河北国际社会公共安全产品博览会 石家庄国际博览中心

2008-3-3~2008-3-5　2008 华中地区（武汉）第五届机床工具展览会 武汉国际会展中心

2008-3-3~2008-3-5　2008 中国（苏州）国际客车展览会 苏州国际博览中心

2008-3-3~2008-3-5　2008 中国（上海）国际袜业采购交易会 上海光大会展中心

2008-3-3~2008-3-5　2008 中国（上海）国际工艺品、礼品及家居用品采购交易会 上海光大会展中心

2008-3-3~2008-3-6　第四届中国国际金属加工技术设备展览会 天津国际

展览中心

2008-3-3~2008-3-6　中国国际工控自动化与仪器仪表展览会 天津滨海国际会展中心

2008-3-3~2008-3-6　第二届中国国际冶金技术装备展览会 天津滨海国际会展中心

2008-3-4~2008-3-6　2008 国际汽车配件展会 安徽国际会展中心

2008-3-4~2008-3-7　第十五届华南国际印刷工业展览会、2008 中国国际标签印刷工业展览会、第十五届中国国际包装工业展览会、第十二届中国国际啤酒、饮料及酿酒工业展览会中国出口商品交易会展览馆（琶洲展馆）

2008-3-4~2008-3-6　2008 广东国际广告展、第四届广州国际 LED 展、第五届广州国际霓虹灯展 中国出口商品交易会展览馆（琶洲展馆）

2008-3-4~2008-3-7　第 12 届中国（广州）国际工业控制自动化及仪器仪表展览会、2008 中国（广州）国际动力传动与控制技术展览会、第十届华南液压气动密封件及真空国际展览会　中国出口商品交易会展览馆（琶洲展馆）

2008-3-4~2008-3-6　广州国际医疗器械展览会 中国出口商品交易会展览馆（琶洲展馆）

2008-3-4~2008-3-7　第九届中国（广州）国际给排水、水处理技术与设备展览会、第八届中国（广州）国际泵、阀门、管道展览会 中国出口商品交易会展览馆（琶洲展馆）

2008-3-4~2008-3-8　2008 香港国际珠宝展　香港会议展览中心

2008-3-4~2008-3-7　2008 中国宁波国际塑胶展 宁波国际会议展览中心

2008-3-4~2008-3-7　2008 宁波国际包装印刷纸业博览会 宁波国际会议展览中心

2008-3-5~2008-3-8　第九届中国（东莞）国际纺织制衣工业技术展 广东现代国际展览中心

2008-3-5~2008-3-8　第九届中国（东莞）国际鞋机鞋材工业技术展览会 广东现代国际展览中心

2008-3-5~2008-3-7　2008 上海国际管材、管道、泵阀及不锈钢与铝工业展览会 上海世贸商城

2008-3-5~2008-3-7　国际能源技术设备展览会暨太阳能光伏工程展览会 上海世贸商城

2008-3-5~2008-3-8　2008 天津市工业装备展览会 天津国际展览中心

2008-3-5~2008-3-8　亚洲时尚首饰及配饰展　亚洲国际博览馆

2008-3-5~2008-3-8　2008 香港流行钟表、眼镜及配件展 亚洲国际博览馆

2008-3-6~2008-3-9　2008 第十一届国际厨房及卫浴设施展览会 北京展览馆

2008-3-6~2008-3-8　2008 第七届中国国际园林景观建造与配套设施展览会 2008 中国国际建筑园林木结构及防腐技术产品展览会 北京展览馆

2008-3-6~2008-3-8　2008 第七届中国国际城市规划、建筑与景观设计展览会 北京展览馆

2008-3-6~2008-3-8　2008 第二届中国（北京）国际泵阀、管道展览会 北京展览馆

2008-3-6~2008-3-7　第十三届国际集成电路研讨会暨展览会（北京） 中国国际贸易中心

2008-3-6~2008-3-9　第八届中国厦门国际石材展览会 厦门国际会议展览中心

2008-3-6~2008-3-9　2008 中国厦门国际厨柜展览会 厦门国际会议展览中心

2008-3-6~2008-3-8　2008 第五届中国广州玻璃纤维复合材料展览会 中国出口商品交易会展览馆（流花路展馆）

2008-3-6~2008-3-9　第六届中原电动车招商洽谈会 中原国际博览中心

2008-3-6~2008-3-8　2008 上海国际宗教文化用品展览会 上海世贸商城

2008-3-6~2008-3-8　中国（上海）第十三届国际玩具展暨上海玩具第 44 届博览会 上海国际展览中心

2008-3-6~2008-3-8　2008 第二届中国西部（重庆）建筑建材及节能科技展览会 重庆展览中心

2008-3-7~2008-3-10　2008 中国国际木工机械、家具配件及生产设备展览会 中国国际展览中心

2008-3-7~2008-3-10　第六届中国国际汽车用品展览会 全国农业展览馆

2008-3-7~2008-3-9　2008 第九届深圳国际纺织面辅料及纱线博览会 深圳会议展览中心

2008-3-7~2008-3-9　第 28 届武汉家庭装饰建材展览会 武汉国际会展中心

2008-3-7~2008-3-9　2008 中国国际婚博会上海展 上海光大会展中心

2008-3-7~2008-3-9　2008 首届全国（杭州）性商文化节 杭州和平国际会展中心

2008-3-7~2008-3-9　2008 重庆国际妇幼产业博览会 重庆国际会议展览中心

2008-3-7~2008-3-9　2008 重庆家装建材装饰展 重庆国际会议展览中心

2008-3-8~2008-3-9　第七届中山火炬劳动力就业招聘会 中山火炬国际会展中心

2008-3-8~2008-3-10　2008 广州国际日用百货商品展览会暨第五届广东家庭用品展览会 广州市锦汉展览中心

2008-3-8~2008-3-10　第十六届广州特许连锁加盟展览会 中国进出口商品交易会展览馆（流花路展馆）

2008-3-8~2008-3-11　2008 华南国际口腔展 中国进出口商品交易会展览馆（琶洲展馆）

2008-3-8~2008-3-10　第 15 届广州春季礼品赠品文具暨第 4 届广州包装盒制品展、2008 广州家用保健按摩器材展览会 广州市锦汉展览中心

2008-3-9~2008-3-11　第 101 届中国文化用品商品交易会暨中国国际制笔文具博览会、第 101 届中国日用百货商品交易会暨中国现代家庭用品博览会 中国出口商品交易会展览馆（琶洲展馆）

2008-3-10~2008-3-13　第十七届北京国际礼品、工艺品暨家用精品展览会 中国国际贸易中心

2008-3-10~2008-3-12　2008 安徽肥料（农资）产品交易暨信息交流会 安徽国际会展中心

2008-3-10~2008-3-12　2008 第十届中国国际工控自动化及仪器仪表（济南）展览会 济南舜耕国际会展中心

2008-3-10~2008-3-12　2008 第五届中国济南国际模具技术设备及机床工具展览会 济南舜耕国际会展中心

2008-3-10~2008-3-11　第十三届国际集成电路研讨会暨展览会 上海世贸商城

2008-3-10~2008-3-12　第五届中国义乌国际工艺品交易会暨礼品及家用精品展览会 义乌小商品城会展中心

2008-3-10~2008-3-15　第三届中国西部（重庆）建设科技与绿色节能建筑展览会 重庆国际会议展览中心

2008-3-11~2008-3-13　第六届苏州国际工业博览会、第六届国际机床及模具技术设备博览会、第十届苏州国际橡塑工业展览会、2008 国际现代工厂及过程自动化技术装备展览会 苏州国际博览中心

2008-3-11~2008-3-13　2008 世界客车博览亚洲展览会 上海新国际博览中心

2008-3-11~2008-3-13　第 10 届中国国际地面材料及铺装技术展览会 上海新国际博览中心

2008-3-11~2008-3-13　2008 中国（上海）国际 LED 与半导体照明展览会 上海国际展览中心

2008-3-11~2008-3-13　2008 中国国际平面显示器件、设备材料及配套件展览会 上海国际展览中心

2008-3-12~2008-3-14　2008 年中国环卫暨清洁设备技术展览会 全国农业展览馆

2008-3-12~2008-3-14　第六届中国国际科学仪器及实验室装备展览会 北京展览馆

2008-3-12~2008-3-14　2008 中国国际遮阳技术与建筑节能展览会及中国国际门禁系统展览会 上海新国际博览中心

2008-3-12~2008-3-14　第九届中国国际农用化学品及植保展览会 上海光大会展中心

2008-3-12~2008-3-24　2008 全国春季糖酒交易会 成都世纪城新国际会展中心

2008-3-12~2008-3-14　香港国际春季成衣及时装材料展 2008 香港会议展览中心

2008-3-12~2008-3-14　2008 中国重庆第十六届国际医疗器械展览会 重庆展览中心

2008-3-12~2008-3-14　2008 中国（沈阳）国际建设科技博览会暨新型墙体材料、设备及节能——建筑展览会 辽宁工业展览馆

2008-3-13~2008-3-15　第六届北京国际社会公共安全产品与技术设备展览会暨警察反恐技术装备展览会 全国农业展览馆

2008-3-13~2008-3-15　2008 第三届广州国际汽车安全技术、安全测试及安全用品展览会 中国进出口商品交易会展览馆（流花路展馆）

2008-3-13~2008-3-15　2008 第九届中国（贵阳）医疗器械、设备与技术展览会暨贵州残疾人、老年人康复护理保健用品用具展览会 贵州省展览馆（贵州国际经济技术贸易中心）

2008-3-13~2008-3-15　2008 中部（武汉）国际物流工控装备总合展/纺织制衣工业展览会 武汉国际会展中心

2008-3-14~2008-3-17　2008 中国国际汽车维修技术及设备、汽车零配件、汽车用品展览会暨第 49 届全国汽车保修检测诊断设备春季展览会 中国国际展览中心

2008-3-14~2008-3-16　中国食品消费安全论坛暨中国名优食品形象展示 中国农业展览馆

2008-3-14~2008-3-17　2008 中国国际汽车维修技术及设备、汽车零配件、汽车用品展览会 中国国际展览中心

2008-3-14~2008-3-16 2008 第二届中国（长沙）专业音响、灯光及技术展览会、2008 第二届中国（长沙）国际乐器展览会 中国现代农业博览交易中心

2008-3-14~2008-3-16 2008 中国国际葡萄酒博览会 上海世贸商城

2008-3-14~2008-3-17 2008 第十届上海之春·房产展示交易会 上海展览中心

2008-3-14~2008-3-16 香港婚纱、婚宴暨蜜月旅游博览 2008 香港会议展览中心

2008-3-14~2008-3-17 首届中国生态文化博览会 昆明国际会展中心

2008-3-14~2008-3-16 2008 第八届温州国际塑胶工业及原料展览会 温州国际会议展览中心

2008-3-15~2008-3-17 2008 海峡两岸港口与物流、船舶工业及交通展览会 厦门国际会议展览中心

2008-3-15~2008-3-17 2008 中国哈尔滨第五届国际动力传动、液压气动及空气压缩机展览会 哈尔滨国际会展体育中心（哈尔滨国际会展中心）

2008-3-15~2008-3-17 第四届中国国际木材采购商供应商贸易大会 上海光大会展中心

2008-3-16~2008-3-18 2008 中国国际酒店博览会（暨第十四届中国国际酒店餐饮用品、食品饮料及服务设施博览会） 中国国际贸易中心

2008-3-16~2008-3-18 2008 中国（福建）国际环保及水处理展览会 福州国际会展中心

2008-3-16~2008-3-18 2008 厦门安防产品展 厦门国际会议展览中心

2008-3-16~2008-3-20 第十九届国际名家具（东莞）展览会 广东现代国际展览中心

2008-3-16~2008-3-18 2008 第八届湖南广告四新及传媒展览会 湖南省展览馆

2008-3-16~2008-3-18 中国义乌国际印刷包装设备及器材展销会 2008 义乌小商品城会展中心

2008-3-17~2008-3-19 2008 东盟国际物流技术与设备（广西）展览会 南宁国际会议展览中心

2008-3-17~2008-3-19 2008 东南亚（广西）国际运动、休闲娱乐、游览车辆展览会 南宁国际会议展览中心

2008-3-17~2008-3-19 2008 第二届东南亚（广西）国际煤炭装备及矿业技术设备进出口贸易博览会 南宁国际会议展览中心

2008-3-17~2008-3-20 2008 影视展及香港亚洲电影投资会 香港会议展览中心

2008-3-18~2008-3-20　2008全国铝门窗幕墙年会暨铝门窗幕墙新产品博览会 广州市锦汉展览中心

2008-3-18~2008-3-21　第二十一届中国广州国际家具博览会（民用家具展）、2008（春）中国广州国际家居饰品/用品展览会、2008 中国广州国际户外及休闲用品展览会　中国出口商品交易会展览馆（琶洲展馆）

2008-3-18~2008-3-21　2008 中国广州国际陶瓷展览会 中国出口商品交易会展览馆（琶洲展馆）

2008-3-18~2008-3-20　2008 第六届青岛国际金属加工工业展览会 山东青岛国际会展中心

2008-3-18~2008-3-20　2008 中国青岛国际铝工业展览会 山东青岛国际会展中心

2008-3-18~2008-3-20　第 17 届中国国际电子电路展览会 上海新国际博览中心

2008-3-18~2008-3-20　第 25 届中国国际丝网印刷及数字技术展览会 上海国际展览中心

2008-3-18~2008-3-20　2008 第二届环渤海（天津）国际港口建设与造船技术展览会 天津滨海国际会展中心

2008-3-18~2008-3-22　第八届西部国际金属冶金、压铸、锻压、热处理及工业炉展览会 重庆国际会议展览中心

2008-3-19~2008-3-21　第十五届国际汽车维修技术、工具及设备展览会 全国农业展览馆

2008-3-19~2008-3-22　第十五届龙家展精品展览会暨第十五届家具原辅材料展览会 佛山市顺德前进汇展中心

2008-3-19~2008-3-21　第十四届中原国际医疗器械（春季）展览会 郑州国际会展中心

2008-3-19~2008-3-23　2008 武汉女性时尚与健康博览会 武汉国际会展中心

2008-3-19~2008-3-22　第三十二届上海礼品、工艺品暨家居用品展览会 上海世贸商城

2008-3-19~2008-3-21　2008 中国（上海）胶粘带、保护膜及不干胶展览会 上海世贸商城

2008-3-19~2008-3-21　2008 第二届中国（上海）国际催化剂，石油化工助剂溶剂新产品、新技术、新设备展览会 上海光大会展中心

2008-3-19~2008-3-21　2008 上海国际干燥剂展览会、2008 上海国际干燥设备展览会 上海光大会展中心

2008-3-19~2008-3-21 2008 第十五届（春季）沈阳国际医疗器械设备展览会 沈阳科学宫会展中心

2008-3-20~2008-3-22 第三届中国国际热泵空调系统技术与设备展览会 北京展览馆

2008-3-20~2008-3-22 第八届中国国际供热、通风及空调产品与技术博览会 北京展览馆

2008-3-20~2008-3-23 2008 中国国际礼品、赠品及家庭用品展览会 全国农业展览馆

2008-3-20~2008-3-22 2008 年广西国际流体机械设备展览会 南宁国际会议展览中心

2008-3-20~2008-3-22 2008 年广西国际糖业技术设备展览会 南宁国际会议展览中心

2008-3-20~2008-3-22 2008 第五届河北国际机床及工模具技术设备展览会 石家庄国际博览中心

2008-3-20~2008-3-22 2008 第五届河北国际制造业自动化及仪器仪表展览会 石家庄国际博览中心

2008-3-20~2008-3-22 2008 第二届中国（西安）国际测绘技术及装备展览会 西安曲江国际会展中心

2008-3-20~2008-3-22 2008 中国（西安）国际耐磨材料工业展览会 西安曲江国际会展中心

2008-3-20~2008-3-24 2008 云南省体育休闲博览 昆明国际会展中心

2008-3-21~2008-3-23 2008 年中国国际广播电视信息网络展览会 中国国际展览中心

2008-3-21~2008-3-23 2008 北京国际酒店设备用品展览会 中国国际展览中心

2008-3-21~2008-3-23 第十届中国国际 RFID 与智能卡展览会 中国国际贸易中心

2008-3-21~2008-3-23 2008 海峡两岸（福州）佛事用品及旅游工艺品博览会 福建经贸会展中心

2008-3-21~2008-3-23 第二届湖北电动车招商洽谈会暨展览会 武汉国际会展中心

2008-3-21~2008-4-2 第 24 届湖北（武汉）国际先进医疗仪器设备展览会 武汉国际会展中心

2008-3-21~2008-4-2　2008 中国（武汉）国际交通建设博览会 武汉国际会展中心

2008-3-21~2008-3-22　2008 第二届中国国际铸造业采购洽谈会 上海世贸商城

2008-3-21~2008-3-23　2008 天津春季印刷包装机械展 天津国际展览中心

2008-3-22~2008-3-24　2008 中国国际（厦门）医药保健品博览会 厦门国际会议展览中心

2008-3-22~2008-3-23　2008 歌华药交会暨医药保健产业（南京）博览会 南京国际展览中心

2008-3-22~2008-3-24　第二届香港玩具扭蛋 Show 香港会议展览中心

2008-3-23~2008-3-25　2008 第四届春笛医药、保健品（昆明）交易会 昆明国际会展中心

2008-3-24~2008-3-26　第五届广州国际休闲产业博览会暨运动休闲车辆、船艇、游乐设备、马术及水上、户外运动展；2008 广州国际电玩、KTV、棋牌、台球、桑拿沐浴、健身展　广州市锦汉展览中心

2008-3-24~2008-3-26　2008 上海国际服装纺织品贸易博览会 上海新国际博览中心

2008-3-25~2008-3-27　2008 济南第十届国际广告四新展览会 济南舜耕国际会展中心

2008-3-25~2008-3-27　2008 第七届国际公共安全防范产品（济南）展览会 济南舜耕国际会展中心

2008-3-25~2008-3-27　2008 第八届电力电工装备及电气自动化设备（济南）展览会 济南舜耕国际会展中心

2008-3-25~2008-3-27　第十三届中国国际五金博览会 上海新国际博览中心

2008-3-25~2008-3-28　第十二届中国国际食品添加剂和配料展览会暨第十八届全国食品添加剂生产应用技术展示会 上海世贸商城

2008-3-25~2008-3-27　2008 第六届义乌针织、纺织、制衣工业展览会 义乌小商品城会展中心

2008-3-26~2008-3-29　2008 第十届中国国际建筑玻璃幕墙、木门、自动门及设施展览会 北京展览馆

2008-3-26~2008-3-29　2008 中国（北京）国际建筑节能及新型墙材展览会 北京展览馆

2008-3-26~2008-3-28　第 11 届广州阀门、管道、泵、流体工程、流程工业展览会 广州新体育馆

2008-3-26~2008-3-28　2008 湖北电力电工及节能电气照明设备展览会 武汉国际会展中心

2008-3-26~2008-3-28　第六届中国长春国际医药健康产业博览会 长春国际会展中心

2008-3-26~2008-3-28　2008 长春第十一届广告博览会 长春国际会展中心

2008-3-26~2008-3-28　2008 第十一届南京自动化及仪器仪表展会 南京国际展览中心

2008-3-26~2008-3-28　第四届江苏国际机床模具、表面处理展览会 南京国际展览中心

2008-3-26~2008-3-28　第十二届中国国际食品添加剂和配料展览会 上海光大会展中心

2008-3-26~2008-3-28　第十二届中国国际食品添加剂和配料展览会暨第十八届全国食品添加剂生产应用技术展览会 上海国际展览中心

2008-3-26~2008-3-31　2008 四川婚庆博览会 成都世纪城新国际会展中心

2008-3-27~2008-3-29　2008 第七届中国（北京）国际高尔夫博览会 全国农业展览馆

2008-3-27~2008-3-29　2008 中国国际纺织面料及辅料（春夏）博览会 中国国际展览中心

2008-3-27~2008-3-29　北京国际缝制设备展览会 中国国际展览中心

2008-3-27~2008-3-29　第五届中国国际纺织纱线展览会 中国国际贸易中心

2008-3-27~2008-3-30　2008 中国广州国际木工机械、家具配料展览会 中国出口商品交易会展览馆（琶洲展馆）

2008-3-27~2008-3-29　2008 中原国际装备制造业博览会暨工业控制自动化仪器仪表展览会暨机床展览会 郑州国际会展中心

2008-3-27~2008-3-27　2008 中国（武汉）国际公共安全技术及设备展览会 武汉国际会展中心

2008-3-27~2008-3-29　2008 中国（武汉）科研教学仪器设备展览会 武汉国际会展中心

2008-3-27~2008-3-29　2008 第九届亚太电子工业（苏州）展览会、2008 第八届亚太自动化与仪器仪表（苏州）展览会、2008 第四届亚太工业组装设备与零部件（苏州）展览会 苏州国际博览中心

2008-3-27~2008-3-29　2008 第八届中国（青岛）国际给排水水处理及泵阀管道展览会 山东青岛国际会展中心

2008-3-27~2008-3-28　第四届中国（上海）国际专用支付终端设备与技术

展览会及应用大会 上海世贸商城

2008-3-27~2008-3-30 2008 上海世界旅游资源博览会 上海展览中心

2008-3-27~2008-3-29 2008 中国西部第八届口腔设备及材料展览会 成都世纪城新国际会展中心

2008-3-27~2008-3-30 2008 东北第十届国际口腔设备及材料展览会 辽宁工业展览馆

2008-3-28~2008-3-31 第九届中国（深圳）国际机械制造工业展览会 深圳会议展览中心

2008-3-28~2008-3-30 2008 年中国郑州工程机械博览会 中原国际博览中心

2008-3-28~2008-3-30 2008 第三届中国（成都）国际分析测试、生物技术报告会及展览会 成都国际会议展览中心

2008-3-28~2008-3-30 2008 中国成都国际流体机械展览会 成都世纪城新国际会展中心

2008-3-28~2008-3-30 2008 第八届成都国际照明博览会 成都世纪城新国际会展中心

2008-3-28~2008-3-30 2008 北方国际自行车展览会 天津国际展览中心

2008-3-29~2008-3-30 2008 第三届中国（北京）特许加盟连锁与中小型创业项目洽谈会 海淀展览馆

2008-3-29~2008-4-3 第三届国际智能与绿色建筑大会暨展览 北京国际会议中心

2008-3-29~2008-3-31 第 28 届广州国际美容美发化妆用品进出口博览会 广州市锦汉展览中心

2008-3-29~2008-3-31 第二十八届广州国际美容美发化妆用品进出口博览会 中国出口商品交易会展览馆（流花路展馆）

2008-3-30~2008-4-1 义乌家居产业博览会 义乌小商品城会展中心

2008-3-31~2008-4-2 2008 年中国（武汉）国际城市轨道交通、隧道工程技术设备展览会 武汉国际会展中心

2008-3-31~2008-4-2 2008 第三届中国国际淀粉及淀粉衍生物（上海）展览会 上海世贸商城

2008-3-31~2008-4-2 2008 第四届诺盖斯中国国际太阳能光伏展览会 上海国际展览中心

2008-3-31~2008-4-2 亚太区皮革展——原料及制造技术展 香港会议展览中心

（资料来源：http://www.govyi.com）

附录 2：

广东现代国际展览中心有限公司办展程序

序号	时 间	事 项	部 门
1	可行性完成后	签订租馆合约	经营管理公司经营部
2	签约十天内	支付 20%场租	中心财务部
3	展会开幕前 360 天	支付 20%场租	中心财务部
4	展会开幕前 180 天	审批、注册登记	东莞市工商局
		支付 20%场租	中心财务部
5	开幕前一个月	消防报批、特装审批	东莞消防局
6	开幕前一周	确认开幕式安排、贵宾参观行进路线、空调、用电、管理费用、租用物品、工作证卡、会议室	经营管理公司
7	进场前三天	缴交最后一笔场租	中心财务部
8	进 场	缴交管理费、租用物品费用，办理进场手续、清场押金	经营管理公司经营部
9	展 期	突发事件处理、协调	经营管理公司经营部
10	展后三天内	结算所有费用，清退押金	经营管理公司经营部

摘自：广东现代国际展览中心有限公司网站

附录 3：

物流计划

不管展览或活动事件的大小，书面的物流计划应该成为交流的一部分，它可以是一页标有参展单位到达时间、联络名单的文件，和装有封面的文件夹。一个大型展览活动的文件夹应包括：

◆一份一般的联系名单；

◆一张现场地图；

◆日程表（包括时间线及甘特图）；

◆紧急事件计划；

◆分包商细节，包括所有时间约束；

◆现场联络，包括保安和志愿者；

◆评估问卷（标准问卷）。

这些因素可以构成筹划事件的事件手册，因为可能用于紧急事件，这个手册需是一个简明文件。一个操作手册也许只使用一次，但它必须能经受住事件本身的严格考验。有些组织，特别是展览行业，在其局域网上有一个一般性手册，以备能随时改编它，使其适用于在世界任何地方举办展览活动。

为处理混乱无序的状况，物流系统必须极力寻求一种平衡。一方面，它必须估计需求并根据计划和预测分配资源，否则在需要支持的地方和时候将得不到支持；另一方面，一味盲目依从日程表和程序进行的系统，会迅速失去与运作实际的联系，并抑制而非实现有效的行动。

展览活动物流系统可分为顾客、产品和设备的获得及供应。在现场，物流系统关注的是现场周围的流动、通信以及事件的需求。在事件结束时，物流则关注拆除结构、清扫和清空现场或会场。

对小事件而言，物流可能是事件经理的职责，然而对更大型的事件就需要任命一名物流经理。对待展览活动的物流需要像管理的其他领域一样，应拥有内在的评估和实时监控。所有这些因素都被置于整个事件计划的一部分之中。

物流是展览活动中的一个不为人所见的部分，它使顾客将注意力集中于事件而不必为不必要的问题分心。只有当注意寻找或有问题发生时才能看见它。它能使付费顾客、公众、客户或赞助人实现甚至超出他们的期望。

第二节 会展总体方案

一、会展总体方案的含义

会展总体方案是在举办大型会展活动时，对活动的内容、形式、时间、地点、接待、宣传进行总体安排的策划文案。会展总体方案的作用在于规划会议、展览和节事活动全局性的蓝图，为各项具体的组织筹备工作指明方向，确定原则，奠定基调。会展总体方案写作要做到总揽全局、目标清楚、思路清晰、分工明确、综合协调。会展总体方案必须经会展活动的领导机构（组织委员会或筹备委员会或领导小组）批准，有的还要报更高的机关审批同意。

二、会议总体方案的基本内容

1．会议的名称

会议名称的确定一般采用揭示会议主要特征的方法，如主题特征、主办者特征、功能特征、与会者身份、范围特征、时间和届次、地点、方式等特征。一次会议的名称可以同时从几个方面解释特征性信息，所揭示特征的多寡，应当根据会议的实际情况来确定。会议目的、要求和类型不同，会议名称所揭示的特征也各有侧重。例如，“第 11 次上海市市长国际企业家咨询会议”，这一名称就揭示了会议的主办者（上海市市长）、与会者身份（企业家）、范围（国际）、届次（11 次）、会议的功能（咨询会议）等若干特征。两项会议活动合并举行时，两个名称之间用“暨”字连接，例如：《中韩两国政府间青少年交流协议》签字仪式暨新闻发布会。

2．会议的目标和指导思想

会议的目标是会议组织者的期望，也是与会成员的共同期盼。会议指导思想是会议的方针和原则的集中体现。这两项内容的表述要清楚、明确、概括。

3．会议的主题、议题和议程

议题是根据会议目标确定并付诸会议讨论或解决的具体问题，而一次会议中贯彻各项议题的主线叫会议主题。主题策划既要有新意，又要务实，也就是要站在时代的高度，用科学发展观来审视现实问题，以对历史负责任的态度提出迫切需要解决的课题。例如，2001 年 10 月在上海举行的 APEC 会议的主题为“新世纪、新挑战：参与、合作，促进共同繁荣”。这一主题统帅三个具体议题：一是加强能力建设，开拓未来发展机遇，使各成员从全球化和新经济中受益；二是促进贸易与投资，推动建立更加合理的多边贸易体制；三是为亚太地区经济的可持续发展创造有利的宏观环境。将各项议题按顺序确定下来便形成了议程。

4．会议的对象、规格和规模

会议对象即会议成员，是会议活动的主体，一般可分为四种资格，资格不同，其在会议中的权利和义务也不同。这四种资格的成员是正式成员、列席成员、特邀成员、旁听成员。

会议的规格是指与会者的职务和身份的高低，一般要根据会议的需要来确定。

会议的规模是指会议动用的人和物的总和，其中主要因素是参加会议的总人数。确定会议的规模要考虑会议的效果、效率、成本、场地等因素。

5．会议的时间

包括会议时机的选择，会议的起讫时间，会期和日程安排。会议时间策划要考虑时机是否成熟，具体的时间是否合适，会期是否适当，能否降低成本并提高效率等因素。

6．会议的地点

一是选择合适的举办地，如国际性会议要考虑选择在什么国家或地区以及什么城市举行；二是选择合适的场馆（包括会场、宾馆的规格及布置要求等）。

会议地点策划要能够推动举办地的政治、经济和社会发展，能够突出会议的主题，并能够营造良好的会议气氛。

7．会议机构

主办、协办单位以及拟设立的会议组织机构，如主席团、组织委员会、指导委员会、执行委员会、学术委员会、秘书处、筹备组的构成等。

8．会议方式

会议的举行方式、配套活动以及辅助活动的日程安排，如参观、游览、娱乐、聚餐等。

9．会议服务

会议的接待、后勤保障措施和技术手段，如签到、资料发放、住宿安排等。

10．会议宣传

会议的宣传方式，如召开新闻发布会、编写会议简报、邀请记者采访、发送新闻稿件等。

11．会议经费

会议经费的预算以及筹集经费的渠道和方式。

12．其他应当说明的事项

三、展览总体方案的基本内容

1．展览的名称

展览的名称应当揭示主题、性质、范围、举办地、届次等基本信息。展览活动的中心称谓应当名副其实，一般有展览、展览会、展销会、博览会、洽谈会、交易会、看样订货会、展示会、演示会等。这些是展览活动的一些主要的称谓，其中博览会、洽谈会、交易会、订货会同会议活动相互交织，因此也可以作为会议活动的称谓和种类。

2．展览概述

展览的目的、办展指导思想、基本原则和要求、展览的背景、主题、特色、主要内容及活动方式。

3．展览机构

展览的主办、协办、支持单位以及拟建立的组织管理机构。

4．展览的时间

包括展览的时机、展期、展览周期、具体的办展日期以及展览日程。展览时机策划时要分析市场对目标产品的周期性变化、季节、休假日等因素；展期策划要考虑观众心理效果、预期观众人数、场馆接待能力以及成本等因素；展览周期策划要考虑市场需求及其周期变化、办展的规模和组织工作投入的时间等因素。展览日程要写明布展、开幕式、开闭馆、撤展的具体日期。

5. 展览的地点

包括确定举办的城市和具体的场馆。确定展览的举办城市要综合分析当地的市场开放程度、产业结构、经济特色、经济的辐射能力、举办展览的硬件条件、接待能力、交通运输条件、当地的政治是否稳定、政府及相关行业和相关媒体是否支持等因素。

6. 展览的规模

包括展览面积、展位的数量、预计参展单位和观众的数量。

7. 展位的基本定价

主要指展位费（标摊、光地等）的定价。

8. 参展范围和条件

有的展会要规定参展企业或组织的合法性、行业属性和地区属性。

9. 参展办法

包括网上报名、电函报名等。

10. 配套活动内容与形式

例如，成果发布、项目对接、学术论坛、文艺表演、晚会庆祝等。

11. 场馆管理和安全措施

场馆的消防安全、饮食卫生与展位的搭建安全等。

12. 招商、招展和广告宣传计划

招展和招商范围对象的确定、措施的制定等。广告费的预算、投放的形式和计划等。

13. 展览财务

成本预算、资金筹措渠道与财务管理办法。

14. 工作进度

各项筹备工作的进度要求。

15. 其他

其他应当说明的事项。

四、节事总体方案的基本内容

1. 节事活动的名称、指导思想、基本原则、任务与要求。
2. 节事活动的背景、主题和特色。
3. 节事活动各大板块的内容和形式。
4. 节事活动的规模、活动日程安排和地点。
5. 参加对象和观众组织。

6．组织机构及其分工。

7．安全措施及其责任。

8．招商、招展和宣传工作安排。

9．成本预算以及资金来源。

10．总体协调事项。

11．其他需要说明的事项。

五、会展总体方案的结构与写法

1．标题

标题应当写明会展活动的全称加上文种名称（如策划书或方案），例如“××国际学术会议筹备（总体）方案”，“总体”二字也可以不写。

2．主送机关

如果以方案这一文种直接上报上级机关，应当写明上级机关的名称。以请示的附件上报或者由会展服务企业提交给委托者时，则可以不写主送机关。

3．正文

正文部分应当逐项载明总体方案的具体内容，结构安排上一般采用序号加小标题的结构体例。开头部分可用一段文字说明制定方案的目的和依据，然后用序号编排各个层次。表述有两种方法：一种是详述法，详细表述各项具体安排；另一种是简述法，对所涉及的各方面的计划做原则性的安排，具体实施的要求通过各个专题策划文案来表述。直接上报请求批准的方案，结尾处要写“以上方案请审批”等字样。正文写作要做到总揽全局、目标清楚、思路清晰、分工明确、综合协调。

4．附件

如有附件，在正文下方要写明附件的名称和序号。

5．落款

一般应署策划机构名称。如果文案是由具体承办人员策划并拟写的，可由拟写人员署名。经审批下发执行的总体方案也可署审批机关的名称。

6．成文日期

报上级机关审批的总体方案写提交日期，经批准下发的总体工作方案写批准日期。成文日期一定要写明具体的年月日。

案例1：会议总体方案

第九届中国西部国际博览会
——“中国西部资源性企业发展世纪论坛”总体方案

一、“西博会”背景资料

中国西部国际博览会（以下简称“西博会”），是国务院为推进西部大开发特批的西部唯一的国家级国际经贸盛会，是中国西部地区走向世界的重要经贸平台。

“西博会”由商务部、国务院西部地区开发领导小组办公室、国家质检总局、中国贸促会、中华人民对外友协、全国工商联、全国供销合作总社，以及重庆、四川、贵州、云南、西藏、陕西、甘肃、青海、宁夏、新疆、内蒙古、广西十二省（自治区、直辖市）人民政府和新疆建设兵团共同主办，四川省人民政府承办，工作机构为中国西部国际博览会组委会。

“西博会”已成功举办了八届，具有很高的产业化、市场化、国际化程度，信息流、资金流、物流、人流交融汇集，结出了上千亿元的经贸成果。

第九届“西博会”定于2008年5月23日至28日在成都隆重举行，欧美、日韩等数十个国家和地区的100多家著名企业和国内4500家企业参加了展览会，总规模超过40多万人，中央、西部各省（自治区、直辖市）有关新闻单位强势媒体支持，政要聚首，万商云集，盛况空前。

二、“中国西部资源性企业发展世纪论坛”办会思路

（一）资源介定

“论坛”所指的生产、经营型资源，系自然资源和后续资源的总和。其中自然资源为地域所固有的矿产、能源、土地、水力和自然遗产，具有不可再生性，包括采选矿、冶炼、房地产、水利以及自然遗产类旅游等产业；后续资源特指经企业积累和成功运作而形成的独有工艺、技术和品牌产品，以及历史遗产。

资源性企业占据纳税500强排行榜1/3的警示：2006年度中国纳税500强排行显示，174家自然资源性企业占据了榜单三分之一席位，且此现象延续近几年评选排名。

国家发改委主任马凯日前表示：目前我国经济增长速度偏快。重工业同比增长19.5%，比轻工业快了3.1个百分点。钢铁、有色、电力、石油石化等六大高耗能行业增长20.1%，增幅同比加快了3.6个百分点。这种增长格局不仅使经济由偏快转为过热的危险进一步增大，而且使节能减排工作面临更大的压力。

世界经济发展史证明，一国的经济发展若长期依赖资源开发，势将严重影

响国家财政的持续增长能力，并且最终会侵蚀国家经济的竞争力。

警示：

纳税百强排行榜折射了中国经济发展的基本特征：中国经济仍是靠资源主导，粗放型经济增长方式并没有根本改变。

“赚了税收，丢了资源”的发展道路结果是消耗了资源，污染了环境，终使经济增长难以持续。

依赖自然资源发展的经济模式，言其杀鸡取卵有失偏颇，说是透支子孙资源则不为过。

中国自然资源性企业的发展事关国家的经济命脉，身系民族生存大计和子孙福祉。对这个世纪性课题，国家宏观决策应及早倾斜；专家学者和企业家需要合力以赴。

中国自然资源学会副理事长、北京师范大学副校长史培军教授早就提出一个判断：所有环境问题的根源是资源利用的合理与否和资源是不是短缺。继后，史教授再度警戒世人：能源、水、土地、各种材料等自然资源的短缺将是中国面临的严峻问题。按现在的经济增长速度，我国快速发展30年之后，生态系统承载的压力势将大大超过它的负荷，继而不得不寻找缓解这种承载压力的新的生态安全战略。

30年弹指而过。从现在做起，迅速调整思路，从政策到实践解决发展与资源利用的矛盾，提高自然资源利用率，鼓励和发展后续资源，拯救生态环境，关乎国计民生，造福子孙后代，不仅国家要重点思考，作为当代企业家，特别是资源性企业家，更是铁肩担道义，使命所然。

（二）“论坛”主题

携手同心，整合资源，共赴使命，持续发展。

（三）“论坛”宗旨

会盟西部资源性企业英豪，和国际碳汇经济接轨，从政策配套、绿色信贷、绿色资本、绿色税收、绿色保险，以及节能减排技术、环境保护补偿机制、环保核算体制全方位探索自然资源性企业可持续发展道路，促进国内资源与国际资源的开发利用与合作，推进产业结构深化发展，实现资源利润最大化，加速生态环境治理，降低未来发展的脆弱性，拓展后续资源产业优势，扩大对外经济贸易，加大国际市场占有量；反馈政府与两大资源性企业可持续发展的对策参数，加速可持续发展政策出台，为国家未来的和谐发展设计可持续发展道路。

（四）“论坛”宣言

有资源要善于利用资源，有机遇要勇于拓展机遇。

自然资源——大地母亲的乳汁终会枯竭。

逃避是弱者，直面现实方显英雄本色！

“中国西部资源性企业发展世纪论坛”是旗手！——以团结为旗，发展为帜，会盟西部英豪，雄图可持续发展大举。

“中国西部资源性企业发展世纪论坛”是桥梁！——助西部自然资源性企业迈出粗放型经济峡谷，实现第二次经济跨越。

“中国西部资源性企业发展世纪论坛”是跑道！——后续资源性企业将以继往开来的豪气从这里加速，实现品牌战略冲刺。

“中国西部资源性企业发展世纪论坛”是台阶！——踏上这个台阶，就登上中国西部国际博览会的平台，走向全球经济大舞台。

可持续发展不是口号，超越现实，路在脚下！

三、“中国西部资源性企业发展世纪论坛”实施计划

（一）“论坛”针对的核心对象

西部十二省、市、自治区两大资源性企业，国内经济战略和资源研究的专家学者，有志到西部发展的一切投资者、采购商。

（二）活动设计安排

“论坛”由资源产品信息发布，筹组“中国西部资源性企业可持续发展战略研讨专家委员会”、“中国西部资源性最具发展潜力企业”举荐活动、资源性企业发展研讨报告会、招商引资和产品交易洽谈、观摩考察六大活动板块组成，精心组织，重在实效。

1. 资源产品信息发布

性质：“西博会”官方媒介传播宣传广告。

信息载体：征集编印《中国西部资源性企业发展世纪论坛会刊》。

《会刊》规格：十六开全彩精印，中英双语，图文并茂。

主要内容：集中推荐资源拓展招商、合作项目和品牌产品。

资料要求：以1页为一个起登单位，宣传图片清晰度在300万像素以上，配文不超过300字等量中英文。入编资料一律以电子文档寄出。

发布形式：中国西部国际博览会“世纪论坛”官方网站发布，融入世界，全球点击；寄发全国省级招商局作为常备资料；会期送发西博会参展团、采购团、国内外嘉宾；各入编企业送10本备留资料。

发布功效：利于参会客商掌握第一手资料，对项目和产品预作投资、采购选择；借助“西博会”40多万人的盛大规模和国际性参与，扩大对外影响；建立国际国内信息网，拓展合作前景。

《会刊》作为第九届“西博会”的流动媒介，具有官方性、唯一性、权威性、宣传性、广告性，受众关注，效应明显。

收费：拉页封面8万，封底6万，封二、封三各4万，内页每页1.3万。

资源产品展示

展示地点：位于成都市繁华地段的三国主题文化宾馆——京川宾馆（暂定）

展馆设置：紧扣自然资源性企业和后续资源性企业的特点，设项目招商合作馆和品牌产品馆。

展示位安排：以报名缴费先后安排展位。

2. 活动具体内容

拟筹组：中国西部资源性企业可持续发展战略研讨专家委员会。

组织形式：战略合作型。

组织性质：专家、企业联合体、民间机构。

研讨方向：两大资源性企业可持续发展战略探索；政府扶持政策及决策建议；品牌战略和品牌战略延伸研讨；具体对象可持续发展设计。

"专家委员会"宗旨：组建专家、企业联合体，实现专家理论实战化，企业实战远景化，推进政府决策时代化，坚持四个研讨方向，确立"先行主动，后行被动"的理念，携手同心，共赴使命，为企业、民族、国家探索可持续发展道路。

组织机构：

（1）设主任委员、常务副主任委员各1名。

（2）设副主任委员7人，其中专家1名，负责日常运行把关；企业副主任委员6名，自然资源和后续资源性企业各3人。

（3）设委员35人，其中研究人员3人，企业委员32人。

（4）设秘书长一人，专职日常组织协调工作。

（5）会员：人数不限，志同道合者皆可入会。

（6）"专家委员会"下设办公室。

筹备组工作进程：

（1）于2008年5月初组建筹备小组；

（2）起草"中国西部资源性企业可持续发展战略研讨专家委员会章程"和"倡议书"；

（3）在"论坛"研讨报告会上宣读"章程"和"倡议书"；

（4）在观摩考察活动过程中举行启动仪式，表决通过委员会成员；

（5）第一次全委会，审议经费收支原则和管理办法。

入会流程：

（1）按统一格式（详见附件）提交申请表；

（2）报送企业、产品详细资料及发展中需要"专家委员会"研讨和帮助的问题；

（3）资格审核；

（4）签定战略合作协议。

成员单位享有的权利：

（1）会员以上单位均为"专家委员会"战略合作伙伴；

（2）在"专家委员会"季刊和官方网站做成本费宣传；

（3）免费刊登思想交流和研究成果；

（4）一应手续齐备，拟于今年举行成立大会，会上安排播出一分钟企业宣传短片；

（5）在成立大会上授予"中国西部资源性企业可持续发展战略研讨专家委员会战略合作伙伴"铜牌；

（6）成为"保护资源，拯救生态"全球倡议宣传发起单位；

（7）申请承办"专家委员会"年会，地点直接安排到申请单位，除正常议程外，特别安排申办单位专题研讨；

（8）资源共享；

（9）研究成果共享；

（10）战略合作伙伴发展中的问题，由"专家委员会"办公室出面与当地政府协调。

3. "中国西部最具发展潜力企业"评选举荐

评选命题："中国西部资源性最具发展潜力企业"

授牌单位：中国西部国际博览会中国西部资源性企业发展世纪论坛组委会

评选活动流程：

（1）企业申报，并报送评选入围资料；

（2）专家评定；

（3）"世纪论坛"组委会审批；

（4）在答谢酒会上授牌颁证。

入围资料概要：

每个申请企业在《会刊》上各占 1 页的宣传广告图文。

企业提供宣传图片一张。宣传图片可以是产品，也可以是企业标志性画面，清晰度不低于 300 万像素，配文 500 字中英文对照；文字内容包括企业、产品、重大事件、发展优势和产业扩展思路；资料一律用电子文档发寄。

收费标准：每个申请企业收《会刊》入刊图片一页的资料、宣传、广告及评选举荐费用共 1.8 万元。

4. 资源性企业发展研讨报告会

专家报告：

资源性企业的前景和对策（报告人：拟请原国务院研究室、研究中心主任，北大教授、博士生导师王梦奎主任）

“碳汇经济”为资源性企业提供的发展机遇（报告人：国务院特殊经济专家、博士生导师杜授祜）

中国西部资源性企业发展补偿机制（报告人待定）

中国西部资源性企业可持续发展金融政策研讨（报告人待定）

专题演讲：

品牌战略发展的思考（演讲人：企业首席代表）

资源二次利用探索（演讲人：企业首席代表）

打造历史遗产国际名片（演讲人：单位代表）

审时度势，房地产进退攻略（演讲人：企业首席代表）

宣读“中国西部资源性企业可持续发展战略研讨专家委员会章程”和“倡议书”。

“专家委员会”企业委员发言（待定）

报告会主要对象：

（1）各参会企业领队代表；

（2）有关领导；

（3）特邀外宾、国内外投资财团代表；

（4）新闻媒体。

学术报告和发言，将整理印制成册，发全体参会代表、来宾，主送西部各省（自治区、直辖市）政府，上报国务院办公厅和政策研究室，主送西部地方政府，造成更大反响，催发联动效应。

5. 招商引资和产品交易洽谈

主要形式：

以《中国西部资源性企业发展世纪论坛会刊》为宣传媒介，捕捉招商引资、项目合作和产品采购对象。

参加第九届“西博会”相关商务洽谈活动：招商、合作项目及产品与投资、采购商对接洽谈。

6. 观摩考察

考察都江堰历史遗产的开发与利用（暂定）

联系人：（世纪论坛执行主任）章本洁

联系电话：028-67325126；028-67325125

传真：028-87034300

电子邮箱：zyxqysjlt@hotmail.com

户名：中国西部资源性企业发展世纪论坛组委会

开户行：中国光大银行成都三洞桥支行

账号：7828 1088 0000 58628

案例 2：会议总体方案

第九届“西博会”总体方案

2008 年 9 月，“5·12”汶川特大地震发生后，原定于 5 月 25 日至 30 日举行的第九届“西博会”延至 10 月 27 日至 31 日举行。为继续做好各项筹备工作，在前期工作基础上，结合灾后恢复重建，特制定本方案。

一、指导思想

第九届“西博会”坚持以党的十七大精神为指导，以科学发展观为总揽，结合灾后恢复重建，按照“简朴、热情、务实”的原则，坚持“共办、共享、共赢”的办会理念，突出“开放的西部，美好的未来”这一主题，全面推进区域合作、承接产业转移、扩大与世界各国，特别是与东亚、东南亚、中亚国家和地区的合作交流，把“西博会”办成西部地区重要的外交、投资、经贸合作平台，促进西部地区经济社会快速发展、科学发展、又好又快地发展。

二、大会设计

大会名称：第九届中国西部国际博览会

举办时间：2008 年 10 月 27 日至 31 日（报到时间：10 月 26 日）

举办地点：成都世纪城国际会展中心

主办单位：国家发展改革委员会、商务部、国家工商行政管理总局、国家质量监督检验检疫总局、中国国际贸易促进委员会、中国人民对外友好协会、中华全国工商业联合会、中华全国供销合作总社以及重庆市、四川省、贵州省、云南省、西藏自治区、陕西省、甘肃省、青海省、宁夏回族自治区、新疆维吾尔自治区、内蒙古自治区、广西壮族自治区人民政府、新疆生产建设兵团

承办单位：四川省人民政府

大会规模：展览总面积 11 万平方米，其中国（境）外和省外展出面积占 61.5%；活动分为重大活动、专题活动和系列活动等 3 类 30 余项；邀请和组织国（境）外客商 1 万人，国内客商 3 万余人

参会嘉宾：党和国家领导人、国家有关部委负责人；国（境）外政要，驻华使节，国际组织代表；西部省（区、市）、对口支援省（市）领导和代表团；国内外商协会负责人、企业家、专家学者等

三、大会活动

第一类：重大活动

（一）主题论坛

（1）中国西部国际合作论坛——充分开放合作构建泛亚交通物流新体系（“西博会”组委会、交通部、铁道部主办）。

（2）民营企业灾后重建与发展论坛（中华全国工商业联合会、国家工商行政管理总局、四川省人民政府主办）。

（二）重大活动

1. 中国西部十二省（区、市）及新疆生产建设兵团投资说明会暨经济合作项目签约仪式（国家发展改革委、西部十二省（区、市）及新疆生产建设兵团主办）。

2. 中国—四川首届采购商大会（商务部、中国商业联合会、四川省人民政府主办）。

第二类：专题活动

（1）四川灾后重建项目国际合作洽谈会（国家发展改革委、住房和城乡建设部、中国国际贸易促进委员会、四川省人民政府和联合国贸发组织主办）。

（2）川商大会（四川省人民政府主办）。

（3）2008 海外华侨华人高新科技洽谈会（国务院侨务办公室、四川省人民政府主办）。

第三类：系列活动

（1）产品质量安全与名牌战略国际论坛（国家质量监督检验检疫总局、四川省人民政府主办）。

（2）欧盟—四川投资合作洽谈会（中国欧盟商会、四川省人民政府主办）。

（3）新加坡—四川贸易与投资委员会第十二次会议（国家发改委、四川省人民政府主办）。

（4）第五届国际旅游文化推介会（中国人民对外友好协会主办）。

（5）2008（中国）重大技术装备国际发展洽谈会（中国机械工业联合会、四川省人民政府主办）。

（6）2008 四川硅产业发展推介会（四川省人民政府主办）。

（7）2008 四川—台湾 IT 产业发展论坛（四川省人民政府主办）。

（8）境外国家（地区）投资环境说明会、项目推介会。

（9）西部各省自办活动；四川省市（州）投资推介会；社会机构、企业举办的推介会、说明会、研讨会。

四、展览贸易

第九届“西博会”展览规模达 11 万平方米，设置投资合作与对口支援、国家与地区两个综合性展馆和机械工业、汽车、建筑建材、西部特色四个专业性展馆。

利用各种有利条件邀请组织采购商，通过贸易洽谈配对和“中国—四川首届采购商大会”及建材、汽车、零配件等专业采购洽谈会等商业配对平台，增强贸易功能和成效。

五、礼仪活动

1. 欢迎宴会

时间：10 月 26 日 18:30~19:40

地点：成都世纪城国际会展中心水晶厅

2. 文艺晚会

时间：10 月 26 日 20:10~21:30

3. 第九届“西博会”开幕式

时间：10 月 27 日 9:00~9:20

地点：成都世纪城国际会展中心五号馆外

六、邀请工作

在跟踪地震前邀请已经确认出席的国（境）外政要的基础上，结合第七届亚欧首脑会议和地震灾害国际援助国，重点邀请东亚、东南亚、中亚、欧洲国家和中国的港澳台地区政要及高官。

集中力量邀请世界 500 强、跨国公司、国内外商协会负责人和大企业参会。同时，扎实做好工作邀请各主办单位组团和对口支援灾后重建的中东部省（市）领导参会。

七、投资促进

充分发挥“西博会”投资促进的平台作用，集中展示西部省（区、市）产业发展优势、投资环境和经济合作成果。

投资招商重点为发达国家和中国港澳台地区以及东部沿海省（区、市），贸易招商重点为周边国家和地区。招商招展方式一是实行招商招展代理制；二是“请进来”和“走出去”相结合的招商招展；三是通过使领馆和驻外代表处招商招展；四是网上招商招展。

八、宣传工作

充分利用中央主流媒体和境内外媒体，以充分开放合作、西部大开发、区域合作和灾后重建为主题，营造热点、亮点，通过新闻发布会、对外交往、招商活动等形式吸引对第九届“西博会”的关注，扩大宣传效果。办好“西博会”

网站和会刊等刊物，及时发布和更新“西博会”相关信息，网站与相关综合网站和主办方主流网站链接，制作中英文双语网页进行滚动宣传。

大会设立新闻中心，组织境内外记者现场采访和及时传输新闻稿件，同时为国内外参会代表团做好新闻宣传服务工作。

九、接待工作

接待工作遵循“热情、周到、节俭、对口”的原则，做好出席大会的党和国家领导人、国（境）外政要代表团、国家部委领导和各省（区、市）政府代表团、国内外商协会、企业和商家参展参会代表等的接待工作。

十、安全保卫

本届“西博会”中外政要的规模、层次预计将超过往届，加之今年国内国际不确定因素较多，大会将高度重视安保，尤其是政要的安保工作，从抵达到离境要确保万无一失，确保大会各项活动的顺利进行。做好大会展场、会场、重要活动、代表团集中驻地及周边地区的安全保卫、治安秩序、交通、消防组织保障工作，同时加强对大会证件制作、核发和管理的相关工作。

（例文选自：中国西部博览会官方网站）

案例 3：展览总体方案

第二届中国吉林·东北亚投资贸易博览会总体方案

持续成功举办中国吉林·东北亚投资贸易博览会（以下简称东北亚博览会）对于加强东北亚区域合作，促进我国与东北亚各国的经贸交流，加速东北老工业基地的振兴具有十分重要的意义。为使第二届东北亚博览会的各项组织筹备工作规范有序地进行，保证展会圆满成功，特制定第二届东北亚博览会总体方案。

一、定位、主题、宗旨、原则

定位：东北亚博览会是中国政府为推动中国与东北亚国家经贸往来和区域合作而采取的一项积极行动，旨在构建中国与东北亚国家互利共赢、交流合作、竞争开放的长期合作平台。东北亚博览会以打造“中国北方第一展会”并逐步办成中国乃至世界精品展会为目标，紧紧围绕东北亚区域合作、办好中俄国家活动年和东北老工业基地振兴的主题，立足东北地区，面向东北亚，同时向全球工商界开放，以商品贸易、投资合作、专业国际会议及商务周（日）活动为主要内容，坚持政府指导和市场化运作相结合的方式，突出国际性、突出经贸特征、突出东北亚区域特色、突出东北产业特点，使东北亚博览会成为中国与东北亚各国并面向世界的商品贸易平台、振兴东北老工业基地投资合作平台，使参会者通过博览会寻得商机，获得发展，实现共同繁荣。

主题：机遇、交流、合作、发展。

宗旨：构建合作平台，打造招商品牌，展示区域形象，促进共同发展。

原则：注重经济实效，提高开放层次，形式节俭朴实，气氛热烈有序，融汇各方精华，突出东北亚特色。

二、规模、规格

第二届东北亚博览会总体规模拟达到国内外各类参会客商 4 万人以上，其中参展商 6000 人，采购商 1 万人，投资洽谈商 1 万人，考察商 1.4 万人。国内外省部级以上政要 50 人以上，国外客商 6000 人以上，世界 500 强企业 70 户以上，国内 500 强企业 30 户以上，国内外新闻媒体记者 1000 人以上。届时，将特邀国家领导人莅临展会。

三、办展单位

（1）主办单位：商务部、国务院振兴东北地区等老工业基地领导小组办公室、吉林省人民政府。

（2）协办单位：联合国开发计划署、国家有关部委、国内有关省（区、市）人民政府。

（3）承办单位：东北亚博览会秘书处、吉林省商务厅、吉林省发展和改革委员会、振兴吉林老工业基地领导小组办公室、吉林省外事办公室、吉林省政府图们地区开发领导小组办公室、吉林省政府经济技术协作办公室、长春市人民政府。

四、时间、地点和展区设置

时间：2006 年 9 月 2 日至 9 月 6 日。

地点：中国长春国际会展中心。

展区设置：第二届东北亚博览会在长春国际会展中心 A 馆、B 馆、C 馆、D 馆、E 馆、F 馆、G 馆共 7 个展馆设置国际标准展位 2200 个。设置装配制造业、电子、食品、医疗保健品及医疗器械、轻纺、体育用品、投资合作、服务贸易等若干展区，主要展示东北亚各国及国内部分省（区、市）名、优、特产品和投资环境、投资项目，以及服务贸易成果及商机。

五、主要内容

第二届东北亚博览会由商品贸易、投资合作、专业国际会议及商务日活动三大主要板块和文体交流等辅助板块组成。

（一）商品贸易

展示东北亚各国和国内部分省（区、市）名、优、特产品，进行贸易洽谈，搭建中国与东北亚各国之间并面向世界的货物贸易平台。

展会布局坚持与现代国际会展的运行模式接轨，商品贸易以产业布展，同类产品相对集中。按装配制造业、电子、食品、医疗保健品及医疗器械、轻纺等若干类布展。专设投资合作展区和服务贸易展区。同时，举办第十九届中国国际体育用品博览会。

（二）投资合作

组织东北亚各国及国内部分省（区、市）推介投资项目，发布招商信息，介绍投资环境和政策，邀请国内外各类投资机构、投资商参会，开展各种形式的对接洽谈，扩大投资合作。采取的方式有以下 4 种：

1. 展会前投资促进活动

围绕吉林省“十一五”规划，特别是十大支柱、优势和特色产业、县域突破、开发区和工业园区建设，以引进战略投资者、引进重点国别投资和加强国内各省（区、市）合作为重点，会前大力开展多种形式的系列招商引资活动。

2. 展区展示洽谈

在展馆内设置投资合作展区，展示投资环境，推介投资项目。同时，在投资合作展区设置现场洽谈区，参会者可自行进行项目对接洽谈。

3. 产业专题对接活动

大会统一按汽车零配件、石化、农副产品加工等专题组织产业对接会。分产业邀请国内外投资商参会，由东北亚各国和国内部分省（区、市）进行专题推介，企业也可自行介绍项目。大会还将组织工业集中区等专题推介对接会，使投资洽谈活动更为直接有效。

4. 投资说明会

由东北亚各国和国内各省（区、市）独立组织综合性投资项目说明会，推介投资环境和项目，邀请国内外投资商参会，投资商可就感兴趣的项目与推介单位进行深入洽谈。

5. 项目签约仪式

大会统一提供签约场所，国内各省（区、市）可独立进行项目签约，大会集中搞两场大型签约仪式，请国家部委和省（区、市）有关领导见证，各省（区、市）可积极参与。

（三）专业国际会议及商务周（日）活动

举办第二届东北亚区域经济合作论坛、图们区域开发项目第九次政府间协商协调会议、第十一届东北亚地方政府首脑会议等专业国际会议，举办俄罗斯经贸合作周和中国与朝、韩、蒙 3 个商务日活动及中日中小企业经贸合作交流会。同时，还将举办中俄中小企业合作研讨会、组织华侨华商和世界 500 强企业参与东北老工业基地改造振兴等不同形式的活动。除上述三大主要内容外，还将组织相关文化、体育交流活动，烘托气氛，提升人气，搭建东北亚文体交流平台。

六、组织领导及责任分工

第二届东北亚博览会筹办工作在组委会和执委会的统一领导下进行。组委会由商务部、国务院振兴东北办、吉林省委省政府领导和相关部门领导组成，负责东北亚博览会的组织领导工作。东北亚博览会执委会由吉林省政府领导和有关部门领导组成，在组委会领导下，负责展会的具体运作实施。东北亚博览会执委会秘书处负责组织策划东北亚博览会整体活动，综合调度各项筹备工作情况，协调解决相关问题，督办指导各项工作进度及相关事宜，组织承办博览会各项活动。

相关工作责任分工如下：

（1）招展：总展位按国外展位、外省展位、省内展位、体育用品展位分成4部分。展位总体设计、布展、分配、调度、协调由博览会执委会秘书处负责。国外展位由省商务厅负责；外省展位由省经协办负责；省内展位由各市（州）政府负责；体育用品展位由长春市体育局协助国家体育总局负责。

（2）招商：参会客商邀请由博览会执委会秘书处统一安排、调度、协调。国外政要的邀请由省外办、省商务厅负责；国外采购商、投资商等企业客商的邀请由省商务厅负责、省发改委等相关部门参与；国内各省（区、市）政府和采购商、投资商等企业的邀请由省经协办负责；国家部委的邀请由省直对口部门负责；省贸促会、省工商联、省侨联等单位和各市（州）政府也承担部分国内外客商邀请任务。

（3）投资合作：投资合作活动由博览会执委会秘书处统一安排、调度、协调，省发改委牵头，省商务厅、省振兴办、省经协办、省开发办共同完成。

（4）专业国际会议及商务周（日）等活动：①第二届东北亚区域经济合作论坛由博览会执委会秘书处统一安排、协调，省商务厅、省开发办、省经协办、省政府发展研究中心等部门共同完成。②图们区域开发项目第九次政府间协商协调会议由省开发办负责。③第十一届东北亚地方政府首脑会议由省外办负责。④俄罗斯经贸合作周和中国与朝、韩、蒙3个商务日活动及中日中小企业经贸合作交流会由省商务厅负责。⑤“中俄中小企业合作研讨会”由省中小企业局负责。⑥吉林省第四届海外华侨华人专业人士恳谈及项目对接会由省外办（侨办）负责。

（5）文化、体育交流活动由长春市政府负责；开幕文艺晚会由省文化厅负责。

（6）新闻宣传工作由省委宣传部、省政府新闻办负责。

（7）展会期间安全保卫工作由省公安厅牵头，各市（州）公安局负责。

七、保障措施

（一）建立协调机制

为了确保第二届东北亚博览会筹备工作顺利进行，商务部、国务院振兴东北办、吉林省人民政府三方主办单位建立运转顺畅的决策机制，加强领导，统一协调，形成合力，办好展会。根据筹备工作需要，随时召开联席会议，协调解决筹备工作中的重大事宜。在此基础上，由博览会执委会秘书处与商务部、国务院振兴东北办的相关部门建立经常性的工作联系制度，负责工作推进中的联络、沟通、落实等事宜。

（二）加大招商招展工作力度

吉林省领导率团出访都要借机宣传、推介东北亚博览会。博览会执委会秘书处要采取不同形式及时向东北亚五国通报第二届东北亚博览会有关事宜，邀请客商参展参会。还将采取领导率团出访邀请，利用各国领事馆帮助邀请，利用中介、专业招商机构招商、网上招商等方式，切实加大招商招展工作力度，确保第二届东北亚博览会人气旺盛。全省各市（州）、省直有关部门要高度重视，加强领导，精心组织，充分发挥各自优势，积极主动地开展招商招展工作。

（三）加强新闻宣传

要采取得力措施，加大宣传力度。吉林省要把东北亚博览会的宣传列入全省年度新闻宣传工作的重点，充分利用各种新闻媒体推介东北亚博览会，短期内在省内外、国内外掀起宣传东北亚博览会的热潮。在适当时机，分阶段召开新闻发布会，向社会各界公告第二届东北亚博览会有关情况。

（四）发挥主办城市作用

长春市要举全市之力办好东北亚博览会。重点抓好会展中心特别是G馆建设和软环境建设。G馆建设要加快进度，确保按期投入使用。提前做好交通、食宿、治安、市容、卫生、接待等准备工作。加强服务业人员培训，全面提高城市建设水平和服务水平。组织安排相应的文化、体育活动，努力营造良好的社会氛围。

（五）全省合力做好接待服务工作

征用长春市及吉林、四平等省会周边城市星级宾馆和符合接待条件的宾馆作为大会指定接待宾馆，征用部分车辆作为大会指定接待用车。继续实行和完善陪同团接待制度。加强对客商、车辆、旅游景点以及安全、卫生、防疫等工作的管理，搞好宏观调控，保证参展客商需要，提高接待质量和水平。

（六）财政给予必要的资金支持

第二届东北亚博览会经费采用政府支持和市场化运作相结合的方式解决。

省财政按第一届东北亚博览会支持额度予以保证，不足部分将由博览会执委会秘书处通过市场化运作方式加以解决。会展各项经费如有节余将转入下届东北亚博览会继续使用。

（例文：选自中国吉林/东北亚博览会）

案例 4：展览总体方案

第九届“海交会”、第四届“商交会”总体方案

一、活动名称

第九届海峡两岸经贸交易会（以下简称“海交会”）

第四届中国福建商品交易会（以下简称“商交会”）

二、时间

2007 年 5 月 18—22 日，会期 5 天

三、指导思想

牢固树立和认真落实科学发展观，切实按照省委、省政府落实“四个重在”的实践纲领，全面推进海峡西岸经济区建设的总体工作部署，围绕“投资合作、贸易拓展”两大主题，秉承“促进两岸合作、加强经贸交流、展示海峡西岸”三大宗旨，立足“区域化、国际化、专业化、市场化、信息化”五大定位，发挥福建的区位优势、人文优势，结合福建及周边省份的产业优势和进出口商品结构特点，创新发展，聚集要素，形成合力，构建海峡两岸经济区的商品交易平台，集中展示台湾省、市区域形象和两岸优势产业、特色产品，举办两岸合作、区域合作、商品交易、项目招商、经贸研讨、文化交流等系列活动，进一步提升展会的规模、层次和实效，把“海交会”办成台湾省、市区域展示交流的平台和两岸经贸政策先行先试的窗口，把“商交会”办成具有福建特色与优势的大型日用消费品专业展，努力打造“立足海西、联结两岸、面向世界”的一流经贸盛会。

四、组织框架

主办单位：商务部、国台办、中国贸促会、福建省政府

支持单位：海关总署、国检总局

承办单位：省外经贸厅、省经贸委、省贸促会、福州市政府

协办单位：海峡两岸经贸交流协会、省台办、省侨办、省工商局、省质监局、台湾中国时报系、台中世贸中心

支持媒体：中央电视台经济频道、福建电视台经济频道、台湾中天电视台

五、展览安排

（一）展期安排

展出时间：2007 年 5 月 18—22 日

5 月 18 日上午：开馆式暨重要客商及贵宾专场，凭请柬或证件入场。

5 月 18 日 12∶00 至 22 日（每天 8∶30~17∶30）：专业观众参会时间，凭门票或证件入场。

（二）展区规划

展出地点：福州（金山）展览城

1. 第九届海峡两岸经贸交易会展区（承办单位：福州市政府）

台湾馆（A 馆、D 馆）

——台湾中部都市映像展：邀请台中市、台中县、彰化县、苗栗县、云林县、南投县等中部县市形象展出，推介当地优势产业和特色产品。

——台北县展区：邀请台北县方面组团参展。

——金马澎展区：邀请金门、妈祖、澎湖方面组团参展。

——两岸创意产业展区：组织台湾岛内和福州软件园动漫创意企业参展。

——两岸光机电产品展区：组织两岸三地及欧美、日韩、东南亚等光机电厂商、采购商参展并对接洽谈。

2. 第四届中国福建商品交易会展区（承办单位：省外经贸厅）

专业馆：（B 馆、C 馆、E 馆、F 馆）：

——家具馆（B 厅）：展出日用品、运动休闲用品、鞋类产品、玩具、箱包、家具、钟表、家用电器、电子信息产品等。

——纺织服装馆（E 厅）：展出家用纺织品、服装、服装配件、纺织面料及原辅料等。

——工艺礼品馆（F 厅）：展出陶瓷、树脂、藤蓝工艺品、装饰品、赠品、圣诞用品、园艺产品等。

——境外馆（C 厅）：展示境外优势进口商品，以欧美、日韩、东盟的境外企业、机构为主，同时设跨国采购展区、邀请大型国际采购商和境内外连锁商业采购商参展。

3. 第四届福建商贸行业投资合作洽谈会展区

承办单位：省经贸委、国台办海峡经济科技合作中心

展出地点：福州金山展览城 D 厅

（三）展馆管理

展会现场和 A、D 厅管理由福州市海交会组委会负责，B、C、E、F 四馆及通道的管理由省外经贸厅商交会组委会负责。

在保障人流进出顺畅的前提下，对展馆间通道进行统一规划和设计，设置商务服务区（组委会服务区、商务中心、工商、质检、海关、检验检疫、银行、税务、保险、通讯等单位咨询台）和商业洽谈区（供需双方洽谈场所）。

六、活动安排

（一）开幕式（责任单位：省委办公厅、省政府办公厅、福州市）

时间：5月18日上午9∶00

地点：福州（金山）展览城广场

（二）欢迎晚宴（责任单位：省委办公厅、省政府办公厅、福州市）

时间：5月17日晚18∶00

地点：福州香格里拉大饭店

（三）省领导会见重要来宾代表（责任单位：省委办公厅、省政府办公厅、福州市）

时间：5月17日下午

地点：福州香格里拉大饭店

（四）两岸经贸政策先行先试系列活动（责任单位：福州市、省直有关部门）

（五）两岸产业合作（福州）系列论坛

1. 海峡两岸创意产业合作与发展高峰论坛（责任单位：福州市、省信息产业厅）

2. 海峡两岸现代物流协同发展论坛（责任单位：福州市、省经贸委、省交通厅）

（六）第四届福建商贸行业投资合作推介会（责任单位：省经贸委）

（七）海峡两岸装备制造业项目对接洽谈会（责任单位：省经贸委、省外经贸厅、省台办）

（八）第三届国际商协会领导人会议暨节能、环保项目对口洽谈会（责任单位：省贸促会）

（九）福州市重点项目推介暨对接洽谈会（责任单位：福州市）

（十）“台中之夜”主题活动（责任单位：福州市、省台办）

（十一）第二届海峡美食文化节（责任单位：福州市）

（十二）全国首届闽籍发展商主流峰会（责任单位：市场瞭望杂志社）

（十三）央视“中华情”大型文艺晚会（责任单位：福州市）

案例5：节事总体方案

中国·呼和浩特第九届昭君文化节总体方案

中国·呼和浩特第九届昭君文化节定于2008年9月5日在呼和浩特市开幕。为确保本届文化节各项活动的顺利进行，特制定本方案。

一、指导思想

以邓小平理论和“三个代表”重要思想为指导，深入贯彻落实科学发展观，紧紧围绕市委十届四次全委会议提出的总体奋斗目标，坚持社会主义先进文化前进方向，以建设社会主义核心价值体系为根本，以建设民族文化大市为目标，以满足人民群众精神文化需求为导向，坚持求新、求美、求实、求精的创新原则，突出国际性、思想性、民族性、地域性、群众性、艺术性、时尚性、参与性和标志性的特点，着力树立首府城市新形象，扩大呼和浩特市美誉度，集中展现首府城市的文化魅力和精神风貌，为构建各族人民共同建设、共同享有的和谐社会做出贡献。

二、宗旨

弘扬先进文化，增强民族团结，促进经济发展，构建和谐社会。

三、主题

天堂草原　　魅力青城

四、主办单位

中共呼和浩特市委员会 呼和浩特市人民政府

五、主要活动内容（35项）

（一）文化活动（14项）

（1）9月5日晚8∶00，第二届中国民族商品交易会暨中国·呼和浩特第九届昭君文化节开幕式——“伊利情”天堂草原大型文艺晚会。承办单位：市委宣传部、伊利集团、内蒙古电视台。活动地点：呼和浩特市人民体育场。

（2）8月2日—4日，第十一届当代书画家作品邀请展。承办单位：内蒙古书画研究院、市文联。活动地点：内蒙古美术馆。

（3）8月29日晚8∶00，呼和浩特第三届社会主义新农村、新农民文艺汇演。承办单位：中共赛罕区委员会、赛罕区人民政府。活动地点：赛罕区巧报镇正营子村。

（4）8月29日—31日，首届“裕隆杯”书画笔会暨画展。承办单位：内蒙古铁元文化传播有限公司。活动地点：内蒙古美术馆。

（5）8月30日，迎残奥专场文艺晚会。承办单位：市残联。活动地点：内蒙古文化大厦演播厅。

（6）9月5日—14日，昭君博物院民俗文化活动。承办单位：市文化局。活动地点：昭君博物院。

（7）9月5日—14日每晚8∶00，“崇尚文明 爱我家园”广场消夏文化活动。承办单位：市文化局、各旗县区（工业园区）、各企业等。活动地点：新华广场、各旗县区（工业园区）广场。

（8）9月5日—10月7日，“如意河之夜”消夏音乐喷泉游园活动。承办单位：市水务局、呼和浩特春华水务开发有限公司。活动地点：如意河滨河公园。

（9）9月6日—10日，中国·呼和浩特第六届国际民间艺术节。承办单位：市文化局。活动地点：新华广场。

（10）9月8日—11日，“永远的辉煌”第十届中国老年合唱节。主办单位：文化部、自治区人民政府。承办单位：呼和浩特市人民政府、自治区文化厅。活动地点：乌兰恰特。

（11）9月12日，“家和万事兴”——妇女·儿童·家庭文艺汇演。承办单位：市妇联。活动地点：市党政机关办公大楼会议中心1号会议厅。

（12）9月18日—28日，呼和浩特市第三届牛奶节。承办单位：呼和浩特日报社。活动范围：呼和浩特市。

（13）9月19日，青城骄傲——第十届“三十佳”颁奖晚会。承办单位：市文明办、内蒙古电视台。活动地点：内蒙古电视台演播厅。

（14）9月28日下午3∶00，“歌唱祖国”全市干部职工歌咏大赛。承办单位：市委宣传部、直属机关党工委、市总工会。活动地点：市党政机关办公大楼会议中心1号会议厅。

（二）经贸活动（5项）

（1）9月5日—8日，第二届中国民族商品交易会。主办单位：呼和浩特市人民政府、中国市场学会、中国国际贸易促进会内蒙古自治区分会、内蒙古自治区西开办。活动地点：内蒙古国际会展中心。

（2）9月5日—7日，呼和浩特投资贸易洽谈会。承办单位：中国国际贸易促进会投融资工作委员会、市招商局。活动地点：内蒙古国际会展中心。

（3）8月21日—9日21日，中国·内蒙古第九届残疾人用品用具展览会。承办单位：内蒙古残疾人爱心艺术团。活动地点：内蒙古塞宝大厦。

（4）9月6日，呼、包、鄂项目对接会。主办单位：中国国际投资促进会（CCIIP）、呼和浩特市人民政府。承办单位：中国国际投资促进会投融资工作委员会（CIFC）、市招商局。活动地点：内蒙古饭店。

（5）9月5日—8日，2008呼和浩特市秋季房地产展示会。承办单位：市房产局。活动地点：内蒙古展览馆。

（三）体育、旅游活动（11 项）

（1）6 月 28 日—9 月 9 日，“美丽的眼睛看青城”2008 呼和浩特旅游形象大使选拔赛。承办单位：市旅游局、团市委、内蒙古联邦会议展览公司。活动地点：市各景区。

（2）8 月 27 日，全国跆拳道邀请赛。承办单位：市体育局。活动地点：呼和浩特少年宫文体馆。

（3）8 月 29 日—9 月 21 日，蒙古风情园第二届秋季草原那达慕大会。承办单位：市旅游局、鄂尔多斯东方路桥集团股份有限公司、内蒙古东方甘迪尔蒙古风情园有限责任公司。活动地点：蒙古风情园。

（4）8 月 30 日，北京残奥会火炬接力传递活动。承办单位：市体育局。活动地点：市区。

（5）9 月 6 日，内蒙古土默特左旗第六届敕勒川旅游文化节。承办单位：中共土默特左旗委员会、土默特左旗人民政府。活动地点：土默特左旗哈素海旅游度假村。

（6）9 月 10 日，全国黑八台球精英赛。承办单位：市体育局、市体育总会、市台球协会。活动地点：呼和浩特市来利台球厅。

（7）9 月 13 日，全国羽毛球邀请赛。承办单位：市体育局、市体育总会、市羽毛球协会。活动地点：呼和浩特少年宫文体馆。

（8）9 月 13 日，环哈素海内蒙古汽车集结赛。承办单位：市体育局、市体育总会。活动地点：土默特左旗哈素海旅游度假村。

（9）9 月 15 日，内蒙古“念慈庵杯”职工乒乓球赛。承办单位：市体育局、市体育总会、市乒乓球协会。活动地点：呼和浩特市体育馆。

（10）9 月 20 日，全国健身气功展示大会。承办单位：市体育局、市体育总会。活动地点：内蒙古体育馆（新）。

（11）9 月 20 日—21 日，内蒙古第四届全国部分城市国际标准舞、交谊舞公开赛。承办单位：内蒙古新思路文化艺术发展有限公司。活动地点：呼和浩特少年宫。

（四）会议、研讨活动（5 项）

（1）9 月 5 日—8 日，博鳌全国房地产论坛草原行。承办单位：市工商联。活动地点：呼和浩特香格里拉大酒店。

（2）9 月 5 日—8 日，昭君文化高层论坛暨中国民族学学会昭君文化研究分会成立大会。承办单位：呼和浩特昭君文化研究会。活动地点：昭君大酒店。

（3）9 月 5 日—8 日，中国西部民营企业高峰论坛暨电子商务大会。承办单位：内蒙古民营企业联盟网站。活动地点：内蒙古锦江国际大酒店。

（4）9 月 7 日—8 日，乳业发展国际论坛。承办单位：市农牧业局。活动地点：内蒙古国际会展中心。

（5）9 月 25 日—28 日，首届中国城市科学领导论坛。承办单位：中国城市经济学会城市领导研究中心、市大型活动办公室。活动地点：呼和浩特香格里拉大酒店、内蒙古锦江国际大酒店。

六、保障措施

1. 加强组织领导

成立中国·呼和浩特第九届昭君文化节组委会，并下设办公室和工作组，办公室设在市委宣传部，负责文化节各项活动和有关工作的组织协调。各工作组和各成员单位要根据各自的职责制定工作方案，进行任务分解，保证各项活动、各项工作落实到位，责任到人。

2. 精心组织实施

文化节各类活动的承办单位要依据本方案的总体要求，制定出各类活动的详细实施方案，并报请组委会审定后组织实施；各旗县区（工业园区）要根据总体方案的要求，组织好文化节期间的广场消夏活动和社区文化活动，并结合本地区实际，制定出具有地域特色的活动实施方案，报请组委会审定后落实各项相关活动；各项活动承办单位领导要高度重视，高标准、严要求，认真做好各项筹备工作，确保各项活动安全有序。

3. 提高运作水平

继续探索城市节庆活动政府引导、部门服务、企业承办、社会参与的方法和途径。坚持开放性原则，调动和鼓励更多的社会力量投入到文化节的活动当中，欢迎外埠企业承办、协办文化节的各类活动，努力提高市场化运作的程度和水平，使昭君文化节真正成为集中体现呼和浩特市经济社会全面发展的品牌活动。

（例文：选自新华网内蒙古频道）

第三节　会展专题策划方案

会展专题策划方案属于会展活动实施期间所涉及的某个部分或片段的策划案，是相对于会展总体方案而言的，它以总体方案为依据。常见的专题策划方案包括会展接待方案，开幕式、闭幕式策划方案，会展相关活动策划方案、会展项目财务预算方案以及会展时间管理方案等。

一、会展接待方案

（一）会展接待方案的含义

会展接待是指围绕参加对象的迎送和吃、住、行、游、娱、购等方面所作的安排，是会务、展务和节务工作的有机组成部分。任何会展活动都离不开接待工作。会展接待通过妥善、周到、细心的安排，为参加对象提供各种便利，解除他们的后顾之忧，使他们能够全身心地投入会展活动，从而保证会展活动顺利进行，提高会展活动的效率，达到会展的预期目的。会展接待的过程也是主办者对外宣传、树立良好形象的有利时机。例如，2001 年在上海成功举办的六国元首会议和 APEC 领导人非正式会议，及 2008 年我国北京成功举办的第二十九届奥运会，数以万计的接待人员为此付出了巨大的心血，两次的接待工作都堪称世界一流，因此受到各国观众和媒体的好评，也大大提升了上海、北京乃至我国的国际形象。

（二）会展接待方案的一般内容

1．接待对象和接待缘由

会展活动的接待对象种类众多，包括上级领导、政府官员、协办支持单位、特邀嘉宾、会议成员（正式和列席）、参展单位、客商、普通观众以及媒体记者等。这其中有以政府代表团名义来访的，也有联合组团参加的，还有的是以个人身份参会、参展、参观的。因此每一种接待方案，都要写清楚具体的对象；同时还须简要说明为何接待，即接待的缘由、目的和意义。

2．接待方针

接待方针即会展接待工作的总原则和指导思想。接待方针应当根据会展目标和会展领导机构对接待工作的要求以及参加对象的具体情况确定。

3．接待规格

接待规格实际上是参加对象所受到的礼遇，它体现了接待方对来访者的重视和欢迎的程度。其主要表现在以下几个方面：

（1）迎接、宴请、看望、陪同、送别参加对象时，主办方出面的人员的身份具体可分为三种情况：一是高规格接待，即主办方出面人员的身份高于参加对象，这用于重要对象的接待。二是对等规格接待，即主办方出面人员的身份与来访者大体相等。通常情况下，接待都采取对等规格。三是低规格接待，即主办方出面人员的身份比来访对象低。低规格接待主要用于事务性的接待或非常特殊情况的接待，应当特别慎重。

（2）接待过程中主办方安排宴请、参观、访问、演讲、游览、娱乐等活动的次数、规格和隆重程度。

（3）主办方安排的食宿标准等。接待规格要依据接待的目的、任务、性质、方针等，并综合考虑来访者的身份、地位、影响以及宾主双方的关系等实际因素来确定，既要适当，又要慎重。涉外会展接待的规格应严格按照有关外事接待的规定执行。

4. 接待内容

会展接待的内容包括接站、食宿安排、欢迎仪式、宴请、看望、翻译服务、文艺招待、参观游览、联欢娱乐、票务、返离送别等方面。接待内容的安排应当服从整个会展活动的大局，并有利于参加对象的休息、调整，使会展活动张弛有度，节奏合理，同时也能够为会展活动创造轻松、和谐的气氛。

5. 接待日程

将各项接待内容落实到具体时间，称为接待日程。接待日程安排应当同会展活动日程的整体安排相协调，并在会展日程中反映出来，以便于主办方的工作人员和接待对象了解掌握。

6. 接待责任

接待责任是指会展活动中各项接待工作的责任部门及人员的具体职责。接待责任必须分解并落实到个人，必要时建立专门的工作小组。例如，大型会展活动可设置报到组、观光组、票务组等工作小组，分别负责与会者的接站、报到、签到、观光旅游、返离时的票务联系等工作。

7. 接待经费

会展的接待经费是整个会展经费的构成部分，主要是安排参加对象的食宿和交通的费用，有时也包含安排参观、游览、观看文艺演出等的支出，涉外会展活动还包括一定数量的礼品费。会展接待方案应当对接待经费的来源和支出作出具体说明。但一般不对外公布。

（三）会展接待方案的结构和写法

会展接待方案可以包含在会展总体方案中，也可以单独拟写，作为会展总体方案的附件。大型会展活动的接待方案分为综合性接待方案和单项接待方案两种。综合性接待方案包含会展活动期间内所有的接待工作，单项接待方案仅对某项具体的接待活动作出安排。

1. 标题

综合性方案的标题由会展活动名称加“接待方案”组成。单项接待方案的标题由接待活动的名称加“方案”或“安排”组成。

2. 主送机关

接待方案直接上报上级时，应当写明上级机关的名称。若以请示的附件上报，则不必写主送机关。

3．正文

正文部分应当逐项载明接待方案的具体内容，结构安排上一般采用序号加小标题的结构体例。开头部分写明接待的对象、缘由、目的、意义；主体部分写明接待的方针、规格、内容、日程、责任和经费；直接上报请求批准的接待方案，结尾处要写“以上方案妥否，请审批”等字样。

4．附件

如有附件，要写明附件的名称和序号。

5．落款

署提交接待方案的部门名称。如果文案是由具体承办人员拟写的，由拟写人员署名。

6．成文时间

写明提交的具体日期。

案例：

草原明珠会议接待计划书

××公司：

根据贵公司要求，我社为贵公司此次会议设计了如下会议方案，若有何疑问，请及时与我社联系再做具体协商。

一、会议日程安排

×月×日：机场接机，我社派专车至机场，迎接来自各地的贵公司参会人员，并送至酒店，安排参会人员报到，安排参会人员入住酒店休息。

×月×日—×月×日：会议召开安排参会人员前往会议场地参加会议，我社派专人协助会务组做好会议中各方面的协调工作,以及各种突发事件的处理。

×月×日—×月×日：会议旅游考察，结束会议优惠价格，安排参会代表的会后旅游考察工作和离开呼伦贝尔的票务、接送工作。

二、整体会务服务

1. 会议整体策划、设计

2. 全程会议操作、跟踪

3. 会后总结、会后整体安排

三、服务流程

（一）会议前准备

（1）实际考察。会议召开前一个月，贵公司派考察人员至呼伦贝尔具体景点景区，我社派专人陪同，考察团实地考察，我社提供推荐的会场、入住酒店、就餐餐厅、旅游线路。在考察过程中，双方就会议安排方面的细节做进一步的协商，敲定会议最终方案。

（2）会场布置。会议召开前一周内，贵公司派会务组至会议举办地点，我社派专人配合，会务组与会场提供方，就会场布置方面进行具体设计安排，会议召开前一天，将会场按会议要求安排布置妥当。

（3）会议设施。在会议召开前，我社按照贵公司的要求，就会议所需设施进行制作、租用、安排。如：平面立体 AV 设计、代表证制作、接机牌、车牌、车贴，贵宾鲜花花环、酒店外景空飘、彩虹门、刀旗、灯笼立柱、横幅、气球编花、鲜花墙、接待台卡、笔记本电脑、激光打印机、复印机、传真机、装订机、专业桁架（平面、立体）、特装搭（舞台、背景板、展台）、会议日程展架、易拉宝、各种指示牌及普通对讲机。

（4）参会人员报到。参会人员到达之前，我社配合贵公司会务组安排布置参会人员入住的酒店大堂内的会议报到。

（5）会议召开。我社派专业会务人员配合贵公司会务组进行具体的会议操作。

（6）票务信息提供。及时准确提供机票、火车票信息。

（二）会中服务

（1）提供专业外语翻译、摄像、礼仪公关和文秘服务。

（2）免费提供经验丰富的接待人员全天协助会务工作（包括办理代表签到、接待、资料整理分发，分房、展台规划及会场布置等工作）。

（3）会议期间可为 VIP 客人提供特殊照顾和服务。

（4）向参会人员提供全市范围内机场、火车站接送服务。

（5）提供会议期间的后勤保障工作和外围的协调服务（如：打印、复印会议相应资料、提供房间鲜花、水果、摄影等），代办会展用品的航空、铁路搬运和呼伦贝尔土特产的代购及会议礼品的发放。

（三）会后总结

1. 以优惠价格安排参会代表的会后旅游考察工作。

2. 协助会议人员处理会后事宜，进行会议期间的工作总结。

四、附录

1. 酒店信息

2. 旅游线路

3. 景区信息

4. 会议餐饮

5. 会议用车

6. 具体报价
7. 票务信息
8. 会议所在城市的注意事项

附录一：酒店信息对会议使用酒店进行图片介绍。酒店客房：对酒店客人用房进行图片介绍。会议厅：对酒店会议场所进行图片介绍。酒店餐厅：对会议的就餐餐厅进行图片介绍。

附录二：旅游线路。按照会后实际情况，为参会人员设计制作的具体旅游线路。

附录三：景区信息。对旅游线路和会议所在城市的景点景区进行介绍，并附图片。

附录四：会议餐饮。为会议制定各种适合的用餐标准。

附录五：会议用车。为会议提供各类不同档次的车型。

附录六：具体报价。会议用房具体价格（标间、单间、各类套房）、会议厅具体情况（会议厅尺寸、面积、附带免费项目）及价格、会议使用设备价格（如投影仪等）、会议用车价格（提供各类车型的价格〈单位：元/辆/天〉）、会议用餐具体标准（自助餐、中餐、特色餐、早餐并附具体标准和菜单）。

附录七：票务信息。会议召开城市至参会人员所在各个城市的具体航班及火车信息。

附录八：会议所在城市的注意事项。将会议召开城市应注意的事项进行说明（会议召开时间段的天气情况、当地风俗、民族禁忌等）。

★呼伦贝尔草原明珠旅行社会议会展部联系人：于澎 杨潇

★会议服务热线：13604700881/13789403917/0470-8337373/3990776

★会议服务传真：0470-3990776

★会议会展部 MSN：cymz_001@hotmail.com

★会议会展部 MSN：cymz_002@hotmail.com

二、会展开幕式和闭幕式策划方案

（一）会展开幕式、闭幕式的含义

会展开幕式、闭幕式是宣布各种会展活动正式开始和结束的具有象征性和标志性的仪式。开幕式、闭幕式在会展活动中运用广泛，如各种“会”（如运动会、展览会、博览会、交易会、代表大会等）、各种“节”（如旅游节、电影节等）、各种“周”、“月”（如文化周、质量月）等，都可以举行开幕式和闭幕式。

开幕式、闭幕式种类繁多，繁简不一。但无论举行何种形式的开幕式、闭幕式，事先都要尽心策划和安排。

（二）会展开幕式和闭幕式策划方案的基本内容

1．开幕式、闭幕式的名称、时间、地点

2．主办单位

3．参加范围

包括上级机关的领导人，会展活动的承办单位、协办单位、赞助单位的领导或代表，东道主以及与会展活动有关的机关、企事业单位的领导或代表，有关国家、地区、组织的代表（如有关国家的使节、领事、参赞等），群众代表，有关新闻单位等。

4．主持人、致辞人和剪彩人的身份和姓名

具体要求如下：

（1）开幕式、闭幕式通常由主办方主持。主持人应当有一定的身份。联合主办的会展活动，可采取共同主持的形式，各方主持人身份应大体相当。

（2）对于重要的开幕式，主办方可派出身份较高的领导人参加并致开幕词。致开幕词人的身份一般应当高于主持人。仪式较为简单的，可由主持人直接致开幕词；也可以先由主办单位的领导发表主旨讲话或欢迎词，然后由来宾代表先后致辞。来宾代表致辞的顺序按身份高低安排。最后请在场身份最高的领导宣布活动的开幕："我宣布，××活动开幕"。联合主办的活动，也可用共同剪彩的形式代替致开幕词。

（3）剪彩人。剪彩是开幕式上常见的一种仪式。剪彩人应当是主办单位出席开幕式身份最高的领导人，也可安排上级领导、协办单位领导与主办单位领导共同剪彩。开幕式由双方或多方联合举办的，各方均应派出代表参加剪彩，剪彩人的身份应大体相当。

5．开幕式和闭幕式的形式

开幕式和闭幕式的形式主要有两类，一类是以致辞为主的形式；另一类是文艺晚会的形式。前一类开幕式和闭幕式也可以安排文艺演出，但一般放在仪式开始前或结束后。后一类则是两者相融，主要用于文艺类会展活动的开幕式和闭幕式。

6．邀请方式

凡外单位的领导和代表应当书面邀请。书面邀请分为请柬、邀请信和通知三种形式。请柬用于邀请重要来宾，邀请信用于一般的列席对象或较为特殊的对象，对于内部人员则用书面通知。

7．现场布置和物品准备

如主席台、会标、国旗、花卉、彩旗、标语、剪彩工具、扩音设备等，有的还安排文艺表演。

8．接待

如签到、为来宾佩带胸花、赠送礼品、留言题词等。

9．开幕式、闭幕式程序

如介绍出席开幕式的领导人和主要来宾、致开幕词或闭幕词、升旗或降旗、奏国歌或会歌、代表致词、剪彩、参观、植树纪念、颁奖、文艺体育表演等活动。

10．接待任务分工

必要时可设立专门的接待工作机构。

11．经费安排

（三）开幕式和闭幕式策划方案的结构和写法

1．标题

写明开幕式和闭幕式的名称和文种（策划书、方案）。

2．主送机关

直接上报上级审批的开幕式和闭幕式方案，应当写明主送机关。以请示的附件上报或由会展服务企业提交给委托者时，不必写主送机关。

3．正文

开头部分有两种写法：一种是阐明举行开幕式或闭幕式的目的意义，指导思想；另一种是直接进入策划方案的具体安排，在各项策划要素中体现指导思想。全篇要突出主题，层次分明，每个创意点要说明意义和效果。直接上报请求批准的方案，结尾处要写“以上方案妥否，请审批”等字样。

4．落款和日期

批准前的策划方案的落款应当写提交方案的机构名称，日期写提交日期。批准后如需公开发布，可以组委会的名义正式发布，日期写批准发布的时间。

三、会展相关活动方案

一般来说，展会具有贸易、展示、信息的交流和发布四大基本功能，处于不同发展阶段的展会，对上述功能的选择重点也有所不同。在展会发展初期，贸易功能占主导地位，企业参展更多的目的是追求贸易成交。随着展会走向成熟，展会的展示、信息的交流和发布功能变得日益重要，企业参展的目的更多是展示企业和产品形象、获取行业最新信息或者是将展会作为自己发布新产品的一个重要场所。策划人员在展会期间举办一些相关活动，一方面能给展会创造更好的气氛，另一方面可以进一步丰富、扩展和完善展会的四大基本功能。

（一）会展相关活动策划方案要达到的目的

现在，各种展会很少只举办一个展览，为了种种目标，现代展会越来越讲究在展览期间举办一系列的相关活动，这些活动和展览会越来越密不可分，并已经成为很多展会不可分割的重要组成部分。如今，一个成功的展会，不但有著名的企业参展，有相当多的观众参观，还有组织较好的各种相关活动举行。

1. 会展相关活动方案的种类

会展相关活动方案是指为创造会展现场气氛或丰富展会功能而在展会期间举办的各种活动文案，这些活动和展会融为一体，成为整个会展的重要组成部分。展会相关活动可以和展会在同一个地方举办，也可以在不同的地方举办。一般来说，如果展会现场场地允许，大多数展会相关活动是和展会在同一个地方举办的，因为这样更有利于活动与展会之间的互动，有利于彼此之间的资源共享。

展会相关活动的举办是为展会服务的，它可以由办展机构主办，也可以由参展企业或其他有关单位主办。根据展会策划和营销的需要，在此主要讨论由办展机构主办的展会相关活动。从展会相关活动的主办者是办展机构这个角度来看，在展会期间举办的相关活动一般有会议、表演、比赛和其他相关活动，其方案也围绕这几个方面来设计。

（1）会议方案。会议是展会期间最常见的相关活动。现代展会讲究展览和会议并重，办展机构在展览期间会组织各种与展览题材相关的会议，并邀请一些著名的学者、专家、企业和政府官员参加。展会期间举办的这些会议可以分为很多种，有以学术交流为主要目的的专业研讨会、以技术交流和技术合作为主要目的的技术交流会；也有以发布新产品为主要目的的产品发布会、以推介新产品为主要目的的产品推介会等。根据会议种类不同其文案也有所不同。办展机构举办各种会议，目的是交流行业内的最新信息和动态，传播新技术，介绍新项目，提倡产业内发展的新理念和新思维。所以文案要充分体现这一点。

（2）表演方案。展会期间，举办各种与展览主题或展览题材相关的表演，也是一项十分常见的展会相关活动。展会期间举办的表演活动可以分为三种：一是文艺性表演活动。这类表演活动基本上是为了活跃展会气氛和扩大展会影响而举办的。例如，有些展会在开幕晚宴或闭幕答谢晚宴时，会策划举办一些文艺表演助兴，还有一些展会在展览期间专门组织有著名歌星、影星参加的文艺晚会。二是营销性表演活动。这类表演活动多是为了帮助产品营销和提升企业形象而举办的，举办者多为参展企业。例如，在汽车展等展会上，很多大型参展企业都会在自己的展位里设置表演场所，定时举行表演活动。三是程序性的表演活动。这类表演活动多是依照行业惯例举办的。要根据它的不同特点进行策划。

展会斯间举办的各种表演活动可以是参展企业牵头举办，也可以是办展机构牵头举办。另外，有些行业协会和政府主管部门也会利用展会的影响和便利条件，与办展机构合作在展会期间举办一些表演活动。

（3）比赛方案。展会期间，观众云集，企业齐集一堂，在此期间举办比赛活动具有许多有利条件，并会在行业内与社会上产生较大的影响。比赛的举行，对于活跃会场气氛，吸引潜在观众有较大帮助。另外，有些专业性的比赛活动，对于吸引企业参加展会也有一定的促进作用。

在展会期间举办的比赛活动有两种：一种是以大众观赏性为主要目的的比赛活动，如在体育用品类展会中举办的各种球类比赛、在服装类展会中举办的各种时装表演比赛等，这些比赛活动基本上都是在展会现场举办；另一种是以行业为特征的专业性的比赛活动，如为鼓励广大参展商提高展位装修档次而举办的展位设计比赛、为发掘行业新产品和新设计等而举办的优质产品评比等，这类比赛基本上都要开辟专门的场所和举办专门的活动。

（4）其他相关活动。除了最为常见的会议、表演和比赛外，有些展会在举办期间还会组织一些其他相关活动，如群众性参与活动、投资项目招商洽谈活动、项目招标活动、明星及公众人物与大众见面活动等。

2．会展相关活动策划方案要达到的目的

（1）能丰富展会的信息功能。展会是市场和行业信息的重要集散地，很多观众参观展会主要是为了收集各种有用的信息，举办展会相关活动能极大地丰富展会的信息功能。例如，在展会期间举办一些专业研讨会、技术交流会和行业会议，与会的专家、学者和行业专业人士，能将大量的信息带给会场听众，信息传播作用非常明显。

（2）能扩展展会的展示功能。展会是企业产品的重要展示平台，许多参展企业精心设计展位，精挑细选展品，主要目的是为了在展会上充分展示企业和产品的良好形象，树立和强化品牌。展会相关活动能很好地扩展展会的这一功能，例如，在展会期间举办的产品展示会、有关表演和比赛等使企业和产品的形象能更好地展现，使观众对其产生更加深刻的印象。

（3）能强化展会的发布功能。在展会上，行业人士空前聚集，信息传播很快，在此发布新产品影响更大，展会因此也成为许多企业发布新产品的一个重要场所。有些展会专门组织新产品发布会，还有些展会将新产品发布与表演、比赛等活动结合起来举办，以此来强化展会的发布功能。

（4）能延伸展会的贸易功能。许多企业参展的主要目的是贸易成交，很多观众参观的主要目的是为了寻找合适的供应商，展会因此也成为一个重要的贸易平台。展会相关活动能延伸展会的贸易功能，如产品订货会、产品推介会、项目招标活动等。

（5）能吸引更多的潜在参展企业和潜在观众。策划得当、组织完善、丰富多彩的展会相关活动对展会观众有较大吸引力，有些相关活动如行业会议、项目招标、技术交流会等，对吸引企业参展也有较大的吸引力。

（6）展会相关活动能提升展会档次、扩大展会影响。现代展会是一个信息高度集中的、丰富的商业平台，如果展会期间举办的相关活动策划得好，不仅能进一步扩大展会的影响，还能极大地提升展会的档次。例如，行业会议、高水平的专业研讨会和技术交流会等，就能极大地提升展会的号召力。

（7）能活跃展会现场气氛。一些富于观赏性的相关活动以及一些大众参与性较强的相关活动，能极大地调动现场观众的积极性，使展会现场气氛活跃，为参展企业创造良好现场氛围。

（二）会展活动策划案的写作要点

活动策划案一般包括新闻发布会、开幕式、路演、新产品发布会、产品说明会、节日促销、技术交流会、专业研讨会、论坛、现场表演及相关比赛等。一份定位准确、主题突出、充满创意、具有较好的可执行性与可操作性的展会活动策划案，能够充分发挥会展的功能，对于树立会展的知名度与美誉度具有决定性作用。展会活动策划案的写作应该注意以下几点：

1．要给会展活动一个准确的主题

做策划案之前，必须明白会展活动是为会展服务的，会展相关活动与举办的会展之间应存在某种必然的联系。否则，活动的举办反而会给会展带来干扰。因此，会展活动的定位要与会展的定位相一致，活动的内容与形式不能脱离会展的实际，要能够进一步丰富和完善会展的基本功能。根据展会的主题，为活动策划案确定一个准确而切实的主题尤为重要。

在做活动策划案的时候，首先要根据本次参展企业的实际状况，做一个准确具体的分析，包括该行业的市场调查分析、广告竞争行为分析、目标消费群分析、消费者心理分析、产品特点分析等，然后做出准确的判断，为策划案确定一个能够体现会展定位的主题。主题应该鲜明、唯一，这样才能把最重要的、最想传达的思想展示给目标消费群体，从而引起目标受众的关注。主题要针对与目标受众有直接关系的利益点，这样的活动才有足够的吸引力。

2．活动宜精不宜多，关键要围绕主题

活动策划案中安排的活动是否越多越好呢？答案是否定的。一个活动策划案是否成功，不在于活动是否丰富多彩，关键在于活动是否突出了展会的主题，是否有助于吸引一定数量和质量的观众参展，是否有助于活跃现场气氛而又不影响企业的展出和观众的参观，以及活动本身是否能产生较好的效果。

活动过多，过于活跃，容易造成主次不分。例如，表演、比赛以及发放赠品等促销活动，往往能营造十分热闹的气氛，能吸引大量观众围观参与，对展会现场气氛有一定的帮助。但是，如果展会现场气氛过于热烈，非目标观众就会过多。过多的无效观众，会对企业的展出效果产生不利影响，对目标观众的参观产生干扰。更糟糕的是，如果所安排的活动内容与展会的主题不符，就很难达到预期效果，并会对展会主题造成一定的削弱。另外，活动过多还会增加会展成本。

总之，相关活动的策划绝对不能天马行空，漫无边际，也不能一味求新求异，更不能与展会主题脱节。

3．活动策划案必须具有可执行性

一份周全的活动策划案，应当有若干套应急备用方案。活动方案能否执行反映了该策划案的可操作性。活动策划案良好的可执行性，除了需要周密的思考外，详细的活动安排也是必不可少的。这些活动一般涉及以下因素：时间、人员、场馆、费用、宣传等，并要做出适当安排。

首先，确定展会活动重要的日期和时间段。一般展会活动需要尽早确定的重要日期和时间段有：开幕日和闭幕日，展会期间的主要活动时间安排，参展报名截止日期，组团报名截止日期，代办签证截止日期，展位搭建进场日期，撤展期限等。然后，根据已确定的日期来排列工作顺序，设计工作计划时间表。

其次，做好展会活动有关人员的安排。考虑活动需要哪些人员参加，估算参加活动的人数，选择好活动主持人、会议主讲人以及特邀嘉宾等，并做好与他们的联系确定工作。事先做好以上各类参与人员的活动、住宿、交通、游览等方面的安排。

再次，做好展会活动的场馆安排。活动地点的确定，主要考虑展会所在区位、场馆容量和配套设施、出入是否方便、周围环境等条件。当然，场馆的租赁价格也是需要重点考虑的因素。大型展会的活动要特别重视进出展馆的交通条件。

另外，做好展会活动的费用安排。要求策划人员运用合理的定价策略，确定展位价格和参会费用，力求达到展会经济效益最大化。各项支出则要在保证与会人员满意的前提下，坚持履行节约的原则。需要特别指出的是，各种收支费用应尽可能细化，以便掌控。

最后，做好展会活动的宣传策划。在展会活动策划工作中，策划宣传非常重要，要投入大量的财力和精力。宣传策划的成果集中地体现在制定一份独到的宣传工作计划。宣传工作计划是活动策划者，对于媒体和宣传方式（广告或是新闻）的选择，是对宣传推出时间、频率和力度等多方面因素优化组合后的产物。一份好的展会活动宣传策划，既是对展会活动的宣传推广，也可以建立展会品牌、树立展会形象，并为展会招展和招商做宣传，可谓一举多得，所以一定要重视。

4．要在活动策划案的创意上多下功夫

活动策划要有创意，这种创意必须以市场调查和分析为基础，主观臆断的策划是不可能成功的。在撰写策划案的过程中，应避免主观想法，因为策划案未付诸实施之前，任何结果都有可能出现。

（三）会展相关活动策划方案的基本要求

展会相关活动是为展会服务的，它不能脱离展会而存在，更不能为举办活动而举办活动。举办相关活动一定要符合展会的需要，否则，相关活动不仅不能促进展会成功，反而会对展会产生这样或那样的不良干扰，并浪费人力财力。策划举办展会相关活动，一般要遵循以下基本原则：

（1）活动的主题与形式要符合展会的需要

相关活动的策划不能天马行空，漫无边际，活动的主题不能与展会毫不相干，活动的形式不能脱离展会的实际，否则，活动不但会与展会脱节，还会扰乱展会秩序，甚至带来安全隐患。

（2）能进一步丰富和完善展会的基本功能

即使是在同一个展会里，不同的参展企业和观众对展会基本功能的需求也是各不相同的，有的可能更在意贸易成交，有的可能更注重收集市场信息，一个展会有时很难同时兼顾贸易、展示、交流和发布这四项基本功能。即使展会能同时提供这些功能，但往往有强有弱，这时，相关活动就要针对该弱项而策划，用相关活动来进一步丰富和完善该功能。

（3）有助于展会吸引更多的潜在企业参展和观众参观

展会需要一定数量的参展企业和观众，企业参展是展会存在的基础，观众参观是展会进一步发展的根本。展会相关活动的举办要对企业参展或观众参观形成一定的吸引力，用相关活动来促进展会进一步发展。

（4）有助于活跃展会现场气氛，但不能影响企业展出和观众参观

表演、比赛等相关活动，常常能产生十分热闹的气氛，能吸引大量的人群围观和参与，这对活跃展会现场气氛有一定的帮助。但是，如果气氛过于热烈，到会的无效观众太多，就会对企业的展出产生不利影响，对观众参观产生干扰。展会相关活动要努力避免产生这种现象。

（5）活动本身要能产生较好的效果

活动本身要策划得当，组织有力，秩序井然，为人们所喜闻乐见，并产生良好效果。例如，专业研讨会要能紧紧抓住行业的热点，群英聚集，智慧激荡。如果活动本身都不能产生较好的效果，则活动的存在就是一个问题，更不用说

借助于活动来促进展会的进一步发展了。

值得一提的是，在有些展会构成里面，会议是主要的角色，展览只是为会议服务的配角，这时，对于展览和其他相关活动的策划就不能照搬上述办法，其策划的定位就需要重新考虑了。

（四）专业研讨会策划方案

专业研讨会的策划应能实现“以会带展，以展带会”，突破传统的思维模式。举办研讨会（尤其是专业性很强的展览会）将为展览会带来实质性的成果。招展者在招商时，可以利用自身的优势，通过会议的重要性来带动企业参展。把会议研讨与展览结合，是企业参展的动力所在。

1．确定会议主题

会议主题是会议的灵魂，会议主题的准确确定，意味着会议已成功了一半。一般来说，作为展会相关活动的会议，在确定主题时有如下几个特点：一是具有前瞻性，要紧跟时代脉搏，预测某一领域的发展趋势和走向，所选题目是行业内企业所关注的。二是所选题目是行业内的热点问题或是有争议的问题。三是要选择与展会主题相关的议题，引发观众及参展商进行深入沟通和交流。

为了更好地确定会议的主题，组展方应事先征询相关行业专家的意见，也可事先对参展商和目标观众进行调查，了解他们的需求意向，在综合各方信息的基础上提出主题。

2．研讨会具体方案

（1）会议筹备期间方案

一是会议基本内容：会议名称、时间、地点、规模、承办单位、主持单位、赞助单位等。需要注意以下方面：

①会议的时间与展会时间相协调，排好次序，便于参展商与观众参与。

②会议地点的安排上应照顾到参展商和观众的便利。

③对参与对象可进行适当的限制。例如，与普通观众收费不同，对参展商和专业观众给予一定的优惠。研讨型会议通常专业性较强，参与的人数不应很多，除非是行业标准讨论，一般不应超过 100 人。

④注意事先印制资料和宣传册，在招展与招商时同时发放；对面向普通观众的会议，则应注意通过网络、广告等进行宣传。

二是会议预算。会议召开前一般应做出预算。下面的“××会议经费预算”向我们介绍了做会议预算时需要考虑的项目。

××会议经费预算

◆主会场租金

◆会场气氛布置

◆设备租用：投影仪、有线话筒、无线话筒及其他

◆酒店餐饮：午宴、晚宴、茶休

◆广告宣传：同声传译设备、会议资料、纪念品、会场礼仪、代表证、广告牌、文件包

◆交通通讯、客户联络费

◆专家劳务费

◆员工劳务费

◆办公费用

◆不可预见费

◆根据会议策划需要的其他费用（另议）

值得一提的是，会议作为会展期间的活动之一，其效益不能独立衡量，应与展会结合起来。例如，若是以会促展，则效益应放在展会整体的宣传计划中来考量。

三是主持人与嘉宾的邀请。要事先联络与邀请主持人和嘉宾。行业内知名专家的到来，将提高会议的专业层次。政府相关部门人员的到来，将增加会议的权威性。

（2）会议期间方案

一是会议流程安排。主要包括两项内容：①安排会议主持人与嘉宾的发言。②会议议程的安排。根据主题确定相关议题及各自的讨论方式、时间安排。注意与展会时间的配合。

二是会议配套服务设施的组织。会议与展览不同，对设备设施的要求相对较高，如场地租用、会场氛围设计、音响视听设备等。对音响视听设备，要细心检查并提前调试，保证会议期间的正常使用。

三是会议相关服务的安排。主要包括：会议材料的准备、会场茶水服务、酒会、午餐、晚宴等安排，会场礼仪接送安排，社交活动安排等。

（3）会议结束后方案

会后主要工作是总结。会后总结至关重要，它是展会管理工作的组成部分。总结的作用在于统计整理资料，研究分析已做过的工作，为未来工作提供数据资料、经验、建议。会后总结包括如下几项工作：

第一，对会议举办意义的评估。评估会议与展会之间的促进作用，与会者的反映等。

第二，对会议实施方案的评估。会议进行中是否出现过意外情况，控制是否得力，各部门是否协调等。

第三，对会议的成本效益进行评估。对照预算看各项支出是否合理。

通过以上评估，将相关结论作为提高下次会议水平的依据。

（五）技术交流会策划方案

技术交流会与专业研讨会在策划、组织上有许多相似之处。但由于其主要目的在于技术的交流与产品的展示等，二者之间又存在一些不同，具体表现为：

第一，在主题确定上，着重关注行业技术领域的热点问题，专业性强；

第二，在主持人与嘉宾邀请上，应是行业内的技术权威，能回答观众提出的技术性问题；

第三，对场地及设备的要求较高，如附带小会场，有演示空间，有多媒体、视频播放设备等，现场操作人员要能熟练应用现场设备，保证演示的顺利进行；

第四，在预算上，往往是企业唱主角，可收取适当的费用作为会议的经费来源。

案例：《羊城晚报》财富沙龙

与财富对话　与成功相约

国内外数百名著名专家的诚挚加盟，数万人的激情参与——本报面向广州和珠三角读者的大型互动栏目《羊城晚报》“财富沙龙”，自1999年11月开始已历时7年，共举办140多期，每双周举办一次现场讨论活动，期期紧扣与财富相关的社会热点话题。

在这里，我们曾经与著名经济学家茅于轼、温元凯、曹思源、肖灼基、郎咸平面对面对话，与著名企业家王石、黄宏生、何伯权、段永平、李兴浩一起讨论阳光下的财富精神，与“整合营销传播之父”——唐·E.舒尔茨、“品牌金手指”——国际品牌联盟副主席麦奎尔·弗朗希斯、“台湾生产力之父”——全球华人竞争力基金会石滋宜博士一起分享他们的经验……平等、交流、智慧、财富，财富沙龙因此被称为“南部中国，思想盛宴”，是深受珠三角企业家欢迎的“脑库”。

《羊城晚报》“财富沙龙”暨华企智盟论坛
“创新·合作·共赢——珠三角走进西部高峰论坛”
暨“东西部企业家合作与发展研讨会”活动方案

主题：创新·合作·共赢——珠三角走进西部高峰论坛

时间：2007年4月5至7日

地点：西安人民大厦·索菲特国际中心

西安高新技术产业开发区

西安经济技术开发区

主办：羊城晚报报业集团
西安市招商局
协办：西安高新技术产业开发区
西安经济技术开发区
西安曲江新区
承办：《羊城晚报》“财富沙龙”
陕西电视台《财富接触》
华企智盟

媒体支持：《中国企业家》杂志、《21世纪经济报道》、中国财经报道、《中国经济周刊》、《羊城晚报》、广东卫视、《陕西日报》、《西安晚报》、《华商报》等

网络支持：搜狐、新浪、网易、古城热线、《中国企业家》杂志网站、《羊城晚报》“财富沙龙”网站

活动背景：

改革开放30年，中国连续施行了三个战略：沿海战略、沿江战略、西部大开发战略。自从2000年开始实施西部大开发战略以来，西部地区陆续启动60个重大建设工程。

西安，历史上的十三朝古都、“丝绸之路”的起点，是中国西部的中心城市。亦是西部大开发的桥头堡。它处于亚欧大陆桥中国段，特殊的地理位置和便利的交通网络使西安成为了贯穿中国东部、西部的重要经济带；同时，它还是连接西部和中国其他地区和世界的门户城市。因此，由于其科技教育发达、区域经济广阔、市场潜力巨大、人才资源雄厚、劳动力成本较低而成为国内外资本进军西部、实施战略布局的重要“据点”。就国内而言，东部产业向西部地区梯度转移，造就了大量的商业机遇，如何把握这次历史机遇，凸显东西部企业各自不同的特点，加强两地的交流与合作，建立东西部对话机制已是当务之急。

东部、西部作为中国经济发展的两大重要阵营，都有着比较明显的区位优势，比如西部的能源、纺织、教育科研、装备制造都具备强大的优势；而东部的沿江沿海的交通、轻工业等也具备强大的优势，特别是东部企业家活跃的经营思路，尤其值得西部企业家学习。

东部和西部的共同点和差异点到底在哪里？东部和西部作为中国的两大区域如何和谐共生、相互合作，进一步带动中国经济的发展？我们期待一场能使两地企业精英的思想碰撞，共谋发展大计的盛会到来。“创新·合作·共赢——珠三角走进西部高峰论坛”在这样的背景下应运而生。

“创新·合作·共赢——珠三角走进西部高峰论坛”是华企智盟2007年度系列论坛中的首场论坛，由西安市人民政府、西安高新技术产业开发区、《羊

城晚报》"财富沙龙"及华企智盟主办，旨在加强东部和西部经济社会和谐发展的经济论坛。

"创新·合作·共赢——珠三角走进西部高峰论坛"以东部和西部企业家合作组织——《羊城晚报》"财富沙龙"、华企智盟为依托，将为东西部企业家增进了解、共谋发展打造交流与合作的平台。

论坛主持：

《羊城晚报》"财富沙龙"主持人：周　方

陕西卫视华企智盟主持人：徐伟清

峰会主题：

创新·合作·共赢——珠三角走进西部高峰论坛

主要议题：

（1）东西部合作不同于沿海和沿江战略，如何创新东西部合作模式？是利用资本运作，还是项目对接，或是开发劳动力密集型生产？

（2）俗话说，一方山水养一方人，深受海洋文化熏陶的东部商人与由厚重的中原文化培育出来的西部商人，他们在经营模式、经营理念和企业文化上有何共同和差异之处？

（3）自从国家2000年以来开发西部，有不少东南沿海的企业走进了大西北，6年过去了，东西部合作模式现状如何？有何成功之处？

活动议程：

时　间：2007年4月6日　下午16∶30～18∶00

地　点：西安人民大厦·索菲特国际中心

主持人：益翔（西安市人民政府副秘书长）

会议名称：西洽会分论坛

议　程：

时　间	细　则
16∶30～16∶40	领导致辞： 黄省身（西安市人民政府副市长）
16∶40～16∶50	推介演讲： 陈俐民（西安市经委主任）
16∶50～17∶00	发言讲话： 张宇航（羊城报业集团总编辑）
17∶00～17∶20	经济学专家、学者发言： 席酉民（西安交通大学副校长、教授） 珠三角经济学家：谢鹏飞（广东省政府副秘书长、广东省政府发展研究中心主任）

续表

时　间	细　则
17：20～17：40	西部企业家代表发言： 张玉浦（陕汽集团董事长） 吴永阳（金威啤酒西安公司董事长） 夏治冰（比亚迪西安公司总经理）
17：40～18：00	东部企业家代表发言： 付守杰（广州本田集团副总经理） 李兴浩（广东志高空调董事长） 李楚源（广州医药集团董事兼副总经理） 郑　烘（广东广之旅集团有限公司董事长）
18：00	会议闭幕

时间：2007 年 4 月 7 日上午 8：30～12：00

地点：西安高新技术产业开发区管委会四楼会议室

主持人：《羊城晚报》“财富沙龙”主持人周方

“财富接触”主持人徐伟青

论坛名称：创新·合作·共赢——珠三角走进西部高峰论坛

主　　办：西安高新技术产业开发区　《羊城晚报》
承　　办：清浪文化传播有限责任公司
联合策划：华企智盟
媒体支持：《中国企业家》杂志、陕西电视台经济全方位《财富接触》节目、《羊城晚报》、广东卫视、《陕西日报》、《西安晚报》、《华商报》等
网络支持：古城热线、《羊城晚报》“财富沙龙”网站

议程：

时　间	细　则
8：30~9：00	签到，开发区领导会见东部企业家
9：00~9：10	领导致辞：景俊海（西安市市委常委、西安高新区党工委书记、管委会主任）
9：10~9：25	推介投资环境：赵璟（西安高新区党工委委员、管委会副主任）
9：25~9：35	珠三角企业团领导代表致辞：《羊城晚报》报业集团领导张宇航
9：35~10：05 （每人 20 分钟）	西部经济学家：席酉民（西安交通大学副校长、教授） 珠三角经济学家：谢鹏飞（广东省政府副秘书长、广东省政府发展研究中心主任）

续表

时　间	细　则
10：05~12：00 3 个议题，每个议题约 45 分钟。同时接受台下听众自由提问： 1. 东西部合作不同于沿海和沿江战略，如何创新东西部合作模式？是利用资本运作，还是项目对接，或是开发劳动力密集型生产？ 2. 俗话说，一方山水养一方人，深受海洋文化熏陶的东部商人与由厚重的中原文化培育出来的西部商人，他们在经营模式、经营理念和企业文化上有何共同和差异之处？ 3. 国家自从 2000 年以来开发西部，有不少东南沿海的企业走进了大西北，6 年过去了，东西部合作模式现状如何？有何成功之处？	“珠三角·西部——创新与共赢”沙龙开始 西部：李大开（法士特集团董事长） 柳　政（天地源股份有限公司董事长） 杨丰收（西安力邦制药公司董事长） 夏治冰（比亚迪西安公司总经理） 郭建雄（西安富士达科技股份有限公司总经理） 周士民（西安绿谷制药董事长兼总经理） 齐　昱（西安高新房产总经理） 任旭东（西安庆安制冷公司总经理） 珠三角：李兴浩（广东志高空调董事长） 李楚源（广州医药集团董事兼副总经理、广东 06 年度十大经济风云人物） 郑　烘（广东广之旅集团有限公司董事长） 蔡春盟（广东恒大地产集团董事局常务副主席） 谭可诚（珠江实业投资有限公司副总经理） 柯荣卿（广州路翔股份有限公司董事长） 廖东玫（广东明星房地产投资有限公司董事长） 张　强（广州众家设计有限公司首席执行官、亚运会会标设计者） 李志明（广州华德工业有限公司董事总经理） 陈　炜（东风日产水平部部长） 叶菁菁（广东美容美丽发协会行业会长助理）
12：00	沙龙结束
12：10~13：30	高新区管委会宴请东部企业家代表

时间：2007 年 4 月 7 日下午 15∶30~17∶30

地点：西安经济技术开发区

主持人：经开区领导、《羊城晚报》主持人周方

会议名称：东西部企业的合作与共赢

议　程

15∶30~15∶45	开发区领导致欢迎词并推介投资环境
15∶45~16∶15	探讨东西部企业各自的经营模式、经营理念以及在企业文化上有何相同和差异之处（东西部代表企业各一家进行发言，每人 15 分钟）
16∶15~16∶30	自由提问
16∶30~17∶30	开发区领导陪同代表团参观泾渭工业园
出席嘉宾	经开区领导若干 珠三角：李兴浩（广东志高空调董事长） 李楚源（广州医药集团董事兼副总经理、广东省 2006 年度十大经济风云人物） 郑　烘（广东广之旅集团有限公司董事长） 蔡春盟（广东恒大地产集团董事局常务副主席） 谭可诚（珠江实业投资有限公司副总经理） 柯荣卿（广州路翔股份有限公司董事长） 廖东玫（广东明星房地产投资有限公司董事长） 张　强（广州众家设计有限公司首席执行官、亚运会会标设计者） 李志明（广州华德工业有限公司董事总经理） 陈　炜（东风日产水平部部长） 叶菁菁（广东美容美丽发协会行业会长助理） 西　部： 张玉浦（陕汽集团董事长） 吴永阳（金威啤酒西安公司董事长） 徐天俊（西部钛业有限责任公司董事长） 韩小更（经发地产总经理）等
17∶30	欢送东部代表团返回

四、会展项目财务预算方案

（一）财务预算方案要达到的目标

财务预算是会展项目控制的重要依据，是控制经济活动的依据和衡量其合理性的标准。计划一经确定，就进入了实施阶段，管理工作的重心转入控制，

即设法使会展项目按照计划进行。控制过程包括会展项目实际状态的计量、实际状态和标准的比较，两者差异的确定和分析，以及采取措施调整会展项目的运行状态。当会展项目的实际收支情况与财务预算有了较大的差异时，要查明原因并采取措施。

财务预算方案是根据客观实际情况制定并希望达到的财务目标或标准文案。由于客观环境的变化，收入减少或支出增加并不一定是会展项目管理人员的失职所造成的。会展业属于敏感性行业，易受外界政治、经济和自然环境的影响，具有很大的不确定性。但在相对平稳的条件下，财务预算却是考核会展项目经济成果的重要手段。

为了使财务预算发挥作用，编制一份高质量的财务预算是非常必要的。此外，还应制定合理的预算管理制度，包括预算程序、修改预算办法、预算执行情况的分析方法、调查和奖惩办法等。

（二）编制财务预算的方案程序

财务预算是以各项收入支出指标为基础，按照一定的程序编制的。

1．确定财务目标

会展项目决策层根据会展目标，利用各种财务分析工具，确定并下达会展项目的财务目标。

2．草编预算

会展项目小组负责人自行草编有关收入和支出预算，使预算可行并符合实际。

3．协调预算

汇总会展项目小组预算，在不同的收入和支出预算之间进行协调。

4．汇总预算

经过预算委员会审查，汇总出会展项目小组的总财务预算。

5．上报审核

上报会展项目决策者或项目所有者批准，经过审议通过财务预算或驳回修改预算。

6．下达预算

批准后的财务预算，下达给项目小组中各责任人执行。

（三）展览项目的收入和支出预算

1．收入预算

◆展位租金

◆设备租赁

◆入场费；专业会议费；储藏室/休息室收费；搭建、拆卸、修补收费；其他参展商人员收费；监督、保安、清洁、能源使用收费；广告服务费（如产品

目录）

◆其他服务专用拨款

◆其他收入（如停车收费、节目/目录销售收入、门票佣金、退展费、商业活动收费、电话费）

2．展览支出（费用）预算

展览项目的支出费用也包括固定费用和变动费用。

◆市场和销售开发

◆项目管理成本

◆广告

◆媒体开支

◆礼仪

◆文件、调研

◆现场支持服务（如专门服务、技术活动支持服务、业务支持服务、其他服务收费）

（四）制作项目财务预算方案注意事项

会展项目持续时间视情况而定。小型展览从筹备到举办也许仅需一两个月的时间，大型国际性展览以及奥运会、“世博会”等大型活动的持续时间，则长达一年甚至几年。在会展项目持续期间，现金收入和支出要保持合理的比例，防止现金流中断，从而保证会展项目顺利进行。因此，在做会展项目财务预算时，要预计各项收入和支出在不同月份、季度或年份的数额，以做出详细的财务预算，作为会展项目控制的依据。

做会展项目财务预算方案时，应按照收入和支出项目设置相应的会计科目，并为每个会计科目编号，以编制预算并进行会计核算。会展项目尤其是大型会展项目所涉及的收入和支出名目繁多，设置会计科目并编号可以把内容相近的项目编在一个大类别中，有利于预算的编制和会计核算。在会计中，是通过设置一级、二级和三级会计科目来解决这个问题的。目前，从世界范围来看还没有一部关于会展项目的会计法规，会展项目会计计量具有一定的随意性，不同会展项目之间的会计科目也缺乏可比性。

案例：

中国国际建筑艺术双年展筹资预测

一、运营要点

1．知名品牌：结合点中介代理源

（1）中国国际建筑艺术双年展汇集世界著名建筑艺术大师的智慧和创造，在建筑业产业链中拓展实业空间。

（2）世界各地设计单位、室内外装饰装修公司、房地产开发商、环境艺术设计师、艺术院校和建筑雕塑艺术家等的业务连接。

2. 政策支持

中国国际建筑艺术双年展将帮助各级政府在城市规划、小城镇建设方面提供咨询服务，同时争取联合国环境规划署、联合国人类居中心等相关国际组织、国家和地方相应的优惠政策和扶持。

3. 高科技建筑与材料的推介、开发

世界建筑业的高新技术具有极高的科技智能含量，代表未来建筑市场的发展趋势，双年展将注重技术开发、管理引进等实业运营与国际接轨。

4. 论坛经济

该展会有世界顶尖级建筑艺术大师的演示讲坛；有负责城市规划和建设的市长、领导出席的市长级峰会；有世界名城总体规划介绍；有人居环境艺术设计讲坛；有高新技术、艺术推介演示会；有房地产住宅产业项目艺术经济论坛；有世界著名思想家参与的建筑与人类文明反思的高峰论坛等，对于渴望谋求进步与发展的业内外专家、学者、研究人员、大专院校学生、大众爱好者均有着巨大的吸引力。

5. 地产开发经济

运用好展会带来的各种机遇，进入建筑业的产业链环，做好代理、经纪、服务工作，拓展地产经营项目。

6. 完整的运营网络

建立独立、完整的运营体系，良好的运营管理机制，产品研究开发、市场推广与专利技术的购买、管理经营并存，构成展会完整的运营网络。

7. 良好的金融运作理念

建筑业各种建设题材一向是金融投资家所热衷的对象，是良好的资本运作载体和空间，寻找建筑实业投资与金融投资机会。

二、展会社会效益预测

（1）中国国际建筑艺术双年展将吸引国家城市规划、设计、建设的各级政府的支持与响应。

（2）汇聚数千国内外建筑艺术专家、学者参加建筑艺术交流、学习，研讨、探究最新建筑文化现状，预测未来发展前景。

（3）数万建筑产业、企业、爱好者，聆听国防大师们的建筑艺术思想和实践经验，以资为鉴。

（4）数十万关心生态建筑美学和生活工作环境质量的社会公众，参与消费、购买品位卓越的人居艺术装饰产品，享受展会高质量、高品位的生态环境展示范例。

（5）展会将引起思想界、理论界、媒体界的高度关注，对建筑业等诸多行业的发展将产生重大促进作用。

三、筹资总额概（预）算

1. 展览：当代国际建筑大师作品展
   论坛：国际建筑大师创作演示讲坛
2. 展览：非建筑的建筑艺术作品展
   论坛：21 世纪建筑艺术与创作
3. 展览：国际城镇规划艺术展
   论坛：国际城镇规划个性化市长峰会
4. 展览：国际人居社区文化艺术展
   论坛：城市文化社区与城市开发战略高层论坛
5. 展览：国际人居室内设计艺术展
   论坛：人居质量与室内设计
6. 展览：国际城市公共空间环境艺术展
   论坛：城市优化与环境艺术
7. 展览：国际建筑新材料新技艺推介展
   论坛：建筑艺术与新材料新技艺
8. 论坛：建筑与文化高峰论坛
9. 展览馆建设：中国国际建筑艺术中心
   生态艺术园：国际生态建筑艺术园

总筹资金：3 亿元人民币

展会收入：（注：展会收入细分为四部分——参展费、赞助费、会议注册费、合作开发项目）

2003 年 4500~6000（万元）

2004 年 2800~5600（万元）

2005 年 3000~6000（万元）

净资产收益率：2003 年 15%～20%

四、中国国际建筑艺术双年展单项活动经费概算

（一）活动启动费用　　15 万

（二）学术会议

拟邀请国际建筑界、艺术界、文化界专家学者 40 人出席，时间两天。会场

费、住宿费、餐饮费、交通费、出版文集等。 30万

（三）新闻发布会（场地费、餐费） 20万

（四）宣传费用 50万

1. 中央电视台、地方电视台各类宣传、论坛

2. 中央电视台、北京电视台专题报道、报刊报道、专业刊物、网站

3. 设计、印刷请柬、海报、证书

（五）展览场租、施工、运输、劳务 120万

（六）办公费用 30万

按16个月算，含展览活动结束善后工作：

1. 电传、电话、邮件等通讯联系费

2. 印制邀请书、通讯、文件、信纸、信封等费用

3. 办公人员津贴及其他办公费用

4. 筹备会议、接待等费用

5. 调研、差旅费

（七）拍卖活动 25万

（八）纪念册、光盘 60万

（九）不可预见费 20万

费用总计 370万

利润分析：因中国国际建筑艺术双年展每个单项展览的赞助资金在200万至600万之间，实际发生成本金额为单个展览概（预）算的50%，利润率有40%至60%不等。按10个展览的50%的利润平均收入，仅展览活动利润总额将可达到1850万元（这仅是对展览活动的使用经费而言，其中包括部分参展费，部分广告费；不包括会议注册费、论坛活动、门票收入、全部赞助费、参与展会经纪中介服务活动收费、展会机构参与地产开发、广告收入等）。

五、中国国际建筑艺术双年展展会资金来源

（一）展位收入

1. 标准展位（3m×3m） 800（个）×15000元/个=1200万

2. 光地（≤36m^2） 1500元/ m^2×8200 m^2=1230万

（二）参展单位、人员费用收入

1. 参展人员注册费 4800（人）×5000元/每人=2400万

2. 论坛、专题报告参会费（3场） （500×3）人×1800元=270万

3. 参评单位报名费 350（单位）×8000元=280万

（三）协办单位收费（10家 每家50万） 500万

（四）赞助费（10家企业 每家100万） 1000万

（五）受委托“特别展位装配”工程收入　200 万

（六）合计 7080 万

（七）广告收入另计

（八）会展项目引申效益建立经济实体

（1）建立国际性、权威性的建筑艺术设计平台，经营先进的设计理念。

（2）建立建筑业产业链的配套经济实体，打造生态建筑艺术实业的世界级品牌战略。

（3）建立新材料、新的营造技术的推广中心。

小结：中国国际建筑艺术双年展展会收入 4500～6000（万元）人民币为保守概算。

五、会展时间管理方案

会展作为一种涉及多个行业的综合性大型活动，不管是策划、筹备、营销还是开幕，无不要求在时间安排上有高度的协调性和适应性。时间安排上的任何混乱，必定会影响会展整体筹备的进度。会展成功举办，办展机构要对会展的招展、招商、宣传推广、筹展、撤展等各个环节进行严格的时间管理，并对会展整体进度予以统筹，否则，会展的筹备工作就会在时间进度上出现不协调，会展的如期举行就会受到影响。

在时间进度上，对会展的各项筹备工作进行合理的安排，是成功策划和举办会展的前提条件之一。编制参展时间表则是进行会展时间管理的重要方法。随着信息技术的飞速发展和信息社会的来临，信息技术在会展业的广泛使用，使世界会展业的运作方式发生了重大变革，时间已经和成本、规模、品质一样，成为影响展会成功运营的基本要素。越来越多的展会已经意识到，对市场变化和竞争形势做出迅速反应，对客户需求做出迅速反馈，已经成为展会获取竞争优势的重要手段，现代会展业的竞争已经越来越成为基于时间要素的市场竞争。因此，对会展进行有效的时间管理，已经被越来越多的办展机构所重视。

（一）会展的时间管理方案内容

所谓时间管理，是指企业将时间看成与市场、客户、质量、成本同等重要的影响企业成功运营的基本要素。在安排各项工作时，充分考虑时间性以及相互之间的协调性，形成快速反应和协调能力，促进企业经营管理工作的全面展开。

会展时间管理方案是指办展机构对会展各项筹备和组织工作，在时间上进行通盘考虑，对会展的招展、招商、宣传推广、筹展、撤展，以及展会服务等各个环节在时间及工作进度上进行统筹安排，使各项工作在时间安排和进度上彼此协调，符合会展整体筹备组织工作的需要，在时间上保证会展最终如期举行的文案。对会展进行有效的时间管理，是现代会展业发展的必然要求，也是保证会展成功举办的重要条件之一。

由于会展业的特殊性，对会展进行时间管理，不仅要对会展整体筹备组织工作进行管理，还要对各重要组织环节进行管理。具体来说，会展时间管理方案包含内容主要有六点。

1．招展时间

招展是展会策划和筹备的核心工作，能否在预定的时间里顺利完成招展任务，是展会能否成功举办的关键。如果招展不成功，展会势必难以顺利举行。展会招展工作不能一蹴而就，它要经过多次反复、多次邀请、多次努力才能完成。这时，展会工作人员必须对招展工作在时间上进行合理安排，并在时间上对展会招展工作进度进行有效监督和控制。合理把握会展招展工作的启动时间、加大招展力度的时间和应该调整招展策略的时间，保证在展会预定开幕的时间之前，圆满完成展会的招展任务。

2．招商时间

招商工作的成绩好坏直接关系到展会效果，关系到参展商参展价值的实现程度。招商工作的主要任务是吸引观众参观展会，展会的招商工作要让展会的目标观众在时间上有一个知道展会、了解展会、接受展会并最终决定参观展会的过程，使目标观众能如期到会参观。到会观众数量的多少要与参展商数量的多少相适应。如果观众太多而参展商太少，观众会觉得展会没看头，带着失望离去；如果观众太少而参展商太多，参展商将会觉得展会不值得参加，也会失望而返。展会招商时间管理，就是对展会招商在时间上进行合理安排，在进度上进行有效监督和控制，使展会开幕后有足够数量的有效观众参观。

3．会展宣传推广时间

会展宣传推广的三大主要任务是促进展会招展、促进展会招商和建立展会良好品牌形象，因此，展会宣传推广工作不仅在内容上要与展会招展、招商以及品牌建设相适应，还要在时间安排上与之相协调。例如，知道宣传推广的内容何时侧重于促进展会招展，何时侧重于促进展会招商。如果展会宣传推广在时间安排上与展会招展、招商以及品牌建设不相适应，满足不了对宣传推广的要求，那么，展会招展、招商以及品牌形象建设势必要受到较大影响。

4．会展服务时间

给客户提供高质量的服务是现代会展业取得竞争优势的重要手段之一。所谓高质量的会展服务，包括及时、快速、高效以及规范的服务。让客户久等是现代服务业的大忌，会展服务时间管理，就是要在时间上合理安排展会的展前、展中和展后服务，合理安排展前、展中和展后服务的各个组成环节，并在时间上对它们进行有效管理，保证客户能得到快速、及时、高效以及规范的会展服务。

5．筹展撤展时间

展会筹展和撤展时间的长短直接关系到展会租用展览场地时间的长短，而展会租用展览场地时间的长短，又直接关系到展会举办成本的高低。如果展会筹展和撤展在时间上安排合理，在程序上安排科学，它不仅可以大大缩减展会成本支出，还可以使展会的筹展和撤展工作安排得井然有序，使参展商满意的同时也能使展会主办单位满意。

6．会展整体时间

会展的举办是一项环环相扣的系统工程，会展的招展、招商、宣传推广、会展服务以及筹展、撤展等工作，不仅在时间上要合理安排，在进度上还要互相配合和相互协调，不能出现前后脱节的现象。展会整体时间管理就是要站在展会整体的宏观角度，对展会的招展、招商、宣传推广、会展服务以及筹展、撤展等工作，在时间上进行合理规划和安排，在进度上进行有效监督和控制，使它们符合展会筹备整体进度的要求和需要。

总之，对会展进行时间管理，要求有关管理人员必须具有全局的眼光和站在整体的视角，从时间上对会展的整体安排和进度进行监督和把握。对会展进行时间管理，要求完成会展招展、招商、宣传推广、会展服务以及筹展、撤展等工作的具体工作人员，具有强烈的时间观念和团队精神，既要在时间上合理安排自己所负责的工作，也要使自己的工作在时间上与其他有关工作相配合，这样才能保证会展的整体时间进度按既定计划进行。

（二）参展时间表的制定

选择展览场地，安排展期服务，设计和制作展台，这些工作都要在规定的时间内完成。制定一个详细的时间表，可以防止误时。误时意味着不能享受优惠，意味着与机会擦肩而过。时间表的编写没有统一的方法，可以制定一个主表，在其下细分每一项工作的截止时间，也可以使用为项目计划管理专门设计的软件，或者只用简单的扩展板或文字处理系统来制表。

由于展会间具有某些共性，因此，在实际工作中，几乎都可以用同样的主表模式来制定时间表，按照时间和主要任务把表格分块，然后按照展会的具体目标和相关任务将时间表格式化。确定项目负责人、项目预期完成时间和实际完成时间等，然后分发给各个负责人，并且在筹备展会的专用活页夹里备份。

下面是安排时间表的几个步骤，以及制定过程中的一些技巧。

1．参展前

大多数贸易会的准备工作都要在展会开始之前截止。展前准备可以分成以下8类：制定计划、展品设计、宣传促销、前期处理、人员分配、设备拆装、展品运输和现场服务。

（1）制定计划

首先，为了解展会工作定一个截止日期，了解的内容包括审核参展人数统计表以及该展会的历史。

接着，订下挑选展位和签订展位租赁合同的时间，一些展会在本届展会开始前就开始签订下届展会的展位合同。

然后，决定参展人员第一次开会的时间，综合各方面股东的意见，制定展览主题和策略。

会议之后，将有关内容添加到计划表中，确定每项具体任务的完成时间，以便更好地执行计划。具体工作包括展品设计、广告促销、前期安排、人员分配和物流管理等。

最好在计划表中把截止日期留得宽裕一些，以防特殊情况，要特别注意那些一旦超时，就会引起连锁反应的关键步骤。

（2）展品设计

展品设计和制作时间安排关系到参展的成败。如果打算制作或租用一件展品，那么至少要在运输日期前三个月就开始着手；如果是使用现成的展品，只需对一些特性稍作更新，这通常只需要几个星期就能完成。

（3）宣传促销

宣传促销时间通常要结合展会组织部门的安排来决定。展会管理部门一般会向参展商租借上届展会的参展企业名录和本届展会已注册的参展企业名录。这些名单有助于制定宣传促销计划表。

展会组织部门也会提供宣传策略方面的服务，这些内容在展前两三个月的时候发的《参展商服务说明书》上都有详细说明。

选择了宣传促销手段后，可将合理的宣传促销流程列在计划表中。

（4）前期处理

计划表中还应有召开例会、现场工作和展后后续工作的时间。与销售管理部门一起讨论，确定获取哪些有价值的信息，决定是否使用电子说明系统来辅助检索，以及制定展后后续工作计划。

（5）人员分配

尽快决定作为公司的代表参加这次展会的人员，这样展台经理就能及早地和员工进行交流，传达战略决策。

时间表里应包括：订购会徽、注册会议、预订酒店、安排交通以及安排工作人员培训时间、地点和内容。

（6）设备拆装

参展前应及早制定好设备的拆装计划。根据展厅情况估算出完成设备拆装所需时间，如果必要的话可以转给专业企业运作。如果选择了展览设备安装公司，还要另外留出时间就此和展会组织部门联系，这通常需要在展前30~45天开始进行。

（7）展品运输

展品运输的日程安排要根据设备拆装的日期来确定。首先应确定运送的物品（如展品、设备、赠品、抵押品、存货等），然后要选择最经济的运输工具——普通的搬运车、小型货车，还是空运——（根据服务和时间要求来决定）。当向运输公司提供了相关资料后（包括展会主要承办单位的名称、展出日期、设备拆装时间、展场货物通道以及其他事项），运输公司会决定何时来装运。通常安排返程运输的计划要更容易制定。

（8）现场服务

收到参展商服务手册后，在计划表中应制定所有现场服务的时间表。例如，材料管理、清洁工作、地毯租用、展台装饰和电脑装配等。在实际工作中，还可以在计划表中列一张关于现场工作详情的清单，包括在前台领取徽章和会议通行证，在每个服务台核对现场服务的订单，确定返程的装运货物及其重量，监督展台布置，将新闻稿送到会场的新闻发布厅，检查正式的导购系统，安排员工培训，签订下届展位租赁合同，审核现场发货单，以及整理未用的装运单等。这些工作都有明确的时间限制，所以在制定计划表时，要精确到小时而不是以天为单位来计算。

展会一旦结束，立刻就要着手拆卸设备，这也需要一个精确到小时的计划表。如果租用了导购系统或电话等设备，要尽快归还到相应的服务台，还要尽快收拾剩下的报纸、传单等物品。

此外，要负责监督展台的拆卸，把展品和设备重新包装，以确保在规定截止日期内上交装运单，超过截止日期，展会主办单位有权选择货运单位将货物强行运走。

2．展会后

展会结束并不意味着工作结束，还有一些事情要列入时间表中。例如，填写展会调查表或将工作转给销售部门；填写个人支出报表；清点展品和设备、设备修理后再入库；审核展会发票，完成展会预算；撰写展后分析等。

另外，不要忘了在参展过程中随时改进时间表，使之有效运行。掌握了制定时间表的技巧，即使展会麻烦棘手，也同样可以有条不紊。

案例 1：

2008 年 4 月法兰克福灯饰展参展计划及时间表

该展是当今世界最大的、最具影响力的照明灯饰贸易展览会之一，每逢双年举办一次。在上届的展示中，参展净面积达 119 000 平方米，有来自 53 个国家的近 2 100 家参展商参展，134 890 名业内人士参观该展，其中观众人数最多的前十个国家分别为德国、意大利、比利时、卢森堡、英国、奥地利、法国、瑞士、西班牙和波兰。

随着世界照明灯具市场的不断扩大，灯具、灯饰和电光源贸易逐年增加，该展的展览规模及前来参观洽谈的买家数量也在不断扩大和增加。室内外灯具灯饰的展览更加专业化，该展特别适合我国国内厂家参展。我们相信，届时该展将成为世界照明灯具贸易博览会的盛事，各地照明灯具制造商和贸易商将云集于此。参加该展必会取得丰硕的展贸效果。

现将 2008 年继续参展的企业参展计划及时间表向大家公布。

（1）2007 年 7 月底停止法兰克福灯饰展的摊位申请受理工作。企业最迟在 7 月 25 日前报名申请。意向单位提交参展申请表同时双方签定参展协议，组展单位帮参展企业办理报名手续。

（2）预定摊位，意向参展企业付摊位费和报名费。

（3）签订协议后一个星期内付款，同时提供公司的产品 CE 认证书，配件认证书并提供会刊登录资料。

（4）2007 年 10 月参展企业按组展单位的要求提供办理邀请函的人员名单及详细资料，办理参展人员邀请函并提供参展人员护照扫描件，按人员数量付参展人员费。

（5）2007 年 11 月按照摊位搭建图确认摊位并确定装修方案。

（6）2007 年 12 月按照展品运输通知单准备展品并打包待运。

（7）2008 年 2 月我公司为参展企业人员准备签证资料，参展人员提供签证所需要的资料随即预约面签时间，参展人员前往大使馆面签。

（8）2008 年 2 月确定展位装修，额外展具租赁，用电及现场服务租赁。

（9）2008 年 2 月展品运到国内指定的集货仓。

（10）2008 年 4 月制定参展行程，下达参展行程时间表。

（11）展前 15 天按展商需求安排参展前的培训学习。

（12）展前 10 天，寄发机票进馆证寄给参展商或在指定的地点集中时交接。

（13）展前 7 天准备好出国的行李及个人物品。

（14）展前 2~3 天出发，于当天或第 2 天到达法兰克福并下榻酒店。

（15）展前1天布展，第2天展会开幕，接下来4天接待参展客户一直到参展完回国结束愉快的法兰克福之行。

地址：中山市西区富华道383号柏景台C座24楼B

联系人：林雪莹　　手机：13420079909

电话：0760-8625781　传真：0760-8625716　Skype:lin20079909

MSN：huayuexpo@hotmail.com

E-mail：lin20079909@163.com　　www.hanyu-expo.com

案例2：

某展会参展计划时间表

一、12个月前

（1）从展览的规模、时间、地点、专业程度、目标市场等各方面，综合专家意见，确定全年展览计划。

（2）与展览主办单位或代理公司联系，取得初步资料。

（3）选定场地（一般而言，首次参加国际大展较难取得最佳位置）。

（4）了解付款形式，考虑汇率波动，决定财务计划。

二、9个月前

（1）设计展览结构。

（2）取得展览管理公司的设计批准。

（3）选择并准备参展产品。

（4）与国外潜在客户及目前顾客联络。

（5）制作展览宣传册。

三、6个月前

（1）以广告或邮件等形式进行推广活动。

（2）确定旅行计划。

（3）预付展览场地及其他服务所需款项。

（4）复查公司的参展说明书、传单、新闻稿等，并准备必要的翻译资料。

（5）安排展览期间翻译员。

（6）向服务承包商及展览组织单位定购促销广告。

四、3个月前

（1）继续追踪产品推广活动。

（2）最后确定参展样品，并准备大量代表本公司产品品质及特色的样品，贴上公司标签。

（3）对展位结构设计做最后的决定。

（4）计划访客回应处理程序。

（5）训练参展员工。

（6）排定展览期间的约谈。

（7）安排展览现场或场外的招待会。

（8）出国展则需购买外汇。

五、4天前

（1）将运货文件、展览说明书及传单等额外影印本放入公事包。

（2）搭乘飞机至目的地。

六、3天前

（1）抵达饭店并登记。

（2）视查展览厅及场地。

（3）咨询运输商，确定所有运送物品是否安全抵达。

（4）指示运输承包商将物品运送至会场。

（5）联络所有现场服务承包商，确定是否准备就绪。

（6）与展览组织代表联络，告知通讯方式。

（7）访问当地顾客。

七、2天前

（1）确定所有物品运送到位。

（2）查看租用的设备及所有用品，了解其功能。

（3）布置展位。

（4）将所有活动节目做最后的确定。

八、1天前

（1）将摊位架构、设备及用品做最后的检查。

（2）将促销用品送达直接分配中心。

（3）与公司参展员工、翻译员等进行展览前最后沟通。

九、展览期间

（1）尽早到会场。

（2）展览第一天即将新闻稿送到会场的新闻中心。

（3）实地观察后尽早预约明年场地。

（4）详细记录每一个到访客户的情况及要求，不要凭事后记忆。

（5）对于没有把握的产品需求，不要当场允诺，应及时报告总部作出合理答复。一旦应诺，必须按质按期完成。

（6）将每日情况做成简报通知员工。

（7）每天将潜在商机及顾客资料送回公司，以便及时处理及回应。

十、展览结束

（1）监督摊位拆除。

（2）处理商机。

（3）寄出感谢卡。

附录：

企业参展工作日程表

展览会名称： 展览会日期：			
工作事项	所需时间	开始日期	完成日期
1．准备安排 （1）决定展出 （2）租会场，支付预付款 （3）筹备会议 （4）任命项目经理 （5）了解市场情况 （6）制定预算草案 （7）制定日程表草案 （8）第一次调整预算 （9）第二次调整预算 （10）第三次调整预算 （11）场地租金第二次付款			
2．设计、施工、选定 （1）委托设计师或公司 （2）向设计师提设计要求 （3）展台设计 （4）内部审核设计 （5）设计送展览会审核 （6）向参展企业发设计工作要求 （7）施工单位招标 （8）申请用水、电、电话 （9）预租道具、设备、服务 （10）选定文图、标志制作公司 （11）参展企业报文图、标志要求			

续表

展览会名称： 展览会日期：			
工作事项	所需时间	开始日期	完成日期
（12）选定施工单位 （13）制作文图、标志 （14）展台施工			
3．运输 （1）选定运输公司 （2）租船（运输工具）、去程、回程 （3）选定展出地运输报关代理 （4）参展企业交海运清册 （5）集中参展企业海运展品 （6）海运展品发运 （7）准备海运单证并寄运输报关 （8）参展企业交空运清册 （9）办理空运展品定舱 （10）集中参展企业空运展品 （11）电告运输报关代理空运情况 （12）空运展品发运 （13）展品、道具运至展台			
4．展览 （1）任命展台经理 （2）预约当地临时展台人员 （3）交待工作 （4）展台装饰、布置 （5）展台拆除			
5．后续工作 （1）统计参展企业回运展品情况 （2）回运展品发运			

六、企业参展企划方案

（一）基本情况

1．展览会名称或展览项目名称（全称、简称，中文、外文）

2．展览日期

3．开馆时间

4．会场地点

5．会场使用日期

6．展览内容

7．展览性质 （贸易、批发、零售、宣传、招商）

8．观众性质和入场方式、参展企业数

9．展出目的

10．展出内容

11．展出面积、展出规模 （参展公司数等）

12．主办者

13．协办者、赞助者、支持者

14．承办者（该概要主要供有关领导和部门掌握，并可以做宣传基本资料）

（二）总体安排

1．成立筹备组，筹备人员分工

2．制定工作方案

3．制定工作日程

4．制定费用预算

5．确定合作者

6．商量分工、落实方案

7．签订协议

8．召开筹备人员会议

（三）设计施工

1. 设计

（1）确定设计整体要求、风格、标志、色调等

（2）选择或委托设计人员或设计公司并交待设计要求

（3）进行场地和施工设计，包括：平面设计、单元设计、施工设计、道具设计

（4）宣传设计，包括：广告、海报、资料、资料袋、信封、信纸等特殊设计

（5）大门、装饰、问讯台的设计等

（6）内部审查、外部 （展览会等）审查

（7）修改设计

2. 按参展公司提出设计施工方面的要求进行施工并选择、委托施工公司（索报价、洽谈、签约）

3．安排、监督施工

（1）会场面积确定

（2）索要资料和图纸 （规定、图纸、申请表、合同等）

（3）选择场地、租用场地

（4）基本设施：地面、桌椅、照明、电、水、气、空调、消防、扩音设备、仓库、办公室、会议室等

（5）需要注意的事项：通道宽度、紧急出口、禁止明火、禁烟、限高等

（6）展期的展场管理、保卫、清扫

4．展台

（1）基本设施尺寸、用料、地面覆盖物、地毯、框、架、板、公司标板、照明、桌、椅、废纸篓等

（2）租用设施：展柜、展架、模型、模特儿、衣架、灯具、花草等

（3）其他服务：电、水、气等

5．公室、接待室、备餐室、休息室设备

（1）家具：沙发、茶几、办公桌、椅、餐桌等

（2）用具：电话、传真、复印机、打字机、电脑、冰箱、烧水器、茶具、咖啡具等

6．物品运输（包括来程和回程）：道具装箱、制作清册

7．安排特殊工具制作

（1）文图、大门、问讯台等现场施工，包括搭建、展品布置和拆除

（2）日期、时间、人员、监督、交接

（3）展出期间展台维护

（四）参展公司

1．作参展决策，宣传、寄发申请表

2．确认申请，召开参展企业筹备会议，发或寄有关资料（展览会概况、联系地址、工作日程、运输安排、设计要求、行政安排等）

（五）展品

1．公司安排的展品、模型 （种类、范围、数量等）

2．统一征集、调转、采购的展品

3．装箱前测试将操作演示的展品

4．准备或要求准备展品说明包括技术数据说明、文图说明

5．安排或要求安排包装

6．大型展品比如机械设备运抵展台后安排组装整理

（六）运输

1．安排运输日程：展品集中日期，办理单证，展品陆运空运日期，展品海运发运日期，办理通关和保税手续，展品运至展台时间，空箱储存、回运，回运展品、到达时间，办理结算、回运手续，回运发运日期

2．选择运输公司和代理：索报价、比价、谈判、签约

3．集中展品、理货

4．行程：船名、船期

5．装箱：集装箱或木套

6．安排装车、装船

7．国外运输安排：通关、运至展台存放和回运、结算、安排回程运输

8．回国运输安排：结关、港口至开箱清点交接及有关手续及单证，参展者办理清点、空运输、分运、组织者审核、汇清册内容也包括展品、免费样品、宣传品、参展品、礼品、工具等；出具报关函、出口报关单

9．运输保险、办商检证 （参展者办）

10．办证明，办原产地证明或领事认证 （组织者办）

11．出具免征港务费函、电装情况表，发委托装船通知书

12．做装箍单、装车、船后索提单

（七）宣传广告

1．宣传文字基本资料展览概要 （单页）

2．展览指南：公司介绍（名称、地址）、展出内容、产品介绍、展台号等，平面图、会场地图、导向图、询问地址

3．信封、信纸、资料袋、宣传对象表：贸易商、制造商、零售商、批发商、消费者等

4．宣传渠道：公关代理、广告代理、使馆、航空公司、贸易机构等

5．宣传方式：（1）新闻：新闻招待会、记者接待会、新闻稿发布；（2）刊物：在报纸、杂志、内部刊物刊登广告、消息；（3）海报、招牌广告、直接发函：分别向组织者和参展者，同时还包括目标观众、工商团体、新闻机构等发放；（5）电视、电台：刊登广告、消息；（6）记录：摄像、摄影（开幕式、招待会、记者招待会、展场、洽谈等）；（7）展览会目录：填交登录材料、刊登广告。

6．宣传资料运输：装箱、造册

（八）展台工作和贸易活动

1．准备货源、货单、价格单、合同和成交条件

2．编印询问表、记录表、统计表和其他表格

3．选择、培训展台人员，并交代展台工作要求

4．布置展台、检查展台文字、测试展品

5．介绍、演示展品

6．散发资料

7．接待观众、接待记者、接待宾客

8．贸易洽谈、成交

9．调研：包括市场调研、展出设计布置和效果等

10．报告会、讲座

11．统计、记录

12．展台管理：安排轮班，现场工作安排、管理，维护展台环境和秩序，监督展台人员的工作和效率，总结分析每天展出情况，采取必要的工作调整

13．评估总结

14．后续工作

（九）仪式所需各项用品

1．开幕式/开馆日、招待会

日期、时间、地点、范围、规模、程序、主宾、出席人（名单）、邀请（请柬、印刷、邮发）、签到（名片盒、签到簿、签字笔、胸牌、胸花）、仪式、讲话（讲话稿内容、审核、翻译、设备）、剪彩（立杆、彩带、剪刀、手套、托盘、持彩托盘人、引导）、参观（路线、引导、解说）、招待会、备餐（人数、标准、酒菜水内容）、资料（展览会介绍、讲话稿、贵宾名单）、礼品

2．邀请安排

（1）邀请函或请柬格式

（2）印制、寄发日程

3．邀请范围、名单收集、筛选、人员安排

（1）发言人

（2）工作人员

4．场地安排：大厅、贵宾室、签到台、租用布置

5．用具、资料

（1）用具：国旗、国歌磁带或乐谱、签到簿、签到笔、名片盒、佩花、装饰花、彩带、立杆、剪刀、手套、托盘

（2）资料：仪式程序表、讲话稿、展览介绍

6．其他安排：停车、贵宾引导、安全、保卫、消防

（十）交际

1．拜会：对象、日程、安排、资料、礼品。

2．宴请：对象、日程、邀请、地点安排、菜水安排、座位安排、讲话安排。

3．礼品：购买、制作、包装、联系，向支持单位征求意见并发函致谢，礼

品招待品装箱造册。

（十一）行政

1．展览团：设立展览团管理体系，任命展览团管理人员（挑选展台人员也包括推销人员、技术人员等，雇佣展台辅助人员也包括招待员、翻译员等）

2．证件：办理签证、展览会入场证等

3．交通：安排行期和路线，订机、船、车票，向参展公司确认，或自行安排

4．市内交通：有些地方需要统一安排展台人员上下班的交通

5．住宿：统计要求，找房、索价、谈判、订房，向参展公司确认，自行安排

6．食：统计要求，选择餐厅、谈价、订餐，向参展公司确认或自行安排

7．着装：统一制作，或提出要求

8．财务：做预算、管理开支、支付费用，展览场地费、施工费、道具费、水电费、电话费、运输费、住房费、广告费等

第四节　会展立项策划书

一、会展立项策划书的概念

1．会展立项策划

会展立项策划，是指根据掌握的各种信息，对即将举办的展览会的有关事宜进行初步规划，设计出展览会的基本框架，提出计划举办的展览会的初步内容。会展立项一般要遵循八项原则：保护名牌会展、扶持专业会展、鼓励境外来展、优先全国会展、促进新型项目、扩大展场销售、遵循办展能力、参照申办顺序。

2．会展立项策划书

会展立项策划书是指为策划举办一个新会展而提出的一套办展规划、策略和方法，它是对会展名称和地点、办展机构、展品范围、办展时间、会展规模、会展定位、招展计划、宣传推广和招商计划、会展进度计划、现场管理计划、相关活动计划等各项内容的归纳和总结。

二、会展立项策划书的内容结构

一般地，《会展立项策划书》主要包括以下内容：

（1）办展市场环境分析：包括对会展展览题材所在产业和市场的情况分析，对国家有关法律、政策的分析，对相关会展情况的分析，对会展举办地市场的分析等。

（2）提出会展的基本框架：包括会展名称和举办地点、办展机构的组成、展品范围、办展时间、办展频率、会展规模和会展定位等。

（3）会展价格及初步预算方案。

（4）会展工作人员分工计划。

（5）会展招展计划。

（6）会展招商计划。

（7）会展宣传推广计划。

（8）会展筹备进度计划。

（9）会展服务商安排计划。

（10）会展开幕和现场管理计划。

（11）会展期间举办的相关活动计划。

（12）会展结算计划。

三、会展立项策划书的写作要求

1．会展名称

展览会的名称一般包括三个方面的内容：基本部分、限定部分和行业标志。例如，“第104届中国进出口商品交易会”，如果按上述三个内容对号入座，则基本部分是“交易会”，限定部分是“中国”和“第104届”，行业标志是“进出口商品”。

下面分别对这三个内容做一些说明：

基本部分：用来表明展览会的性质和特征，常用词有：展览会、博览会、展销会、交易会和“节”等。

限定部分：用来说明会展举办的时间、地点和会展性质。

会展举办时间的表示办法有三种：一是用“届”来表示；二是用“年”来表示；三是用“季”来表示。例如，第三届大连国际服装节、2008年广州博览会、法兰克福春季消费品展览会等。在这三种表达方式里，用“届”来表示最常见，它强调会展举办的连续性。那些刚举办的会展一般用“年”来表示。会展举办的地点在会展的名称里也要有所体现。例如，第三届大连国际服装节中的“大连”。会展名称里体现会展性质的词主要有“国际”、“世界”、“全国”、

“地区”等。例如，第三届大连国际服装节中的“国际”，表明该会展是一个国际展。

行业标志：用来表明展览题材和展品范围。例如，第三届大连国际服装节中的“服装”，表明该会展是服装产业的会展。行业标志通常是一个产业的名称，或者是一个产业中的某一个产品大类。

2. 会展地点

策划选择会展举办地点，包括两个方面的内容：一是会展在何地举办，二是会展在哪个展馆举办。具体选择在哪个省市、哪个展馆举办会展，要结合会展的展览题材和会展定位而定。另外，在具体选择展馆时，还要综合考虑使用该展馆的成本的大小如何、展期安排是否符合自己的要求，以及展馆本身的设施和服务如何等因素。

3. 办展机构

办展机构是指负责会展的组织、策划、招展和招商等事宜的有关单位。办展机构可以是企业、行业协会、政府部门和新闻媒体等。

根据各单位在举办展览会中的不同作用，一个展览会的办展机构一般有以下几种：主办单位、承办单位、协办单位、支持单位等。

主办单位：拥有会展并对会展承担主要法律责任的办展单位。主办单位在法律上拥有会展的所有权。

承办单位：直接负责的会展策划、组织、操作与管理，并对会展承担主要财务责任的办展单位。

协办单位：协助主办或承办单位负责会展的策划、组织、操作与管理，部分地承担会展的招展、招商和宣传推广工作的办展单位。

支持单位：对会展主办或承办单位的会展策划、组织、操作与管理，或者是招展、招商和宣传推广等工作起支持作用的办展单位。

4. 办展时间

办展时间是指会展计划在何时举办。办展时间有三个方面的含义：一是指展览开展的具体日期。二是指会展筹展和撤展的日期。三是指会展对观众开放的日期。

展览时间的长短未有统一要求，视不同会展具体而定。有些会展展览时间很长，例如“世博会”的展期长达几个月甚至半年；但对于占展会绝大多数的专业贸易展来说，展期一般是3~5天为宜。

5. 展品范围

会展展品范围根据会展的定位、办展机构的优劣势和其他多种因素来确定。

根据会展定位，展品范围可以包括一个或者几个产业，或者是一个产业中的一个或几个产品大类。“博览会”和“交易会”的展品范围很广，例如，“广交会”的展品范围超过10万种，几乎是无所不包。德国“法兰克福国际汽车展览会”的展品范围涉及的产业就很少，仅仅是汽车产业。

6. 办展频率

办展频率是指会展是一年举办几次还是几年举办一次，或者是不定期举行。从目前展览业的实际情况看，一年举办一次的会展居多，约占全部会展数量的80%，一年举办两次和两年举办一次的会展也不少，不定期举办的会展已经是越来越少了。

办展频率的确定受展览题材所在产业特征的制约。我们知道，几乎每个产业的产品都有一个生命周期，产品的生命周期对会展的办展频率有重大影响。产品的投入期和成长期是企业参展的黄金时期，会展的办展频率要牢牢抓住这两个时期。

7. 会展规模

会展规模包括三个方面的含义：一是会展的展览面积是多少，二是参展单位的数量是多少，三是参观会展的观众有多少。在策划举办一个会展时，对这三个方面都要做出预测和规划。

8. 会展定位

通俗地讲，会展定位就是要清晰地告诉参展企业和观众该会展“是什么”和“有什么”，具体地说，会展定位就是办展机构根据自身的资源条件和市场竞争状况，通过建立和发展会展的差异化竞争优势，使自己举办的会展在参展企业和观众的心目中，形成一个鲜明而独特印象的过程。会展定位要明确会展的目标参展商和观众、办展目标、会展的主题等。

9. 会展价格和会展初步预算

会展价格就是为会展的展位出租制定一个合适的价格。会展展位的价格往往包括室内展场的价格和室外展场的价格，室内展场的价格又分为空地价格和标准展位的价格。

在制定会展的价格时，一般遵循“优地优价”的原则，即那些便于展示和观众流量大的展位的价格往往要高一些。会展初步预算是对举办会展所需要的各种费用和举办会展预期以获得的收入进行的初步预算。

在策划举办会展时，要根据市场情况给会展确定一个合适的价格，这样对吸引目标参展商参展十分重要。

10. 人员分工、招展招商和宣传推广计划

人员分工计划、招展计划、招商和宣传推广计划是会展的具体实施计划，这四个计划在具体实施时会互相影响。

人员分工计划是对会展工作人员的工作进行统筹安排。

招展计划主要是为招揽企业参展而制定的各种策略、措施和办法。

招商计划主要是为招揽观众参观会展而制定的各种策略、措施和办法。

宣传推广计划是为建立会展品牌，树立会展形象，为会展招展和招商服务的。

11．会展进度计划、现场管理计划和相关活动计划

会展进度计划是在时间上对会展的招展、招商、宣传推广和展位划分等工作进行的统筹安排。它明确在会展的筹办过程中，什么阶段应该完成哪些工作，直至会展结束。会展进度计划安排得好，会展的各项准备工作就能有条不紊地进行。

现场管理计划是会展开幕后，对会展现场进行有效管理的各种计划安排，它一般包括会展开幕计划、会展展场管理计划、观众登记计划和撤展计划等。现场管理计划安排得好，会展现场将井然有序，秩序良好。

会展相关活动计划是对准备在会展期间同期举办的各种相关活动做出的计划和安排。与会展同期举办的相关活动，最常见的有技术交流会、研讨会和各种表演等，它们是会展的有益补充。

需要指出的是，会展立项策划书只是对举办什么主题的展览会以及如何举办该展览会提出了初步的设想，或者说，说明了未来展览会的模样，但从财务、政策、项目生命力等多角度出发，该项目是否真的可行，还有待进一步研究。因此，在撰写例行策划书后，策划人员还应就展览项目及整个策划方案开展更深入的可行性分析。

四、会展立项策划书的写作要素和要领

1．立项策划书的写作要素

策划书的种类，因提出的对象与内容不同，而在形式和体裁上有很大的差别。但是，任何一种策划书的构成都必须有 5W2H1E，共八个基本要素：

（1）Why（为什么）需求诉求展会立项的缘由、意义及前景

（2）What（做什么）展会的主题、内容，明确创造期望项目的特点

（3）Who（谁）展会的主办单位、承办单位、行业重要参展商支持、参展商的范围、媒体支持单位

（4）Where（何处）地点，独特性、方便性、旅游的价值、地方的支持性

（5）When（何时）展会举办的时间，包括布展、展览及撤展的时间

（6）How（如何）展会的日程安排，展会的宣传计划与营销策略、展会期间举办的各种活动

（7）How much（多少）预计参展商数量、展位数量与布局展位价格

（8）Effect（效果）展会结果，预测产生效益

2．立项策划书的写作要领

（1）言简意赅

为了在有限的篇幅内把需介绍的内容全部说清楚，一定要注意在写作过程中不要啰唆。

（2）用词准确

要将展会主题及特色突出，增强吸引力，避免一些不温不火的语言，尤其是展会的创新之处要讲清楚。

（3）实事求是

在介绍展会情况时，切忌过分夸张，言过其实。应多列举事实，如行业重要参展商的参加与支持，历届的效果与口碑等。

（4）重点突出

对展会的 5W2H1E 八个要素要写清楚，并突出重点。

（5）注意包装

主要体现在两方面：一是策划书的文章结构与层次上，要清晰明朗，重点突出，让读者能抓住展会的亮点，并有一个清楚的头绪；一是在包装制作上，要装订整齐，制作精美，给人赏心悦目的感觉。

案例 1：

广东国际房地产交易会策划方案

展会背景：

会展作为一个前景广阔的朝阳产业和绿色产业，在 21 世纪的中国将驶入快车道，有其广阔的发展前景，其对外开放的窗口功能、信息交流与技术合作的桥梁作用、带动相关产业的倍增效应将得到更大限度的发挥。国际著名展览公司德国慕尼黑展览公司总裁门图特先生幽默地说：“如果在一个城市开一次国际会议，就好比一架飞机在该市上空撒钱。”大量事实验证了会展经济的无穷魅力，会展已成为“21 世纪最坚挺的旺市掘金术”。房地产在整个西方经济发展过程当中，是推动一个国家经济发展的最重要的动力之一。中国城市发展以塑造城市形象，改善投资环境，提升竞争力和影响力为出发点，先后投资和运营了城市园林绿化、道路桥梁建设等。城市运营是城市与企业之间的一个互动过程，成功的城市运营商最根本的任务是通过对资源的整合，提高资源的利用率，促进社会经济协调与可持续发展。曾经看到一篇报道，按照西方发达国家的历史

经验，城市化达到30%的时候，就像飞机脱离跑道，进入高速发展时期，达到70%的时候，才进入一个平稳发展时期。现在中国城市化水平已经是40%，如果照此计算，一直到2050年，中国都将处在一个城市化高速发展的时期。城市化带来的需求，给房地产企业提供了快速发展的机遇。中国房地产协会专职副会长潘其源表示，在2020年以前，中国的房地产行业依然能够保持持续、健康、快速的发展态势。

展会意义：

广东省在《建设文化大省规划纲要》中明确提出，要发展会展业，并将其列为6个文化支柱产业之一。在2004年粤港合作第七次联席会议中也明确提出将会展业作为双方服务业合作的4个内容之一。在粤府（2005）1号文《关于加快我省服务业发展和改革的意见》中，将会展业作为鼓励发展的3个生产服务业之一，提出要加快发展以国际化、专业化、贸易型为主的会展业。将会展业作为广州四大支柱产业（造船、汽车、会展、物流）之一，加快广州会展业的发展，建设国际会展中心城市，是广州会展业发展的总体目标。

经过建国50多年的发展，特别是改革开放30年来的发展，广东省的房地产业已经成为支柱产业之一，其发展不仅拉动了国民经济的增长，还极大地改善了城市面貌、人们的居住质量和投资环境。2004年，广东省GDP达到16039.46亿元，比上年增长14.2%。2004年广东房地产开发投资每月增速呈前低后高走势，全年增长12.1%，增速比上年提高3.8个百分点。2004年广东房地产交易继续保持畅旺，实际销售额和销售面积分别比去年增长19.2%和9.3%，总体平均价格3478元/m^2，上涨9.1%，对比去年跌幅3%，止跌回升。广东房地产大有市场。

在这种背景下横空出世的广州国际房地产交易会将中国经济发展两大光亮点——房地产和会展有机地结合起来，必将产生强大的经济和社会效应。

展会主题：

一、主题内容

1. 主题：广州国际房地产交易会

时间：××年××月上旬

地点：××展览中心

内涵：中国房地产迈向世界的绿色通道、交易平台

2. 集合业内高智商、高水准专家、学者进行脑库论坛

二、目标参展商

地产商应该是这个链条的核心，其上游是所在城市的市长和土地局长、房管局长，其下游是建材供应商、建筑设计师乃至灯箱广告制作师。

1. 以城市为组团的城市政府或建委
2. 国内外房地产开发商
3. 房地产中介代理商
4. 建材及设备制造商、供应商，房地产辅助企业
5. 其他与房地产相关的行业，如新项目、新技术、新产品、新材料参展

三、目标专业买家

1. 全国的房地产代理商
2. 集团采购房单位（如高校）
3. 全国省、市、自治区行业主管部门及企业观摩团

四、展会观众

中国港澳地区市民，珠三角市民，尤其以广州市民为主

展会机构：

一、主办机构

广东省建设厅、广东省商联会、中国××房地产协会、××展览有限公司

二、承办机构

××展览有限公司

三、支持单位

××协会、各省建设厅、××房地产协会

四、媒介宣传机构

《中国建设报》,《中国房地产报》,《中国展会》杂志,《中国会展》杂志,《会展财富》杂志,《中外会展》杂志,《中国展览》杂志，各主流报刊的地产、建材版，建筑、房地产类杂志，中央电视台，广东、广州电视台

可由全国30多家大型主流媒体形成广州“住交会”主流媒体联盟，形成中国新闻业与住宅产业、展览业整体整合，跨行业、跨区域、整体联动的新模式。

展会内容：

一、展示、交流内容（按功能设区）

1. 城市建设成就展示区
2. 精品楼盘展示区
3. 别墅展示区
4. 房地产辅助产品展示区
5. 房地产设计、广告展示区

二、论坛与热门话题讨论

结合行业论坛，成为行业顶级盛会，可考虑中国住交会市长论坛、中国房地产品牌论坛、中国旅游地产论坛、住宅金融论坛、地产开发成功模式论坛等。

还可考虑“2004中国房地产十大风云人物对话会”、“五湖四海论地产——2004年度房地产名企、名盘对话会”。总而言之，内容应集中为：

（1）全球房地产发展趋势及中国房地产未来之路；

（2）房地产开发、交流的区域合作；

（3）市长的房地产观碰撞，可以“城市建设与城市竞争力”为题，在不同区域邀请全国有代表性的、主管城市建设的副市长和国外具有一定知名度的城市市长发表精彩演说；

（4）××机构房地产开发的经验之谈——来自一个实践者的建议；

（5）房地产尽快进入国际市场面临的主要问题及解决对策；

（6）身边的财富——房地产开发的管理、分析和有效利用；

（7）房地产的标准化问题。

三、评奖

可举办由“中国房地产十大风云人物”、“中国房地产品牌企业”、“中国名盘”组成的“推介会”，组织推荐影响中国房地产的100人、中国房地产十大风云（新锐）人物活动、中国房地产品牌企业50强及中国名盘50强推展活动等，不仅绘就中国住宅产业在企业发展、产品铸造、人物魅力的年度标志，也使广州国际“住交会”本身成为一种品牌，成为中国住宅产业一部精彩的“年鉴”和生动的“档案”。

创新、优势：

1. 将中国经济发展两大光亮点——房地产和会展有机地结合起来

2. 依功能设不同展区，走差异化的路子

3. 专业展与消费展相结合，既有政府机构的权威性和国内外专业买家的国际性、专业性，又有大量的普通消费观众带来的人气

4. 展示、交流、评奖的立体配合

案例2：

“世界节庆论坛”方案

（讨论稿）

一、概述

世界节庆论坛代表节庆行业新纪元的开始，同时也标志着热爱节庆的人们持续、开放式对话的提升。自古以来，节庆活动就以和平方式促进着人们的团结，让人们在活动中求同存异。今天，行业的成员应用庆祝的艺术与科学建立

社会关系、带动经济影响、推动旅游发展，提高人们的生活质量。虽然节庆行业现在还是一个相对年轻的产业，但它的独特作用已经影响到人们生活的方方面面。

国际节庆协会（IFEA）——“全球顶尖级节庆专业协会”，用五十年时间建立起人们对节庆这一独特业务领域的了解，并且为节庆人士提供专业支持。现在，北美、欧洲、亚洲、澳大利亚、拉丁美洲及中东都有节庆协会的合作伙伴，国际节庆协会将致力于使节庆行业迈向全球联合行业，通过庆典活动使节庆行业以更积极的方式在国际事务中发挥它的作用。

世界节庆论坛将把这一特殊行业的全球领导者聚齐在一起，共同就一些热点问题、趋势、话题以及设想开展持续对话，这将把我们更紧密地联系起来。世界节庆论坛将有效地联合我们全球的节庆行业，并通过不断的交流、创新、教育和沟通使我们更专业地发展起来，探索共同的机遇和挑战，同时在社区、城市、省、地区和国家之间建立起理解和友谊的桥梁。

世界节庆论坛的规格将不同于以往由IFEA和其他机构举办的会议及座谈。它将不再仅仅是“如何做”这样的培训活动，而是更高层次的交流、讨论、探索和沟通。此次论坛将提供唯有联合行业才能提供的新的方向、设想、联系、方案、资源和创新。

二、合作

经协商，国际节庆协会（IFEA）、北京节庆文化发展中心、IFEA中国分支将与××城市决定于2006年11月联合举办“世界节庆论坛”。

届时，世界节庆行业领袖及专业人士将云集中国，讨论关键的话题和趋势；建立全球节庆商务合作机制；寻求解决问题的有效办法；探索世界节庆行业恰当的发展方向。此次论坛对中国乃至世界节庆产业的繁荣发展都有着极为重要的意义。

我们确信，联合举办这次全球节庆高峰盛会，不但会使双方赢得很高的声望，同时，对推动和扩大中国节庆事业的发展与影响力，以及对举办城市品牌的提升都具有积极的作用。

合作双方将本着密切协作、精心组织、分工负责的原则，积极努力工作，确保论坛活动的圆满成功。

三、论坛日程与参会对象

1. 举办时间：2006年11月上旬或中旬，会期共计3天

2. 论坛规模：500～800人

3. 参会对象：

中国国家领导人及相关部委领导；

全球著名节庆组织负责人、策划人；

与节庆相关的国际社团组织负责人；

著名节庆教育、赞助、管理专家、学者及机构负责人；

著名节庆城市市长及管理部门负责人；

国际节庆协会（IFEA）各大洲及成员国总裁；

与节庆活动相关的中外知名企业负责人。

四、论坛活动内容

1. 主题大会演讲

（1）全球节庆行业现状与发展趋势

（2）教育培训与人才培养对节庆活动的影响

（3）节庆活动在国际事务中应发挥的独特作用

（4）建立全球节庆商务交流合作机制

（5）赞助事务与国际赞助资源共享

（6）奥运庆典与民族节庆文化

（7）世界级节庆品牌的培育和打造

（8）节庆影响力评估体系：价值、资本与延伸效应

（9）如何做一名合格的节庆领导人

（10）中国节庆活动与国际交流合作

世界节庆行业著名领袖、活动家、专家就以上内容做大会主题演讲。拟定演讲人 15 名。

2. 高层峰会

（1）就行业热点问题展开圆桌讨论（由行业主要领导确定主题并保证每个人的观点都具有国际相关性）。

来自全球各地的主要领导者就预先确定的主题进行演讲，如：巩固国际节庆协会全球工作结构、全球行业市场、经济影响、安全与保障、教育、专业认证与研究、赞助与筹资、节庆行业在全球发挥的作用、文化和社会发展、行业战略分析、全球标准与准则、节庆品牌评估、再一次投入到青年市场、伙伴关系、联盟关系和交流机会等。

（2）讨论世界节庆论坛《××宣言》议案。

（3）讨论在中国建立“世界节庆博览馆”的议案。

3. 分组讨论

广大与会代表参与分组讨论——继续探讨高层峰会中的主题和热点等的细节问题。

专家和广大与会代表分组讨论不同的话题。每一组都要确定今后几年预计

达到的目标。

4. 专题会议

（1）中外市长论节庆

拟定邀请著名节庆活动所在城市市长100名（含省、州、厅局级领导），就节庆与城市发展、节庆战略规划、节庆城市之间友好交流等话题进行研讨对话。

拟定主旨演讲人10名。

（2）十大不同类型节事活动专题会议

全球来自民族民俗、艺术文化、历史文化、自然风光、综合旅游等不同节事组织的代表分组交流同类节事活动的策划与管理经验，探讨在IFEA框架下建立全球同类节事活动联谊组织方案。

拟定主旨演讲人20名。

（3）节庆资源开发圆桌商务会议

全球节庆影响力评估、节庆艺术交流、节庆传媒合作、节庆商务策划、节庆教育认证、节庆商旅、节庆赞助事务、节庆风险控制等十个专题经验交流与商务合作圆桌会议。

拟定主旨演讲人20名。

5. 中外节庆大型展览

（1）中外节庆活动品牌形象展示；

（2）吉祥物、会徽、会旗、纪念品、出版物展示；

（3）节庆商务合作项目推介展洽；

（4）节庆及城市旅游资源推介展示。

6. 世界节庆论坛《××宣言》

考虑到世界节庆论坛中将涉及很多讨论，得出很多结论，在活动结束后，国际节庆协会总部应该就方向、设想和目标等做出宣言。宣言是以每一个主办城市的名义来制定的，对于此次世界论坛来说，就是“世界节庆论坛××宣言”。

7. 世界节庆之夜暨IFEA颁奖晚会

（1）中外著名节庆组织推荐的文艺节目展演；

（2）IFEA中国综合奖、单项奖颁奖仪式；

（3）IFEA注册节庆师授证仪式；

（4）城市节庆活动形象大使暨中国节庆活动形象大使评选结果揭晓授证仪式；

（5）世界节庆论坛闭幕仪式。

以上论坛活动内容将根据筹备工作的进展情况进行适当调整，具体方案以最终确定的论坛实施方案文本为准。

国际节庆协会（IFEA）
北京节庆文化发展中心
2006年1月

第五节　会展招展方案

一、会展招展方案的拟定

招展方案的策划是整个展会展位营销的关键，是对展会招展工作的总体布署，是展会诸多策划方案中的核心方案之一，对展会的招展工作有着重要影响。应运用系统管理思想对展会期间的各项活动进行统筹规划和科学安排，确保招展工作顺利进行，为展会预期进行奠定坚实的基础。

一份完整的招展方案涉及展览概况及特色介绍、目标市场定位、财务预算、市场推广方法等。招展方案内容归纳起来有以下几个方面：

1．产业分布特点

展览题材所在行业在全国的分布特点，各地区的产业发展状况。该产业的企业结构状况及分布情况，是编制招展方案的重要依据，应从宏观上作概要阐述。所涉及的内容要密切结合产业实际，科学分析，力求准确无误。否则，以此为依据编制的招展方案就会严重脱离实际，在实施过程中因信息不对称，而导致成效不大。

2．展区和展位划分

招展方案的编制要结合展览的题材和定位，对展区和展位进行合理的划分，必要时可附上展区和展位划分平面图，以供进一步论证。

3．展览服务项目价格

招展服务项目价格是招展方案的核心内容，对招展营销工作有重大影响。招展方案应列明展览服务项目的价格。招展价格要合理，价格水平过高或过低，都会影响展览的成效。

4．招展函的编制与发送

确定招展书的内容、编制办法和发送范围与方法（参见上篇第四节内容）。编制招展书计划时，充分考虑招展书的印制数量、发送范围及如何发送等问题。

5．招展工作分工

对具体的招展工作做出分工安排，包括协作单位、相关部门与展览主办机构内部营销人员的具体分工、招展地区分配等，责任落实到人与部门。

6．招展代理组织

对展览招展代理的选择、指定服务提供商的确定和管理做出安排，对代理的佣金与责任、代理招展的地区范围与权限等，做出具体规定。

7．招展宣传推广

对各种招展宣传推广活动做出规划和安排，可将《展览宣传推广进度计划》作为附件。

8．展位营销办法

分析适合展位营销的各种渠道、具体办法及实施措施，对招展营销人员的具体招展工作，提供工作方向与适用范围。

9．招展活动经费预算

对各项招展活动过程中产生的费用支出做出初步预算，以便展览组织活动能及时、合理地安排所需费用的支出。这项工作在我国展览组织中实施得不太普遍。

10．招展总体进度安排

对各项招展工作进度做出总体规划和安排，以便有效控制招展工作的整体进程，确保招展成功。

在招展过程中，只有全面知晓了参展商的需求，才能做好有目标的服务。在展商报名的同时，用填写表格的形式，了解他们的参展需求及相关信息，是做好展会筹备期工作的依据；了解参展企业的产品定位及结构，将他们安排在不同的展区，可体现展会的专业性，同时还可以方便专业观众查找；了解参展企业的品牌实力、合作需求，可以有目的地为他们寻求目标对象。同时，参展商的这些信息也可以作为展会招商的依据。

招展函是办展机构用来说明会展以招揽目标参展商参展的小册子。招展函的主要作用是向目标参展商说明会展的有关情况，并引起他们参加会展的兴趣。招展函是会展进行展位营销时主要资料之一，也是目标参展商最初了解会展情况的主要信息来源。招展函的策划和编印工作，在会展的招展策划和展位营销工作中占有重要地位。

二、会展招展函的主要内容

招展函是目标参展商用来了解会展的第一份正式文件，目标参展商对会展的第一印象也可能来自招展函。为了能使目标参展商对会展有足够的了解，并对会展做出基本的判断，招展函介绍会展的内容必须准确、全面。

招展函主要包括以下五个方面的内容：

1．会展的基本内容

（1）会展名称和 LOGO

（2）会展的举办时间和地点

（3）办展机构

（4）办展起因和办展目标

（5）会展特色

（6）展品范围

（7）价格

2．市场状况介绍

（1）行业状况

（2）地区的市场状况

3．会展招商和宣传推广计划

（1）招商计划

（2）宣传推广计划

（3）相关活动

（4）服务项目

4．参展办法

（1）如何办理参展手续

（2）付款方式

（3）参展申请表

（4）联系办法

5．各种图案

三、会展招展函的写作要求

1．会展的基本内容

会展名称和 LOGO。会展的名称和 LOGO 一般被放在会展招展函封面最醒目的位置，会展的名称一般用较大的字体。如果会展是国际性的，会展的名称还包括其英文名称。另外，为了使用方便，会展的名称常常有一个简称，如中国进出口商品交易会的中文简称为“广交会”，英文缩写是“CECF”。

会展举办时间和地点。一般被放在会展招展函的封面，但同时也会放在招展函的内页，只不过封面的“举办时间”通常是会展的正式展览时间；内页的“举办时间”往往还包括会展的布展、撤展和对专业及普通观众的开放时间等。

办展机构。包括会展主办单位、承办单位、协办单位和支持单位等，有时还包括会展批准机构。它们一般被放在会展招展函的封面。

办展起因和办展目标。简要说明为什么要举办该会展，以及计划将该会展办成一个什么样的会展。例如，会展计划有多大规模，预计有多少观众等。如果是已经连续举办多次的会展，那么对往届会展的回顾也是一项必不可少的内容。

会展特色。常用非常简洁的言语来高度概括会展的特色，如会展的宣传口号、会展的主题等，要易记易懂，易于传播。

展品范围。详细的列明会展的展品范围，有时还包括会展的展区划分，供参展商作参展决策时参考。

价格。列明会展的各种价格，包括空地价格、标准展位价格、室外场地价格等。对于标准展位，一般还要对其基本配置作出详细说明。

2．市场状况介绍

行业状况。结合会展的定位，对会展展览题材所在行业的状况作简要介绍，如行业生产、销售、进出口及发展趋势等。

地区市场状况。简要介绍办展所在地区的市场状况，如果是国际展，介绍的“地区”范围就不仅仅是会展所在的城市和省份，它可能还包括整个国家及其周边国家。上述介绍的“地区”范围究竟该包括哪些地区，主要取决于会展定位和市场辐射范围的大小。

3．会展招商和宣传推广计划

招商计划。简要介绍会展计划邀请专业观众的办法、范围和渠道。如果是已经连续多次举办的会展，那么对往届到会观众的回顾分析将是十分有用的资料。

宣传推广计划。简要介绍会展宣传推广的手段、办法、范围和渠道，以及会展计划如何扩大其影响的措施等。会展宣传推广计划是参展商较关注的项目，需要详细列明。

相关活动。简要介绍会展期间将举办哪些相关活动、各种活动举办的时间和地点、参加活动的联系方法等。会展相关活动的作用是双重的，它既有对会展的宣传和辅助作用，也有对参展商的宣传和展示作用，有些参展商因此也乐意参加。

服务项目。搞好服务是会展提高竞争力和吸引力的重要手段之一。招展函要告诉目标参展商，如果他们参展，他们将能从中获得怎样的服务。这些服务应包括为他们提供的各种有偿服务和免费服务。

4．参展办法

如何办理参展手续。告诉目标参展商，如果他们计划参展，他们将怎样办理参展手续。

付款方式。列明会展的开户银行、开户名称和账号、收款单位名称、参展的付款方法、应付订金的数量和付款时间等。

参展申请表。预留参展商参展申请表，一旦目标参展商计划参展，他们就可以填写该表，并传真给办展机构预订展位。

联系办法。列明办展机构的联系地址、电话、传真、网址和 E-mail 等，供目标参展商联系之用。

5. 各种图案

除以上内容外，招展函还会有一些图片和其他图案，如展馆图、展馆周边地区交通图、往届会展现场的图片等。有些招展函还会对展馆作一些简要介绍。这些图片既可以对会展相关情况作进一步的说明，也可以起到美化招展函的作用。

四、会展招展函的编制原则

会展招展函的内容较多，也较繁杂，在编制招展函时，一定要对其内容、图片和版面做仔细的规划和安排，使招展函在招展的过程中发挥其应有的作用。在编制招展函时要遵循以下原则：

1. 内容全面准确

招展函是参展商了解会展的第一手资料，也是他们最后作出是否参展决策的重要参考资料，在会展与其目标参展商进行沟通和联系时起着重要的作用。因此，招展函所包括的内容一定要全面、准确，不能有所遗漏，不能出现差错。例如，如果招展函对会展标准展位配置的介绍与实际状况有出入，而参展商按此筹备参展事宜，那么，在布置现场时将会出现很大的麻烦。

2. 简单实用

招展函的内容要全面准确，但不要拖沓繁琐，要简洁明了，最好寥寥数语，一目了然。招展函的内容要实用，与招展无关的内容尽量删除。

3. 美观大方

招展函的版式安排、文字图片等布局，要美观大方，赏心悦目。招展函的字体要适合人们的阅读习惯，不能一味地追求美观。

4. 便于邮递和携带

招展函一般要通过邮递或者招展工作人员的携带而传到目标参展商手中，因此，招展函的制作样式要便于邮递和携带。否则，它不但会给招展工作带来不便，还会增加办展成本。

案例 1：第十届中国（广州）国际建筑装饰博览会

THE 10TH CHINA （GUANGZHOU） INTERNATIONAL BUILDING & DECORATION FAIR

同期举办：

2008 中国（广州）国际地面铺装材料展览会

2008 中国（广州）国际卫浴及建筑陶瓷展览会

招 展 函

展览日期：2008 年 7 月 6 日至 9 日

展览地点：中国进出口商品交易会琶洲展馆·广州市阅江中路 380 号

批准机构：中华人民共和国商务部

主办单位：中国对外贸易中心（集团）、中国建筑装饰协会

承办单位：广州博亚展览发展有限公司

目标规模：参展企业：2 300 家

展位数量：10 000 个

展出面积：18 万平方米

一、上届回顾

第九届中国（广州）国际建筑装饰博览会已于 2007 年 7 月 6 日至 9 日成功举行，展出总面积达到 13.5 万平方米，参展企业总数 2058 家，展位总数近 7300 个。共设卫浴/厨房、建筑装饰五金自动门及门控五金、门/窗、玻璃、天花/幕墙/墙纸及室内装饰/涂料及化学建材、石材及园艺、木楼梯等九大专业展区以及独立的地面铺装材料展览会，各题材/展览会都达到一定的规模。第九届“建博会”在“致力于为建筑装饰行业的买家提供一个完整的采购平台”的目标上又迈出了更坚实的一步。

为期四天的展期，共吸引到会专业观众 96 049 人，其中国内专业观众为 87 993 人，覆盖中国大陆全部 31 个省市自治区及中国香港、澳门、台湾地区；海外买家达到 8 056 人，来自国外 114 个国家和地区。马来西亚、日本、韩国、新加坡、伊朗、俄罗斯等国家还组织了较大规模的采购团。

第九届“建博会”在业界的关注度也得到了很大的提升。各个题材都不乏行业内的龙头企业参加；多场高层次的论坛、设计联展、玻璃协会颁奖等相关活动也为本届展览会增光添彩。此外，2007 中国（广州）国际地面铺装材料展览会的成功举办成为本届“建博会”一大亮点。地材展的独立成展，为“建博会”的未来发展提供了有益的探索，未来将有计划、有步骤地独立具有发展潜力的子题材，形成在“建博会”大框架下各子展览会百花齐放的局面，把中国

（广州）国际建筑装饰博览会推向一个新的高度。

二、本届展望

第十届中国（广州）国际建筑装饰博览会将于2008年7月6日至9日举行，将设展位10 000多个，展位面积增至18万平方米，预计参展超过2 300家。

本届“建博会”将继续贯彻“为买家提供一个完整的采购平台，为参展商创造更多进入国际和国内分销市场机会”的办展理念，不断提高展会品质，不断向“全球最具影响力的建筑装饰行业盛会”的目标迈进。在对第九届展会进行评估和分析的基础上，加大力度吸引国际知名卫浴品牌企业和国内卫浴品牌企业参展，增强五金、门/窗和玻璃类参展企业的专业性和品牌效应，继“2007中国（广州）国际地面铺装材料展览会”独立成展后，又与中国卫浴陶瓷协会合作，将卫浴陶瓷题材独立成展，同期同地举办“2008中国（广州）国际卫浴陶瓷展览会”。本届专业展区将根据产品用途的相关性划分，设置更加专业、更加合理（详见下列展区分布及展品分类），并在上届收到显著成效的宣传招商工作的基础上，加强同海外展览会的互动合作，及与海外专业媒体、贸易杂志的合作。结合广州亚运会所带来的建筑装修高潮，邀请更多的采购商赴会进行采购。

三、展出范围

1. 卫浴/厨房展区

整体浴室、浴缸类、淋浴类、座便器、台盆、浴室五金/配件类、卫浴镜、泳池设施、热水器、取暖器、浴室柜、橱柜、厨房灶具、洗物槽、厨房挂件、间隔。

2. 建筑装饰五金展区

建筑五金、装饰五金（锁、拉手）、铁艺制品、五金配件、五金工具、五金模具、五金铸造。

3. 自动门及门控五金展区

各类自动门、门控五金系统及配件、门禁电子系统等。

4. 门、窗展区

木门、塑钢/铝合金/钢门、窗。

5. 玻璃展区

建筑/装饰玻璃、艺术玻璃、玻璃制品。

6. 天花、幕墙、墙纸及室内装饰展区

天花，墙纸，铝板/铝板/点式/单元/金属幕墙、幕墙配件及加工设备，阳光板、石膏制品、钢结构。

7. 涂料、化学建材展区。

墙面/防水/地坪涂料、涂料助剂、涂料包装材料；干粉砂浆；粘合剂、外加剂、助剂、建筑胶、胶带、填缝剂、防锈材料、建筑防水材料、防水添加剂、防渗漏材料、防水技术及相关设备；涂刷用具。

8. 陶瓷、石材展区

陶瓷、石料（花岗岩、大理石、板岩、砂岩、石英石、卵石、人造石等）、石雕及石制品、异型石材、石材生产设备、园艺文化石。

9. 楼梯展区

木楼梯、其他楼梯及相关配件。

四、展位费用

标 准 展 位	RMB 8 300 元/个
空 地	RMB 900 元/平方米

1. 标准展位：每个规格为 3 米×3 米

基本配置包括：1 条中英文楣板，3 面围板，2 张折椅，1 张洽谈桌，2 支光管，1 个 220 伏特插座（限 750 瓦非照明用电）

2. 空地：36 平方米起租，不提供任何配置，空地价格已含施工管理费

电箱租用及押金、电费、展具增租、应参展商提出的服务所产生的费用、清场押金等，需由参展商或特装公司支付。

<table>
<tr><th>优惠标准</th><th>优惠项目</th><th rowspan="4">说明：
门票尺寸为 210mm×90mm;
会刊尺寸为 142mm×210mm;
彩色胶印（四色）
广告所用彩色分色片必须于2008年4月30日前邮寄至承办单位</th></tr>
<tr><td>标准展位 8 个以上
空地 72m^2 以上</td><td>门票背面彩色广告
1000~2000 份</td></tr>
<tr><td>标准展位 8~9 个
空地 72~81 m^2 以上</td><td>《会刊》内面彩色广告一版</td></tr>
<tr><td>标准展位 10 个以上空地 90 m^2 以上</td><td>《会刊》内面彩色广告二版</td></tr>
</table>

五、会刊广告

版面	封底	封二	封三	跨版内页	全版内页
价格（人民币 RMB）	35000	25000	15000	16000	8000

注：会刊尺寸为 142mm×210mm，所需彩色分色片由参展商自行提供给承办单位；

会刊广告所用彩色分色片将不予退还，敬请备份留底，所有广告费用必须连同申请书一并交付承办单位；

会刊广告所用彩色分色片必须于 2008 年 4 月 30 日前邮寄至承办单位。

六、参展程序

（1）参展企业确定参展面积，填妥参展申请表/回执，经办人签名盖公章，将参展申请表/回执传真或邮寄到承办单位；

（2）承办单位根据参展申请表/回执，经审核后予以盖章确认；

（3）双方签订参展回执或展位合约后 5 个工作日内支付 50%的展位费作为定金；否则，承办单位将不予保留；展位费余款须在展览会开幕前 60 天，支付予承办单位；否则，承办单位有权调动和处理该展位；

（4）参展企业在确认参展后，非经承办单位同意，不得撤消参展申请或申请面积，否则已交定金概不退还，承办单位保留调整或处理展位的权利。

七、展位安排原则及参展说明

（1）先订先得，以及大展位和老客户优先安排相结合的原则统筹安排。

（2）未经承办单位同意，参展商不得转让其展位。

（3）严禁假冒伪劣产品参展和参展商品的侵权行为。

（4）参展商品与博览会展出范围不符，承办单位有权禁止展示且所交费用不予退还。

八、服务项目

协助服务项目（费用由参展商自理）	免费服务项目
● 展品运输	● 组织邀请专业观众
● 享受指定酒店优惠服务	● 提供《参展商手册》
● 委托展位装修承建商	● 提供《展讯》
● 雇请翻译、服务人员	● 相关卡、证
● 租用额外展具、安排技术交流会	● 在会刊中刊登企业名录
● 申请展位用电	● 展场清洁
● 刊登会刊广告、参观券广告等	

组委会联系方式：（广州博亚展览发展有限公司）

详细地址：广州市荔湾区周门北路 40 号（荔湾科工贸园）东梯 2 楼全层（510176）

联 系 人：杨斌

商务手机：13798090120

电　　话：020-61271599

传　　真：020-61271666

电子邮件：boya020@126.com

（摘自：广州博亚展览发展有限公司网站）

案例2：

第七届中国东西部合作与投资贸易洽谈会招展组织工作方案

根据《第七届中国东西部合作与投资贸易洽谈会总体方案》的要求，特制定本工作方案。

一、总体要求

通过规范招展组织工作，加大招展工作力度，组织更多的国内外知名度高、实力强的企业参会参展，以进一步提高本届洽谈会的质量和水平。

二、展馆设置

第七届东西部洽谈会设置投资洽谈馆、高新技术成果交易馆、综合贸易馆、新医药馆。会议期间，还将举办第二届中国西部吸收外商投资洽谈会和中国东西部洽谈会第二届IT产业博览会。并同时启用陕西国际展览中心、西安国际展览中心、陕西工业展览馆等三个展馆，共设2 600个展位。

三、展位价格

根据展馆和展区位置条件差别较大的实际情况，第七届东西部洽谈会展位采取分馆和分段分区标价，相应确定各组展单位的组展费返还。

（1）投资洽谈馆安排在陕西国际展览中心底层、一层、二层，设915个展位。

（2）高新技术成果交易馆安排在陕西国际展览中心二层，设249个展位。

（3）第二届中国西部吸收外商投资洽谈会安排在陕西国际展览中心机械馆，设240个展位。每个标准展位（3米×3米）收取注册费1 000元人民币。

（4）综合贸易馆安排在西安国际展览中心，设728个展位。

（5）中国东西部洽谈会第二届IT产业博览会安排在西安国际展览中心一层中央，设256个展位。展位价格由电子交易部在大会执委会核定的成本价基础上自行定价，同时面向社会招展。

（6）新医药馆设在陕西工业展览馆，212个展位。展位价格由药品交易部在大会执委会核定成本价的基础上自行定价，面向社会招展。

四、招展工作

第七届东西部洽谈会招展工作，原则上采取由各省区市代表团集中认购和面向社会公开招展相结合的方式进行招展。

（1）投资洽谈馆由各省区市代表团统一认购，负责招展。各省市区代表团申购投资洽谈馆的展位最高限额数为50个标准展位。

（2）综合贸易馆采取各省区市代表团优先认购展位后，再面向社会招展的方式进行招展。各省区市代表团优先认购展位，形成省区市展区，剩余展位分别按新型家电、新型建材、文化办公用品、工艺礼品、家居饰品、轻纺食品六个展区面向社会招展；室外展区主要展销大型工程建设机械、装载设备、客货汽车、专用汽车等产品。具体招展组织工作由大会执委会会展部负责落实。

（3）投资洽谈馆和综合贸易馆，在第七届东西部洽谈会筹备工作会上统一配售，以各省区市代表团在两馆同时申购展位的相加数量的排序，确定分别在两个馆选择展区位置的顺序。

（4）高新技术成果交易馆，以各省区市代表团认购展位的数量多少，确定选择展区位置的顺序。

（5）中国东西部洽谈会第二届IT产业博览会和新医药馆分别由大会执委会电子交易部、药品交易部负责，面向社会招展。

（6）第二届中国西部吸收外商投资洽谈会由该展览会主办，协办单位与执委会外资洽谈部共同负责招展。

五、展位申购程序

（1）××××年11月19日开始申购展位，各省区市代表团在洽谈会筹备工作会议期间可按会议规定的时间和方式直接分别向大会执委会会展部、科技交易部报名申购，并准确完整填写展位申请表（见附表）。

（2）在上述规定时间内未申购综合贸易馆展位的各省区市代表团，大会可将综合贸易馆的展位留至日期12月31日，逾期，将由大会会展部面向社会招展。

（3）洽谈会执委会11月23日前将除综合贸易馆以外的展位申购结果以《展位确认书》的形式通知各省区市代表团。

（4）各省区市代表团应于××××年3月10日前将所有参展企业及项目产品申报表上报大会执委会会展部，以便审查，并上网发布。

案例3：

2008年上海市政科技成果展招展书

为了全面展示上海市政科技发展水平，展现上海市政行业改革开放30年以来，特别是近15年来取得的丰硕成果、与时俱进的创新理念、勇于突破的拼搏精神，上海市建设和交通委员会、上海市科学技术委员会、上海市市政工程管理局决定，共同举办“2008上海市政科技成果展”和“上海市政科技论坛”。

“2008上海市政科技成果展”以科技为主线，搭建上海和长三角区域内市政行业企事业单位新成果、新技术、新装备的展示平台，力求全面、形象、生动地展示上海市及长三角地区近年来在市政基础设施方面取得的丰硕成果，描绘市政基础设施发展的美好未来。

与此同时，展会将努力为市政建设和科技创新、发展的创造者提供一个形象展示、产品推广、技术交流、寻找商机、接触最终用户和了解行业发展趋势的平台。

“2008上海市政科技成果展”作为“上海科技周”总体活动的重要内容之一，届时将邀请相关部委及上海市领导出席开幕仪式。上海市各主要媒体将作一系列的专题报道。

主办方诚挚邀请参与上海市及长三角地区的市政工程规划与设计、建设与施工、运营与维护、材料与设备等企事业参展。

展会名称：2008年上海市政科技成果展

展出时间：2008年5月15日至2008年5月18日

展会地点：上海·上海展览中心 （延安中路1000号）

主办单位：上海市建设和交通委员会

承办单位：

上海市科学技术委员会

上海市市政工程管理局

上海市市政公路工程行业协会

上海市燃气行业协会

一、展览内容

以科技为主线，搭建上海和长三角地区市政行业各企事业单位新成果、新技术、新装备和新材料的展示平台，力求全面、形象、生动地展示上海市近年来在市政基础设施方面取得的丰硕成果，描绘市政基础设施发展的美好未来。展览分为综合馆、行业馆和燃气馆。

1. 综合（成就）馆

以上海道路、公路、桥梁、地下空间在规划、技术、产品上的发展变化为主线，用时间做纽带，浓缩地重现上海市政科技百年历史的发展历程，重点展示改革开放30年来上海市政行业的巨大变化和伟大成果。

2. 行业馆

（1）展示科技发展、科技创新、四新技术在市政行业的重要作用。各参展单位按照规划与设计、建设与施工、运营与维护、区县与管理等分块展示。

（2）展示上海在长三角区域一体化联动领域的各项成果、前景，以及长三角地区市政行业领域的科技成果。

（3）以“世博会”为核心，展示上海市政的美好前景以及市政科技在上海市政未来发展中的巨大作用。

3. 燃气馆

展示上海燃气行业近年来技术创新和科技发展的成果。

二、宣传计划

（1）由市市政局主导，在上海市的主流专业报刊、杂志、网站、电台及电视台等各大媒体上宣传、报道展会组织、进展情况。

（2）由市政公路协会及其他社会团体展开广泛的宣传互动活动，组织专业人士和广大市民到会参观。

（3）主办单位将统一或分别举办新闻发布会，向各大媒体介绍展览会和展商，扩大展会影响。

（4）拟出版展会专刊（含电子版），专题介绍展览、论坛等有关活动的情况。

三、参展费用

（1）标准展位（3 米×3 米），每个展位包括：三面展板、一张洽谈桌、两把椅子、两支日光灯、一个 220V·5A 电源插座、地毯及公司名称中文楣板。如有特殊要求另行收费。标准展位 9800 元/展位。

（2）室内光地：36 平方米起租，1000 元/平方米（注：室内光地无配套设施：空地不带任何展具、电源，参展单位自行设计）。

（3）室外空地：600 元/平方米（注：室外空地无配套设施）。

四、展览日程安排

（1）参展商报到时间：2008 年 5 月 12~14 日　　8：30~17：00

（2）参展商布展时间：2008 年 5 月 12~14 日　　8：30~17：00

（3）展览时间：2008 年 5 月 15~17 日　　8：30~16：30（星期四~星期六）

2008 年 5 月 18 日　　　　8：30~14：30（星期日）

（4）撤展时间：2008 年 5 月 18 日 14：30~20：00

五、参展手续办理程序

（1）参展单位填写“参展意向书”并传真至招展秘书处，经确认后，签订参展协议，依协议将参展费汇入指定账户，秘书处收到汇款后即确定展位。

（2）展会秘书处将展会信息在网站发布，展会的相关文件可在 2008 年上海市政网（www.shsz.gov.cn）、上海市政公路信息网（www.shsz.org.cn）查询，请参展商留意网上的最新消息。

（3）有关参展商报到、布展等事宜，展会秘书处将适时以书面、电邮等方式通知。

六、联系方式

招展秘书处：上海市汉口路 193 号上海市市政公路工程行业协会会员部

联系人：方承云　电话：63210061；传真：63232291，63232862；
展务咨询：顾建国　电话：54106745，54106769。

案例 4：

2008 年“华创会”参展申请表

本单位拟参加 2008 年 6 月 28 日至 6 月 29 日在武汉科技会展中心举办的 2008 年“华创会”，并愿意服从、配合组委会的组织管理，促进大会圆满成功。

<table>
<tr><td>单位名称</td><td colspan="5"></td></tr>
<tr><td>单位地址</td><td colspan="5">（邮编　　　　）</td></tr>
<tr><td>法定代表人</td><td></td><td>企业注册号</td><td></td><td>网址</td><td></td></tr>
<tr><td>参展联系人</td><td></td><td>电　话</td><td></td><td>传真</td><td></td></tr>
<tr><td>E-mail
（电邮）</td><td colspan="3"></td><td>手机</td><td></td></tr>
<tr><td>企业类别</td><td colspan="5">□生物医药　□华文传媒　□综合类</td></tr>
<tr><td>预定展位</td><td colspan="5">标准展位（3 米×3 米）______个，费用计 ______ 元
空地展位______平方米，费用计 ______ 元</td></tr>
<tr><td>室外、室内广告位预定</td><td colspan="5">室外：□热气球　□彩虹门　□灯笼柱　□布标　□三角旗　□其他
室内：□布标　□吊旗　□展板　□易拉宝　□其他</td></tr>
<tr><td>网站、项目手册等广告预定</td><td colspan="5">□会刊　□项目手册插页　□入场券　□其他</td></tr>
<tr><td>展台、宣传材料设计，制作预约</td><td colspan="5">□展台设计装修　□展板　□易拉宝　□宣传资料　□其他</td></tr>
<tr><td>其他参展要求</td><td colspan="5"></td></tr>
</table>

参展单位加盖公章处　　　　　　　　　　　　　　　年　月　日

案例 5：

大连国际塑料橡胶工业展览会
Dalian International Plastics & Rubber Industry Exhibition

展会时间：2008 年 5 月 28 日至 30 日

展会地点：大连世博广场

主办单位：中国塑料加工工业协会

大连市人民政府

承办单位：中国国际贸易促进委员会大连市分会

大连国际商会展览实业发展公司

联办单位：中国塑协塑料管道专业委员会、中国塑协异型材及门窗制品专业委员会、中国塑协硬质PVC低发泡板材专业委员会、中国塑协人造革合成革专业委员会、中国塑协塑料助剂专业委员会、中国塑协塑木制品专业委员会、中国塑协塑料再生利用专业委员会

支持单位：北京塑料工业协会、天津市塑料行业协会、上海塑料行业协会、江苏省塑料加工工业协会、浙江省塑料工业协会、安徽省塑料协会、福建省塑料工业协会、江西省塑料工业协会、山东省塑料协会、广东省塑料工业协会、台州市塑料行业协会、温州市塑料工业协会、深圳市塑胶行业协会

展示交流洽谈合作　年会峰会精彩纷呈

国际橡塑盛会　行业精英荟萃

强强联手——“大连国际塑料橡胶工业展览会”是中国塑料加工工业协会和大连市人民政府共同主办的中国北方环渤海新区规模宏大的行业盛会。

中外会商——来自多个国家和地区的厂商、专业组织以及广大用户，欢聚一堂，进行交流与洽谈。

产业链接——中国塑料加工工业协会及其塑料管道、异型材及门窗制品、硬质PVC低发泡板材、人造革合成革、塑料助剂、塑木制品、塑料再生利用等多家专业委员会联手举办。

2008中国塑料行业高峰论坛塑料建材产业链峰会

◆塑料建材产业链峰会

◆塑料原辅材料市场研讨会

◆全国微发泡塑料技术研讨会

◆中国塑协硬质PVC低发泡板材专委会年会

精英聚会——国内外塑料行业专家、学者、业界领袖及建筑规划院、设计院、市政部门和房地产巨商等齐聚大连，共谋发展。

潜在的市场　巨大的商机

塑料橡胶制品是工农业生产和人们日常生活中必不可少的消费品，广泛应用于建材、汽车、电子、电器、包装、食品加工、医疗用品以及铁路、军事、航空、农业等各个领域，是国民经济重要组成部分。

国家重要的塑料原辅料生产基地

老基地举足轻重——大庆石化、锦化、辽化、吉化是我国石油化工行业以及塑料原辅材料重要的生产基地。

新基地迅速崛起——已列入国家布局的推进石油、石化扩能改造等十大项目将拉动东北塑料深加工、橡胶制品、精细化工等配套产业的发展。

期货市场新型交易——2007 年大连商品交易所的线性低密度聚乙烯期货交易市场的开盘，标志着大连将成为中国重要的塑料原材料交易市场之一。

东北的龙头 新兴的市场——新兴的中国塑料橡胶工业市场

◆以机械为基础的装备制造业

◆以汽车为代表的交通运输业

◆以石油化工为基础的塑料橡胶工业

◆电子信息产业和现代化农业

塑料橡胶四大基地——大连是中国重要的港口和商贸城市，工业基础雄厚，装备制造、汽车电子、新型建材、精细化工等产业发达。

◆塑料原料生产基地

◆橡塑包装机械生产基地

◆塑料建材生产基地

◆轻工业高新技术与产品示范基地

知名企业高速增长——大连现拥有塑料橡胶相关企业 300 多家，拥有中国石化、西太平洋石化、大连橡塑机械、实德集团等一大批加工业知名企业。

展会同台　盛况空前

大连国际塑料橡胶工业展览会

中国大连进出口商品交易会同期举办

参展范围

◆塑料加工机械（挤出、注塑、中空吹塑、流延、压延及混料等设备）

◆橡胶加工机械（开炼、密炼、压延、硫化、注射、挤压等设备）

◆塑料橡胶制品加工所需的模具（挤出模具、注射模具及其他相关模具等）

◆塑料橡胶制品以及各种树脂、助剂和辅料（塑料型材、管材、薄膜、零配件、编织、人造革、合成革、土工材料、棚盖材料、泡沫、医用、降解、日用等制品，PE、PP、PVC、PS、ABS 五大通用树脂、工程塑料、特种树脂等塑料原料，各种助剂）

◆塑料橡胶行业其他设备（检测仪器、粉碎机、磨粉机、上料机、振动筛、覆膜机、转印机、包装和印刷等设备）

◆塑料橡胶机械的零配件及专用工具等

日程安排

布展时间：2008 年 5 月 25~27 日　　9：00~16：30

展览时间：2008 年 5 月 28~30 日　　9：00~16：30

开幕式：　2008 年 5 月 28 日　9：00

撤展时间：2008 年 5 月 30 日　14：30

展位收费

（1）标准展位（3 米×3 米）：5 300 元/个，两面开口加收 20%。

包括：围板、地毯、一张咨询桌、两盏射灯、参展公司中英文楣板、一个 220V/5A 电源插座。

（2）室内空地（最少 36 平方米起租）：530 元/平方米

（3）自行搭建展台的参展商，需另向展览馆交纳 15 元/每平米的特装管理费用。

参展方法

（1）请填好展位申请表格并于 2008 年 3 月 30 前传真至组委会办公室；

（2）组委会确认参展资格后，请贵公司在 1 周内将参展费全额汇至组委会收款账户；

（3）组委会收到全额展位费后，在 5 个工作日内将参展手册寄发至贵公司。

联系方式：中国塑协塑料管道专业委员会秘书处

地址：北京市丰台区马家堡东 57-1 号西罗园办公楼 306 室

邮编：100068

联系人：夏艳，王占杰

电话：010-67587559，010-87509726（传真）

中国塑料加工工业协会

地址：北京市东长安街 6 号

邮编：100740

联系电话：010-65267869，65122056

大连国际商会展览实业发展公司

收款账户：大连国际商会展览实业发展公司

开户银行：中信大连中山支行

账　　号：7211410182200044040

媒体支持：《国外塑料》　　　《塑料》

《中国塑协通讯》　　中国塑协信息网（www.cppia.com.cn）

《中国塑料》　　慧聪塑料网（www.plas.hc360.com）

《塑料助剂》　　中国开门化工网（www.chemn.com）

《工程塑料应用》　　勤加缘网（www.qjy168.com）
《塑料科技》　　中国塑料网（www.chinaplastic.net）
《塑料工业》　　国外塑料网（www.worldplas.com.cn）

附：

2008 年大连国际塑料橡胶工业展览会
展 位 申 请 表

Company Name 公司名称：________________________________
Address 地址：____________________ Postal Code 邮编：________
Contact person 联系人：________________Department 职务/部门：______
Tel 电话：______________________Fax 传真：____________
E-mail 邮箱：______________________Website 网址：__________

请在□处打“√”标记　Please mark your choice with a “√”

标准展位费*	净地费（不少于 36 平方米）：另须向展览馆交纳 15 元/每平米的特装管理费用。
□人民币 5300 元/个（3 米×3 米），两面开口加价 20%； 申请________个，人民币________。 Standard Package Booth（3m×3m=9m²），□RMB5300/ unit; plus20%for the corner.Apply for ________unit（s），fee________	□人民币 530 元/平方米；申请________平方米；人民币______________。 展台号 __________ Raw Space（36 m² at least）:plus administration fee of RMB15/m² □RMB530/ m². Apply for ______， fee_____ Booth No. _____

* 标准展台配置：一张洽谈方桌、两把折椅、一个 220V/500W/10A 电源插座、两个射灯、中英文楣板、展位内铺地毯。

Available Facilities: one square table， two folding chairs， one fascia board， two spotlights，one 220V/500W/10A power supply socket， inside-booth carpet.

产品资料 Produsts Inpormaion
我们的产品有以下类别 Our products belong to the following category:
□辅助设备、测量、控制及试验设备 Ancillary equipmet，measuring， contolling & testing equipment
□吹塑机 Blow moulding machines
□化工及原料、辅料、制品及半成品等 Chemicals & raw materials，auxiliaries， Semi-finished products， etc
□挤出机及挤出生产线 Extruders&extrusion lines
□注塑机 Injection moulding machines

续表

□修饰、装潢、印刷及印标机械和设备 Machinery & plant for finishing，decorating，printing & marking □泡沫、反应及增强树脂机械 Machinery for foam，　reactive or reinforced resins □模具 Moulds&dies □焊接 Welding machines □其他，请注明：Others，please specify________________________________
参展单位签章或负责人签名： Seal of the Company or Authorized Signature of Exhibitor   日期 Date:

展位确认后，请在七日内将展位费汇至以下账户，并将汇款单传真至展会组委会

Exhibitors should remit the exhibition fee to the designated account within 7 days after the confirmation of the booth reservation，　and fax the remitting evidence to the preparing committee.

Informatiom for buyer invitation 目标买家的资料

1．First time to join Chinaplas? 首次参展“国际橡塑展”？

Yes 是 □　　　　　No 否□

2．Target Sectors of Buyers 目标买家来自的行业

（Please indicate priority，e.g. 1-the most important，　2…，3…，etc 请按顺序排列，1 为最重要，2…，3…如此类推）

3．Target Markets 目标销售市场

Mainland Market 国内市场

□Beijing 北京　　　□ Guangzhou 广州　　　□ Shanghai 上海

□Northern China，please specify name of cities 华北，请注明城市：________

□Central　China，please specify name of cities 华中，请注明城市：________

□Southern China，please specify name of cities 华南，请注明城市：________

□Eastern China，please specify name of cities　华东，请注明城市：________

Overseas Market 海外市场

□Egypt 埃及　　□Germany 德国　　□India 印度　　□Russia 俄罗斯

□Japan 日本　　□Korea 韩国　　□Malaysia 马来西亚　□USA 美国

□Singapore 新加坡　　□Thailand 泰国　　□The philippines 菲律宾

□Vietnam 越南 □Others，please specify 其他，请注明：__________

Building & Construction 建筑行业	□Window/DoorProfiles 门窗型材 □ Plastic Pipes/ Plates/ Sheets 塑料管材、板材、片材 □Other Plastic Building Materials 其他塑料建材
Chemicals & Raw Materials 化工及原材料	□ Please specify types 请注明
E&E，IT& Telecommunication 电子电器、通讯及信息科技	□ Electronic Products 电子产品 □ Electrical Appliances 电器 □ IT Products 信息科技产品 □Telecommunications Products 通讯产品
Servicing Organizations 服务单位	□Trade Associations，Government Bodies，Media 行业协会、政府机构、新闻媒体 □ Trading Companies 贸易公司

Hang Tools 工具	□ Please specify types 请注明：
Machine Manufacturing 机械制造业	□ Plastic Machinery 塑料机械 □ Rubber Machinery 橡胶机械
Mould & Die 模具	□ Please specify types 请注明：
Plastic& Rubber Products 橡塑制品/加工	□Plastic Products/Plastic Processors 塑料制品/加工 □Rubber Products/ Rubber Processors 橡胶制品/加工
Others 其他	□ Please apecify types 请注明类别：

4．Company Category 公司性质

□Manufacturer 生产商 □Agent 代理商

□Trading Company/Import & Export Company 贸易公司/进出口公司

□Media 媒体 □Others（please specify）其他（请注明）

Authorized Signature 签名：____________Date 日期：___________

案例 6：

参展申请表

<table>
<tr><td colspan="2">展览名称</td><td colspan="5">2004 马来西亚中国商品展览会暨投资洽谈会</td></tr>
<tr><td colspan="2">展出日期</td><td colspan="5">2004 年 12 月 16~19 日</td></tr>
<tr><td colspan="2">申请情况</td><td colspan="5">摊位数： 个 出展人数： 人 是否两面开摊位 （ ）</td></tr>
<tr><td colspan="2" rowspan="2">参展单位名称</td><td colspan="5">中文：</td></tr>
<tr><td colspan="5">英文：</td></tr>
<tr><td colspan="2" rowspan="2">参展单位地址</td><td colspan="5">中文：</td></tr>
<tr><td colspan="5">英文：</td></tr>
<tr><td rowspan="2">联系方法</td><td>联系人</td><td></td><td>电子邮箱</td><td></td><td>邮编</td><td></td></tr>
<tr><td>手机</td><td></td><td>电话</td><td></td><td>传真</td><td></td></tr>
<tr><td rowspan="2">参展产品</td><td colspan="6">（中文）</td></tr>
<tr><td colspan="6">（英文）</td></tr>
<tr><td colspan="4">出国任务通知书主送单位（因公护照所属外办）</td><td colspan="3"></td></tr>
<tr><td colspan="7">参展条款：
1．在双方充分了解展会信息基础上，组团单位与参展企业在自愿、平等、互利的基础上签订此参展申请书；
2．以上表格内容将作为申报批文及出展楣板文字、宣传资料用，请认真填写；每个 9 平方米的摊位，原则上参展人数为 2 人；
3．参展企业必须遵守展会的有关规定，如禁止在展会上拍照、不得提早撤展、筹撤展时不得乱扔废物或样品、展览期间不得在展品未完税的情况下销售样品、不得损坏展览有关设施和聚众闹事等，如因违规而造成不必要的损失，参展企业得接受相应的处罚；
4．组团单位严禁有知识产权问题的产品参展，企业携带侵权产品参展而引起的法律纠纷与组团单位无关；
5．为了保证顺利参展，参展企业务必按组团单位的“筹展日程安排”办好护照、运送展品、确定行程、配置摊位等工作；在境外，自觉遵守国家外事纪律、展团纪律和安排；
6．有关参展费用问题请详见组团单位《收费标准》，如有不明之处请于申请参展之前向组团单位了解清楚，参展企业必须按时、按标准交纳各种费用，参展申请经组团单位确认后的 5 个工作日内，申请企业需按组团单位发出的收款通知书交纳展位费及报名组织费作为参展定金，并于出发前一个月（2004 年 11 月 1 日前）交齐所有费用，以保证参展工作的顺利进行，如参展企业未按时交齐所有款项，将按自动放弃参展处理，组团单位保留处理摊位的权利，已交款恕不退还。如因展会场地安排等原因未能提供摊位给企业，组团单位将如数返还企业所交费用；
7．企业参展面积，经确认后未经组团单位同意不能随意增减。筹展工作开展后，参展企业因自身原因而中途退展，须承担所发生的一切费用，组团单位保留处理摊位的权利；</td></tr>
</table>

续表

8．参展企业若按组团单位通知时间送签证而所有人员被拒签不能参展的，组团单位将本着减少参展企业损失的原则妥善处理，但已发生而不能取消的费用由企业承担，若参展单位延迟送签或由于自身原因而不能如期参展，参展企业必须承担所发生的费用，组团单位保留处理摊位的权利； 9．组团单位根据展会提供面积情况保留对申请面积作调整的权利； 10．在参展企业遵守《运输指南》有关规定的情况下，组团单位有责任保证展品运输的安全、准时，对于展品联运过程中丢失的展品，组团单位将按照运输代理的有关规定来处理；但由于不可抗力因素（如自然灾害、罢工、战争等）引起的样品延误、丢失，组团单位免除此责任，组团单位有权拒运超时集中、包装不良或来路不明的样品； 11．有关筹展要求详见《参展商服务手册》； 12．以上条款作为组团单位与参展单位之间达成的合同，经双方签字盖章后生效。此表传真件与原件具有同等效力。

参展单位： 组团单位：中国对外贸易广州展览公司

（盖章） （盖章）

负责人： 负责人：

日 期： 日 期：

案例 7：

第四届中国国际日用消费品博览会参展报名表

参展企业名称	中文	
	英文	
地址	中文	
	英文	
所属省市（国家、城市）		
企业性质		
邮政编码		
联系人		
电话（含区号）		
传真（含区号）		
网址		
电子邮箱		
进出口企业代码		
海关编码		

续表

<table>
<tr><td rowspan="2">参展商品</td><td>中文</td><td></td></tr>
<tr><td>英文</td><td></td></tr>
<tr><td>标准展位数量</td><td>（个）</td><td></td></tr>
<tr><td colspan="3">进出口企业代码和出口金额审查：（　）1.合格；　（　）2.不合格</td></tr>
<tr><td colspan="3">交易团（盖章）：　日期：　年　月　日</td></tr>
<tr><td>特装展位数量：</td><td colspan="2">（个）</td></tr>
<tr><td colspan="3">参展企业负责人（签字）</td></tr>
<tr><td colspan="3">参展企业（盖章）：　日期：　年　月　日</td></tr>
</table>

第六节　会展观众组织方案

一、会展招商方案的拟定

招商方案与招展方案相辅相成，其内容与格式接近招展方案，但所面向的对象不同。在撰写招商方案前，要掌握招展方案中的内容。招商方案的内容有以下几个方面：

1．招商活动组织的目标

第一，展览要达到的招商组织的工作目标是什么；

第二，围绕招商组织的工作目标如何开展与实施；

第三，如何使招商组织的工作目标得以实现。

以策划新创的专业展览招商组织工作为例。在策划过程中，首先要确立该展览的目标，通过展览活动的组织，展览组织者要达到的目的，提升展览在同类展览中的形象还是组织能体现经济效益的展览活动？展览过程中是否要安排更多的贸易活动项目等。目标确立后，围绕招商活动组织的目标制定相配套的方案，提出如何使招商的组织工作目标得以实现的可行性办法。

2．确定招商方案的原则

一是方案的可行性；二是方案的可操作性。

招商方案制定的目标，要切合实际并能得以实现，或者经过各部门的协同作战，上下努力最终能够实现。切忌不顾实际，仅凭感性认知、拍脑袋制定的招商方案。

3．招商方案的实施

招商方案的实施是将招商活动的组织付诸实际和行动的过程。实施的方案是经过严格筛选并充分论证的，满足可行性和可靠性的要求。招商方案在实施过程中，要严格遵守方案的程序、原则和操作办法，不能随意变更展览活动的时间、地点等，以防在展览活动中出现混乱局面。

4．招商方案实施的跟踪与反馈

招商方案实施阶段结束后，并不意味招商策划的终止或招商方案全过程的终结。圆满执行整个招商工作，还需及时对参观展览的专业观众进行跟踪、反馈。这项工作组织得好，能巩固并扩大展览组织活动的成果，使专业观众对展览的品牌形象有更进一步的认知，达到事半功倍的良好效果。

二、观众邀请函

1．观众邀请函的概念及作用

观众邀请函是办展机构根据展会的实际情况编写的、用来进行展会招商的一种宣传单。观众邀请函是专门针对展会的目标观众，尤其是那些专业观众而发送的。一般是通过直接邮递的方式发送到目标观众手中。所以，观众邀请函的发送有赖于目标观众数据库的建立和完善。观众邀请函的主要作用在于邀请专业观众到会参观，其发放的针对性非常强，效果往往也很好。

2．观众邀请函的内容结构

观众邀请函的主要内容包括：

（1）展会的基本内容。包括展会的名称、举办的时间和地点、办展机构、展会的 LOGO、简单介绍本展会的特点和优势。

（2）展会招展情况。包括展出的主要展品、参加展出的新展品和展会招展情况，一般还会将一些行业知名企业的参展情况进行重点通报。

（3）展会期间计划举办的相关活动。列举展会期间举办的相关活动的时间、地点和主题，以方便观众提前安排时间、准备相关事宜。

（4）参观回执表。包括参展申请的联系方式和联系人等，方便观众预先登记。

3．观众邀请函写作要求

观众邀请函的内容要更简洁、更集中，其所有的内容都在于吸引观众到会参观。因此，对展会的特点、优势、展品和参展企业的介绍就成为观众邀请函最为主要的内容。当然，如果展会已经举办过几届，那么对上届展会的简短总结也常常是观众邀请函所包含的内容。

观众邀请函也是展会直复营销的有力武器，它在邀请观众到会参观的同时，也直接扩大了展会的宣传推广，间接地促进了展会的招展工作。因此，观众邀请函有时也被用来作为进行展会宣传推广的一种武器。

案例 1：

第三届中国会展财富论坛邀请函

尊敬的____________先生/女士：

您好！

中国会展财富论坛自 2003 年首次在杭州举办，业已成为中国会展业专业化品牌论坛，也是中国会展业独树一帜，具有自身特色和内涵的高规格极具影响力、公信力和传播力的峰会论坛。中国会展财富论坛作为一个品牌论坛，一直以来以“展示城市风采、推荐新闻人物”为目标，积极推动中国会展城市的竞争与发展，报道和宣传中国会展业的企业家、风云人物，阐释、盘点会展业态中的新思想、新问题和新方向。

第三届中国会展财富论坛将于 4 月 7~9 日在美丽的南京举办，这座具有几千年文化和历史积淀的城市，一定能给我们带来耳目一新的感觉。

会展创造财富，第三届中国会展财富论坛定是一个集聚产业思想智慧、打开财富之门的台阶，让我们一起关注并见证。诚挚邀请您拨冗出席本次论坛。

此致

敬礼！

第三届中国会展财富论坛组委会

2006 年 2 月 20 日

案例 2

2007 第二届中国北京国际脱硫环保技术与设备贸易展览会

同期举办“2007 中国脱硫环保与循环经济国际高峰论坛”

观众邀请函

请您仔细填写下方的观众邀请函登记表，并传真至 **010-51811370**，或登陆展会网站：**www.desox.net** 在网上进行专业观众登记。

您在填写提交此表后将在现场免费领取本次活动精美礼品一份，同时您将得到本次展览会的参观门票。

在您领到参观门票后，将确保您快速进入展馆，免去您现场排队登记的时间。

2007第二届中国北京国际脱硫环保技术与设备贸易展览会将于2007年11月27日—29日在北京—中国国际贸易中心举办。届时将有来自美国、英国、澳大利亚及欧盟等国家的企业来此参展，国内的大型脱硫设备生产企业、脱硫配套设备企业、零配件供应商、研究院所及工程商也将带着自己的新产品新技术来此活动进行宣传，此会展堪称为“国内专业贸易展览会”。同期举办的“2007中国脱硫环保与循环经济国际高峰论坛”是政府主管部门、行业协会、脱硫设备企业、工程商和电厂电站等相关单位云集的地方，活动将为您提供一个与行业主管部门进行政策交流、与合作单位进行贸易洽谈和技术交流的好机会。

1. 公司信息（带有※为必填项）

公司名称※			
地址※		邮编※	
电话※		传真※	
网址※		邮箱※	

2. 参观人员信息※

称呼	部门	职位	电话	邮箱

3. 公司主营业务※

□ 行业主管部门	□ 政府主管部门	□ 承包商	□ 研发单位
□ 设备制造企业	□ 投资商	□ 设备施工单位	□ 贸易商
□ 钢铁研究院所	□ 规划设计单位	□ 代理商	□ 运营管理公司
□ 电力公司	□ 电厂	□ 电站	□ 检测机构
□ 经销商	□ 供应商	□ 进出口单位	□ 行业媒体
其他（请说明）			

备注：如贵公司多于5人参观，预计总人数为____人。

4. 参观展会的目的※

□ 采购产品	□ 寻求合作	□ 技术交流	□ 公司融资
□ 看看朋友	□ 贸易交流	□ 介绍产品	□ 媒体合作
其他（请详细说明）			

5. 是否需要代办住宿预约定房＿＿＿＿＿＿＿＿＿＿＿＿

6. 其他：＿＿＿＿＿＿＿＿＿＿＿＿＿＿＿＿＿＿＿＿＿

组委会联系方式：

地　址：北京市丰台区小屯路九号，立高大厦C座5层

邮　编：100040

电　话：010-51811371/72/73

传　真：010-51811370

网　址：www.desox.net

邮　箱：desox2007@126.com

联系人：白冬岩

案例3：

Qingdao International Tourism Expo 2008

专业观众邀请函

2008中国青岛·亚太国际旅游博览会

2008中国青岛·亚太国际旅游博览会将于5月23日至5月25日在青岛国际会展中心举行，其中5月23日，被特设为专业观众洽谈日。本次博览会由青岛市人民政府、山东省旅游局主办。会议期间，各级政府旅游局官员、众多旅游机构、民间旅游团体将前来参展，与参展商进行业务洽谈、信息交流、共赢发展。博览会在华东地区旅游业界有着一定的影响力与美誉度，2007年配合中日韩旅游部长会议，成功举办了一次规模大、知名度高的盛会，参展的日韩企业规模位居第一。前三届博览会累计有德国、美国、比利时、法国、英国、韩国、马来西亚、日本、菲律宾等35个国家和地区的海外展商参展，参展展位合计四百多个；国内也有上海、四川、河南、云南、福建等省市旅游局、风景区等近700家展商参展，目前展会在国内外旅游界有较高的知名度和影响力。

本届博览会将在连续三届成功举办的基础上，更加突出旅游特色，目前国

际展区已有肯尼亚、津巴布韦、捷克、法国、土耳其、菲律宾、韩国、日本、南非、美国、马来西亚等国家和地区的展商与会参展，国内展区已有四川省、上海市、常州市、西塘、乌镇、洛阳市、焦作市、溧阳市、深圳等省市组团及景区点到会参展。为旅游业界构建了一个互动双赢、市场拓展和合作交流的发展平台。详情请登陆 www.qdite.com 或拨打咨询热线：0532-88977126 82995618。

我们真诚邀请国际旅行社（日韩部、出境部）、国内旅行社负责人、政府部门、协会组织、各国旅游路线采购商、旅游资源投资商、旅游咨询管理公司、旅游院校等旅游相关人士参加本届博览会。我们将为所有与会者开辟专门洽谈区域，并提供优质的服务，创建一个充分洽谈、交流的平台。

一次值得您期待的档次更高、规模更大、影响力更广的旅游盛会！美丽的青岛欢迎您的光临！

参观回执

请您详细填写以下信息进行专业观众预登记，并传真至组委会。收到您的报名后我们将及时向您发送确认信及展会信息，请注意查收。传真：0532-88894849，电话：0532-88977126（报名截止日期：2008 年 5 月 18 日）

公司名称		电话	
公司地址		传真	
联系人（一）		职务	
联系人（二）		职务	
参会人数		E-mail	
公司性质	□中国出境游旅行社 □中国国内游旅行社 □国外旅行社 □其他		
参加推介会	□韩国旅游推介会（5 月 23 日 14：00~14：30 会展中心 5602 会议室） □土耳其旅游推介会（5 月 24 日 10：50~11：20 会展中心 5602 会议室）		
您主要的参观目的	□采购 □收集产品信息 □开发/寻求新的业务合作 □拜访客户		

案例 4：

IMM2005 机床模具展览会招商方案

一、展会优势

（1）展会高度国际化：参展商在中国上海、中国台湾、韩国、德国、美国、日本、意大利、印度、印尼、泰国、越南、澳大利亚等十二个国家和地区可以直接与展会组织者联络参展参观事宜。

（2）政府主管单位积极参与：政府主管部门上海市人民政府对外经济贸易委员会大力支持与批准；上海市电气集团公司和上海市机床总公司高度重视并积极参与；"东盟10"与"中国1"在展览领域首次正式合作，展会经济实现10+1一体化。

（3）品牌设备汇集：您将有机会与来自世界各地的专业同行会面，为您的制造需求寻求解决方案；您可以看到机械制造业最新的技术和创新；来自韩国、德国、美国、日本、意大利和中国台湾及中国内地的多家国际品牌设备供应商积极参展，并展示最优秀的技术成果。

（4）优越的展出时间：2005年度华东地区首场"机床模具"主题国际展会，正是企业采购设备的最佳时间，现场成交量巨大。

（5）观众高度国际化、专业化：东盟10国将组织高素质的参观团；并通过相关协会组织汽车业、航空业、造船业、压铸业、模具业、家电业和轻工业人士参观洽谈订货，您将会从各种以改进生产和操作为主题的研讨会上迅速获得新的知识。

（6）产业链展会确保参展价值：同期举办2005第三届上海国际压铸工业展览会和会议、中国国际金属材料展览会、第10届上海市金属切削技术协会年会。

（7）展会商务配对服务：我们向对每位参展商产品及业务领域有兴趣的观众提交信息，展前即能确定高质量的业务会谈，提高您参加展会的投资回报率；根据参观者的产品兴趣为您识别相关展商，帮助您约定时间会见合适的人，使您最大限度地利用展会来有效提升您的业务。

二、推广活动

（1）从主办单位资料库中筛选相关客户以及有关协会会员单位发放10000张参观门票，邀请客户及专业人士参观；

（2）在专业的刊物和报纸上刊发广告，吸引海内外商家和专业观众；

（3）专人派送参展商目录及请柬给华东地区专业买家的同时，通过上海市商业信函公司邮寄50000份门票给华东地区制造商；

（4）在华东地区公路的主要交通路口、各大工业开发区的交通要道发布展览会主题条幅广告，扩大展会知名度；

（5）通过海外合作单位举行一系列宣传推广活动，扩大IMM国际知名度；与主协办单位领导亲自拜访行业人士，通过讨论与交流，了解行业所需，不断改进，调整加强筹备工作，以便向广大参展商提供更完善、更细致、更周到的优质服务，提升展览会的价值；

（6）开展新闻发布活动和展会期间的连续报道，以扩大IMM知名度和影响力；

（7）印发大量商务请柬给制造商；

（8）在展览会期间举办一系列的研讨会和技术交流会，吸收专业技术人员、用户和决策人前来参观交流；

（9）出版关于本次IMM展专刊。

整个宣传推广计划将分以下三个阶段：

（1）2004年10月10日—2004年12月30日：此阶段主要以推广IMM形象为主，让受众对于展会时间、地点以及IMM有鲜明的印象，吸引大量目标参展商和观众。

宣传将以强有力的新闻报纸和杂志以及专业网站为主，主办单位将向以下新闻单位约稿：

①《中国工业报》、《中国模具工业报》、《解放日报》、《扬子晚报》、《苏州日报》、《文汇报》、《机械工人热加工》、《机械工人冷加工》；

②《国际机械工业商情》、《现代制造》、中国机床工具网、《航空精密制造技术》；

③《航空制造技术》、《模具制造》、《模具市场》杂志社、《电加工与模具》；

④《工具技术》、《模具制造工业》、中国模具信息网、《台湾技术工业》杂志社；

⑤《国际模具制造商情》、《国际金属加工商情》、《工业器材》、《大中华杂志》；

⑥《台湾圣侨咨询》、《CAD/CAM计算机辅助设备与制造》、《机电市场》、《机床商情》、《机电商情》、《苏州模具工业》。

（2）2004年12月20日—2005年4月30日：此阶段主要结合招展进度，宣传已报名参展的著名品牌企业，以推动IMM知名度为主，同时根据具体情况调整广告在上述杂志、报纸平面广告刊登。

在此阶段，主办单位还将加大力度派遣工作人员与目标客户面谈，真诚沟通，以真正了解买卖双方市场，准确把握工作方向。

（3）2005年3月20日—2005年6月：此阶段的重点是组织观众前来观展，将通过以下手段：杂志广告、报纸新闻、广告、网站、横幅、门票广告、协会邀请、海外组织参观团、研讨会、商务请柬、参展商邀请等轮番轰炸式的广告宣传，让受众明确在IMM自己将有机会与来自世界各地的专业同行会面，为您的制造需求寻求解决方案；还可以看到机械制造业最新的技术和创新，将会从各种以改进生产和操作为主题的研讨会上迅速获得新的知识。形成一定要去上海光大会展中心看IMM展览会的想法（具体广告版面及活动内容根据展览会实际进展情况做相应调整）。

案例 5：

第四届中国国际会展文化节报名表

姓　　名：			先生/女士
机　构		职位	
地　址		邮编	
电　话		手机	
电子邮件		传真	
分组会议	共计六场分论坛，请选择（只可选择一场，名称前划“√”） □经济新形势与专业展会经营对策研讨会 □会展场馆经营工作座谈会 □世博会主题演绎与展览展示论坛 □城市会展管理机构定位与自身建设研讨会 □会展教育与就业研讨会 □会议酒店业务发展研讨会		
住　　宿	会议指定酒店：湖南国际影视会展（中心）酒店（五星级） 明城国际大酒店（五星级） 单间（是否携带家属　□ 是　姓名__________　□ 否） 入住时间：□ 25 日　□ 26 日　其他请注明：__________________ □合住　入住时间：□ 25 日　□ 26 日　其他请注明：______________		
注　　册	收费标准（包括接送费，资料费，礼品费，25 日晚至 26 日晚餐费，五星级酒店两晚住宿费，会后旅游期间的用餐、住宿、门票、用车、导游费用等） 合住：3880 元/人　□ 单间：4380 元/人（另加 1000 元可携带家属参加） 注：（因旅游旺季，景区房间紧张，全体代表旅游期间统一安排合住）		
账户信息	开户名称：北京界上传媒有限公司 开户银行：中信银行北京三元桥支行 开户行行号：1112 账　　号：7113510182600024831		
报名日期		缴费金额	
到款日期		请在此处加盖贵单位公章	

续表

<table>
<tr><td colspan="2">注册参会事宜，请与中国国际会展文化节组委会秘书处联系
北京：毛晓光/王淑霞/周婷 女士
电话：010-58678322/09/02/13　　传真：010-58678326
上海：贺旭波 先生
电话：021-65088726　　传真：021-65088761
广州：吕刚 先生
电话：020-33548980　　传真：020-34359033
会展文化节网址：www.cce.net.cn/cief</td></tr>
<tr><td>参考信息</td><td>湖南国际影视会展（中心）酒店
电话：0731-4252333 网址：www.icec-hotel.cn
明城国际大酒店
电话：0731-4651888 网址：www.mcgj-hotel.com</td></tr>
</table>

第七节 会展赞助方案

筹集资金就是利用各种渠道获得现金的方式，对于会展项目来说是正向的资金流动。所筹集的资金是会展项目的主要收入来源。会展项目的主要收入来源，一般包括主办机构的拨款收入、销售展位收入、提供服务收入以及赞助收入。其中拨款收入属于主办机构，根据所要举办的会展活动自愿拨付的款项；销售展位和提供服务收入，属于会展项目正常的经营收入。赞助收入则属于会展项目为获得更多的收入来源，通过市场渠道而筹集的资金。赞助收入的多少具有不确定性，需要进行策划组织，以获得更多的赞助收入。

随着会展活动的发展，越来越多的会展项目以赞助收入为其主要收入来源。所以对于会展项目来说，能否获得更多的赞助，是决定其最终能否获利的重要因素。除了赞助收入之外，会展项目还可以通过其他市场开发形式筹集资金，尤其在一些大型会展活动中更是如此。

一、会展赞助的含义

会展赞助是指企事业单位为了扩大影响、增加宣传机会，向会展组织者提供资金、实物、劳务、技术等支持。会展组织者则以广告、冠名权、专利、论坛演说等无形资产作为回报的一项平等合作、互惠互利的经济活动。

理解会展赞助的含义需要把握以下四个要点：

1．会展赞助是商业交易行为

会展赞助是赞助商与会展组织者之间的商业交易行为，具有明确的商业目的，这一点与慈善性质的捐赠明显不同。慈善捐赠者不会因捐赠而谋求任何形式的商业回报。会展赞助商和会展组织者要在平等互利的基础上签订赞助协议，明确赞助商和会展组织者之间的权利和义务，尤其需要列明会展组织者能够给赞助商的“回报清单”。所以，会展组织者在寻找赞助商之前，一定要考虑所举办的会展能给赞助商带来何种回报，并以此作为与赞助商交流和沟通的基础。

2．会展赞助是赞助商的市场营销行为

企业赞助展览会是为了利用会展这种综合性的贸易平台获得更加理想的宣传机会。因此，会展组织者在寻求商业赞助时，务必从赞助商的营销动机出发，为他们提供明确的宣传推广计划和工作方案。

3．会展赞助是会展产品的有机构成部分

会展赞助是会展组织者的重要销售“标的”和主要收入来源之一。

4．赞助商回报的间接性和长期性

会展赞助商的回报不可能在会展的现场直接体现，往往需要在赞助之后相当长的时间内，通过赞助商品牌认知度的提高、市场销售范围的扩大等间接形式表现出来。这意味着赞助商需要用长远的目光评价赞助的效果，不能急功近利。

二、会展赞助方案设计原则

赞助方案是会展产品的有机构成部分。赞助方案是否科学合理、能否引起潜在赞助商的兴趣，是决定销售工作能否取得成功的“产品基础”。怎样才能设计出一个比较理想的赞助方案呢？一般应遵循以下四个原则。

1．赞助商利益导向原则

赞助作为一种特殊的“服务产品”，最终是要销售给潜在赞助商的。因而，赞助方案能否满足赞助商的需求，是决定赞助商是否赞助会展的重要因素。因此，设计会展的赞助方案，一定要从目标赞助商的需求出发，具体研究他们的期望，并将这些期望最终体现在“赞助产品”中。只有这样，潜在赞助商才能对赞助方案产生兴趣，并为营销人员的销售工作奠定基础。

2．务实与可操作原则

务实与可操作原则是指赞助方案，要从组展商能够控制的资源条件出发，不能为了迎合赞助商的需要而夸大回报。会展是一种届复一届的连续性产品，会展组织者的信誉与管理处于非常重要的地位。如果赞助设计的过程中对赞助商的回报许诺，超出组展商的资源控制能力，最终必然会因为回报的不可操作性而引发赞助商的不满，并为以后会展的赞助招商工作留下隐患。

3．与会展价值相符原则

价值相符原则是指会展的赞助项目和赞助数额，要与会展自身的规模和影响力相适应。尽管对会展组织者来说，赞助企业越多越好、赞助数额越高越好，但在现实中，会展组织者能够获取的赞助数额的多少，最终还要取决于会展自身的价值。如果赞助方案设计人员不顾会展自身的价值，盲目设计名目繁多、数额巨大的赞助项目，最后只能成为一纸空文，让潜在赞助商望而却步。

4．赞助产品多元化原则

赞助作为会展组织者提供的一种可供销售的特殊商品，要为产品购买者——潜在赞助商提供可以比较和挑选的空间。所以，赞助方案设计的时候，一定要借助会展举办过程中的不同平台，把赞助项目设计成不同类别和不同层次，最终的赞助产品是一个系列，而不是一种产品。这种做法，一方面有利于充分挖掘会展的市场价值，另一方面能够满足不同类型赞助商的需求。

三、会展赞助方案的内容

一份完整的会展赞助方案，一般包括以下四个方面的内容。

1．展览会的概况

这主要包括会展的组织方、承办方与支持单位、会展的历史沿革、客户反映、组织方联系方式等。在赞助方案中介绍这些内容，主要是希望让目标赞助商对会展的概况、档次、信誉、影响力等形成一个初步概念，便于目标赞助商决策是否赞助会展。赞助方案中关于会展概况的介绍，力争简明扼要，用最简练的语言向目标赞助商传达最具有价值的信息。

2．赞助方案的总体设计

（1）赞助类型的设计

会展的赞助类型多种多样，可以是现金赞助；也可以是会展用品的赞助，如资料袋、胸牌、志愿者服装、电子显示屏等；还可以是会展服务的赞助，如招待宴会、邮政服务等。

（2）赞助等级的设计

会展组织者通常根据赞助力度的不同，将赞助商划分为不同的级别。但在具体名称方面，不同的会展组织者所界定的名称不同。例如，有的会展组织者将赞助商划分为白金赞助商、黄金赞助商、白银赞助商、资讯伙伴、供货商和经济发展赞助商；有的会展组织者将赞助商简单划分为一级赞助商、二级赞助商和普通赞助商等。

（3）赞助金额的设计

赞助金额的确定既要以会展的影响力为基础，又要考虑到目标赞助商的承受力。过高的赞助金额有可能“吓倒”赞助商，过低的赞助金额又必然降低会展组织者的收益，因此，确定会展的合理赞助金额，通常是一件比较困难的工作。通常情况下，为了合理确定赞助金额，一方面赞助方案设计人员，需要对会展的价值和影响力有一个客观的认识，这种认识不仅是指会展组织者对会展价值的认识，更重要的是其他目标客户，尤其是潜在赞助商对会展价值的评价；另一方面，赞助方案设计人员，需要对潜在赞助商的支付能力有较为详尽的了解。

3．回报项目的设计

会展赞助是一种商业行为，赞助商在支付赞助费的同时，需要从会展中获取相应的回报。因而，对于会展组织者来说，能否设计出具有吸引力的回报方案，是决定能否找到赞助商的关键环节之一。一般来说，赞助商的回报条款至少要达到两个要求：

第一，详细明确，具有可操作性。大多数情况下，赞助商是通过获取展前、展中和展后的各种宣传机会作为回报的。但是，在这一段时间内，赞助商如何才能达到预期的宣传要求，通常需要赞助方案设计人员，对具体的宣传平台和措施进行细化，并在项目设计中明确表现出来。

第二，层次分明，能够将不同等级的赞助商的回报条款明确区别开来，使每一个赞助商的付出与回报相对应。

4．赞助合同的设计

赞助合同是约束会展组织者和赞助商行为、保障各自权益的法律凭据。赞助商一旦决定赞助某家展览会，通常需要以正式合同的形式，将组展商和赞助商之间权利与义务的关系确定下来。赞助合同需要明确表明赞助商选择的赞助类型、获取的回报项目、款项的支付、商业秘密的保护、违约的责任和调解程序等条款。

四、拟制商业赞助建议书

赞助建议书是一份有关会展项目具体情况和赞助具体事项的书面材料。赞助建议书中应包括对会展项目管理公司实力、曾经的赞助商（若存在）进行描述的部分，以及证明材料和评论。编写赞助建议书应注意科学性，在赞助建议书中要详细说明各项支付条款，以及要求赞助商在该项支付之外，需要补充的所有条款。在某些活动中，有的赞助商愿意自费提供某项展出；而在另外一些情况下，赞助商则把这种类型的展出纳入赞助费之中。为了避免今后产生误解，应当把所有要求赞助商提供的补充费用或服务，一一详细地列举。下面所列各项是编制赞助建议书的主要元素：

◆会展项目的历史说明
◆会展项目管理公司的资源状况说明
◆其他赞助商的证明资料和意见
◆赞助商可以得到的收益和此次赞助的特点
◆赞助商必须接受的财务责任条款
◆赞助商必须接受的任何附加责任条款
◆赞助行为记载的方式
◆赞助建议书接受的时间和日期
◆赞助的展期条款
◆仲裁条款（在双方因某些赞助行为意见不同而发生争执的情况下使用）

案例 1：

第四届中国国际会展文化节暨 2008 中国会展年会商业赞助方案

由长沙市人民政府和《中国会展》杂志社联合主办的第四届中国国际会展文化节暨 2008 中国会展年会将于 7 月 25 日至 28 日在长沙市隆重举办。预计届时将有 500 位海内外会展业高层人士出席，包括中央电视台、湖南卫视、新浪网在内的 50 家新闻媒体将予以报道，使本次活动成为中国及国际会展企业交流合作的重要平台。按照国际惯例，本届文化节欢迎海内外相关机构提供赞助，组委会将为所有赞助机构提供超值商业回报。

赞助项目简要说明：

中国国际会展文化节赞助分为现金赞助和实物赞助两大类，其中现金赞助包括钻石级赞助（限 1 家，25 万元）、白金级赞助（限 2 家，15 万元）、黄金级别赞助（限 3 家，10 万元）；实物赞助包括礼品、搭建服务、会议用品等指定赞助商。

赞助项目详细说明：

一、钻石级赞助机构

钻石级赞助机构限 1 家，赞助费用 25 万人民币，回报权益如下：

（1）赞助机构的一名领导可参加高层领导出席的会见活动；

（2）赞助机构作为活动期间一场分组会议的独家赞助单位，并体现在分组会议背景板上；

（3）赞助机构可以免费作为本次文化节特别协办单位，出现在文化节各种宣传中；

（4）赞助机构领导可在开幕日上午全体大会上发表演讲；将开幕日午宴冠名为“××××（赞助机构名称）招待宴会”，体现在会刊活动流程表、晚宴背板及其他有关宣传中；

（5）报到现场组委会为钻石级赞助机构设置大画幅背景板，展示赞助机构企业形象，背景板尺寸 6m×3m；

（6）在会展商务沙龙展区为赞助机构免费提供休闲吧一个，赞助机构可在休闲吧洽谈业务；

（7）经大会组委会同意，赞助机构可根据宣传需要布置宴会厅；

（8）赞助宴会主持人作祝酒词，感谢赞助机构；

（9）赞助宴会上赞助机构领导发言 5 分钟；

（10）赞助宴会入口处摆放赞助机构展板；

（11）赞助机构共计二位高层领导可以免费参会及出席宴会，享受贵宾待遇，入座贵宾席、佩戴胸花等；

（12）另外提供 5 个免费参会名额；

（13）在商务展区免费为赞助机构提供展板 5 块，内容由赞助机构提供，进行企业宣传，每块展板尺寸为 1.2m×0.9m；

（14）赞助机构领导出席论坛期间的各种社交活动，优先安排座次；

（15）可在会刊鸣谢页中出现赞助机构 LOGO 或名称；

（16）可在会刊中刊登整版彩色广告（封面或封底）；

（17）可在会刊正文刊登 2 页赞助机构介绍（中英文对照）；

（18）可在官方网站鸣谢页中出现赞助机构 LOGO 或名称，并与赞助机构网站链接；

（19）可在《中国会展》杂志刊登的活动广告中得到鸣谢；

（20）文化节期间组织安排媒体采访赞助机构领导；

（21）可在全体大会会场鸣谢板上得到鸣谢；

（22）可在会场外醒目位置的论坛鸣谢板上得到鸣谢；

（23）安排一个 A 类时段（首日上午茶歇期间）播出赞助机构宣传片（5 分钟）；

（24）主持人在大会中特别致谢；

（25）宣传品放在统一的资料袋内并派发至每一位与会代表；

（26）宣传资料可免费放在面向代表开放的资料中心；

（27）赞助机构一位主要领导可享受接送的贵宾待遇；

（28）赞助机构领导可参与贵宾活动；

（29）赞助机构领导可在贵宾区落座；

（30）赞助机构可免费获得会刊 20 本；

（31）文化节结束后出版的《中国会展》杂志将刊登活动的专题报道，其中将刊登赞助机构领导演讲照片及演讲摘要，赞助机构可获赠该期杂志 50 本。

二、白金级赞助机构

白金级赞助机构，限 2 家，赞助费用 15 万人民币，回报权益如下：

（1）赞助机构一名领导可参加高层出席的会见活动；

（2）赞助机构作为活动期间一场分组会议的独家赞助单位，体现在分组会议的背景板上；

（3）赞助机构领导可在“金海豚奖”颁奖盛典上担任颁奖嘉宾并简要发言；

（4）报到现场组委会为钻石级赞助机构设置大画幅背景板，展示赞助机构企业形象，背景板尺寸 4.5m×3m（大小次于钻石级赞助机构）；

（5）在会展商务沙龙展区为赞助机构免费提供休闲吧一个，赞助机构可在休闲吧洽谈商务；

（6）赞助机构的一位高层领导可以免费参会及出席宴会，享受贵宾待遇，入座贵宾席、佩戴胸花等；

（7）另外提供 3 个免费参会名额；

（8）在商务展区免费为赞助机构提供展板 3 块，内容由赞助机构提供，进行企业宣传，每块展板尺寸 1.2m×0.9m；

（9）赞助机构领导出席论坛期间的各种社交活动，优先安排座次（次于钻石级赞助机构）；

（10）可在会刊鸣谢页中出现赞助机构 LOGO 或名称；

（11）可在会刊中刊登整版彩色广告（封二或扉页）；

（12）可在会刊正文刊登 1 页赞助机构介绍（中英文对照）；

（13）可在官方网站鸣谢页中出现赞助机构 LOGO 或名称，并与赞助机构网站链接；

（14）可在《中国会展》杂志刊登的活动广告中得到鸣谢；

（15）可在全体大会会场鸣谢板上得到鸣谢；

（16）在会场外醒目位置的论坛鸣谢板上得到鸣谢；

（17）安排一个 A 类时段（首日上午茶歇期间）播出赞助机构宣传片（3 分钟）；

（18）主持人在大会中特别致谢；

（19）宣传品放在统一的资料袋内并派发至每一位与会代表；

（20）宣传资料可免费放在面向代表开放的资料中心；

（21）赞助机构一位主要领导可享受接送的贵宾待遇；

（22）赞助机构领导可参与贵宾活动；

（23）赞助机构领导可在贵宾区落座；

（24）赞助机构可免费获得会刊20本；

（25）文化节结束后出版的《中国会展》杂志将刊登活动的专题报道，其中将刊登赞助机构领导演讲照片及演讲摘要，赞助机构可获赠该期杂志30本。

三、黄金级赞助机构

黄金级赞助机构，限3家，赞助费用10万元人民币，回报权益如下：

（1）赞助机构的一名领导可参加高层领导出席的会见活动；

（2）赞助机构领导可在中国会展业大奖颁奖盛典上担任颁奖嘉宾；

（3）赞助机构作为活动期间一场分组会议的独家赞助单位，体现在分组会议的背景板上；

（4）在会展商务沙龙展区为赞助机构免费提供休闲吧一个，赞助机构可在休闲吧洽谈业务；

（5）另外提供2个免费参会名额；

（6）在商务展区免费为赞助机构提供展板2块，内容由赞助机构提供，进行企业宣传，每块展板尺寸1.2m×0.9m；

（7）赞助机构领导出席论坛期间各种社交活动，优先安排座次（次于钻石级、白金级赞助机构）；

（8）在会刊鸣谢页中出现赞助机构LOGO或名称；

（9）可在会刊中刊登整版彩色广告（内页）；

（10）可在会刊正文刊登1页赞助机构介绍（中英文对照）；

（11）可在官方网站鸣谢页中出现赞助机构LOGO或名称，并与赞助机构网站链接；

（12）可在《中国会展》杂志刊登的活动广告中得到鸣谢；

（13）可在全体大会会场鸣谢板上得到鸣谢；

（14）可在会场外醒目位置的论坛鸣谢板上得到鸣谢；

（15）安排一个B类时段（首日下午茶歇期间）播出赞助机构宣传片（5分钟）；

（16）宣传品放在统一的资料袋内并派发至每一位与会代表；

（17）宣传资料可免费放在面向代表开放的资料中心；

（18）赞助机构的一位主要领导可享受接送的贵宾待遇；

（19）赞助机构领导可参与贵宾活动；

（20）赞助机构领导可在贵宾区落座；

（21）赞助机构可免费获得会刊20本；

（22）文化节结束后出版的《中国会展》杂志将刊登活动的专题报道，其中将刊登赞助机构领导演讲照片及演讲摘要，赞助机构可获赠该期杂志30本。

四、实物赞助

赞助项目包括贵宾及代表礼品、现场搭建及会议证件文具、AV设备等，回报权益根据实际赞助价值的高低（不低于人民币5万元），可酌情包括以下项目：

（1）赞助机构一位高层领导可以免费参会及出席宴会，享受贵宾待遇，入座贵宾席、佩戴胸花等；

（2）另外提供1个免费参会名额；

（3）赞助机构领导出席论坛期间各种社交活动，优先安排座次（但次于钻石级、白金级、黄金级赞助机构）；

（4）在会刊内页刊登整版彩色广告；

（5）在会刊正文刊登1页赞助机构介绍；

（6）可在官方网站鸣谢页中出现赞助机构LOGO或名称，并与赞助机构网站链接；

（7）宣传资料可免费放在面向代表开放的资料中心；

（8）赞助机构领导可在贵宾区落座；

（9）可免费获得年会会刊10本；

（10）年会结束后出版的《中国会展》杂志将刊登年会专题报道，赞助机构可获赠该期杂志20本。

五、销售项目说明（优先安排赞助机构）

项目名称	项目分类	项目说明	项目单价
宴会冠名	开幕日午宴		150 000 元
	报到日晚宴	不含祝酒词	100 000 元
	开幕日早餐	不含祝酒词	60 000 元
背景板宣传	A.签到处/茶歇区	6m×3m	80 000 元
	B.签到处/茶歇区	4.5m×3m	60 000 元
展板宣传	重要通道	每块	2 500 元
	商务展区	每块	2 000 元
LOGO 展示	大会主背景板		20 000 元
	签到处背景板		20 000 元
	会刊重点版位		5 000 元
商务沙龙展区	休闲吧	每个	20 000 元

续表

项目名称	项目分类	项目说明	项目单价
宣传片	A 类时段	5 分钟	10 000 元
	A 类时段	3 分钟	9 000 元
	B 类时段	5 分钟	8 000 元
	宴会期间	5 分钟	10 000 元
迎宾处背景板	资料中心	1 个摆放位置	5 000 元
	大会资料袋	每个单位	8 000 元
会刊广告	封面	210mm×285mm	8 000 元
	封底	210mm×285mm	6 000 元
	封二/扉页	210mm×285mm	5 000 元
	内页	210mm×285mm	3 000 元
分组会议的独家赞助		背景板、会刊均体现	50 000 元
大会指定×××		现场搭建及会议证件文具、AV 设备等	50 000 元

赞助联络、协议签署及付款：

第四届中国国际会展文化节暨2008中国会展年会赞助联络事宜，由活动主办单位《中国会展》杂志社及其书面授权的合作伙伴负责，赞助方就具体条款与《中国会展》杂志社或其书面授权的合作伙伴协商一致后，赞助协议将直接由赞助方和论坛主办单位《中国会展》杂志社签署，赞助回报执行以双方最终签署的协议为准。协议签署后十五天内将赞助款汇至《中国会展》杂志社指定账号。

指定账号信息：

开户名称：北京界上传媒有限公司

开户银行：中信银行北京三元桥支行

开户行行号：1112

账　　号：7113510182600024831

六、赞助事宜联系

中国国际会展文化节组委会秘书处

毛晓光：0086-10-58678322

王淑霞：0086-10-58678302

周　婷：0086-10-58678309

传　真：0086-10-58678326

地　址：北京市朝阳区曙光西里甲6号时间国际1号楼5层（100028）
网　址：www.cce.net.cn/cief

案例2：

第二届中国展览经济论坛商业赞助方案

第二届中国展览经济论坛商业赞助方案——冠名活动

赞助价值

一、广告层面

本次论坛是商务部、北京市人民政府、经济日报社联合主办的，以促进我国展览经济整体发展为主旨的参与规格高、参与面广的业界盛会，具有极高知名度与权威性。国内数十家广播电视、报刊杂志、网络媒体将全方位宣传报道本次论坛盛况，给论坛赞助企业提供了一个展示企业形象、提高企业知名度、实现业务对接的平台。企业可借助本次活动，针对目标大众最大程度地提升企业认知度，塑造强势品牌的地位。

二、公关层面

获得与政府主管部门、行业协会以及媒体、消费者、经销商等进行良好沟通的绝佳机会，得到更多的公共关系资源；

突显企业实力，打造企业的良好品牌形象，提升企业美誉度；

论坛以公关活动与媒体报道结合的方式为赞助企业进行宣传，与企业直接投放广告相比，接受程度高，于无声中打开消费者的心扉，传播企业的品牌核心价值。

三、合作层面

本次活动将有国内外数百家极具实力的展览组织及相关企业参会。组委会将通过多种方式表现赞助企业的特殊身份，并在各阶段的活动中积极促进赞助企业与其他与会代表的交流及合作。

四、其他

赞助形式灵活，除了组委会制定的各种回报方案，还可根据企业的自身需求定制宣传策略与回报形式。

赞助类别

第二届中国展览经济论坛商业赞助项目主要包括现金赞助、冠名活动赞助及实物赞助三大类。

冠名活动

A．招待酒会

时间：11 月 28 日

地点：五洲大酒店

赞助回报：

◆赞助机构负责人可在“大会招待酒会”作祝酒发言；

◆出席论坛开幕式时与政府主管部门领导会面、合影（若安排，限 1 人）；

◆赞助机构负责人可出席论坛开幕前贵宾招待宴会（限 1 人）；

◆可获 3 名免费 VIP 贵宾参会名额；

◆所有餐桌的桌牌中将出现赞助企业祝贺词；

◆论坛主会场播放赞助机构投影广告；

◆主会场背板上标注鸣谢；

◆“大会招待酒会”背板可按赞助机构要求专门制作；

◆赠送《论坛会刊》20 册；

◆向全体代表发放赞助机构印制的招待酒会请柬；

◆向全体代表发放赞助机构宣传册。

B. 招待宴会暨演出

时间：11 月 28 日晚

规模：“北京之夜”主题晚会，北京宫廷宴（其中大宴会厅 500 人，贵宾厅 100 人），民族艺术汇演（容纳 600 人）

赞助回报：

◆赞助机构享有晚会冠名权；

◆赞助单位负责人可在晚会前发言；

◆出席论坛开幕式时与政府主管部门领导会面、合影（若安排，限 1 人）；

◆赞助机构负责人可出席论坛开幕前贵宾招待宴会（若安排，限 1 人）；

◆可获 2 名 VIP 贵宾免费参会名额；

◆所有餐桌的桌牌中将出现赞助企业祝贺词；

◆“大会晚宴”背板可按赞助机构要求专门制作；

◆晚会主持人将进行 3 次鸣谢；

◆可在《论坛会刊》刊登一个整版彩色广告；

◆赠送《论坛会刊》20 册；

◆向全体代表发放赞助机构印制的招待酒会请柬；

◆向全体代表发放赞助机构宣传册。

案例 3：

’99 昆明世博会接受捐赠计划

中国’99 昆明世界园艺博览会将于 1999 年 5 月 1 日至 10 月 31 日在云南省昆明市举行。这是中国政府第一次举办世界博览会，也是我国在世纪之交主办的唯一一次国际盛会。这对于促进我国与国际社会的合作与交流，提高中国的国际地位，振奋民族精神，增强环保意识，美化生活环境有深远的历史意义。为激发社会各界和广大人民群众关心、参与和支持’99 昆明世博会，特就社会捐赠制定本办法。

一、’99 昆明“世博会”接受中外企业、团体、个人的捐赠。

二、社会捐赠可以是货币、实物、劳务和服务，其方式包括捐款、捐物、义演、义卖、义赛、义展、义诊、义务劳动和义务接待服务等。

三、货币以外的捐赠，其价值须由集资部作出评估和认定。

四、’99 昆明“世博会”集资部对捐赠者按捐赠数额的不同分别给予相应的荣誉和待遇。

五、’99 昆明“世博会”面向社会筹集的资金全部用于“世博会”筹备事项，接受同步审计和社会监督，并向社会公布资金使用情况。

根据捐赠款项的多少享有不等的荣誉和待遇（略）

六、’99 昆明“世博会”集资部具体负责各项捐赠工作，并负责解释本实施办法。

第八节　会展宣传推广文案

展会宣传推广方案是展会策划和营销工作中的一个重要环节，对展会的发展有重要的影响。展会的招展宣传推广和招商宣传推广可以独立进行，也可以包含在展会整体宣传推广计划中。在展览业的实际操作中，展会招展宣传推广和展会招商宣传推广，常常是按实际需要分别做计划，然后再与展会整体宣传推广进行综合协调，最后融入展会整体宣传推广方案里统一实施。

一、会展宣传推广方案的特点和内容

展会宣传推广工作是展会的“导航器”，它对展会各方面都有重要的影响，许多客户是通过展会宣传推广，开始认识和了解展会的。鉴于展会宣传推广的重要性，办展机构都会指定专门人员，负责展会的宣传推广工作。展会宣传推

广还是一项十分复杂的工作，它所肩负的任务多，工作量大。如果不了解它的特点，通常较难把握并容易出差错。

（一）会展宣传推广的特点

1．整体性

与展会招展宣传推广和展会招商宣传推广不同，展会宣传推广具有多重任务，它服务于整个展会，是一种整体的宣传推广工作。展会宣传推广的任务主要有促进招展招商、建立良好形象和创造竞争优势、协助业务代表和代理机构顺利开展工作、指导内部员工如何对待客户等五个方面。展会宣传推广要处处注意展会的整体利益，不能因为某一个目标而妨碍其他目标的实现。

2．阶段性

展会宣传推广的五大任务并非同时实现，也并非在某一时间段内集中实现，而是随着展会筹备工作的进展和展会的实际需要，分步骤、分阶段逐步实现的。所以，展会宣传的阶段性很强，展会发展到什么阶段就进行什么样的宣传推广计划，任务十分清晰和明确。

3．计划性

展会宣传推广的任务多，阶段性强，这就要求展会从开始筹备时，就必须认真规划好展会的宣传推广工作，照顾展会筹备工作各方面对宣传推广的需要，给展会筹备工作以强有力的、全方位的支持。

4．服务性

展览本质上是一种服务，它属于服务业的范畴。展会只是各种会展服务的一个有形载体，它本身对参展商和观众来说并无多大的意义；参展商和观众之所以要参加展会，是因为他们想得到展会提供的各种服务，如贸易成交、信息、展示等，如果他们享受不到这些服务，展会对参展商和观众来说就形同虚设。正是有了这些服务，展会才成为展会，企业才来参展，观众才来参观。所以，从本质上看，展会宣传推广是在宣传和推广展会的各种服务。

展会宣传推广是一种多媒体、多渠道的宣传推广工作。各媒体和渠道的宣传推广安排，要求时间协调，口径统一，内容各有侧重，效果互补。这样的展会宣传推广，对展会的促进发展作用才最明显。

（二）会展宣传推广方案的内容

基于展会宣传推广的整体性和计划性等特点，几乎所有的办展机构都将展会的招展招商宣传推广，纳入展会宣传推广方案中，由展会负责宣传推广的部门统一制定和实施。因此，展会宣传推广方案实际上是展会的整体宣传推广方案，包括的内容很多。

从宏观上讲，展会的展位营销活动在促进展会招展的同时，也在宣传和推广展会。例如，刊登招展广告、进行直邮招展等，每一个看到该招展广告或收到该邮寄招展资料的人，就此知道了该展会的存在。从这个角度看，展会招展招商和展会宣传推广是密不可分的。从宣传推广的方式上看，展会宣传推广主要包括：

1．广告

包括在专业报刊杂志、大众媒体、网站户外媒介（如户外广告牌、交通工具等）、包装媒介等上做的各种广告。无论在何种媒体上做广告，广告主题设计必须明确、突出，包含目的、好处和承诺三个基本要素。广告文稿的标题简洁醒目，口号富有创意，正文真实具体。广告图画设计能引人注意、强化记忆，提示广告的主题和内容，看起来令人精神愉悦。

2．软性文章和图片

包括在专业报刊杂志、网站、广播电视等媒体上刊登的各种对展会的评论、报道、特写和消息以及相关图片等。撰写这些文章的人可能是展会人员，也可能是记者或专业人士，一般都是免费的。软性文章是一种隐形广告，可信度较高，也容易被人接受。

3．新闻发布会

在展会筹备期间以及展会开幕前后，就展会有关情况举行新闻发布会对宣传展会有很大帮助。举行新闻发布会的前提是，即将发布的内容具有新闻价值。否则，可以改为以邀请记者进行现场采访的形式来代替新闻发布会。

4．人员推广

包括展会有关工作人员对各机构和客户的直接拜访、电话、传真和 E-mail 联络等。人员推广方式能够最直接地和客户进行一对一的沟通，能很好地联络客户的感情，倾听客户的心声。

5．展会推广

包括在国内外各种同类展会上的宣传推广活动。

6．机构推广

包括与各行业协会和商会、国内外的办展机构、国际组织、外国驻华机构和政府主管部门合作进行的各种推广活动。

7．公关推广

展览期间举办的各种活动，如会议、比赛等都是展会宣传推广的重要组成部分。

8．网站推广

在展览业的实际操作中，通常都将上述宣传推广方式，根据宣传推广媒体和渠道的不同，分别制定各种具体执行方案。

二、会展广告方案

广告是会展宣传的重要方式，也是吸引目标观众的主要手段之一。会展广告的范围可能覆盖已知的和未知的所有目标观众，可以将展出情况传达给直接联络所遗漏的目标观众，还可以加强直接联络的效果。这是覆盖面最广同时也是最昂贵的会展宣传手段，因此对广告安排要严格控制。登广告要目标明确，根据需要、意图和实力安排，不要受竞争对手的影响，也不要完全听从广告公司的劝说。

登广告，选择合适的媒体是非常重要的。选择媒体主要看媒体的面向对象，如果媒体的对象是展出者的目标观众，那这种媒体便是合适的。如果是消费性质的展出，可以选择大众媒体，包括大众报刊、电视、电台，人流集中地的招贴、旗帜等；如果是专业性质的贸易展出，就要选择使用生产和流通领域里针对目标观众的专业媒体，包括专业报刊、内部刊物、展览刊物等。

（一）广告文案与写作

广告文案是已经定稿的广告作品全部的语言文字部分。

广告文案不仅与作品之外的有关广告文本无关，也与广告作品中的语言文字以外的因素无关。广告文案不单指广告正文或广告语，而是指广告作品中的所有语言文字，它的内在构成包括标题、正文、口号（广告语）、附文以及准口号。

广告文案写作，在此指对广告作品中的全部语言文字的写作。

文案撰稿人的业务内容是广告作品中的语言文字的写作，不包括作品中其他的构成部分，也不包括广告整体运作中所有文本的形成。

广告文案写作范围包括广告作品中所有的语言文字部分（除了产品包装本身存在的文字）。因此，广告文案的所有构成部分，包括标题、正文、口号（广告语）、附文以及准口号，都是广告文案写作的内容和范围。

（二）会展广告方案的具体写法

1．标题

标题是会展广告文案的眉目，它的作用是揭示广告的内容，吸引读者的注意。因此，标题应当醒目、活泼。常用的标题形式有直接、间接和综合三种。

（1）直接标题。即直接以会展的名称作标题。这类标题开门见山，具有直接、明朗、确切的特点。如“第四届华南国际塑料工业展览会即将开展”。

（2）间接标题。在标题中不直接出现会展的名称，而是采用喻情、喻理、双关、顶真、问答、标榜等耐人询问的方式吸引读者的注意。如：“规模巨大优惠多多”（岭南文化家园“五一”车展促销广告）；“品味健康生活”（第11届上海国际茶文化节）。

（3）综合标题。综合直接标题和间接标题两者之长，既直接点出会展名称，又配以形象、抒情、哲理的语句，虚实结合，使标题别具一种吸引力。如：

"国际五金展'刮起橙色旋风'"

"谁是新世纪最美的楼盘——第二届全国社区环境精品大赛"

"给您一个赚钱的位置——第三届国际厨卫电器展招展"

2. 正文

正文是对标题的具体阐释，是充分表现广告主题的部分。

正文的写法有陈述式和感染式。值得注意的是，正文的写法要同标题的写法风格一致。

（1）陈述式。即不讲究表达技巧，注重用准确、平实的语言介绍会展的内容。但一定要抓住内容重点，体现会展特色。发布在报刊、网络上的会展广告多用陈述式。

（2）感染式。讲究表达艺术，采用文学手法，可采用问答体、诗歌体、幽默体等。多用于会展的招贴广告。

对于采用陈述式方法写作发布在网络、报刊上的会展广告的内容，应当载明会展的主要信息。以综合性会展广告为例，应包括以下内容：

（1）主办者。写明主办单位的全称或规范化简称。联合主办的会展活动，要写明每个主办者名称。必要时还可简要介绍组委会、筹委会、执委会等组织管理机构的设置以及协办单位、支持单位、承办单位的名称，以显示组织阵容的强大。

（2）历届会展活动的成果。对历史较长的会展活动来说，这段历史本身也是优势资源。简要而恰到好处地介绍历届会展活动的成果，有助于增强参展商参会、参展的信心。

（3）会展活动内容和形式。包括会展活动的目的、宗旨、主题、议程、展品范围、各项配套活动的安排。

（4）参加对象。包括会议规格、报告人身份、参会参展范围和条件。如"中国——东盟博览会"由中国主办，中国和东盟 10 国参加，广告中对参加对象作这样的描述："欢迎东盟国家领导人、经济贸易部长届时出席博览会，并率领本国企业参展"。

（5）会展活动的规模。比如，展览面积、展位数量、参会参展人数等。会展广告中载明活动的规模，可以显示一种气派，是主办者自信的表现。比如，"中国——东盟博览会"的举办广告载明："设置 2000 个国际标准展位、200 个非标准展位和 2.6 万平方米室外展场。到会各国专业客商约 2 万人。"当然，有些会议的举办信息也可限制规模，以此体现稳重、高雅、精英。

（6）会展的时间。包括报到时间、举办时间、会期和展期。

（7）会展的地点。应具体写明会展活动举办地的地名、路名、门牌号码、楼号、房间号码、场馆名称，必要时画出交通简图，标明地理方位及抵达的公交线路，以方便参展者和观众。

（8）费用和价格。会议活动要向与会者说明经费的承担部分以及支付方式。展览活动要列明展位价格、门票价格以及其他收费服务的项目。

（9）报名方式和截止日期。会展活动如需要履行报名手续，应说明提交哪些文件、材料，报名的时间和地点。

（10）其他专门事项。比如，参加学术会议的论文撰写和提交的要求，展览活动的进馆布展和撤展要求，会展活动期间观光旅游活动的安排，以及组织者认为必须说明的事项等。

（11）联络方式。主办单位或会议筹备机构的地址、邮编、银行账号、电话和传真号码、网址、联系人姓名等。

3．广告语

广告语，又叫广告口号、广告词，它是能够传达广告物形象信息的最有鼓动性和感染力的语句。广告语同广告标题既有联系又有区别：广告标题可以经常改变，广告语一般是相对固定不变的；广告标题需要概括或暗示广告内容，广告语不受此限制；广告标题位置固定在文稿正文上方，广告语没有固定的位置。但由于会展广告的特殊性，较少采用广告语。

4．广告附文

广告附文是广告正文之后，对需要参展或参观的读者提供的进一步信息，一般包括广告主办方或联系人称谓、通讯地址、联系方法、开户银行和账号等。

广告附文虽不是广告的主要内容，却是目标读者十分关心的内容，也是广告的经济价值所在，因此写作时必须全力以赴，以使广告尽善尽美。

广告文案写作是一种命题写作、目的性写作，这也是广告文案写作的特点。

广告文案写作，是广告作品中全部语言文字部分的写作；是作者在广告运作目的的制约和支配下，进行广告作品的主题提炼、材料选择、结构安排、方案与美术设计分配的过程；是作者采用不同的语言排列组合、不同的表现方式表达广告主题，传达广告信息，以达到广告意图的过程。

（三）写作会展广告需要注意的一些问题

1．广告内容简洁、清楚、准确、通俗

阅读广告的人只关心事实，因此，广告用语一定要简洁明了。广告用语要讲究措辞恰当，切不可过于修饰。广告对象不是语言学专家，广告所表达的内容要使一般的读者能立即领会。

2．广告内容具有吸引力

要全面地将有关信息传达给目标观众，吸引观众的注意和兴趣。因此，仅仅刊登公司名称、联络地址、展出目的、展出产品还不够，必须强调产品的特性、能满足哪些需求、为使用者带来的益处。如果可能，要在广告中提及展出者在当地的代理或代表，并注明“有兴趣者可以索取更详细的信息”。

3．广告要有规模、重质量

广告要有一定规模，可以相对集中做，即次数少容量大（报刊的大版面、电视电台的长时间），这样做效果好。时间短、版面小往往被人忽略，效果不佳。广告设计师和撰稿人是对广告质量最有影响的人，他们可能不太在乎广告公司的盈利，而更关心作品的质量，所以要与他们建立良好的关系，并促使他们下功夫制作出高质量的广告。刊登广告可以使用代理，代理有专业技术和经验，可以协调广告安排，并且报价可能比媒体低。展览会所在地的广告代理比展出者所在地的代理要好，展出地的代理熟悉展出地的新闻媒体，与之有更近的关系，并熟悉当地的广告文化和效果。

案例：

品味健康生活　　连接五洲纽带

2005 年上海国际茶文化节中国新品名茶博览会即将举办

独特的形式、丰富的内容、无比的魅力

连续十一届的成功举办打造了上海著名的文化品牌

国内 30 个省市、港澳台地区、20 多个国家，近千万人次的热情参与

舞台广阔，商机无限！

上海是一个广阔的舞台，充满着无限商机，蕴藏着巨大的潜力。

会展组委会将为参展商提供最优质服务，使参展商能够获得最大的收益。

期待着你们的积极参与！

一、举办时间：2005 年 4 月 13 日至 4 月 17 日

二、举办地点：上海正大广场（7F 会展中心）

三、活动内容：

1. 展览展销

茶叶、茶包装、茶饮料、茶制品、茶食品、茶用具、茶艺术品、茶科技产品、茶生活、茶物资、茶机械、茶相关产品等（详见《招展函》）。

2. 系列活动

开幕仪式、名茶展示、名茶评选、名壶鉴赏、茶艺交流、实效推介、商务

洽谈、国际茶席邀请函等。

四、报名方式

请有意参展的单位填妥相关回执后，回传至本次会议组委会，并按照组委会的要求，办理有关参展参评手续。

五、联系方式

联系单位：上海国际茶文化节组委会办公室

联系地址：上海市天目中路749弄57号甲六楼

联系电话：021-63173866/33030071

传真电话：021-63173866

联系人：许文忠

电子邮箱：teaculture@163.com

网址：http://www.shzb.gov.cn/

三、信息发布方案

（一）信息发布会的含义

信息发布会是特定组织邀请媒体记者或有关方面代表出席，并通过他们向社会传达信息、与公众进行沟通的一种会议形式。

（二）信息发布会的种类

1．新闻发布会

新闻发布会是目前使用最为广泛的发布会，所发布的信息内容都是本国、本地区或本组织内部最新发生或形成的，为公众所关心，应当知晓而尚未知晓的事件、情况、政策、立场和观点等。新闻发布会区别于其他会议的最突出特点就在于新闻性。离开了新闻性，新闻发布会就变得毫无意义。

2．记者招待会

记者招待会是主办单位专门向记者发布信息并回答记者提问的会议形式，又称记者见面会。

新闻发布会和记者招待会都属于发布会，内容都具有新闻性。在实践中，这两种用的最多，也最容易混淆。现将二者的区别简述如下：

（1）邀请对象不同。记者招待会顾名思义就是邀请记者参加的会议；而新闻发布会除记者外，还可以有目的、有针对性地邀请一部分与新闻发布单位关系密切或关系特殊的公众参加，再通过这些公众向其他公众进行传播，其效果有时比新闻媒介更好。

（2）发布形式不同。记者招待会一般都采取双向沟通的形式，即一方面由举办方发布信息，另一方面允许记者现场提问，由主持人或主办方负责人答问。

新闻发布会形式较为灵活，既可以像记者招待会那样进行双向沟通，也可以实行由举办方单向发布信息、不安排提问的沟通方式。

3．情况通报会

情况通报会又称情况说明会，是以介绍、说明某事件或工作进展情况为主要内容的发布会。出席对象有记者，也有相关单位的代表。发布形式可以是双向沟通，也可以是单向发布。

4．记者通气会

即以记者为对象的新闻发布会，又常被称为记者吹风会。发布方式可以是双向的，也可以是单向的。与记者招待会有一定的区别。

5．政策说明会

即以宣布、解释某项或某类新政策为主要内容的专题发布会，对象有记者以及与发布内容有关的单位和外国机构。一些大型的以投资招商为主要内容的会展活动常举行这类发布会，宣布一些鼓励性政策措施。发布方式双向、单向均可。

6．技术、产品推介会

又称技术发布会、产品发布会，即以介绍和推广某项技术或产品为主题的专题发布会。参加对象主要是相关的用户，也邀请媒体记者。这类发布会常常同时举行相关的展示、演示活动，是各种会展活动的配套形式之一。

7．成果发布会

用以介绍宣传某项研究、工程、工作、会展活动所取得的进展和成果，发表的信息内容具有正面性。

（三）会展信息发布稿的含义、特点和种类

1．会展信息发布稿的含义

信息发布稿适用于各个领域的信息发布活动，但并非所有的信息发布会都属于会展活动。据此，会展信息发布稿是指在围绕会展管理和会展活动而举行的信息发布会上所使用的发言稿。

2．会展信息发布稿的特点

（1）公关性。举行发布会其根本目的在于通过适当的传播渠道、方式直接与媒体和公众，或者通过媒体与公众进行有效的沟通，达到宣传方针政策、颁布法规规章、传达施政意图、澄清事实、解释立场、纠正谬误、检讨失职、回答质询、介绍和推广产品与技术等目的。因此，就特定组织而言，举行发布会是其公共关系工作中的重要内容。从这个意义上说，信息发布稿就是一种传递公共关系信息的有效载体。对于会展管理者和组织者来说，举行发布会，宣读发布稿，重要目的之一就是希望以此获得社会公众对展会的理解、支持。

（2）新闻性。信息发布稿虽然不同于新闻消息，但它毕竟是一种新闻文体，它所发布的内容必须是新情况、新观点、新结论。否则，信息发布会就毫无意义。在会展管理、筹备以及举办会展活动的过程中，主办方经常要通过发布会的形式，向社会各界说明举办会展的目的、意义、组织过程以及最新的筹备情况，具有较强的新闻性。

（3）口语性。会展信息发布稿虽然以书面形态制作，但却用于信息发布会上宣读，写作风格上应当具有口语性，避免过多的书面语表达，注重听觉上的效果。格式上应当采用讲话稿格式，如开头要有称呼，最后要对听众表示感谢。

3．信息发布稿的种类

按信息发布的时间和内容侧重点来分，会展信息发布稿有以下几种：

（1）举办信息发布稿。用于首次发布会展活动的信息，内容侧重点是会展活动的背景、目的、名称、性质、主题、特点、政策、范围、规模、活动形式、时间、地点、主办方、协办方、承办方以及组织机构等信息。

（2）筹备进展信息发布稿。用于发布会展活动各项组织筹备工作的情况，内容包括场馆建设、招展招商、知识产权保护措施以及公众关心的问题，可以一次性发布，也可以连续多次发布。

（3）成果信息发布稿。用于在会展举办期间或举办之后，发布会展活动所取得的各项成果，内容包括参会参展实际人数、观众数量、成交项目、成交额、共同签署的文件以及会展活动所产生的社会影响。

（四）会展信息发布稿的结构和写法

1．标题

会展信息发布稿的标题不是用于发言人宣读的，而是便于将来立卷归档和考查利用的，因此应当写明发布会的名称，然后再写上“新闻发布稿”字样。例如，《第15届中国华东进出口商品交易会新闻发布稿》。如果发布人是某位领导，也可使用“讲话”这一文种。例如，《在泛珠三角区域经贸合作洽谈会新闻发布会上的讲话》。

2．发布时间

即举行发布会的日期，写在标题之下，用圆括号括入。

3．发布人身份和姓名

写明发布人身份和姓名，有助于日后查阅发布稿。其位置在发布时间之下。

4．称呼

信息发布稿属于讲话发言类文案，正式讲话发言之前，应当有礼貌地称呼在座的各位记者和有关方面的代表，如“各位记者朋友，女士们，先生们”。

5．正文

信息发布稿的正文写作，要根据发布会的主题和形式确定具体内容和结构方式。一般采用总分式结构，即在开头可以先介绍会展活动的总体背景、目的和设想，然后分若干方面具体展开介绍。正文写作要求条理清楚、简洁明了。在语言表达上既要严谨、周密，又要生动、活泼、平易、亲切，有较强的说服力和感染力。

6．谢词

发言结束之前，应当向听众表示感谢。

案例 1：

第 100 届“广交会”新闻发布稿

各位新闻界的朋友，女士们，先生们：

大家上午好！感谢各位朋友的光临。

备受国内外关注的第 100 届中国进出口商品交易会将于 2006 年 10 月 15 日在广州举行，各项准备工作已基本就绪。下面我向各位介绍第 100 届“广交会”的基本情况：

一、保持两馆两期办展格局，展览规模再上新台阶

本届“广交会”展位总数达到 31408 个，比第 99 届增加 1350 个，净展览面积为 28.2 万平方米。

本届延续两馆两期同时办展的格局，第一期展出时间为 10 月 15 日至 20 日，第二期为 10 月 25 日至 30 日，21 日至 24 日为换展期。仍按五大类商品设置 34 个展区，具体布局为：

流花路展馆：一期展出纺织服装类及医药保健类商品，纺织服装类含服装、家用纺织品、纺织原料面料、抽纱、地毯及挂毯、裘革皮羽绒及制品、鞋帽 7 个展区，有 6518 个展位；医药保健类含医药保健品及医疗器械 1 个展区，有 452 个展位。二期展出礼品类商品，含礼品、装饰品、玩具、编织品、园艺、钟表眼镜、办公文具、体育及旅游休闲用品 8 个展区，有 6954 个展位。

琶洲展馆：一期展出工业类商品，含家用电器、电子及信息产品、灯具灯饰、工具、机械及设备、小型车辆及配件、五金制品、建材、化工及矿产、车辆及工程机械 10 个展区，有 8229 个展位；二期展出日用消费品类商品，含日用品、箱包、土畜产品、家具、陶瓷、器皿及餐厨用品、食品及茶叶、铁石制品 8 个展区，有 8615 个展位。

为充分展示“中国第一展”的形象和水平，充分展示中国高新技术产品、自主品牌的风采，推动外贸增长方式转变，本届“广交会”一期在琶洲展馆设

立综合展区，集中展示商务部重点培育和发展的 147 家品牌出口产品和企业，共有展位 640 个。

二、参展企业继续增加，结构进一步优化

本届"广交会"共有 50 个交易团，14001 家企业参展，比上届增加 315 家。第一期参展企业 7509 家，第二期参展企业 6492 家。

按企业类型统计，生产企业 7711 家，占 55.07%；外贸企业 4649 家，占 33.20%；工贸企业 1590 家，占 11.36%；科研院所 9 家，占 0.06%；其他企业 42 家，占 0.3%。生产企业、工贸企业占参展企业总数的 66.43%，比上届增长 0.63%。

按所有制类型统计，国有企业 4055 家，占 28.96%；三资企业 2709 家，占 19.35%；集体企业 371 家，占 2.65%；私营企业 5561 家，占 39.72%；其他企业 1305 家，占 9.32%。

三、继续设置品牌展区

本届"广交会"品牌展区展位 4175 个，占展位数的 13%。

本届进入品牌展区的企业共 805 家，由两部分组成：一是国家商务部 2005 至 2006 年度重点培育和发展的 190 个出口品牌中的 154 家企业；二是经各交易团推荐，符合"广交会"品牌展区准入条件的企业。

比较著名的服装品牌有：江苏的苏豪，广东的名瑞等（共 122 家）；家用电器类品牌有：青岛海尔，江苏春兰，广东格兰仕、TCL 等（共 51 家）；小型车辆及配件类品牌有：上海凤凰，重庆力帆，济南轻骑等（共 38 家）；陶瓷类品牌有：厦门纽威，湖南华联，福州德艺等（共 54 家）；办公文具类品牌有：浙江成路，宁波贝发等（共 35 家）；电子及信息产品类品牌有：南京熊猫、广州的虎头等（共 28 家）。

四、加强对采购商的邀请工作，采购商与会态势良好

今年"广交会"组织了 6 个招商小组分赴世界 22 个国家和地区进行招商推介活动；适度扩大了采购商的邀请范围，直接向 29 万户"广交会"的老采购商发出邀请，同时，还利用广告宣传、扩大"广交会"合作伙伴、网络营销、直邮扩邀等手段加强对潜在客户的邀请；中国驻外经商处（室）、"广交会"的国外工商机构合作伙伴也积极采取多种方式加大对百届"广交会"的宣传，争取邀请到更多的采购商与会。

本届"广交会"继续设立跨国采购区，为大型跨国采购商提供个性化的采购服务。本届共有家乐福等 12 家跨国企业参加。

根据采购商邀请和广州及周边地区采购商的订房情况，预计本届采购商到会情况良好。

五、完善各项服务

预计本届"广交会"与会的参展商、采购商及有关人员多达50万人左右。为进一步完善服务，各有关方面采取了切实可行的措施。广州市政府有关部门继续实行旅游业酒店政府指导价，加强交通疏导和管理。

本届"广交会"网站全面改版，开设了"百届庆典专题"栏目；推出了"搜易SO-EASY"、采购商咨询热线和采购商家园栏目；重组了采购商电子服务平台"BEST"，通过强化服务信息、优化服务流程、增加服务内容等手段，切实加强了对采购商的人性化、个性化的服务。

为进一步提高采购商报到办证的服务水平，本届采取了在报到高峰期扩搭报到场地、增加办证服务柜台，在广州市及周边地区共设25家宾馆报到点，加大网上预办卡力度，在香港提前为采购商提供办证服务等措施。确认广九直通车为百届"广交会"的指定火车，为采购商提供增值服务。

本届"广交会"还进一步加强了安保措施，加强证件管理。积极防范传染性疾病，加强食品卫生的监管，完善卫生防疫体系。

六、继续加强知识产权保护

继续推进保护知识产权问责制。加强宣传教育和培训，在流花路展馆和琶洲展馆大会投诉站设立知识产权宣传栏；建立预警机制，加强对参展企业资格和展品审查工作，加大对侵权行为的查处力度。

七、编辑出版"百届辉煌"纪念丛书

为记录"广交会"的百届历程、巨大贡献和重要作用，中国进出口商品交易会出版了《百届辉煌》、《亲历广交会》纪念丛书。"百届辉煌"丛书的出版工作得到国家领导人的高度重视和全国外贸人士的殷切关注。原中共中央政治局常委、国务院副总理李岚清亲自担任"百届辉煌"丛书的名誉顾问。中共中央政治局委员、国务院副总理吴仪为丛书作序。吴副总理在序言中评价说："通过这套丛书，一个当今中国历史最久、层次最高、规模最大、商品种类最齐全、到会采购商最多、成交效果最好、信誉最佳的具有国际影响的知名品牌展会的形象跃然于纸面；中国外经贸沿着以质取胜、市场多元化、科技兴贸和大经贸战略实现跨越式发展的历史轨迹也清晰地展现在读者面前。"

《百届辉煌》共计20多万字，翔实地记录了"广交会"50年的风雨历程、历史贡献和辉煌成就，真实反映了"广交会"的历史全貌。

《亲历广交会》汇集了120篇海内外亲历者的回忆文章，记录了"广交会"在50年发展过程中一个个难忘的瞬间。

与此同时，"广交会"还制作了《百届辉煌》纪念邮票和《百届辉煌》历史纪实片等。

八、百届庆典活动

中国国家领导人将莅临第100届"广交会"。部分国家和地区的贸易部长代表团、部分国家驻华使节、近80家海外工商机构及跨国公司负责人将应邀出席第100届的庆典活动。百届庆典活动主要有：

（一）14日晚举办第100届"广交会"欢迎酒会；

（二）15日下午召开百届"广交会"纪念座谈会；

（三）15日晚举行第100届"广交会"开幕式暨庆祝大会；

（四）作为第一百届"广交会"的庆典活动之一，具有浓郁民族特色的"大型原生态歌舞《云南映象》"将于10月16日至21日在广州市中山纪念堂进行六场商业性演出。

欢迎各位朋友到广交会采访，并预祝大家工作顺利。

2006年10月13日

广交会副秘书长、新闻发言人徐兵

（例文：选自广交会官方网站——广交会概况）

案例2：

第十一届中国国际投资贸易洽谈会新闻发布稿

——在第十一届投洽会新闻发布会上的讲话

女士们、先生们，新闻界的朋友们：

大家下午好！

在有关方面的共同努力下，第十一届中国国际投资贸易洽谈会（以下简称"投洽会"）各项筹备工作已经准备就绪，将于9月8日上午9点08分在厦门隆重开幕。在此，我谨代表商务部及投洽会组委会，对各位新闻界朋友的到来表示热烈欢迎，对大家的热情关注和支持投洽会表示衷心感谢。下面，我向各位简要介绍一下本届"投洽会"的特点及相关筹备工作情况。

第十一届"投洽会"的会期为期4天（9月8日—11日）。本届"投洽会"继续由商务部主办，联合五大国际组织以及中国国际投资促进会参与协办，福建省人民政府、厦门市人民政府和商务部投资促进事务局等具体承办，中国各省、自治区、直辖市、特区政府，部分计划单列市政府，和部分商协会等52个成员单位参与组织工作并组团参展参会。今年，本届"投洽会"的成员单位新增加了香港及澳门特别行政区政府和中国交通运输协会，"投洽会"的举办力量的进一步增强，为"投洽会"向国际投资博览会的方向发展奠定了基础。

本届"投洽会"将同期举办"第二届中国—加勒比经贸合作论坛"。这是迄今为止中国与加勒比地区之间规模最大、层次最高的经贸活动，由商务部、外交部和贸促会共同主办，主题是“深化经贸合作、实现共同发展”，来自13个加勒比地区的国家，近30位部长级官员将参加论坛。主要活动包括：第二届中加部长级会议、企业家大会暨中加双边企业家理事会第二届年会、农渔业合作和旅游业合作分议题研讨会、加勒比馆日活动及中国—加勒比经贸合作图片展等。

本届“投洽会”将继续坚持以投资促进为主线，以“引进来”和“走出去”为主题，突出全国性和国际性，突出投资洽谈和投资政策宣传，突出区域经济协调发展，突出对台经贸交流。投洽会继续受到来自境内外政府机构和工商界人士的广泛关注，客商报名积极踊跃。据不完全统计，截至目前，境外共有93个国家和地区的415个境外机构确定参会。已确认与会的境外政府高官、国际组织负责人、商协会负责人、跨国公司总裁/副总裁等重要客人共有550多位，其中副部级以上官员73位。据组委会统计，截至今日中午12∶00，已有106个国家和地区的9658位境外客商前来报到。从目前统计的情况看，本次盛会参会的境外客商有望再创历史新高。

第十一届“投洽会”主展馆设在厦门国际会展中心，展览面积50000平方米，分设省、市、自治区馆、境外馆、企业馆和旅游招商馆。今年的突出特点是，境外机构参展踊跃，共有65个国家（地区）的企业和机构参展，比上届增加了19个，境外馆的展览面积超过1万平方米，占展览总面积的1/3，规模创历届之最。土耳其、加勒比、加拿大将举办馆日活动。本届“投洽会”还首次增设了“进口商品展区”，与境外馆结合，邀请一些国家或地区展示其特色商品。

9月8日上午，商务部将举办“2007国际投资论坛”，主题是：促进国际投资，实现互利共赢。国务院领导、中国人民银行行长周小川、拉托维亚总理卡尔维季斯、巴巴多斯副总理莫特莉、马其顿副总理斯塔夫莱夫斯基、土耳其国务部长图兹曼等将在论坛上发表演讲。

商务部还将举办国际投资保护协定研讨会、中国服务外包产业发展研讨会、《企业所得税法》及实施条例专题研讨会、海外知识产权保护国际论坛等33场论坛及研讨会。国家相关部委、“投洽会”组委会和其他机构将举办32场论坛和研讨会，包括“海外华商中国投资推介会”、“第五届中国国际友城合作论坛”、“欧洲投资及融资研讨会”、“海峡旅游论坛”、“资本论坛”等。美国、加拿大、哥斯达黎加和香港等32个国家和地区还将举办投资环境说明会，部分省、市、自治区等也将举办投资环境说明会或推介会。福建省政府将于明天上午举办第二届“海峡西岸经济区论坛”及3场专题研讨会。

投资项目对接会一直受到境内外投资商的关注和欢迎。今年组委会新增交通运输项目对接会、服务外包项目对接会、政府与企业高端对接会、上市公司投资项目对接会和中国、新加坡、印度投资项目对接会等专场对接活动。目前项目库已准备境内招商项目 42500 多个，境外招商项目 1800 多个，涉及基础设施、旅游、现代农业、房地产、金融、制造加工等领域。

作为“投洽会”的东道主和承办单位，福建省和厦门市高度重视，周密部署，对大会的安全保卫、环境卫生、接待服务等工作做了精心安排。目前，为大会组织的综合服务保障系统已经全面启动，将按照国际化、规范化、标准化的要求，为各代表团和参会客商提供优质服务，为本届“投洽会”创造安全、便捷、优美、舒适的会展环境，确保第十一届“投洽会”办得安全、圆满、富有成效。

今天晚上，第三届海峡旅游博览会将拉开帷幕。本届“旅博会”将凸显海峡旅游特色，充分展示海峡两岸以及参展国家和地区丰富的旅游资源和良好的投资环境，为海内外旅游业界搭建一个互动双赢、市场拓展和交流合作的发展平台。

谢谢大家！

2007 年 9 月 6 日

商务部新闻发言人、投洽会组委会新闻中心主任 姚申洪

四、新闻工作方案

（一）会展的新闻工作

展览会大多有负责新闻工作的机构，设有新闻人士的工作场所，提供新闻工作所需的服务。展出者应当了解展览会的新闻人员、机构、工作、设施、活动和服务，并加以充分利用。

与展出者有关的工作与活动主要有新闻稿、新闻资料袋、记者招待会、摄影专场、产品报告会等。展出者应争取参与这些活动，向展览会新闻办公室提供产品宣传，布置记者招待会会场，并将自己的资料袋送到展览会的记者招待会现场。展出者一般可以从展览会组织者编发的《参展商手册》中了解展览会的新闻工作、相关活动和服务情况。

新闻资料主要用于宣传，其目的是使潜在参展者了解展出项目，引起他们的兴趣。新闻资料内容要求简短、全面。简短是指言简意赅，表达出主要的内容。全面是指资料要包括展览会的基本情况，如时间、地点、内容、性质；市场的规模、特点、潜力；组织者联系地址、参展手续、申请截止日期以及集体展出的优势等方面的情况。新闻资料整理成套，提供给媒体（包括内部刊物）用于新闻报道。新闻成套资料也是制作广告的素材。

新闻工作是宣传工作的重要环节。新闻工作费用比较低，因为新闻采访报道一般是免费的，而新闻报道的可信性比较大，效果比广告好，因此，新闻工作是一种低成本、高效率的宣传工作，缺乏经费预算的展出者应当多做新闻工作。

新闻宣传工作可以在展览会之前、期间和之后进行。新闻工作与展出者规模无关，大小展出者都可以有出色的新闻工作。

（二）会展新闻稿的特征

新闻工作的主要特征之一就是编发新闻稿。新闻稿是展出者提供给媒体的有关展会主要的或基本的新闻资料。质量高、内容新、符合新闻要求的新闻稿，被采用的可能性较大。需要注意的是，新闻稿内容必须是新闻媒介感兴趣的、有报道价值的。另外新闻稿的最终读者是目标观众，因此，应了解目标观众的兴趣，根据目标观众的兴趣安排相应内容。新闻稿的数量可以根据展出者的规模以及需要来决定，大规模的展出者可以多编印一些新闻稿。

了解新闻媒体的出版率以及截稿期，计算好时间，及时安排新闻稿。新闻稿不仅可以提供给新闻界，也可以提供给客户。新闻稿主要有综合新闻稿、专题新闻稿、新产品新闻稿、新展出者新闻稿、活动新闻稿等。

（三）会展新闻稿的写作结构

一篇新闻的结构通常由标题、导语、主体、背景和结尾五个部分组成。

1. 标题

标题即新闻的题目。概括事件的主题，有时可加副标题。标题浓缩新闻内容，传递最新信息，给读者第一印象，是读者选择新闻的依据和阅读的向导。

新闻的标题有多行的特点，除了正题，还常常有引题和副题。

（1）正题。高度概括新闻的中心内容，在标题中印刷字号最大，位置最突出。可虚可实，以实为主。

（2）引题。标在正题前面以引出正题，作用是为正题交代背景、说明原因、烘托气氛、揭示意义等。印刷字号仅小于正题。可虚可实，以虚为主。

（3）副题。标在正题后面起补充作用。副题必须以实为主。

例如：中国国际石油石化技术装备展览会开展【单行正题】

大连国际渔业博览会力促渔业与商业对接【单行正题】

世界顶级奢侈品展6月登陆上海【正题】

——只请豪富不请官【副题，补充内容】

薄纱下的春光【引题，虚】

——墨西哥秋冬时装展【正题，实】

法兰克福上演阿里“功夫”【引题，虚】

——“中国供应商”会员第三次亮相【正题，实】

展商面面相觑【引题，实】

——江苏汽车装备展上演“空城计”【正题，实】

2．导语

导语是紧接开头之后的第一句话或第一自然段，是新闻的开头，应揭示主题，起到统帅全篇的作用。导语应简明扼要地把新闻中最重要、最新鲜的事情写出来，揭示新闻的主题，引起读者的兴趣。

3．主体

对导语做进一步解释、补充、叙述，是发挥和深化主题的重要部分。主体紧接导语之后，是新闻的展开部分，它以充足具体的材料展现新闻的主题。主体有多种结构方式，多用“倒金字塔”结构。

4．背景

背景是衬托新闻事实的材料，它交代新闻事件的环境和条件，有助于读者理解新闻内容和深化新闻主题。背景在新闻的结构中没有固定的位置，也不是必需的组成部分。

5．结尾

结尾不是新闻必需的组成部分，意尽则言止。“倒金字塔”结构不需要另写结尾，综合消息、述评消息、经验消息等可以有结尾。结束语要简短。

（四）会展新闻稿的写作要求

1．要素齐全

一般地说，构成新闻事实有五个要素：即何人、何事、何时、何地、何因，称之为“新闻五要素”（5W），或再加上“结果”要素构成“5W+1H”。在一定的前提和条件下可以省略某些要素，但必须保证不使读者产生误解或理解困难。

2．结构合理

与其他文体相比，新闻有其特殊的地方。一般说来，文学作品的高潮通常是放在整个作品的后面或是结尾部分。而新闻却与此相反，它要把最重要的事实放在最前面，然后再介绍具体内容和材料，人们形象地把这种结构称为“倒金字塔”结构。

“倒金字塔”结构作为新闻写作的一种结构形式，它要求按材料的重要程度安排写作顺序，把最重要的、最新鲜的、最为读者关注的材料安排在文章的最前面，次要的材料稍后，逐步递减，直至完毕。

采用“倒金字塔”结构，既便于读者阅读，使读者一目了然地知道最重要的事实，又便于编辑处理来稿，以最快的速度选取最好的、最重要的消息，至今仍然是新闻的主要结构形式。

3．叙述是主体

会展新闻的基本表达方式是叙述，这和文艺作品在表达方式上的多样性不同。由于读者阅读消息只是要了解事实真相，并不需要艺术欣赏，因此，会展新闻一般不必详尽地进行描写，而是简明扼要地舍去一切可以去掉的成分。有时，可以有一些议论成分，借此点明会展的意义，拓展思想深度，但议论成分只能处于从属的地位，绝不可喧宾夺主。

4．形式要精悍

短小精悍，有利于抢时间、争速度，向读者提供更多的信息，扩大报道领域。

案例 1：

第 4 届中国国际天然药物保健产品展览会新闻稿

生活因健康更精彩

——第四届中国国际天然药物保健产品展览会

2007 年 8 月 2 日至 4 日，由国药励展展览有限责任公司主办的 Interherb——第 4 届中国国际天然药物保健产品展览会（国药保健会）将在厦门国际会议展览中心举行。本届展会秉承了专业化、规范化、国际化的特点，为广大参展企业及观众提供了一个展示形象、促进交流与合作的最佳平台。

美丽的海滨城市厦门、极具动感的厦门国际会展中心，赋予了本届展会更多的现代气息与时尚魅力，伴随着展会健康与活力的主旋律，参观者的每一次回眸与凝望，都将使其深深体会到“生活因健康更精彩”这一主题。优质的产品展示令人目不暇接，新颖活泼的展台设计让人驻足流连，熙熙攘攘的观众，无论是前来搜集信息，还是洽谈合作，或是拜会老友，都将在展会专业而周到的服务中获得宾至如归的享受。

本届国药保健会共设标准展位近 400 个，参展企业 300 余家，展出内容涵盖了天然药物、保健品、功能性产品、健康护理产品等四大类产品及相关领域。Interherb 经过近四年的市场探索，已经得到了市场的广泛认可和广大生产、经营企业以及经销商、代理商的积极参与，同时也成长为天然药物保健产品领域中展会规模、专业化程度较高的展会之一。目前我国保健品年销售额接近 500 亿元，并以 15%~30%的速度增长，生活质量的改善使保健品消费市场逐步扩大，消费对象由过去的老年、儿童为主，扩大到中青年和妇女，在消费选择方面也由偶然消费扩大到季节性和常年性的保健品消费，消费目的也由防病治病扩大到抗衰老、益智、美容等多种需要，呈明显的层次化分布。市场格局与需求的不断变化将促进保健业的飞速发展，中国医药保健品的出口增长速度将保持在20%~30%，进口将保持在15%~20%左右，可以说，未来的中国保健品市场将面临一个机遇与挑战并存的发展良机。基于前三届展会在南京、青岛、哈尔滨的成功举办所奠定的坚实基础，为进一步树立公司品牌展会的形象，更全面地为来自海内外的经销商、代理商提供更加优秀的招商平台，体现市场的多元性、差异性，本次展会将保健产品以及功能性产品纳入会展主题，并突出了保健品的展出内容。

会展名称更改为国药保健会，展出内容更加侧重保健产品，将带来更大的机遇与挑战，为此我们加大了对保健产品企业的宣传力度，在《中国医药报》、《医药经济报》、《中国中医药报》、《中国经营报》等多家全国一类媒体进行了宣传，同时充分利用网络宣传，中华保健食品网、中国保健品招商网、易方达等多家知名保健品媒体也是“国药保健会”品牌宣传的重要平台。与此同时，展会同行业协会保持着密切的联系与合作：中国保健协会市场工作委员会、中国保健协会——中医药保健工作委员会、台湾保健食品协会、中国中药协会、中国民族医药学会、中国医药商业协会等保健品、天然药物专业行业协会都从市场、专业和学术方面同展会保持良好合作。在展会举办的同期，还将举办保健品和天然药物方面的研讨会和高峰论坛活动，届时将邀请行业主管部门和业内专家、企业资深人士，共同探讨行业发展。

“生活因健康更精彩”，Interherb2007这个广阔的平台将为实现这一主题而尽显其能，它顺应市场需求的不断发展与壮大，注定将推动保健品行业不断前行。

案例2：2006广州汽车展览会新闻稿

领跑时代·创行未来
广州本田以强大阵容参加第四届广州车展
——以环保为引，演绎“环保、安全、节能”汽车三大主题

第四届中国（广州）国际汽车展览会将于7月25日至31日在广州国际会议展览中心（琶洲）开展。广州本田以“领跑时代·创行未来”为主题，携带强大阵容参展。

广州本田始终认为，“环保、安全、节能”是汽车发展的三大主题，在这三个方面技术领先，才能领跑时代。广州本田总经理峯川尚表示，车展除了展示产品，也是展示企业形象的良好平台。自创业以来，本田公司一直以环境保护为己任，投入不计其数的资金与人员，不断完善涉及环保领域的各项研究，并

将其中的先进成果转化为实用技术，导入到本田的汽车、摩托车和通用动力产品中，使其排放更清洁、燃油更经济、能源更节约。同样，广州本田在环保方面也走在行业前列，不仅坚持生产绿色产品，也非常注重工厂以及生产过程中的环保，积极参与环保公益，并且也将环保的理念向供应商以及特约销售服务店延伸。

因此，此次车展，广州本田将以环保为指引，充分展示广州本田在“环保、安全、节能”方面的领先水平。

参展情况

在7月24日的车展媒体日上，广州本田召开了新闻发布会，公司执行副总经理付守杰向媒体通报了此次参展情况。据悉，此次广州本田参展面积达到2000平方米，参展车型及产品总计达26台/件；备受顾客青睐的雅阁系列轿车、奥德赛多功能系列轿车、飞度系列轿车和思迪系列轿车均会精彩亮相；来自Honda的零污染燃料电池车FCX、F1赛车、ASIMO机器人也将再次亮相广州本田展台。

环保要从细节做起。此次广州车展，广州本田的展台设计和搭建都积极配合了“环保”这个主题，展台制作的部件尽量使用“可循环利用的材料”或者是低污染源的原材料来进行制作和施工；与此同时，在设计理念中，也着重体现了“人与自然，人与环境的融洽与呼应”。四大品牌区的地面图案配合四个品牌区的分区形象墙，寓意着大自然环境下的几个不同的生态元素：风、火、水，以及人与大自然的和谐统一，引导人们在参观展台的同时，联系到大自然的环境，同时在视觉上，展台品种众多的各类车型，也吸引了人们的眼球，体现出一种大自然和谐发展的环境下，高科技引领生活的主题。

环保与Honda一脉相承

早在1992年，Honda就制定并发布了环境宣言：“作为一名重视地球环境保护的负责任的社会成员，Honda将在企业活动的每个阶段，都为保护人类健康和全球环境进行积极的努力，并奋斗在环保工作的最前沿。”并且以此为宗旨，鼎力开发多方面全新环保科技，并将其应用于Honda的支柱产品——汽车、摩托车和通用产品领域。

Honda拥有领先时代的环保产品，比如在汽车方面，通过采用i-VTEC、i-DSI等小型、轻量、高功率的发动机系列，Honda的汽油车实现了领先同级的环保和节油性能；混合动力车Insight、Accord Hybrid以及Civic Hybrid实现了动力、环保与油耗的完美结合；燃料电池汽车FCX更是实现了零污染排放。

在生产环节，Honda以“环境负荷最小的工厂”为目标，在所有的企业活动中积极贯彻环保理念，并在2002年构筑起定量把握企业活动所有阶段的环境负荷，并采取有效应对措施的“Honda LCA 系统”，减少了整个生产周期中所产生的环境负荷。如通过提高能源效率，减少二氧化碳排放；通过有效活用资源，削减废弃物；以“杜绝污染根源”为基本，推行防止大气和水质污染的措施。中国的各生产工厂也同样注重环保，致力于绿色工厂的建设，并相继通过 ISO14001 环境管理体系认证。

在环保公益方面，Honda 同样不遗余力。如，Honda 在日本各地的工厂每年都会在当地组织植树绿化或森林保养的公益活动；对于政府或一些团体在全国各地开展的一些与环境有关的活动如无公害车展览或演讲会等，Honda 也给予大力协助；此外，Honda 也会在资金方面对 NGO 以及与环境有关的基金会等组织给予支持。

广州本田在环保方面与 Honda 一脉相承，自公司成立以来，在各环节均考虑了环保要求，始终向着“成为社会期待生存的企业”的目标而努力。

绿色产品

广州本田始终认为，“环保、安全、节能”是汽车发展的三大主题，因此一直以来坚持将最新的技术应用到产品中去。特别是在环保方面，广州本田把“关注环境，让员工树立环保意识，设计和制造环保产品”作为广州本田的经营理念。

广州本田成立时就坚持引进代表世界先进水平同时在安全、环保、节能方面均领先的 98 款雅阁，尾气排放达到欧Ⅱ水平，而当时市场上所卖车型基本上只能达到欧Ⅰ水平；而在 2003 年，尽管 98 款雅阁在市场上仍很受欢迎、仍有市场利润可图，但为保证新技术的应用和对环境保护的效果，广州本田也毫不犹豫地停止了旧款车的生产，推出了排放达到欧Ⅲ水平且更加节能的 03 款雅阁（即第七代雅阁），体现了广州本田对环境、对社会的责任感。

为确保对环保的严格要求，广州本田投资两千万元以上引进建成了能对整车进行欧Ⅲ以上标准排放试验的排放实验室。排放实验室于 2001 年 12 月正式投入使用，目前可进行相当于国内领先排放水平的实验。

在广州本田此次所参展的产品中，06 款雅阁、06 款奥德赛、飞度以及思迪轿车均已达到国内领先排放水平，尾气中的有害物质含量比欧Ⅲ标准减少约一半。可以说广州本田是国内少数可以做到所有量产车型均达到国内领先排放水平的汽车厂家之一，尽管为达到这一标准要付出更高的成本。

在制造绿色节能产品时，广州本田更多地使用环保材料，使更多的零件能回收利用，可以节约和重复宝贵的自然资源，并且减少拆卸旧车造成的废料填埋。目前，广州本田生产的产品已经实现 90%以上整车材料回收利用，真正成为绿色产品。

绿色工厂

不仅是在制造产品方面,广州本田在所有的公司事业环境中强调循环利用,尽可能地减少环境负担。

早在 2001 年 11 月,广州本田就通过了 ISO14001 环境管理体系认证,厂区绿化面积达到 26%。

作为汽车制造企业,在生产过程中不可避免会产生废水、废气和废渣,在这方面,广州本田投入了大量的资金和精力处理“三废”,尽量避免对环境以及周边的居民造成不良影响。废水、废气、废渣都经过处理优于国家和地方标准后才进行排放。广州本田投资 3 千多万元建立了污水处理站,日处理污水 2500 吨,经监测处理后水质优于国家和地方排放标准。处理后的“中水”约有 60% 回用于厂区绿化、马路洒水、厂房喷淋降温、卫生间的冲洗、部分工业用水等,不仅仅使公司废水处理实现双达标排放和大大降低了污染物排放的浓度,而且减少了一部分自来水的用量。广州本田的目标是最终实现回用全部处理水,对外界实现废水零排放。而这个目标很快将在第二工厂正式建成时达成。

即将于2006年9月份正式投产的广州本田第二工厂就是完全按照绿色环保工厂的目标进行建设的,并将从各个方面达到这个目标,比如空调集中供应,整车检测线的汽车尾气集中回收,最重要的一点是第二工厂不设对外排污口,中水回用率达 100%,将建成不仅在中国国内,在日本甚至全世界都领先的废水“零排放”工厂。此外,广州本田第二工厂涂装车间将从一开始就采用水溶性涂料,不但可以降低发生火灾危险的机率,而且大大降低了可挥发性有机物的排放。

实现污水零排放和采用水溶性涂料等环保工艺会增加企业的生产成本,但却有利于环境保护。作为一家有社会责任感的企业,广州本田坚持一切从环保出发,并通过提高企业自身的管理效率来努力降低成本。

热心环保事业

八年来,广州本田立志于成为社会期待生存的企业。因此,在做好自身的环境保护工作的同时,广州本田还积极参与环保事业,通过各种媒介和活动宣传环保。

在 2000 年公司刚起步时广州本田就曾为“爱护珠江作贡献”活动捐资 15 万元人民币,用于整治珠江。从 2001 年开始,广州本田等四家公司联合向中国绿化基金会捐资 300 万元人民币,分三年投入,用于河北丰宁小坝子乡喇嘛山口的防沙治沙工程,旨在支持北京及其周边地区防沙治沙,改善北京周边地区的生态环境,并且从 2001 年至今,每年组织员工到丰宁植树,既强化了员工的环保意识,也为当地的绿化做出了贡献。今年的 4 月 22 日即一年一度的世界地球日，为推动广州市环保事业的发展，引导社会各界支持环保、参与环保，广州本田公司还向广州市环保局捐赠了20台全新的环境监察车。

生产经营情况

成立八年来，广州本田赢得了社会的广泛认可和信赖，已经累计向顾客提供了80多万台用户满意的轿车，雅阁轿车就达50多万台，并且在中高级轿车市场的销量始终名列前茅。

截至2006年7月15日，广州本田已累计销售轿车131749台；其中雅阁累计销售65563台。广州本田有信心完成今年26万台的产销目标。

随着9月份第二工厂正式投产，广州本田产能将达到36万台/年。广州本田会继续努力，为喜爱广州本田的顾客提供质量更高的产品和服务。

广州本田汽车有限公司

2006年7月24日

案例3：

2008年中国国际铝工业展览会展后新闻稿
5月广州首次迎来国际知名铝展，广东铝企角逐国际铝工业市场

2008年5月28日，2008年中国国际铝工业展览会在广州中国进出口商品交易会琶洲展馆拉开帷幕。代表当今全球铝工业发展最高水平的中国国际铝工业展览会将在未来的三天时间里全面展示中国本土及国际尖端铝应用技术、各种规格及满足不同需求的铝材和特殊应用铝的半成品及成品。

2008年中国国际铝工业展览会，展出面积21 000平方米，吸引了来自全球24个国家的265家参展企业参展。6 744名来自铝业内及铝应用的专业人士到场参观。产出范围包括原铝、铝板、带、箔、型材、铸件等半成品，铝加工、冶炼、回收所应用的机械设备与技术，以及应用在建筑、运输、包装、电子、机械制造等领域的特种应用产品，这些都为众多相关企业的铝产品采购与应用提供广阔的选择空间。

国际知名铝业巨头如中国铝业、美国铝业、迪拜铝业、爱励、西门子奥钢联、古河斯凯、瓦格斯塔夫等均悉数参展，展出面积空前庞大。与此同时，由于中国国际铝工业展览会带动国内铝产品出口的显著作用，代表广东本土铝生产、加工能力最高水平的亚洲铝业、金桥铝业、豪美铝业、广亚铝业、凤铝铝业、兴亚铝业、兴发铝业等知名铝企也纷纷高调亮相。此次展会不仅是广东地区迎来的首个如此高规格的国际性铝业盛会，也是广东铝企第一次在家门口向世界集中展示整体实力的难得契机。

展会同期举办的“中国国际铝加工论坛”和“中国国际铝工业展览会技术研讨会”，由来自国际铝协、美国铝协、日本铝协的业内知名专家和企业负责人参与，就世界铝业格局变化、市场发展趋势和最新科研技术等多个层面进行了深入地探讨，其中包括通过回收创新节约能源、中国板带箔市场的变化分析等热点课题，从而共同把握铝业发展的脉搏。

在落户广州之前，中国国际铝工业展览会已在上海成功举办了3年，现已跻身世界三大铝展，汇聚来自铝业及其应用行业的10 000余名专业人士。此次选择广州作为战略要地，之后便将以奇数年在上海、偶数年在广州的方式交替举办。在完成沪粤布局后，励展铝工业展将有效整合长三角与珠三角的铝业资源和优势并进行深度挖掘，实现两地资源完美对接，促进两地贸易业务及技术交流合作，为中国铝工业的发展搭建良性循环的有效平台。

“2008年中国国际铝工业展览会在落户广州和德国铝展注入国际资源的助力下，将继续保持规模增长的势头，成为奥运年亚太地区最具影响力的铝业盛会。展会尤其对于广东本地铝工业及铝应用行业的企业来说，意味着更为直接的面对面沟通机会和更有效的商业合作往来。”励展博览集团中国区副总裁刘国良先生说。

连续4年参加展会的中国铝业公司总经理肖亚庆先生表示:“中国铝业公司作为2008年中国国际铝工业展览会的主要赞助商参加展会,我们的目的已经不仅仅是向世界展示中国铝业公司在中国铝工业中的旗舰地位，更要向世界证明中国在国际铝工业发展中所扮演的重要角色以及发挥的重要作用。如此高规格的国际性展会，使我们与更多的国际企业建立联系，建立有效的业务合作，有助于今后我们在全球战略部署的执行。”

据悉，为不错过此次开在家门口的展会，来自广东本地相关铝应用行业的众多企业纷纷表示希望参加中国国际铝工业展览会，为此主办方特别首次引入观众代表团计划，将为希望组团参加的企业参观者提供全方位的服务。国内外供应商与采购商云集，一场铝工业剧幕辉煌上演。

五、展会通讯

在展会筹备阶段,目标参展商和目标观众往往急于了解展会筹备进展情况。例如，目标参展商希望了解展会将会邀请什么样的专业观众；目标观众则希望知道有哪些企业带着什么样的产品来参展；国外的客户希望知道当地的市场状况。他们对这些信息的了解，将在很大程度上影响他们做出是否参展或参观的决策。如果信息不能及时传递到他们手中，展会可能会因此失去大批客户。如何才能将信息及时、准确地传递到客户的手中呢？制作展会通讯是解决这一问题的常用手段。

（一）展会通讯的含义和作用

1．展会通讯的含义

展会通讯是办展机构根据展会的实际需要编写的、用来向目标客户通报展会有关情况的一种宣传资料，它可以是一本小册子，或是一份报纸。展会通讯提供的信息有展会将邀请什么样的专业观众到会、有哪些参展商参展、会带来什么样的产品等内容。

展会通讯编印后，办展机构将以邮寄的方式送达给目标客户，或者通过电子邮件发送给其目标客户，并在展会的专门网站上发布。展会通讯的邮寄有赖于目标观众数据库和目标参展商数据库的建立和完善，否则，展会通讯的邮寄就会出现困难。

2．展会通讯的作用

办展机构及时编制并向目标客户直接邮寄展会通讯，是因为它有以下五个方面的重要作用：

（1）及时、准确地向目标客户传递展会的有关信息，与目标客户保持联络和信息沟通。

（2）扩大展会宣传推广的范围和渠道，建立展会的良好形象。展会通讯一般是通过直接邮寄向目标客户发送，针对性非常强，效率很高，宣传效果明显。

（3）促进展会招展。展会通讯中有关当地市场和展会招商内容的通报，往往能对促进企业参展产生积极的作用，而对已经参展的行业、知名企业的通报，则能对其他企业参展产生积极的示范作用。

（4）促进展会招商。通过展会通讯，及时地告诉目标观众有哪些企业已经参展，展会将展示哪些产品，有哪些新产品将在展会上首次亮相，这对吸引观众参观有较大的帮助。

（5）为展会目标客户提供良好的信息服务。展会通讯的内容不仅仅包括展会的有关情况，它还包括展会展览题材所在行业的国内外市场的信息和行业动态。

（二）展会通讯的内容

展会通讯要切实起到上述作用，其内容应该丰富和实用。否则，展会通讯将流于形式，起不到其应有的作用。一般来说，展会通讯要包含以下内容：

1．展会基本内容

包括展会名称、举办时间和地点、办展机构、展会的 LOGO、本展会的特点和优势等。如果展会已经举办过几届，则本部分的内容有时候还包括上届展会的总结和展览现场的有关图片。

2．展会展览题材所在行业的市场信息和行业动态

不仅包括国内外同类展会的情况，更包括本展会展览题材所在行业的国内外市场状况、行业动态和发展趋势等。

3．展会招展情况通报

除了通报所有参展企业名单外，还应将行业知名企业的参展情况重点通报。

4．展会招商情况通报

包括招商渠道、招商宣传推广、招商措施和招商效果等。

5．展会宣传推广情况通报

包括各种宣传推广渠道、办法和时间安排，用以增强客户参展和观众参观的信心。

6．展会期间举办相关活动情况通报

它告诉目标客户展会期间将举办哪些活动，如专业研讨会、产品发布会等，以方便客户提前安排时间，做好参与活动的计划与准备。

7．参展（参观）回执表

包括参展（参观）申请人的单位名称、地址、联系人、联系办法、参展（或感兴趣）产品介绍、办展机构的联系人和联系办法等。参展（参观）回执表的目的在于方便客户及时反馈其参展（参观）的信息。

展会通讯一般是分期编印，但并不是每一期的展会通讯都必须包含上述内容。根据展会进展的实际需要，不同阶段的展会通讯内容侧重点不同。例如，在展会筹备初期，展会通讯的主要作用在于向目标客户传递展会信息，扩大宣传，促进展会招展，因此，展会通讯的内容也要偏重于能促进展会招展的有关信息；在展会筹备中后期，除了继续促进展会招展以外，展会通讯的主要作用在于与目标客户保持经常的联络和信息沟通，提供信息服务，促进展会招商。这时展会通讯的内容应偏重于能促进展会招商的有关信息；在展会已举办并开始筹办下一届展会时，展会通讯里就必须包含对上一届展会进行总结的内容。所以，展会通讯的内容不是一成不变的，它是随着展会筹备进展的需要而不断调整的。

（三）展会通讯的写作要求

展会通讯通过直接邮寄发送给目标客户，并对他们的参展（参观）决策产生影响，为此，必须促使客户在收到展会通讯时愿意看、能够看。否则，展会通讯即使邮寄到客户手中，客户也会将它当作垃圾一样扔掉，如此展会通讯就起不到任何作用。因此，在编制展会通讯时，我们要努力做到：

1．展会通讯具有知识性、时尚性和趣味性

展会通讯的内容切忌死板，对于各种信息的提供不能记流水账，让人读起

来索然无味。尽管展会通讯是为展会服务的，但其内容不能只局限于有关展会的信息上，还必须及时传递相关行业的动态和市场方面的信息，使客户在接受行业动态和市场信息时了解展会。

2．外观美观大方

展会通讯的制作要符合展会的定位和档次，外观赏心悦目、美观大方，整体版式设计便于邮寄，文字字体和编排便于阅读。

3．内容短小精悍，信息真实可靠

展会通讯里的各种文章不宜冗长，内容要简洁流畅，短小精悍，所传递的各种信息要经得起推敲，做到真实可靠。

在国外，很多展会都编印展会通讯。目前国内办展机构在筹办展会时，编印展会通讯的还不太多，许多办展机构还未充分认识到展会通讯的重要作用。其实，编印展会通讯的成本并不高，尤其在电子商务发达的今天，通过网站或电子邮件发送展会通讯，其成本更低。在实际操作中，展会通讯不仅是展会直接营销的有力武器，也是扩大展会宣传推广、促进展会招展招商的重要手段，是值得办展机构利用的。

案例 1：

2009 亚洲户外展拉开序幕

2009 亚洲户外展业已启动，主办方正在接受来自全球的报名申请。2009 年，亚洲户外展预计将迎来多达 280 个品牌参展，更多国际知名品牌和市场中坚届时将占据展厅的绝大部分面积。他们将租用更为宽敞的展位以系统展示品牌哲学和设计理念。除此之外，各项配合活动也着眼于加入更多娱乐和创新元素，丰富和完善展商和观众的参与体验。总而言之，亚洲户外展正和所有客户一同成长，我们期待您早日加入。

案例 2：

德国慕尼黑 analytica 2008 成功闭幕

●新慕尼黑展览中心展商、观众数量剧增

●国际展商数量创纪录

●实验室领域商机无限：　analytica 订单如潮

2008 年 4 月 4 日，德国慕尼黑 analytica 2008 成功谢幕。对于这次展览，无论展商、观众还是展会管理团队的看法都是一致的：analytica 的第 21 次登台表现不仅超出了所有人的预期，并且以办展 40 年来最多的国际展商与观众数量创造了历史。来自 34 个国家的 1 032 名参展商中约有 36%来自德国以外的国家（相比之下 2006 年的展商数为 847 名，来自 32 个国家）；来自 111 个国家的 32 500 名观众中，约有 33%来自德国以外的国家（2006 年观众数量为 27 190 名，分别来自 94 个国家）。

慕尼黑国际展览集团董事总经理 Hans-Joachim Heusler 先生称："就绝对数量来说，相比 2006 年，本届展会的海外展商数量增加了 80 家。今年来到慕尼黑的海外观众有 11 000 名，也比 2006 年增加了近 4 250 名。"高比例的海外展商及观众证明了 analytica 作为分析、实验室技术与生化技术领域国际领先展览的地位。

今年，令人振奋的数据对展商和观众都是一份最好的礼物。由独立研究机构 tns infratest 开展的调查显示，今年展商及观众的满意度达到了历史新高。

展商预计商机无限

因经济环境趋好，analytica 所涉及的领域正处于高速发展的过程中。这从观众心态中就可得到反映：展商注意到，不论商业还是公共领域，本届展会愿意购买产品或服务的观众数量都大大增加了。同时，相关商机和高质量的客户联系也显著增多。 BioTek 生物器材有限公司董事总经理 Thomas Brunner 先生说："相比 2 年前，今年与我们洽谈的客户数量明显增加。我们也注意到人们投资更新的愿望有很大提升，因此相信展后的成交额将轻松达到 10 万欧元以上。"

观众数量有力证明了行业向上趋势

今年来自 111 个国家约 32 500 名的观众数量有力证明了行业的向上趋势。相比 2006 年，今年的观众数量增长了近 20%，海外观众数量的增长更是超过 60%。除展会的传统客户如奥地利和瑞士外，参观人数最多的国家还包括英国、北爱尔兰、意大利、法国、荷兰、美国、捷克和西班牙。观众人数增幅最大的是一些欧洲中、东部国家如罗马尼亚、俄罗斯和塞尔维亚。

Shimadzu Deutschland 公司董事总经理 J ü rgen Semmler 谈到 analytica 时相当激动："展会举办得相当成功。展前我们就努力邀请自己的客户参加，包括德国北部地区的客户，最终我们成功了！" Semmler 还说他们所有重要的国际伙伴包括在欧洲拥有分支机构的跨国公司今年也都到场了。"周四那天我们的展台曾经一度无法容纳所有的观众。"

analytica 研讨会：现代分析学的特殊平台

参加 analytica 研讨会的观众也为数不少，靠近展会大厅的科技研讨会场地曾经一度人满为患。由德国化学会（GDCh）、德国生物化学和分子生物学协会（GBM）、德国医用化学和实验药物协会（DGKL）组织的高水平学术演讲涵盖了所有展会主题，触及科学和行业的各个领域。

Analytica 2008 包括 4 个同期研讨会和 24 场独立论坛，总共有 121 场演讲和 65 份张贴海报。演讲者中一半来自欧洲国家、加拿大和美国。国际性科学学会如 EuCheMs（欧洲化学与分子学协会）的参加也反映了今年展会的国际性。德国生物化学和分子生物学协会（GBM）主席 Manfred Braun 说："analytica 研讨会举办得非常成功。会议主题都紧紧抓住了观众和展商的兴趣，演讲者中包括了各领域的国际顶尖专家，1500 名听众几乎挤爆了研讨会会场。"

焦点观察：新兴和创新公司

今年展会新增加了创新区（Innovations Area），集中了超过 50 家新兴企业、研究机构和大学。这个新区域的开辟让新兴企业和大学附属企业有了展示自己商业构思和结识新客户的良好平台。新区域还包括由德国教育与研究部赞助的"德国制造"展区，区内有 20 家企业。临近的"巴伐利亚创新"展台内有 25 家公司和机构展示了其产品和技术。此次的创新区域得到了来自展商及观众的积极反馈。

Plasmonic Biosensor AG 公司 CEO， Alan Douglas 先生说："我们很吃惊在这里有如此多的洽谈机会，对洽谈质量之高也深感意外。作为一家初创的公司，我们参展的主要目标是接触潜在伙伴、供应商和客户。的确在这里我们也做到了，我们的联络企业甚至包括来自于德国以外的国家。2010 年我们一定还会再来参加。"对很多大学附属企业如 W ü rzburg 大学的 Raman Biomed 和慕尼黑 LMU 大学的 Coriolis 公司来说，这是他们第一次作为企业公开亮相。创新区也受到了来自观众的积极评价。

融资日（Finance Day）和职位日（Job Day）

融资日是此次展会的又一亮点，这项活动主要包括专业研讨会和演讲，探讨创业企业和企业规模扩大的融资方式，主题同样是对新企业的支持。活动主题包括多个方面，如政府补贴、企业融资、企业发展、风险投资、合资企业和上市融资等。GoingPublic Magazin's 杂志生化技术特刊项目总监 Markus Hofelich 先生说："尽管融资日活动是第一次开展，它所达到的效果却让我们非常吃惊。 我们希望下一届的 analytica 上还会有这样有趣的活动。"

到 analytica 来寻求新职业机会的人士和招募优秀员工的企业可以到职位日活动中各取所需。这项活动由求职网站 Jobvector 和一些专业机构组织联合举办，组织者中包括德国化学会（GDCh），德国中央生物、生物科学与生物医学协会（VBIO）和德国生物化学和分子生物学协会（GBM）。职位日活动围绕业内教育和职业计划开展。据 jobvector 的两位 CEO，Tom Wiegand 和 Eva

Birkmann 说："来会场寻求生命科学业工作机会信息的求职者超过了 2 500 名，我们对职位日活动的成功感到十分激动。参加活动的公司如 Thermo Fisher Scientific 和 Roche Diagnostics 等都和多个高素质的求职者有了接触。"

今年的展会还把继续教育纳入到活动范围内，Klinkner & Partner 公司组织了一系列面向实验室工作人员和经理的培训班，观众对培训课程的评分普遍是良好到优秀。Klinkner & Partner 公司营销总监 Nicole Maas 博士说："在展会中加入培训课程让观众受益匪浅。参加者们对课程中的宝贵信息和参与机会都相当感兴趣。2010 年这项活动还将继续，并且会有所扩大。"

（来源：tns infratest）

六、会展简报

（一）会展简报的含义及特点

1．会展简报的含义

会展简报是反映会展管理和活动主要成果、动态的内部性简要报道，也称为"会展信息"。会展简报不是法定的会展公文，由会展管理机构或主办单位编发，具有公务文书的性质。

2．会展简报的特点

简报写作要求简字当头、材料真实、内容新鲜、反映灵敏、形式规范、来源多样。

（1）简字当头。这是简报写作的最大的特点。其他宣传性文案也强调文字简要，但并不像简报那样强调简字当头，事实上许多综合性、经验性消息报道篇幅都较长。对于简报而言，即使是一些经验性简报，也要求控制篇幅，一般不超过千字，故有"千字文"的别称。

（2）材料真实。简报所反映的情况、工作、问题、经验皆以真实、可靠的材料支撑，容不得半点虚夸或掩盖。

（3）内容新鲜。会展简报也是一种新闻消息报道，只是限于特定的范围，一般情况下不通过大众媒体公开发表而已。但在内容上，必须反映新情况、新经验、新问题。

（4）反应灵敏。简报要反映新情况、新经验、新问题，就必须具有灵敏性和及时性。如果反应迟钝，出报缓慢，就会延误时机，使简报丧失其应有的功能。因此，从简报写作到最后发出，既要有敏锐的洞察力，注意发现和收集前瞻性、倾向性和苗头性的现象、经验和问题，又要在写、编、校、印、发等环节强调及时、迅速，确保简报在第一时间发到有关机关和人员手中。

（5）形式规范。简报的形式较为规范。在外部样式上，简报有约定的标印格式，由报头、报身和报尾三部分组成；在标题、导语、主体的表现手段上，以严谨为主，一般不使用多行标题和带有描写性或修辞性的导语，与新闻消息的可读性要求有一定的区别。

（6）来源多样。会展简报的信息来源丰富多样，工作报告、情况报告、会展总结、会议纪要、调查报告等，都可以作为简报写作的材料，甚至有的简报就是在这些材料的基础上进行改写而成的。

（二）会展简报的作用和种类

1．会展简报的作用

（1）汇报作用。会展简报虽不属于会展公文，却可以及时反映会展信息，是会展主管部门和主办单位领导人了解会展情况、掌握会展动态的重要工具。

（2）交流作用。会展简报的交流作用体现在两个方面，一是通过报道各种会议分组活动的信息或转载与会者在分组会上发表的重要意见，促进会议成员之间的交流和沟通。尤其是在大会交流时间有限的情况下，会展简报可以作为书面交流的补充形式。二是会展简报的编发单位，通过简报向合作单位传递信息，交流经验，协调工作。例如，会展主办单位向协办单位和承办单位通报会展活动的筹备和举办信息，很多情况下就是运用简报的形式。

（3）宣传作用。会展简报也是一种宣传工具，虽然传播面不如会展新闻消息广，但由于具有公务文书的性质，且通过组织渠道传递，因而影响力较强。通过向上级机关、平行机关和其他有关单位发送简报，可以达到辐射会展活动的信息，扩大会展活动影响的效果。

（4）指导作用。会展简报也是会展管理机关或会展主办单位向下属机关推广会展工作经验、分析会展动向、指出会展管理工作中存在问题的一种书面工具，并以此及时指导有关方面的工作，加强对会展工作的管理。

2．会展简报的种类

会展简报的种类较多，按内容性质来分，大致有以下几种：

（1）工作性简报。即以汇报工作为主的会展简报。

（2）情报性简报。即通报会展工作中发生或发现的新情况、新动向的会展简报，又称动态简报。

（3）经验性简报。即重点介绍、推广会展工作中新鲜经验的简报。

（4）问题性简报。这类简报以揭露问题、批评错误为主要任务。

（5）转发性简报。用于转发领导讲话或会议期间与会者的发言及书面建议。

（三）会展简报的结构和写法

会展简报结构与写作方法的采用密切相关，写法不同，结构也有所不同。

会展简报的写法大致有两种：

1．报道式会展简报

报道式简报也就是采取新闻消息报道的写作方法，介绍会展活动的情况。

（1）报道式简报的种类

从内容覆盖面来分，报道式简报可分为综合性报道和专题性报道。综合性报道是对会展活动做全面报道，专题性报道是对会展活动的某一方面进行报道。

从报道的时间来分，报道式简报可分为连续性报道和最后报道。连续性报道是由一系列简报组成的，对会展的进程所做的连续的动态报道，贯穿会展活动的始终。最后报道是在会展结束后，对会展活动的全过程以及会展的结果做全面报道。

（2）报道式简报的结构和写法

①标题。报道式简报的标题要求概括、醒目、简短、富有吸引力。一般有单行式标题和双行式标题两种写法，而很少采用多行式标题。单行式标题如："国际协会上海会议举行"。

双行式标题由正题和副题构成，正题揭示简报的主题，副题起补充说明的作用，如：

高校扩招要慎重

——第×届高校论坛侧记

双行标题也可以由肩题和正题构成，如：

与时俱进，共创未来

××区精神文明建设经验总结交流暨表彰大会隆重举行

"与时俱进，共创未来"是肩题，起烘托正题的作用，正题"××区精神文明建设经验总结交流暨表彰大会隆重举行"揭示简报的主题。

②开头。报道式会展简报的开头一般采用以下两种写法：

一种是概述式。即采用叙述的方式概括介绍会展活动的概况或主要信息。以会议简报为例，开头应介绍会议的名称、时间、地点、主持人、与会单位和主要与会者、会议的气氛等。综合性会展简报常使用这种导语。

另一种是点题式。即简报一开头便直截了当切入主题，常用于专题性会展简报。如："第三届××贸易展示洽谈会成交额创历史新高"。

③主体。报道式会展简报的主体部分用来介绍会展事件的过程、主要精神、主要成果。这部分是会展简报的主干，要围绕主题、突出重点。写法上可按事件重要程度递减的顺序来安排主体的结构（倒金字塔结构），也可完全按事实发生的时间顺序来写（金字塔结构）；也可将报道的内容分成若干并列的方面来写（双塔式结构）。

④背景。报道式会展简报有时也需要背景说明，以帮助领导或相关部门全面把握会展简报的事实。具体写法同会展新闻。

⑤结尾。是否需要结尾，如何结尾，要依据内容而定。

2．转发式会展简报

转发式简报主要用于转发会展活动中领导讲话或者与会者的重要发言及书面建议。

（1）转发方式

转发方式有两种：

一是全文转发。对篇幅不长、内容精彩的讲话、发言或书面建议可以全文转发。

二是摘要转发。对篇幅较长的重要讲话、发言或书面建议，可以采取摘要转发的办法。摘要转发要抓住中心和要点，并尽可能保持发言的原来风格。

（2）转发式简报的结构与写法

一是标题。转发式会展简报的标题，一般要反映发言者姓名、身份和发言的主题或原发言稿的标题。如："王建和代表呼吁设立学生帮困基金"。

二是按语。按语又称编者按，用以说明转发目的，提示内容，引起读者注意和重视。按内容划分，按语可分为说明性按语（说明转发原因和目的）、提示性按语（提示内容的重点和要点）、评述性按语（对转发的发言和建议发表意见、表明态度）。

按方式划分，按语可分为前言式按语（即放在标题之前或标题之后、正文之前的按语，又称题头按）、插入式按语（即在正文重点、要点和精彩之处用括号插入按语，有画龙点睛之功效）、编后式按语（即在正文之后的按语，又称编后按）。付印时，按语的字体字号要与正文有明显区别。

三是正文。正文部分就是简报所要转发的发言或建议的内容。编辑时，要对原会议记录或发言稿进行文字梳理，对即兴发言中的口语或不规范的语言，做适当的修改，但应保持发言的风格。

案例 1：

报道式简报

第七届北京国际汽车工业展览会简报（第一期）

第七届北京国际汽车工业展览会将于 2002 年 6 月 6 日至 13 日在北京中国国际展览中心隆重举行。这是中国入世后，首次在中国举办的大型国际性专业汽车展览会。

本届展览会由中国机械工业联合会、中国汽车工业总公司、中国国际贸易促进委员会、中国汽车工业协会主办，由中汽对外经济技术合作公司、中国国际贸促会汽车行业分会、中国汽车工程学会、中国国际展览中心集团公司联合承办。两年一届、定期举办的北京国际汽车工业展览会自 1990 年创办以来，得到了中外汽车界、新闻界及社会各界的大力支持和参与，参展厂商逐年增加，参展展品不断更新，展出规模连年扩大，目前已成为国内规模最大、权威性最强、档次最高，并在国际汽车界、会展界有较强影响力的国际性专业品牌展会。本届展会必将以其强大的参展阵容、精选的品牌展品、各具特色的展台设计、热情如潮的各界观众、丰富而强烈的文化气息、悉心安排的组织策划而展示世界汽车工业在新世纪的新风采和新趋势。

到目前为止，已有 20 多个国家和地区的 800 多家厂商报名参展，共有海外厂商 300 余家，国内厂商 500 余家。本届展览会将突破国内专业性展览会历史最高规模，展出面积达 7.5 万平方米，将使用中国国际展览中心全部馆内、馆外场地，成为在中国国际展览中心使用度、饱和度最高的展会。

在国外厂商中，奔驰、宝马、大众、奥迪、福特、丰田、日产、戴姆勒-克莱斯勒、罗尔斯罗依斯、雪铁龙、标致、沃尔沃、现代、起亚、富士重工、斯堪尼亚等著名整车制造厂商已报名参展；通用、本田、菲亚特、铃木、雷诺商用车等整车公司也正在报名确认参展阶段；博世、德尔福、西门子、法雷奥、ZF 公司、米其林、日立、歌乐、东洋化工、ABB 公司等知名零部件公司也已报名参展；同时来自意大利、德国、美国、法国、韩国、西班牙等国家的展团也组织了强大的阵容参展。

国内厂商参展报名也十分踊跃，一汽集团、东风集团、上汽集团、重汽集团、交通部、兵器装备集团、兵器工业集团、航空第一集团、航空第二集团、北京汽车工业集团总公司、天津汽车工业集团公司、跃进汽车集团公司、中汽零部件集团联营公司、中汽协会相关工业分会、车用电机电器协会、汽车用品展团等 16 个展团组团参展，还有国内知名的企业：上海大众、上海通用、一汽大众、神龙公司、沈阳金杯、福建东南汽车、浙江吉利豪情、一汽海南、哈飞、江苏悦达等整车制造公司参展。国内大中型客车生产企业亦踊跃报名参展，如：厦门金龙、西沃、宇通、丹东黄海、安凯客车、天津伊利萨尔等。此外，零部件企业和相关企业也积极参展，目前除了在展团参展的零部件企业之外，还有一大批汽车零部件的生产或经销企业参展。如：戴卡轮毂、烟台奔腾汽车维修、约斯特汽车部件、宁波拓普、辽宁冶金工贸、盈佳机电、北京民族汽车仪器、乐陵金麒刹车片、上海隆丰零部件、福州钜全配件、宝利马汽车空调、华阳多媒体、飞利浦电子、正新轮胎、中航技凯祥贸易等。

本届展览会展品琳琅满目，除展出各种汽车整车产品外，还有部分摩托车、各种汽车零部件、产品开发新技术、新材料、新工艺、加工制造设备、检测维修设备、汽车用品等方面的展品展出，展品汇集了一大批当代国际汽车工业高新科技产品，以及近年来国内企业开发研制的领先技术及产品，代表了当今国内外汽车工业的发展水平。

今年车展的主题：科技先导、环保节能；入世腾飞、迎接奥运。中国加入WTO后，国内外汽车界都将本届展览会视为新的展示与宣传"亮点"。国外厂商为进一步扩大市场份额作了充分准备，展出车型多种多样；国内汽车厂商为了迎接入世的挑战，也纷纷拿出自己的拳头产品。今年车展有几个较为突出的特点：一是中国入世后，汽车关税降低，许可证逐步取消，使得高档豪华轿车首次来华参展，世界名车——罗尔斯罗依斯、宾利首次来中国参展。二是体现全球经济一体化，世界各大汽车集团集中国内外车型联袂参展，如：德国大众汽车公司此次展出阵容强大，以德国大众、上海大众、一汽大众三家联合的参展形式参展，展出面积最大，展出车辆最多；在奥迪的展台上，我们也将看到由一汽大众生产的国产奥迪品牌。三是参展报名火爆，致使参展场地供小于求。本届展会受场地面积所限，就目前参展情况看，申报展位已超出可提供展位，后报名的厂商很有可能拿不到展位，为了使更多的厂商参展，我们已与部分厂商协商，劝其缩小参展面积。但国内厂商应对入世挑战，纷纷申请要扩大参展规模，并表示参展主要为提升企业形象，这说明入世已成为本届车展火爆的助燃剂。

本届车展如此火爆的原因是随着中国的入世，中国的汽车市场将面临着更加开放以及更趋激烈化的竞争。它意味着：随着汽车关税降低，进口许可证逐步取消，国外的汽车将更多地进入到中国来，扩大其市场的空间；国内厂商为应对入世挑战，将加快新车上市的步伐并积极构建自身国际竞争力。

为使今年的展览办出特色，推陈出新，改进以往的传统模式，展览会主办单位在参展费用、展期时间段、参观时间、组织策划、新闻宣传、改善现场服务等方面进行了改革和创新，具体措施如下：

（1）降低了国际馆参展费用，逐步与国际接轨；

（2）细分参观时间段，设立新闻日，6月5日为新闻日，6~7日为专业观众参观日，8~13日为社会公众开放日；

（3）延长展期和每日参观时间，将展期由7天改为8天，每天开馆时间定为9：00~18：00；

（4）多场次举办中外汽车界的研讨会和技术交流活动；

（5）更加合理地、有效地组织观众；

（6）全面做好展览会的宣传工作，印发“参观指南”、“每日展讯”。与电视台、电台、报刊、杂志合作，在展前、展中、展后掀起汽车展的宣传浪潮；

（7）在展会现场1号馆二层设立新闻中心，为新闻界的朋友们提供收集大会资料、参展商资料、办公及休息的场所，并为其提供必要的现代化通讯、办公设备等；

（8）改进现场服务设施，中国国际展览中心集团公司在现有的条件下，为改善展览中心周边交通状况，自行投资架设两座过街天桥；

（9）继续举办丰富的汽车文化活动，如推出本届展会吉祥物——飞马，继续举办“汽车摄影大赛”，续建由国内外30余家单位共建的北京国际汽车环保园项目，继续推出最先进的LED日光式超级显示大屏幕直接播放参展商资料，在展会现场开设“展中展”区域，展示历届“汽车摄影大赛”、“全国少年儿童汽车绘画大奖赛”的获奖作品，同时展出“全国青少年汽车设计作品”，以扩大展览会的宣传和影响，增加展览会的文化内涵。

此外，还有一些丰富而有意义的活动将陆续推出。

总之，由于国际著名汽车制造厂商和世界一流的零部件跨国集团的踊跃参加以及国内各大汽车集团和零部件厂商的积极参与，使今年的展览会场地爆满，同时使两年一届的北京国际汽车展览会再次成为受人瞩目的重要车展。目前距展览会开幕还有3个月的时间，展览会主办、承办单位为实现“展商满意、观众欢迎、众望所归”的目标，正在积极努力地开展各项工作。在此，我们衷心地希望在各有关部门、新闻界、参展单位及社会各界的支持、配合与通力合作下，共同北京国际汽车工业展览会向着“品牌国际化、组织管理科学化、设施与手段现代化”方向迈进。

我们热情邀请中外汽车界的同行、朋友们参加、参观第七届北京国际汽车工业展览会，并通过展览会广交朋友、促进交流、拓展市场、互动双赢。

案例2：转发式简报

会 展 简 报

2008 第11期

2008年3月18日 ★ **会展处**

2008 中国重庆全球采购会

筹备情况（一）

本届“全采会”招展工作已基本完成，组织境外企业参展、论坛筹备、宣传推广等工作正在有条不紊的进行之中。

规划展位共600个。截至2008年3月12日招展情况良好（如图1）。

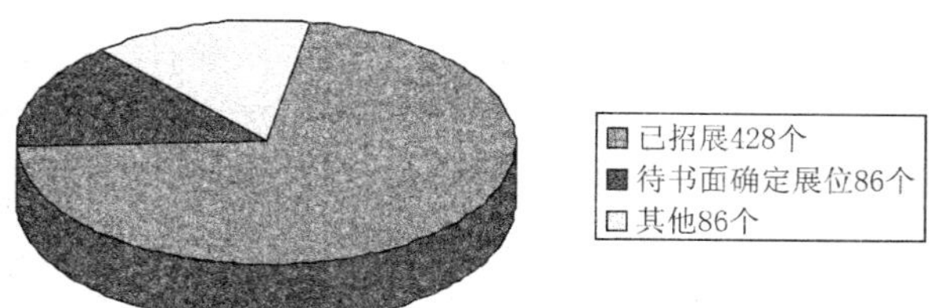

图1　本届"全采会"招展情况

采购商组织方面，数量与质量都有了很大的提高（如图2）。其中，伊拉克重建采购中心最终决定放弃成都市政府给予的优惠政策和支持，把本计划今年6月在成都举办的"伊拉克重建中国专题采购会"融入到重庆"全采会"中举行。

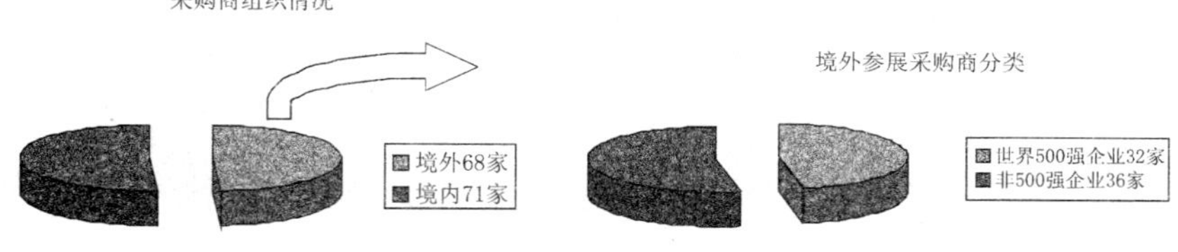

图2　采购商情况

论坛筹备方面，本届将推陈出新，在往届全是境外采购商演讲的基础上，结合本届增加的进口促进主题，适当安排部分境内大型采购商发言。积极筹备中的展会有"2008 国际物流发展高峰论坛"、"亚欧中小企业发展高峰论坛"。目前正在争取将成都举办的"中国丘陵山区农业机械化发展论坛"设在重庆举办，并在"全采会"期间举行。

第九节　会展项目设计计划书

一、会展项目设计计划书简介

工作计划就是对即将开展的工作的设想和安排，如提出任务、指标、完成时间和步骤方法等。古代孙武曾说："用兵之道，以计为首。"无论是单位还是个人，无论办什么事情，事先都应有所打算和安排。有了计划，工作就有了明确目标和具体步骤，就可以协调大家的行动，增强工作的主动性，减少盲目性，使工作有条不紊地进行。同时，计划本身又是对工作进度和质量的考核标准，对大家有较强的约束和督促作用。所以计划对工作既有指导作用，又有推动作用，做好工作计划，是建立正常的工作秩序、提高工作效率的重要手段。计划的种类较多，按内容分，有综合性计划，如社会发展计划、国民经济计划等；有单项计划，如生产计划、学习计划等。按覆盖的范围分，有国家的、地区的、系统的、部门的、单位的、个人的计划等。按针对的时间分，有多年性的，其计划一般又称为规划；有近期的，如年度、季度、月份计划等。按计划的详细程度分，有计划要点、简要计划和详细计划。工作计划大体分为标题、正文、结尾三部分。

项目设计计划书本身作为一种"计划"，具有"计划"的一般性特征，同时也有一些其自身独特的特点。现代社会一般的项目设计计划书是以商业计划书为主。

商业计划书最初出现在美国，当时被当作是从私人投资者和风险投资家那里获取资金的一种手段。这些投资者会成为公司的股东之一，并提供保金。根据研究，在目前以及将来的国内各种行业市场当中，不管面对何种类型的投资方，商业计划书已经成为针对各类潜在的投资者而一开始就需要准备的一项最重要的书面材料。

何谓项目设计计划书？

项目设计计划书是商业计划书的一种，是项目单位为了达到招商融资和其他目的，在经过前期对项目科学地调研、分析、搜集与整理有关资料的基础上，根据一定的格式和内容的具体要求而编辑整理的、一个向读者全面展示项目目前状况、未来发展潜力的书面材料。它有别于传统的《项目建议书》和《项目可行性研究报告》。项目计划书考虑问题更全面，更注重操作性，更强调经济效益，其格式和内容也有具体的要求。如果国际融资是项目融资计划的一部分，此时，还得准备一份英文版的项目设计计划书。

二、会展项目设计计划书的目的和作用

国外某著名风险投资家说："如果你想踏踏实实地做一份工作的话，写一份商业计划，它能迫使你进行系统的思考。有些创意可能听起来很棒，但是当你把所有的细节和数据写下来的时候，它自己就崩溃了。"项目设计计划书首先是要把计划中拟实行的项目推销给项目制定人员自己；其次，项目设计计划书要把计划中的项目推销给项目投资者或项目接受者。企业整理、撰写项目设计计

划书的过程，也是首先把该项目推销给企业和企业家自己的过程，若设计者自己都不相信的商业计划，是不可能推销给别人的，更不用说精明过人的国内、国际投资者。反过来，即使再好的项目，如果不用商业计划书这一众多投资者认可的形式充分展示出来，其结果很可能仍是把项目留给了企业家自己。再次，撰写设计计划书主要目的之一就是为了招商融资，以谋求共同合作和公司的长远发展。最后，设计计划书还可以为企业的发展定下较具体的重点和方向，从而使员工了解企业的经营目标，并激励他们为共同的目标而努力。

项目设计计划书的主要目的之一是为了筹集资金，所以在计划书中一般必须要说明：

（1）创办项目的目的。为什么要冒风险，花精力、时间、资源、资金去创办项目？

（2）创办项目需要多少资金，为什么需要这么多资金，为什么投资人值得为此注入资金？

对已经施行了的项目，项目设计计划书可以为项目的施行指明比较具体的方向和重点，让项目施工人员了解项目的目标，激励他们为共同的目标而努力；更重要的，它还能让项目的出资者以及供应商等了解项目的运行状况，说服出资者为项目的进一步发展提供资金。基于这些理由，项目设计计划书是项目推行者最主要的一个商业文件。

从广义上讲，所有公司、企业的项目在运作中，都蕴含着各种或大或小的风险，单是从经济层面考虑，也没有 100%的保证。所以，从投资者的角度来看，他们都会把所有的项目看作风险项目，把准备投资的公司、企业看作风险企业。国内外融资方式众多，但从严格意义上来讲，都应该归属于风险投资的范畴。美国一位著名风险投资家曾说：“风险企业邀人投资或加盟，就像向离过婚的女士求婚一样，而不像和女孩子恋爱。双方各有打算，靠口头许诺是无济于事的。”对于正在寻求资金的风险企业来说，项目设计计划书就是企业的通话卡片。项目设计计划书的好坏，往往决定了投资交易的成败。现代招商融资没有项目设计计划书几乎是不可能成功的，没有一个正规、完整的项目设计计划书招商融资的希望也是渺茫的。一个很简单的原因就是：所有投资者首先面对的是项目设计计划书而不是项目本身。

项目设计计划书的重要性是不言而喻的。例如，当选择了某展览项目创建目标与确定创建项目的动机之后，若同时在资金、人脉、市场、展馆等各方面的条件都已准备妥当，或者已经累积了相当实力，这时就必须提出一份完整的项目设计计划书。项目设计计划书是整个项目施行过程的灵魂，在这份计划书中，详细记载了项目的一切内容，包括项目的种类、资金规划、阶段目标、财务预估、展览推广、可能风险评估、内部管理规划以及展馆使用等。在施行项目的过程中，这些都是不可或缺的元素。

三、会展项目设计计划书的内容和格式

1．项目设计计划书的内容要素

项目设计计划书可以帮助项目创建者记录项目的内容、项目创建的构想和未来的蓝图。整个项目营运计划如果详实清楚，对项目创办者、创办伙伴以及参与者而言，会更容易达成共识、集中力量。一份完备的项目设计计划书首先应具备以下的内容：

（1）项目的种类：包括创办项目名称、事业组织型态。例如，是一个展览项目，还是一次会议项目等。

（2）资金规划：资金即指项目的基金来源，包括各法人的出资金额比例、银行贷款等。另外，整个项目计划的资金总额的分配比例，也应该清楚地记载。

（3）阶段目标：是指项目施行后的短期目标、中期目标与长期目标，主要是让项目创建者明了自己事业发展的可能性与各个阶段的目标。

（4）财务预估：详述预估的收入与预估的支出，甚至应该列述项目成立后前三年或五年内，每一期预估的营业收入与支出费用的明细表，这些预估数字的主要目的，是让项目主办者计算利润，并明了何时能达到收支平衡。

（5）可能风险评估：指在项目施行过程中，项目可能遭受的挫折和变故。这些风险对创办者而言，甚至会导致项目失败。一次会展的成功举办，要经受各种风险的考验。例如，SARS 的爆发就严重打击了会展行业，因此，可能风险评估是项目设计计划书中不可缺少的内容。

2．项目设计计划书的格式

尽管每一份项目设计计划书都各具特色，但在书写格式上是统一的。项目设计计划书由三个部分组成：

第一部分：计划摘要

计划摘要列在项目设计计划书的最前面，它浓缩了项目设计计划书的精华。计划摘要涵盖了计划的要点，以求一目了然，以便读者能在最短的时间内评审计划并做出判断。摘要包含：项目的种类、资金规划、阶段目标、财务预估和可能风险评估等。

摘要尽量简明、生动，要详细说明项目的特色，以及获取成功的市场因素。如果创办者明白自己要干什么，摘要也许仅两页纸就足够了；如果项目创办者不清楚自己正在做什么，也许 20 页纸也不够。有些投资家就是依据摘要的长短，“把麦粒从谷壳中挑出来”。摘要的写作虽然最后完成，但却是读者最先阅读的

内容。如果项目是一本书，摘要就是书的封面，要想吸引投资者和合作者，就要把它做好。

第二部分：综述

综述部分主要包括以下几个部分：

（1）项目介绍

介绍项目时，首先要说明创建该项目的思路、思想的形成过程以及该项目的目标和发展战略。其次，要交待企业现状、背景和企业的经营范围。对企业历史的评述应该客观，不回避失误。中肯的分析更能赢得投资者的信任，计划书也更容易获得认同。例如，企业想举办某会展项目，投资者希望了解该企业的情况和现状，以及举办会展的经验等。最后，还要介绍项目创办者本人的背景、经历、经验和特长等。

项目设计计划书具有招商引资的作用。举办会展项目的企业经常需要政府的协助以及更多资金的注入，而这些都是项目计划书应该起到的作用。进行投资项目评估时，投资人最关心的问题之一就是，企业的产品、技术或服务能否、或者能在多大程度上解决现实生活中的问题；企业的产品或者服务，能否帮助顾客节约开支，增加收入。因此，项目介绍是设计计划书中必不可少的内容。通常，项目介绍应包括项目概念、性能及特性，主要项目内容介绍，项目市场竞争力等。

在项目介绍部分，企业家须对项目做出详细的说明。说明既要准确，又要通俗易懂，即使是非专业的投资者也能看明白。一般来说，项目介绍常常附上项目产品的原型、照片或其他介绍。同时必须回答以下问题：①政府或投资方希望企业的会展项目能解决什么问题？顾客从企业的该项目中能获得什么益处？②企业的项目与竞争对手的项目相比较有哪些优缺点?顾客为什么会选择该企业的产品？

项目介绍的内容比较具体，因而写起来相对容易。虽然称赞自己的产品是推销所必需的，但应该注意，企业所做的每一项承诺都是“一笔债”，都要努力去兑现。企业家和投资家所建立的是一种长期合作的伙伴关系，空口许诺，只能得意于一时。如果企业不能兑现承诺，不能偿还债务，企业的信誉必然遭受极大的损害。

（2）企业人员及组织结构

项目确定之后，创建者第二步要做的就是组成一支有战斗力的队伍。管理的好坏，直接决定了项目运营风险的大小，高素质的技术人员和良好的组织结构是项目顺利实施的重要保证。投资者和顾客会特别注重对管理队伍的评估，企业的人才结构应该是互补型的，具有团队精神。一个企业必须具有项目设计开发、生产作业管理、企业理财等方面的专门人才。在举办会展项目的时候，举办方应该具有展馆安排、展馆设计、招徕参展商、开发市场、吸引参展顾客的能力。在项目计划书中，必须对主要技术管理人员加以阐明，介绍他们所具有的能力、在企业中的职务和责任，以及他们的经历及背景。此外，还应对企业结构做一简要介绍，包括企业的组织机构、各部门的功能与责任、各部门的负责人及主要成员等。

（3）市场预测

企业开发新项目时，首先要进行市场预测。如果预测结果并不让人质疑，那么投资者就要承担更大的风险。在拟定项目设计计划书时，市场的行情和未来，应该得到详细的预测。

市场预测应包括以下内容：市场现状综述、竞争对手概览、目标顾客和目标市场、本企业项目的市场地位、市场区域和特征等。

企业对市场的预测应建立在严密、科学的市场调查基础上。企业应尽量扩大收集信息的范围，重视对环境的预测和采用科学的预测手段和方法。企业家应牢记市场预测不是凭空想象出来的，对市场错误的认识是导致项目施行失败的最主要原因之一。

（4）项目施行计划

项目设计计划书中的施行计划应包括以下内容：项目产品（什么会展）和技术设备现状（能够装备怎样的展馆等）、新项目开发计划、技术提升或设备更新的要求、管理控制和质量改进计划。在寻求投资者和顾客的过程中，为了增大企业在投资前的评估价值，企业家应尽量使项目施行计划更加详细、可靠。

（5）财务规划

无论创建和实行什么项目，财务资金都是项目运行的基本保证，财务规划需要花费较多的精力来做具体分析，其中包括现金流量表、资产负债表以及损益表的准备。流动资金是企业的生命线，举办会展项目同样需要大量的资金用于周转；损益表反映的是企业的盈利状况，它是企业在一段时间运作后的经营结果；资产负债表则反映某一时刻的企业状况，投资者可以用资产负债表中的数据得到的比率指标，来衡量企业的经营状况以及可能的投资回报率。

财务规划一般包括以下内容：①项目计划书的条件假设；②预计的资产负债表；③预计的损益表；④现金收支分析；⑤资金的来源和使用。

可以这样说，一份项目设计计划书概括地提出了在筹资过程中企业家需做的事情，而财务规划则是对项目设计计划书的支持和说明。因此，一份好的财务规划对评估企业所需的资金数量，提高风险企业取得资金的可能性是十分关键的。如果财务规划准备得不理想，会给投资者留下企业管理人员缺乏经验的印象，降低企业和项目的评估价值，同时也会增加企业的经营风险。

企业的财务规划应保证和项目设计计划书的假设相一致。事实上，财务规划和企业的生产计划、人力资源计划、营销计划等都是密不可分的。要完成财务规划，必须要明确下列问题：①项目在每一个期间的完成量有多大；②什么时候开始项目扩张；③完成每一单位的项目所花的经费是多少等。

除了以上这些，综述部分一般还包括：经营预测、人员及组织管理、市场分析、竞争分析、营销策略、投资说明、投资报酬与退出机制、风险分析等。

第三部分：附录（包括附件和附表）及其他。

四、会展项目设计计划书撰写

项目设计计划书的目的是让自己和别人更了解项目。一份完备的项目设计计划书，应该具备以下的一些条件：

1．关注项目本身

在项目设计计划书中，应提供所有与项目本身或服务有关的细节，包括企业所实施的所有调查。这些问题包括：项目正处于什么样的发展阶段，它的独特性怎样，企业推广项目的方法是什么，该项目的运作成本是多少，收益又将是多少，在项目计划书中，应尽量用简单的词语来描述每件事，一个会展项目及其属性的定义，对举办项目的企业来说是非常明确的，但其他人却不一定清楚它们的含义。制定项目设计计划书的目的，不仅是要让投资者认同项目的前景，同时也要使他们相信企业有运作该项目的能力。

2．敢于竞争

当前会展业竞争日趋激烈，这是企业无法回避的事实。面对残酷的竞争，企业应该勇敢面对，并客观冷静地分析竞争现状，找出应对竞争的对策。

在项目设计计划书中，企业家应细致分析竞争对手的情况。竞争对手都是谁，他们的会展项目是如何运作的，竞争对手的项目与本企业的项目相比较有哪些相同点和不同点，竞争对手所采用的推广策略是什么，要明确每个竞争者的投资、收入以及市场份额，然后再讨论本企业相对于每个竞争者所具有的竞争优势。在项目设计计划书中，企业家还应阐明竞争者给本企业带来的风险以及本企业所采取的对策。

3．了解市场

项目设计计划书有利于投资者对企业目标市场的深入分析和理解。为此，计划书要细致分析该会展项目所处的行业现状、特点、需求和未来发展趋势；分析影响该行业的各种要素，以及各个要素所起的作用；项目设计计划书中还应包括一个主要的营销推广计划。会展行业与其他行业一样，同样需要营销和推广，在计划书中应列出本企业打算开展广告、促销以及公共关系活动的地区、手段，明确每一项活动的预算和收益。项目设计计划书还应简述企业的销售战略：企业将如何将展位销售给参展商，如何更好地销售门票。企业是使用外面的销售代表还是使用内部职员?企业将提供何种类型的销售培训?此外，计划书还应特别关注销售中的细节问题。

4．计划书的检查

项目设计计划书完成后，要认真检查，诸如该计划书是否能准确回答自己和投资者的疑问、自己对整个项目计划是否都感到满意等。通常，可以从以下方面对计划书加以检查：

（1）计划书是否显示出已进行过完整的市场分析。行业情况错综复杂，必须对一切都有清晰的认识。

（2）计划书是否容易被领会。计划书应该备有索引和目录，以便读者可以较容易地查阅各个章节。

（3）计划书中是否有计划摘要，是否放置在了扉页。计划摘要是否写得引人入胜。

（4）计划书是否在文法上全部正确。如果不能保证，那么最好请人帮助检查。计划书的拼写错误和排印错误，会给人留下不良印象。

（5）计划书能否打消投资者对项目的疑虑。必须让对方相信，投资这个项目，将会获得不错的收益。

最后，项目设计计划书是一种通用的文本格式。需要注意的是，展示设计项目的具体实施和运作过程较短，有时可能短至一两天，这也是项目设计计划书最为特别之处。在做计划书时应作充分考虑，不容忽视。

附录：项目设计计划模板（一）

【项目名称】

项目设计计划

目录（为计划书各章节的索引）

（以下为正文）

第一部分 执行概要（摘要）

如果没有好的摘要，计划就不可能得到支持。所以首先要编制一个摘要，作为全部计划的基本框架。它的基本功能是用来吸引投资者的注意力，吸引政府、大型展览商等参与这个项目。所以摘要不要过长，最好不超过两页的篇幅，越短越好。

第二部分 项目情况介绍

1．项目内容（什么行业的会展、多大规模的会展、提供多少展位、能容纳

多少观众等，都是项目的内容）

2．项目运作模式（运作模式对成功举办一个会展很重要，所以在项目计划书中，项目运作模式应当被具体明确地提出来）

第三部分 市场分析

1. 行业现状（该行业是否具有举办会展的价值，已经存在的会展有多少等）

2. 市场定位（该项目将有多大的规模，本会展将占领该行业多大的份额等）

3．市场需求分析（分析该项目所处的行业是否还对会展有更多需求，市场是否已经饱和等）

第四部分 竞争和风险分析

1．竞争环境和竞争对手

在会展行业当中，竞争是明显的，特别是当前的中国社会。必须分析清楚同类会展还有多少家，对手举办得如何，在该行业当中是否有垄断性的展会等。

2．竞争趋势

预测竞争的趋势同样重要。针对会展行业，一窝蜂地办会展的情况特别多，在分析会展的价值和可行性时，不能只看到眼前的市场行情，还要预测未来的市场发展，竞争趋势。

3．风险因素

项目的主要风险包括管理问题、市场状况、技术状态和财政状况。这些风险包括以下方面：资源数量、有限的管理经验、市场的某些不确定因素、来自竞争对手的威胁等。SARS 事件还提醒我们，一些不确定的社会因素也可能会给会展业带来打击，因此应该详细、全面地考虑到各种可能出现的风险。

第五部分 项目推广

项目推广对于会展的成功与否关系重大。会展需要能吸引大量对口的参展商和参展观众，否则会展没有任何价值。

1．推广策略和计划

会展将以何种方式来吸引商家加入，吸引观众参与。

2．品牌策略

树立良好的品牌才能在激烈的竞争中生存。

3．价格策略

展位将以什么价格销售，门票价格如何等。

4．销售渠道

5．推广方式

第六部分 项目实施

1．会展场馆

会展项目将在哪一个展馆举办。

2．人员配置

公司将为举办会展投入多少人力。

3．流动资金

公司为项目的实施预测需要多少流动资金，准备了多少流动资金。

第七部分 项目价值分析

这是十分重要的一部分。对项目价值的分析应该全面、细致。举办会展的目的在于创造价值。

1．分析方法的选择

2．确定合理的投资规模

将为该项目投入多少人力、多少资金，需要多少配套设施。

3．项目的投资估算

4．项目的现金流量预测

5．不确定性分析

6．项目价值的确定

第八部分 项目经济评价指标

第九部分 组织与管理

这部分主要介绍公司的组织及管理状况，这样可以清楚了解自己是否有能力承办该项目，同时也让投资方、合作方等了解公司是否具备承办项目的能力。

1．组织结构

2．公司管理

3．管理层人员介绍

第十部分 结论

第十一部分 附录和图表

大多数的会展项目计划书写成以后，会提交给政府组织或者其他展览公司等以寻求资金与合作。这种情况，一般需在正文之前加上如下内容：

时间：年 月 日

指定联系人：

职务：

电话号码：

传真机号码：

电子邮件：

地址：

国家、城市：

邮政编码：

网址：

保密须知

本项目计划书属机密文件，所有权属于【项目名称】。其所涉及的内容和资料只限于已签署投资意向的投资者使用。收到本计划书后，收件人应即刻确认，并遵守以下的规定：①若收件人不希望涉足本计划书所述项目，请按上述地址尽快将本计划书完整退回；②在没有取得【项目名称】的书面同意前，收件人不得将本计划书全部或部分地予以复制、传递给他人，影印、泄露或散布给他人；③应该像对待公司的机密文件一样的态度对待本计划书所提供的所有机密资料。

本计划书不可用作销售报价使用，也不可用作购买时的报价使用。

项目计划编号：

授方：

签字：

公司：

日期：

项目设计计划模板（二）

收到项目计划书日期							项目编号		项目经理	

（项目单位不填写以上各项）

项 目 计 划 书

（编制参考）

项目名称 ______________________

项目单位　（盖章）______________________

地　　址 ______________________

电　　话 ______________________

传　　真 ______________________

电子邮件 ______________________

联 系 人 ______________________

二零　　年　月制

保 密 承 诺

本项目计划书内容涉及本公司商业秘密，仅对有投资意向的投资者公开。本公司要求投资公司项目经理收到本商业计划书时做出以下承诺：

妥善保管本计划书，未经本公司同意，不得向第三方公开本商业计划书涉及的本公司的商业秘密。

项目经理签字：

接 收 日 期：_______年_____月_____日

摘要

说明：在两页纸内完成本摘要

【摘要内容参考】

1. 项目基本情况
2. 主要管理者情况
3. 产品/服务描述
4. 行业及市场
5. 营销策略
6. 项目实施方案
7. 管理
8. 融资说明
9. 财务预测
10. 风险控制

目　　录

⋮

第…部分　其他

第十节　会展项目设计方案

一、会展项目设计方案简介

（一）项目设计方案

项目设计方案书是设计人员将已经形成的设计概念进一步校正和发展，利用文字、图形、实物资料甚至口头的语言，综合地呈现出来的文本。展览设计人员需要以展示脚本为基础，进行深入构思和创造，将抽象文字的构想形成形象化的视觉表现。设计方案书的写作过程是一个形成设计报告、审定和付诸实施的过程。

项目设计方案书的制作作为展示设计的关键环节，设计师一方面要遵循设计脚本的基本要求进行构思，避免依据个人偏好进行主观臆造；另一方面，又必须充分发挥设计师的想象力和创造力，做出充分体现客户需求的设计方案。

项目设计方案书，它将展示活动的设计思想，从文字脚本转变为视觉呈现，以实现展示主题和展示内容的视觉化，并最终展示给设计委托方，让委托方清晰了解展示设计的整体构思。一方面它体现了设计概念思维的进一步深化，另一方面又促使设计者头脑中的空间构思最终表现为立体效果的图形。展示设计能否最终形成，取决于委托方是否能够认同项目设计方案书的设计内容。

（二）如何撰写项目设计方案

项目设计方案书，从结果来看是设计人员最终展现给委托方的、对整体设计思想的形象化表现。实际上设计方案书的最终确定，须经过设计脚本撰写与选择、设计报告书形成、设计的深化和修订等诸多步骤。这是一个概念和思想精确表达的过程，涉及人机工程学、美学、图形绘制、电脑制图等多方面的知识。现对项目设计方案书的撰写进行一些简单的概述。

1．设计脚本的撰写与选择

设计人员在接到设计任务后，都会对整个展示的设计定位和设计思路进行确定，这就是所谓展示设计脚本的创作。大型的展览展示和博物馆的陈列展览，往往会组织专业写作队伍设计脚本，甚至有的展览会面向全国征集脚本设计，并组织专家评委进行筛选。尽管一般商业展览对脚本设计并不严格要求，但没有好的脚本就难以有优秀的展览设计。优秀的脚本设计会提供好的内容、情节和设计构想，不仅为美术设计师的设计提供依据，更可以启发设计师的想象力和创造力。因此，在展示设计的初期阶段，必须构想展示剧情的大致框架。随着设计作业的进行及对企业项目的深入了解，在设计基本结束时，要确定展示剧情各主题的内容，提出营造环境气氛的意向和方法，以及对展示效果的总体要求。同时，要注意对特殊部分进行细目脚本的编写，就是将展示的“亮点”详细化、具体化。例如，展示主题、主要内容、陈列重点等意向，展示的主要空间形态的设计意向，版式中文字、图片、图表的设计意向，展具的数量、材料、造型、尺寸以及照明、色彩、装饰的意向等。

2．形成设计报告书

脚本是文字的描述，是概念的、抽象的构想，设计人员必须对其进行视觉形式的再创造，必须依据脚本，设计出富有想象力的、生动新颖的、独具匠心的展示形式，以取得最佳的展示效果。

展示设计的制作过程，类似于电影、戏剧，也必须有故事情节。针对企业参展的目的和意图，决定展览的故事内容和表现方法，这就是展示剧情。从相关展览场地的整体规划，到某个兴趣点的具体构思，都要将这一剧情贯穿其中。

需要强调的是，在学习制作设计报告书时，需要绘制大量的方案图。随着电脑辅助设计的大量应用，手工绘制已逐渐减少。对于初学者来说，依然提倡手工绘制，这是一名合格设计人员所必须具备的基本功。此外，手绘所传达到大脑中的信息量，远远超过电脑绘图。手绘技术娴熟之后，再运用计算机辅助制图，效果会更理想。

3．设计方案的深化与修订

深化设计方案是在总体设计方案得到委托方的最终确认后，设计师针对各方提出的意见以及针对设计得简略的部分，做进一步的修改和完善，并付诸实施。

首先，设计人员继续对设计方案中的各个细节进行推敲。例如，在总体设计中，虽确定了展示空间的组织序列和空间位置，那么在深化过程中，就需要将它们实行构造并付诸实施，诸如展台、展架、版面、模型等的具体造型、具体位置、详细尺寸、构造方式、材料材质等，在这一阶段都应有明确的结果。技术方面的设计，如照明、动力、网络等设施，也应与相关设计部门合作，出具相应的技术图纸，如灯具分布图、电力配置图、备用电源分布图等。

其次，版面的全面设计。例如，主要版面的内容、幅面大小、版面位置、制作材料、文字造型的选择、色彩的运用和搭配等，都应当明确标注在版面设计图纸上。在实际设计中，经常使用的是“展线展开图”，这是一种沿参观路线方向，按照一定比例绘制的展示部位立面展开图，它能直观地反映版面的设计效果和计算面积。随着电脑辅助设计软件，如 CorelDraw 等在版面设计工作中的大量使用，展示设计中，更多地采用了一些标准的构造方式，来规定版面与环境的关系。如版面与背景间隔距离、固定方法、色彩关系、构造关系等。

最后是重点展示部位，即某些特殊装置，如特殊灯具、动力机械、大型屏幕及发光、发热、烟幕设备等，都需要根据具体的设备要求进行设计，以保证设备在展示过程中能够正常工作。

深化过程结束后，设计人员应当绘制出详尽的图纸，其所表达的构造关系应当明晰、合理，尺寸正确无误，所用材料符合预算标准和国家有关建材规定，并加以明确标注。图纸的绘制一般遵循国家对建筑及室内设计制图的规范标准，但是实际操作中，也可以使用业内通行的标志符号来标明，诸如道具、灯具等内容。对一些构造特别复杂的、制作难度较大的景观和设计方案，除了用平面、立面和剖面图来表达设计意图外，还可以使用电脑制作立体示意图进行逼真的展现。

二、会展项目设计方案内容

设计方案通常是由总平面图、区位平面图、立面图、空间效果透视图以及相应的材料样板图和简要的设计说明构成的。比较简单的工程项目，可以只要平面图和透视图。此外，还包括展示模型、展具、陈列手法、展示色彩、照明、版式、装饰，以及一定数量的图表、文字、图片、图案、标志、招贴画、灯箱、宣传册、纪念品、票券等视觉设计。

1．总体展示

总体展示是在宏观上对整个展览的空间布局、艺术风格、整体形象及表达方式进行设计，是一种规划性和对具体设计起指导作用的设计。如何建立总体展示框架是展示设计的关键，它决定着设计的走向。设计构思一定是基于某种主题，因此在基本设计的初期阶段，必须先了解企业要传达给参观者什么信息，由此决定展示的大主题和风格。一个好的展示主题必须能直接表达展览内容，创造一种特殊的展览气氛，有效地吸引顾客，达到宣传销售的目的。其次，要划分出补充大主题的小主题、相关的各种项目，这些内容既要服从于整体风格，又要有其独特的构思，成为一个个精彩的局域点。这些精彩点与整体风格相协调并构成展示剧情的框架，犹如电影和戏剧中的剧情大概。在此基础上，考虑场地空间规划及造型结构的安排，开始基本设计。

2．平面空间设计

平面空间设计是体现整个展览规模、区域划分和局部构成的蓝图，是进行后续各项设计工作的重要依据。对平面空间的组织关系而言，经营的是平面，思考的是立面，构想的是整体的立体效果。

3．展示立面空间

展示空间规划是在平面图的基础上，根据展品功能的地面分区、展线分配确定具体的展示内容和表现形式。立面空间规划是相对于平面空间而言的，比如在平面图上画个正方形，就可以表示一个正方体的展台，但并不知道展台的高度尺寸、结构特征和展示效果，因此要提供立面空间展示，提供尺寸、形态、结构、色彩、材料等较为直观的因素，给人一种真实的视觉感受。

4．色彩效果展示

色彩效果图传达的是设计者基于委托要求对审美的定义。色彩是视觉传达中十分重要的形式要素，是识别物象、认识世界的重要条件。实验证明，人们在观察物体时，首先引起视觉反映的即是色彩。阿恩海姆在《艺术与视知觉》一书中写道："说到表情，色彩又胜过形状一筹，那落日的余辉以及地中海的碧蓝色彩所传达的表情，恐怕是任何确定的形状也望尘莫及的。"色彩作为一种最富表情和感情含量的语言，无疑是展示设计中不容忽视的因素。因此，设计人员应该了解和认识色彩的心理作用，研究色彩对比的方法和规律，掌握配色美的原则，熟练营造出美妙的展示效果。

5．展示采光与照明设计

照明预想图是为了向委托方展示展厅的照明在视觉卫生、展出效果、渲染气氛方面的设想。光照在展览展示设计中不可或缺。诉诸于人的视觉感官的展品，必须通过光照才能展现自身，而光照的明暗、色彩更能营造完美的视觉形象，创造出多彩的环境氛围，没有出色的照明设计，再好的展品，再精彩的陈列设计，都难以最终形成良好的视觉效果。因此，在展示设计中，对光源的选择和照明的设计，应该给予足够的重视。

6．展示标志和版面设计

展示标志是指在展示艺术活动中，能明确表示内容、性质、方向、原则等功能，主要以文字、图形、符号等构成的视觉图形。标志本身的色彩构成往往超越语言和文字的功能性，不受国家、民族、文化制约。其传递信息量大，抗干扰能力强，易于接受，甚至已经发展到在企业形象设计中引入"企业形象系统"（CIS）的概念。进行 CI 及其中的 VI 系统设计，即将整个展示活动视为一个系统的活动，在这个系统的活动过程中，应当有一个统一的形象，以利于整个展示活动的对外宣传和推广。这个形象系统往往是由统一的、可视化形象或形象化的规则组成，如标志、符号系统、色彩系统、吉祥物和口号形式等，另外该形象系统还包括这些内容的应用规定。

展示版面设计。展示版面设计不同于平面版面设计，它是对展示微观空间的部署，不仅有点、线、面，更有三维的材质、色彩、照明和表现手法的千变万化。常见的版型有平面型、弧面型、折面型以及系列版式等。展示版面设计考虑的因素很多，如比例、结构、安全、色彩照明等，这些都需要设计人员在实际工作中细细揣摩。

7．展示道具设计

展具（展示道具）是展示活动的重要组成部分，是进行展品陈列的物质和技术基础，一方面它具有陈列展示展品的功能，另一方面它也是整个展示活动中营造美感的关键环节。目前展示道具逐渐被列为工业产品的范畴批量制造生产，可以说一个国家展具生产水平的高低体现着该国展示水平的高低。展具形式多样，其分类标准也不同，习惯上按照结构把展具划分为梁架类、网架类、积木类、帐篷类、充气类、壳体类等。展具按功能分为展架类、展板类、橱柜类、屏障类、台座类、装饰织物以及五金零件类等。

8．展示宣传设计

展示宣传所需要设计的内容种类繁多，例如音像的编排，演出活动、宣传报道的拍摄和剪辑，宣传品的散发，纪念品的派送，广告的投放等。宣传设计不仅需要对宣传形式进行设计，同时还要严密组织实施进度和活动方式。无论是商业性展览还是文化性展览，都应正确把握展览的性质特征，确立清晰的宣传目标，制定出有效的操作计划，树立委托方的良好形象，吸引更多的参展者和参观者，使参展人员认为物有所值。同时还需要为整个展示规划做出详细的财务预算，以备委托方核查。

附录：

展会设计方案书

设计单位　　　　　　　　　　　　　　　　　设计时间

展会名称（中文）				
展会名称（英文）				
展览时间	开幕时间		闭幕时间	
展览地点				
支持单位				
主办单位				
承办单位				
参展单位				

续表

活　动　安　排	
筹备组构成	
活动日程安排	
接待安排	
展区设计 场馆设计 景观设计	
宣　传　安　排	
项　目	设计方案
广告投放计划	
宣传品、纪念品 附小样图片	
影视作品拍摄	
演出人员	
整　体　预　算	
项　目	预　算

注意：项目设计方案书在实际操作中，并不是经常使用此种格式，由于此种格式便于初学者迅速掌握设计方案书的关键项目，不至于忙乱中造成项目遗漏，因此以表格形式加以表达。

第十一节　参展说明书（参展商手册）

一、参展说明书的概念

办展机构在确定了展会的日期安排，指定了展会承建商、展会运输代理和展会旅游代理以后，就可以着手编制展会的参展说明书了。

参展说明书，又称为参展商手册，是办展机构将展会筹备、开幕以及参展商参加展会时应注意的问题汇编成册，以方便参展商进行参展准备的一种小册子。编制参展说明书是展会筹备过程中的一项基础性的工作。

二、参展说明书的作用

参展说明书主要是为方便和指引参展商顺利进行筹展、布展、展览和撤展等服务的，它不仅对参展商筹备参展有着十分重要的指引作用，也对办展机构进行展会的布展、展览和撤展等各环节的现场管理有很大的帮助和影响。

1．参展说明书对参展商的指引作用

参展说明书分别对展览场地、展会基本情况、展会规则、层位搭装、展品运输和会展旅游等作出详细的说明。参展商在获得参展说明书以后，就可以按照该说明书的指引，对参展的各项准备工作进行筹备，如安排展品的运输、准备展位的搭装材料和设计等。在展会布展现场，参展商将按该说明书的有关要求进行展位搭装和布展，避免布展期间的盲目和违规。在展览期间，参展商可以按该说明书的要求布置展品演示。在撤展期间，参展商可以按照该说明书的指引有条不紊地撤展。展会结束后，参展商还可以按照该说明书的指引，选择适合自己需要的会展旅游。在参展说明书的指引下，参展商可以更有效地准备和完成参加展会各工作环节的各项事务。

2．参展说明书对展会现场管理的作用

参展说明书对展会在筹展、布展、展览和撤展期间的各项规定，不仅有利于指导参展商按规定办事，也有利于办展机构按该说明书的规定，监督展会现场的各种事宜，并按说明书的规定为参展商提供各种服务。参展说明书是办展机构对展会筹展、布展、展览和撤展等环节进行现场管理的重要依据之一，它为展会各阶段制定了大家必须遵守的行为规范，有利于办展机构按此规范对展会各环节进行现场管理。

3．参展说明书对观众的作用

参展说明书对展会观众也能起一定的指导作用。比如，手册对展馆平面图、馆内服务设施分布图、交通路线、指定接待酒店和展会开放时间的说明，对观众参观展会有较大的帮助作用。

观众在展馆交通路线图的指引下，可以更方便地到达展馆。在馆内服务设施分布图的指引下，可以找到自己需要的服务提供点，可以享受展会指定接待酒店的优惠价格待遇。在展会开放时间说明的指引下，可以合理地安排自己的参观时间等。一般来说，展会的观众有很大一部分是参展商邀请来的，他们会将上述信息通知其邀请的观众，这样，参展说明书对观众所起的作用将更大。

三、参展说明书的编制原则

参展说明书是展会筹备过程中的一个重要文件。要让参展说明书在展会筹备过程中切实地起到上述作用，在编制参展说明书时，我们必须做到：

第一，实用。参展说明书所包含的内容，必须是对参展商进行筹展、布展、展览和撤展等有较大的指引作用，或者是对办展机构对展会筹展、布展、展览和撤展各环节进行管理有较大帮助，或者对参展商邀请其老客户来展会参观有辅助作用。否则，该内容就不能写入参展说明书。

第二，简洁明了。参展说明书对各方面内容的说明和叙述应该简洁，文字不要太多，篇幅不要太长，能说明问题就行。参展说明书对各方面内容的说明和叙述必须准确、具体，让人看得明白、看得懂，不能让人产生歧义。否则，在展会筹展、布展、展览和撤展等环节的具体执行中就会引起争议，既不利于参展商展出，也不利于办展机构对展会进行现场管理。

第三，详细全面。对于参展说明书提到的各项内容要尽量详细，如对布展和撤展加班时间的规定，可以具体到小时和分钟，对各种表格的返回最后期限的规定具体到某月某日等，这样有利于展会具体操作和管理。对于参展说明书提到的各项内容要做到没有遗漏，如对展览场地基本情况的说明中，对展馆入口的高度和宽度、对展馆的地面承重能力、对消防的注意事项等要一一列明，不能遗漏。否则，现场操作就会出现问题。例如，假若未提到展馆入口的高度和宽度，一些较大、较长的物品就有可能进不了展馆。

第四，美观。参展说明书的排版和制作要美观大方，印刷讲究，尽量不要出现错别字和其他印刷错误。参展说明书的制作和用纸，与展会的档次和办展机构的品牌、声誉相符，不能让人产生不良的联想。

第五，专业。参展说明书的遣词造句，要符合行业习惯和规范，使用行业熟悉的语言，所涉及的术语要规范，不能想当然地使用一些行业比较陌生的词语。内容编排要符合参展商筹展的筹备程序，不能让他们难以寻找自己需要了解的内容。

第六，国际化。如果展会是国际性的展会，或者展会有向国际化方向发展的预期，那么，参展说明书的内容编排和制作，要尽量符合国际参展商的习惯。如说明书有中文文本，还有外文文本，那么对于外文文本的参展说明书，其翻译一定要准确，因为海外参展商就是根据该说明书来筹备各项参展事宜的。如果翻译不准确，将会给他们带来极大的不便。

四、参展说明书的内容和写作要求

从某种意义上讲，参展说明书是帮助参展商进行参展筹备的纲领性文件，也是办展机构对展会布展、展览和撤展等各环节进行有效管理的指导性文件，参展说明书所包含的内容涉及举办展会的各个环节。

一般来说，参展说明书主要包括以下几方面的内容：

（1）前言。主要是对参展商参加本展会表示欢迎，说明本说明书编制的原则和目的，提醒参展商在筹展、布展、展览和撤展等环节，要自觉遵守本说明书的相关规定等。前言一般都很简短，言简意赅。

（2）展览场地基本情况。包括展馆及展区平面图、到达展馆的交通图、展览场地的基本技术数据等。绘制展馆及展区平面图时，要注意标明展馆各种服务设施所在的位置、展区和展位划分的详细情况、展馆内部通道和出入口等。在绘制到达展馆的交通图时，要注意标明展馆在该城市的具体位置、到达展馆可以利用的各种主要交通工具和交通路线、各指定接待酒店在该城市的具体位置等。对于该展览场地的基本技术数据，要清楚准确地列出地面承重、馆内通风条件、货运电梯容积容量、展馆室内空间高度、展馆入口高度和宽度、展馆的水电供应状况等。对展览场地基本情况的介绍对于帮助参展商准确地找到展馆和自己的展位，进行展位搭装和布展有着很好的指引作用。

（3）展会基本信息。包括展会名称、举办地点、展览时间、办展机构、展会指定承建商、指定运输代理、指定旅游代理、指定接待酒店等。对于办展时间，要具体列明展会的布展时间、开幕时间、对专业观众和普通大众开放的时间、撤展时间、布展撤展加班时间等，对以上时间尽量精确到小时。对于办展机构，要具体列明展会主办单位、承办单位、支持单位和协办单位等。另外，还要具体列明各办展机构、展会指定承建商、指定运输代理、指定旅游代理、指定接待酒店等的详细联系地址、联系电话、传真和联系人，如果有网址和E-mail也最好能公布，以便参展商在需要的时候，方便联系各有关单位。

（4）展会规则。它是展会要求参展商和观众，参加展会时必须遵守的规章制度，包括展会有关证件使用和管理的规定、展会现场保安和保险的规定、层位清洁的规定、物品储藏的规定、现场使用水电的注意事项、现场展品销售的规定、消防规定、知识产权保护规定、现场展品演示的注意事项等。展会规则是所有与会人员必须遵守的制度，对展会现场管理和维护现场秩序十分重要。

（5）展位搭装指南。是对展会展位搭装的一些基本要求和说明，主要包括标准展位说明和空地展位搭装说明等。由于所有的标准展位的基本结构和配置都是一样的，所以标准展位说明主要是对展位的标准配置作出说明，列明参展商使用标准展位的注意事项，提出如果参展商需要增加非标准配置以外的其他配置的处理办法等。空地展位搭装说明主要是对参展商搭建空地展位作出的一些规定和要求，如使用材料的要求、动火作业的规定、消防安全的规定和铺设电线的规定等。层位搭装指南对指导参展商顺利、安全地搭装展位和布展有较大帮助。

（6）展品运输指南。是对参展商将展品等物品运到展览现场所作的一些指引和说明，主要包括海外运输指南和国内运输指南等。不管是海外还是国内运输指南，都要对展品等的运输方式和运输线路、各种货品的交运和文件提交的期限、货运文件的准备和交付、收费标准、包装、海关报关、回程运输、可供选择的自选服务等作出具体说明。展品运输指南对参展商及时安排展品及其他物品的运输有较大的帮助作用。

（7）会展旅游信息。是对解决参展商及观众等参加展会期间的吃、住、行、游、购、娱等需要做出的一些说明。会展旅游信息要详细地列出各指定接待酒店的档次、协议优惠价格、地址、联系电话、传真、联系人以及与展馆的距离等。要列出海外观众和参展商入境的签证办法、会展期间及前后可供选择的商务考察、观光休闲旅游的线路和安排等。会展旅游信息主要是为方便参展商及观众的日常生活服务的。

（8）相关表格。是有关参展商在筹展和布展过程中，需要使用的各种表格，主要包括展览表格和层位搭装表格两种。展览表格主要有贵宾买家服务表、聘请临时服务人员申请表、额外工作证和邀请卡申请表、研讨会和技术交流会申请表、刊登会刊广告申请表等。

参展说明书编制成功以后，可以印刷成册，在展会开幕前适当的时间寄给参展商，也可以将其内容发布在展会的专门网站上，供参展商阅览和下载。如果展会有海外参展商，还要将参展商手册翻译成外语文本。

案例：

第二届东北亚博会参展商手册

前　言

欢迎参加第二届中国吉林·东北亚投资贸易博览会（以下简称东北亚博览会）。

第二届东北亚博览会于2006年9月2至6日举行，主会场设在长春市会展大街100号长春国际会展中心（以下简称会展中心）。

为方便参展，规范秩序，把东北亚博览会办成具有国际水平的投资贸易盛会，特制定《第二届中国吉林·东北亚投资贸易博览会参展商手册》（以下简称《手册》），供东北亚博览会参展企业参阅。

请仔细阅读参展商手册，如有任何疑问，请联系相关部门（见第一部分第一章）。更多内容请登录东北亚博览会网站。网址：www.neasiaexpo.org.cn。本《手册》的最终解释权归东北亚博览会执委会秘书处。

参展特别提示

一、东北亚博览会展位仅限经资格审查通过的参展单位使用。展位实际使用单位须与展位楣板标明的参展单位一致。

二、严禁违规转让或转租（卖）展位，各参展单位要对所属展位的使用加强管理。

三、展位号依次由馆号、楼层号、通道号（用英文字母表示）和展位序号组成。

例：A1・A01 即表示 A 馆 1 楼 A 通道的第 01 号展位。

四、东北亚博览会执委会秘书处办公地址在长春市松江路 51 号。展会期间在长春国际会展中心设立现场指挥中心。

五、长春国际会展中心展馆位于长春市会展大街 100 号，参展商可自行选择交通工具前往。

长春市公交公司的 160、120、125 路等公交车可直通会展中心。

六、东北亚博览会各类证件在证件中心办理。证件办理办法请参阅《手册》第二部分第一章“办证服务”。

七、东北亚博览会展馆现场一条龙服务点设在主体展馆一楼环廊。

八、筹、撤展期间，参展单位运展样品的运输车辆进入长春国际会展中心展馆需办理有效车证，按规定的路线和停放位置运送、装卸货物。筹、撤展期间，载客车辆不准在长春国际会展中心展馆区域马路停放。

九、注意饮食卫生，建议参展人员尽量使用大会内部提供的各类中西餐饮。

目　录

第二部分 服务指南
第一章 办证服务
第二章 车辆通行证管理
第三章 运输、仓储、搬运服务
第三部分 附件
附件 1 商品大类及展区分类表
附件 2 展区分布图
附件 3 标准展位图图例
附件 4 东北亚博览会特装布展申请、审核表
附件 5 展览设备及吊点收费价目表
附件 6 展馆内水电收费价目表
附件 7 仓储价目表
租用搬运设备价目表
电话部分
网络部分
展馆设施损坏赔偿价目表
第四部分 技术数据
展馆各展厅限高、楼面负荷
展场示意图

第一部分 参展须知

第一章 组织机构

一、主办和承办机构

（一）主办单位

中华人民共和国商务部
国务院振兴东北地区等老工业基地领导小组办公室
吉林省人民政府

（二）协办单位

联合国开发计划署
国家有关部委
国内有关省（区、市）人民政府

（三）承办单位

东北亚博览会秘书处
吉林省商务厅
吉林省发展和改革委员会

振兴吉林老工业基地领导小组办公室

吉林省外事办公室

吉林省政府图们江地区开发领导小组办公室

吉林省政府经济技术协作办公室

长春市人民政府

二、东北亚博览会执委会秘书处内设机构

（一）综合协调部

联系电话：2769199

（二）会展管理部

联系电话：2769600、2718212、2766001、2761155

（三）投资合作部

联系电话：2768599

（四）接待工作部

联系电话：2766525

（五）新闻宣传部

联系电话：2769991

（六）通关通检部

联系电话：2718877

（七）安全保卫部

联系电话：2718876

（八）财务与经营开发部

联系电话：2758858

（九）长春市工作部

联系电话：8920207

（十）国际招商招展组

联系电话：5676241

（十一）国内招商招展组

联系电话：2768200

（十二）论坛工作组

联系电话：2763338

三、本届博览会设有现场指挥机构。

第二章　展区安排

东北亚博览会的举办场馆在长春国际会展中心，有A、B、C、D、E、F、G七个室内展馆，总面积57 600平方米。

本届东北亚博览会的展区由商品展洽、投资洽谈两大部分组成。

一、商品展洽区

展示东北亚各国和国内部分省、区、市名、优、特产品，邀请国内外大量采购商参会，进行贸易洽谈，搭建中国与东北亚各国之间以及面向世界的货物贸易平台。

东北亚博览会展馆按商品类别设置展区及组织布展。按装备制造业、高科技（电子）、食品、医疗保健品、轻工纺织、建材冶金化工、体育用品等产业布展（展区及展品分类表见附件 1）。

二、投资洽谈区

组织东北亚各国及国内部分省、区、市推介投资项目，发布招商信息，介绍投资环境和政策，邀请国内外各类投资机构、投资商参会，开展各种形式的对接洽谈，扩大投资合作。

投资洽谈区单独设馆。

三、服务贸易区

服务贸易区中包括商业服务，通信服务，建筑及有关工程服务，销售服务，教育服务，环境服务，金融服务，健康与社会服务，与旅游有关的服务娱乐、文化与体育服务，运输服务等服务类行业，进行专题项目对接洽谈，扩大区域合作。

第三章　参展准入

一、参展企业条件

本届东北亚博览会将对参展企业资格条件进行审查，博览会主办方明确参展准入资质标准如下。

（1）具有独立经营资格的法人企业；

（2）具有进出口经营权的法人企业；

（3）参展商必须是生产商、独家代理商或者批发商，其他类的商人不允许参展；

（4）符合大会组展体系及组展要求的企业。

参展企业必须同时具备上述标准，统一由东北亚投资贸易博览会执委会秘书处会展部审定。

二、参展申请方式

（1）国内各类企业应向其所在行政区域商务部门（或经协办）报名参加。

（2）所在行政区不统一组团的企业，可直接向东北亚博览会执委会秘书处报名。

（3）境外企业可直接向东北亚博览会执委会秘书处报名。

第四章　时间安排

一、筹展期

1. 特装展位布展

8月24日早8：30~9月1日中午12：00

每天布展时间8：30~17：30

2. 标准展位展品进馆及摆放

8月30日8：30~17：30

9月1日8：30~12：00

二、展出期

1. 展馆开放时间：每天9：00~17：00

2. 参展商进馆时间：9月2~6日，每天8：30~9：00

3. 采购商进馆时间：9月2~6日，每天9：00~17：00

三、撤展期

9月6日中午12：00~8日晚18：00

东北亚博览会不接受提前或延期撤展的申请。

第五章　布展施工

一、展位布展的类型

东北亚博览会展位布展分为特别装修布展（以下简称特装）和标准展位（以下简称标摊）装搭两大类。

（一）特装布展

特装布展是指同一参展单位4个以上位置相连的标准展位不采用标摊装搭的模式，而是申请预留空地，自行进行的木型装修布展或使用其他与东北亚博览会标摊装搭材料不同的制式、材料进行的复杂装修布展。

东北亚博览会将为特装布展企业优先提供摊位和位置。

东北亚博览会只接受4个以上（含4个）位置相连的标准展位的特装申请，不接受二层特装搭建申请。

（二）标摊装搭

标摊装搭是指使用统一材料、按规定的标摊模式进行统一的展位搭建。东北亚博览会各展区的标摊全部进行变形处理，并由大会统一设计、统一搭建（标准展位图图例见附件3）。

本届博览会标摊面积为9m^2（3米×3米），标准配置为一张洽谈桌、二张折叠椅、两支射灯，楣板由大会统一制作。

在不改变标摊围板、楣板及主体框架的前提下，标摊参展单位可根据需要自行配置展具。拆除标摊间的隔板需要提前申报。

二、展位特装布展办法

（一）特装施工单位需按规定向会展部报送图纸，会展部负责审核。

报审内容：

1. 东北亚博览会特装布展申请、审核表（附件 1-4）。

2. 设计方案的立体彩色效果图。

3. 设计方案的平面图、立面图（包括详细尺寸和材料说明）。

4. 有关用电资料的要求

（1）清晰详尽的配电系统图。注明总功率、总开关额定电流值、总开关电压（220V/380V），注明所采用电线型号和敷设方式。

（2）准确的配电平面图。注明展位的总配电箱位置，灯具的种类、功率和安装位置。

（3）特装布展如涉及用电，须附上施工单位电工有效操作证明的复印件及开幕期间值班电工的名单、电工操作证号码、联系电话等资料。

以上所有设计图纸和文字说明须使用 A4 规格用纸，要求图表清晰，并按此顺序编号装订。一律采用快递邮寄或送交方式，不接受传真图纸资料。

（二）申报截止时间

参展企业展位确认后即可进行特装设计，设计完毕需马上将特装图纸报送会展部审核，审核最后截止时间为 2005 年 8 月 18 日（寄至或送达会展部时间）。在此时限规定前报审特装布展图纸的参展单位，大会将为其预留空地。超出此时限送交审图组的特装报审图纸会展部不再受理。

1. 布展单位进场施工程序及须办理的手续

（1）在东北亚博览会网站上下载或到东北亚博览会会展部领取《东北亚博览会特装布展申请、审核表》。

（2）在网上或直接电话查询，确认报审的特装图纸已获批准。

（3）提交布展人员名单（从事技术工作的要同时提供相关技术资格证件正本复印件等资料，如电工、焊工证正本和复印件、联系电话等）和施工所用工具清单。

（4）办理施工证。

（5）按规定的筹展时间进场施工。由现场工作人员按消防安全相关规定和展馆防火规定对装修工程进行监管。

（6）装修完成后，由现场管理人员和大会秘书处会同长春市公安消防人员验收合格后方可投入使用。

（7）特装展位施工完毕并经检查合格，东北亚博览会派电工到展位与特装布展单位签认“特装用电登记表”，指导布展单位电工引线到指定配电箱，东北亚博览会电工负责开箱接电。

（8）对展位装修工程中遇到的疑难问题，本着安全第一的原则，由大会秘书处会展部协同解决。

（三）有关要求

1. 所有特装布展展位的设计与布展，其垂直正投影不得超出预留空地的范围。

2. 如承接展位位于重点布展区域，须按照外贸中心与各商会联合确定的各展区重点布展区域布展风格和要求进行设计和施工，配合协调和管理。

3. 展馆内布展须注意的空间参数：展馆内装饰、布展装搭物最高上限为距天花面 80cm，距设备层面 50cm，悬空装搭物最低下限为距地面 2.5m，具体布展最大高度详见《手册》第五部分“展馆各展厅限高、楼面负荷一览表”。

4. 布展单位对所有已通过审批确定的申报内容，一律不得自行更改；如确需更改的，须经现场保卫同意。对擅自更改的，东北亚博览会将不予供电，并给予警告直至处罚。

5. 布展单位施工时须将施工证挂放在展位醒目位置。施工须严格按展馆防火规定，不得超出施工证规定范围，并随时接受东北亚博览会检查组的监督和检查。一经发现布展单位超出规定范围施工，东北亚博览会检查组可口头警告直至取消其施工证，由此引发的一切后果由该布展单位负责。

6. 布展单位不得在现场使用切割机、电锯，不得在现场喷漆。施工需要使用电焊和风焊须向东北亚博览会保卫办申请，并提供有效操作证办理施工动火证手续。手续完备后，由东北亚博览会电工指定接电点，方能接电动火施工。

7. 特装展位电气部分具体要求

（1）须配备设置有 30mA 漏电保护器的配电开关箱（自带或租用），要安装在展位明显和安全的位置，便于操作和检查。

（2）电线须选用 ZR-BVV（难燃双塑铜芯电线）和护套电线。禁止使用花线和铝芯线。

（3）电箱内总开关额定电流值应与申报用电的开关电流值一致，不得超出申请用电的电流值，否则视为少报多用。

（4）单相负荷超过 10A 电流，应采用三相电源设计，并三相平均分配展位负荷。

8. 特装展位送电前须作安全检查，施工单位电工应先自检；隐蔽电气部分封闭前，应主动联络东北亚博览会电工协助安全检查；对不符合安全要求的展位，不予送电。

9. 特装展位的施工和维护工作由特装布展单位负责，相关的参展企业负责监管。

三、布展须知

（一）所有布展须符合“安全保卫规定”、“展馆防火规定”（见本《手册》第一部分第七章、第八章）的要求。

（二）特别需提请注意的事项

（1）严禁锯裁展馆的展材、展板或在展材、展板上油漆、打钉、开洞。

（2）不得在展厅人行通道、楼梯路口、消防设施点、空调机回风口等地段随意乱摆、乱挂、乱钉各类展样品、宣传品或其他标志；不得使用双面及单面胶等粘贴材料在展馆通道的柱子上粘贴任何物件。

（3）不得在展馆天棚上打钉或利用天棚管线悬吊展架、灯箱及各类装饰物件。

（4）展样品拆箱后，包装箱、碎纸、泡沫、木屑等易燃包装物须及时清出，不得在展位背板后存放包装箱等杂物。

（5）特装展位背板必须作美化装饰处理，维护展厅整体美观。

（6）展馆内严禁吸烟。

（7）间墙主要材料宜采用轻质不燃的石膏板，如需使用木材时，保证对可燃材料进行三次防火涂料的涂刷；自带电工施工必须持有操作证。

（8）电气设备材料要求电线采用难燃双塑铜芯（2R- βVV），绝缘电线（导线截面积不小于 1.5 平方毫米）套金属管或难燃线槽、线管保护；射灯不得超过 100W，灯具表面高温部位靠近可燃物时，应采取隔热、散热等防火措施；各电气回路均应设漏电保护开关和空气断路开关；灯箱要留有散热口；内部拉线套金属管；线路在地毯下敷设时不得有接头。

（9）在装修过程中，产生的可燃垃圾，应及时清理，不利过夜堆放。

（10）接线要压接或焊接。

（11）馆内不得电锯、电刨子、喷漆等施工。

（12）按照“谁主管，谁负责”的原则，用户负责装修位置区域内的一切防火安全工作，接受大会管理人员的监督管理。

（13）在 9 月 1 日 12∶00 后，不得有未布展的空展位；9 月 6 日中午 12∶00 前不得撤展。

四、监管机构

东北亚博览会现场服务指挥部为布展施工的监管机构，对参展单位、施工单位的布展施工进行全程监督和管理，并对违规单位进行处罚。

五、违规处罚

凡在布展施工过程中有违规行为的，一律按照《违规处罚条例》（见本手册第一部分第十二章）进行相应的处罚。

第六章　筹撤展运输车辆管理规定

一、参展单位自运展样品的运输车辆进入长春国际会展中心展馆条件

（1）凭东北亚博览会发放的有效车证；

（2）在车证规定的时间段内；

（3）由参展商带车。

二、装卸货时限要求

（1）运输车辆进院后须服从东北亚博览会的调度。运输车辆装卸货不得超过2小时，司机不准离车。

（2）集装箱车辆进入长春国际会展中心展馆筹、撤展区域以2小时为限，装卸货后应立即驶离。集装箱车辆和集装箱须在大会指定地点存放。

三、筹、撤展期间货运车辆

（1）所有筹、撤展货运车辆凭大会统一核发的筹、撤展车证并按车证上所注明的时间在场内停放。

（2）筹、撤展期间，参展商及中心各单位公务用车均凭大会展馆内停证或停车证查验放行，持通行证的车辆只准通行，不准停放。

（3）运输车辆进入长春国际会展中心展馆须服从交通管理人员的指挥、调度。

（4）运输车辆应根据展品所在馆号，选择指定的货车停车位置停放，司机不得离车。

（5）运输车辆不得停放在展厅各出入口、通道以及非展馆指定的货车停放区域装卸货。

四、展馆展览期间车辆

9月2~6日，展馆院内不允许停放任何车辆，各类车辆须凭有效证件，按规定路线进出长春国际会展中心展馆。

第七章　安全保卫规定

1. 各参展企业应指定保卫人员，协助做好东北亚博览会和展馆的安全保卫工作。

2. 实行安全保卫责任制，按照“谁主管、谁负责”的原则，各参展单位要加强消防安全教育和管理，提高与会人员安全防范意识，自觉遵守东北亚博览会各项规定，共同维护东北亚博览会秩序，确保东北亚博览会安全。

3. 加强政治思想教育，坚决打击法轮功邪教组织等非法活动，教育与会人员不信教、不传教、不参与邪教非法组织。提高警惕，预防各类事故的发生。

4. 加强东北亚博览会证件管理，展会期间所有进入会展中心展区范围人员

须将有效期内的大会证件挂在胸前，服从和配合保卫人员检查。东北亚博览会期间，除免检人员外，其他与会者均需主动自觉服从和配合门卫查验证件和安全检查。不准将证件转借他人和带无证人员进馆，违者按有关规定给予处罚。

5. 做好安全防盗工作，妥善保管好展样品和个人随身物品。参展商应按时进馆，并请不要提前退馆，以确保展样品安全，防止被盗。

6. 剧毒品、易燃易爆和放射性等展样品，只能使用仿制代用品，严禁携带实物进入展馆。

7. 展馆展位装修、搭建，依照《展馆防火规定》执行。展样品的陈列须按规定摆放，任何单位和个人不得将展样品摆出展位外。要服从东北亚博览会检查组、保卫人员的检查纠正。

8. 各单位要高度重视和认真做好安全防火工作。切实贯彻执行《展馆防火规定》，加强对所属人员安全防火教育，做到防火工作人人皆知，自觉遵守，确保安全。

9. 展馆内（包括展场、展位、办公室、仓库、通道、楼（电）梯前室等场所）严禁吸烟，违者按章处罚。

10. 筹展期间，运送展样品的汽车进入长春国际会展中心范围后，按指定地点临时停放，卸货后立即驶出长春国际会展中心范围。搬运展样品出长春国际会展中心范围时，须凭大会出具的放行条，经门卫人员查验后放行。

11. 进入长春国际会展中心范围的汽车须服从交通管理人员的指挥，按规定路线行驶，按指定位置停放。

12. 东北亚博览会期间，凡拾获的各种物品应及时送交东北亚博览会安保部门登记处理，不准自行保管和擅自处理。

第八章　展馆内防火管理制度

所有参展商、承建商及工作人员等必须遵守中华人民共和国消防法及长春国际会展中心的有关消防安全规定。

1. 展商在装修展位时要保证防火通道达到安全宽度，并且不得遮挡消防设施，展馆内部及周边消防通道必须保证畅通无阻。疏散门要保持畅通、不得加锁。严禁在通道和楼梯前布展和摆放展示样品，违者责令拆除。

2. 参展样品的包装箱、杂物、纸屑和多余的展示样品务必及时清理并运出展区，严禁展位及展板与墙壁之间存放可燃物、包装材料或宣传品。严禁将包装材料、展示样品存放在展位背面或展位间的通道上。

3. 在施工、装修、布展中不得阻挡、挪用、圈占、损坏消防栓等消防设施。消防设施不得张贴悬挂物品。

4. 严禁乱接、乱拉电线和擅自安装电气设备（含照明灯）广告灯饰。确实需要安装者，事先务必向大会申报，经审核批准后方可安装。

5. 自选装修展台、搭建展位、装修材料应使用阻燃、夹板或不燃材料，否则一律视为违章，并责令拆除。

6. 在施工时，如需明火作业（电焊、气焊等），事前务必向大会申报经批准后，并做好现场防范工作，方可以施工。原则上是进行明火作业须到馆外进行。

7. 碘钨灯等高温灯具、霓虹灯具不得擅自安装。霓虹灯具的高度不低于2.5米，不超过4米。接头需用玻璃套管，不得暗接，经有关部门检查合格后，方可使用。

8. 展馆内不得动用明火，不得使用煤气、天燃气等可燃气体，不得使用电饭锅、电炒勺、电熨斗等负荷较大的用电设备，所展示的产品不能用可燃液体做燃料。

9. 布展的产品不得包含易燃易爆物品（例如白酒60℃以上）。

10. 在观众较多时，参展商不得用免费发放物品等形式，招揽观众。

11. 每日撤馆前参展商及馆内负责人员要检查好是否有火种遗留及用电设备是否断电。任何人员发现消防安全隐患时，请立即通知馆内安全人员，遇到紧急情况，请保持冷静，服从统一指挥，有序撤离。

12. 展馆内禁止吸烟，所有吸烟者必须到展馆外以保证消防安全及空气清新。

13. 每日撤展前参展商及馆内负责人员要检查好是否有火种遗留及用电设备是否断电。

第九章　参展展品管理

一、参展商品

1. 东北亚博览会展品（包括展位内摆放的产品及张贴的宣传图片、发放的资料）须是参展单位或经参展单位许可由供货单位提供的产品（物品）。

2. 由参展单位对参展展品进行登记。

3. 凡涉及商标、专利、版权、质量认证的展品，参展单位须取得合法权利证书或使用许可合同。

二、展品管理

1. 参展商品须与所在展区相符合。

2. 展会期间不允许零售，违反者没收展品并取消其参展资格。

3. 参展单位负责对所属展位展品进行管理。

4. 已查明确属违规的商品，由参展单位立即自行撤下。对于拒不执行的，展品由东北亚博览会予以没收。

第十章 宣传品管理

1. 东北亚博览会刊物和宣传品（指以东北亚博览会名义编印以及由东北亚博览会安排对外发放的各种会刊、名录、专刊、特刊、专辑、报纸、电子出版物及其他资料），由东北亚博览会执委会秘书处负责管理。

2. 东北亚博览会刊物和宣传品须符合以下要求，经执委会秘书处审查批准后，方可在东北亚博览会赠阅。

（1）以宣传经贸政策和东北亚博览会、推介经贸项目和出口商品为主要内容，刊物和宣传品名称须与内容相符。

（2）刊物和宣传品须注明编印单位（如属联合编印，均须注明）。刊物和宣传品名称，不得使用名优、知名、最佳等易引起误解或误导性的说法。刊物文稿，以及涉及广告、专利、版权等内容，须符合国家有关规定。如发生知识产权侵权行为，由编印单位承担责任。

（3）专项宣传东北亚博览会的宣传品，均由东北亚博览会统一编印和对外发放。

（4）未经东北亚博览会许可，任何单位或个人不得以东北亚博览会名义征集文稿和广告，不得在任何刊物和宣传品的封面及封底使用“东北亚博览会”中文或英文字样，也不得使用东北亚博览会徽标。

3. 东北亚博览会刊物和宣传品的对外发放地点，由执委会秘书处统一安排。除执委会秘书处指定地点以外，任何单位或个人不得对外发放资料。对外发放东北亚博览会刊物和宣传品的地方，不得从事其他销售活动。

4. 在东北亚博览会期间，执委会秘书处负责对东北亚博览会刊物和宣传品的内容、质量和对外发放情况进行检查，并核实对外发放数量。

5. 各参展单位的单项资料（如商品目录、企业简介、产品说明等），仅限在本展位发放。违反本规定对外发放刊物或宣传品，一经发现，即予取缔。

第十一章 卫生保障

1. 各参展单位负责人具体负责本单位的卫生保障工作，密切掌握所属人员的身体健康状况。

2. 参展人员要搞好工作、居住环境和个人卫生；去人群密集的公共场所要采取防护措施；注意饮食卫生，不随便在外就餐；注意室内自然通风；注意天气变化、防暑降温、劳逸结合、保重身体，不要带病工作。

3. 出现发热、咳嗽、头痛、呕吐、腹泻或其他身体不适症状时，要立即报告卫生责任人，及时检查、治疗。

4. 参展人员应严格遵守大会卫生保障方面的规章制度。

5. 大会将及时向参展人员宣传个人卫生防病知识，公布有关卫生保障信息。

参展人员应及时了解、掌握卫生动态和防病知识，增强防病意识。

6. 大会在展馆设有医务室。

第十二章　违规处罚

1. 必须按照国家有关装修工程强制性技术规范、标准和《东北亚博览会展馆防火规定》要求设计和施工。如不按规定使用阻燃或不燃材料和难燃电线、超高、封顶、占用通道等，由东北亚博览会检查组责令其停工整改。自签收整改通知2小时后仍不整改者，给予停电处罚；自签收整改通知8小时后仍不整改者，给予查封展位处罚。

2. 参展单位私接电源或私自增加照明灯具的，一经发现，即作停电处罚，并由该单位负责赔偿由此给东北亚博览会造成的经济损失。

3. 布展单位施工时未将施工证挂放在展位醒目位置、不按展馆防火规定施工或超出施工证规定范围的，一经发现，给予口头警告，对警告不理会的，东北亚博览会检查组取消其施工证，由此引发的一切后果由该布展单位负责。

4. 参展单位擅自拆改标准展位及展位内配置的，给予口头警告，情节严重的强制恢复原状，并给予因恢复原状而产生的费用的1~2倍的处罚；对造成展材损坏、遗失的，给予通报批评，并责令照价赔偿。

5. 锯裁展馆展材、展板的，予以通报批评，并给予受损物原价1~2倍的处罚；在展材、展板上油漆、打钉、开洞的，照展板的原价赔偿。

6. 凡在展馆内墙壁、展板、通道柱子上用发泡胶粘贴或在标摊用即时贴裱底的，一经发现，给予口头警告，责令违规者恢复原状，并支付每平方米100元（不足1平方米的按1平方米计）的清洁及维护费，同时立即取下粘贴物。

7. 凡将展样品的包装箱、包装物、纸屑等杂物存放在展位内的，一经发现，由东北亚博览会安排人员强行清理，由此而产生的费用由违规单位承担。

8. 在9月1日12：00后仍未布展的空展位，一律由东北亚博览会收回，并由该参展单位承担一切损失。

9. 在9月6日12：00前撤展的展位，一经发现确认，记录在案，取消其下届参展资格。

10. 撤展时，擅自带东北亚博览会的展材、展具及电器、通讯等各类设备、设施出馆的，予以通报批评，并给予原价1倍的处罚。情节严重者，交保卫办处理，取消下届东北亚博览会参展、布展资格。

11. 非东北亚博览会指定的搬运人员，不得参与有偿搬运。违者，给予通报批评，没收搬运人员的搬运工具及证件，并由东北亚博览会有关部门追查证件的来源。

12. 损坏大院内固定设施的，强令恢复原状，并承担修复的所有费用。

13. 对违章吸烟者每次罚款50元责令本人写出书面检讨，并且通报批评。

14. 开幕期间，对占用通道摆放展品并经多次劝告不听者，东北亚博览会没收违章摆放的展品同时暂扣展位负责人的进馆证并通报批评。

15. 对在展位外派发资料者，除没收资料外，清出展会。

16. 对吵架、打架者，责令其写出书面检讨，交保安处理，没收其进馆证，并通报批评，取消下届参展资格。

17. 不经同意，擅自拍摄别人展样品的，胶卷做曝光处理；对偷拿一般展样品的，责令其本人写出书面检查，没收进馆证；对偷拿贵重展样品的，交公安机关处理。

18. 对不服从保卫人员检查，无理取闹者，没收进馆证，送交保卫部门处理。

第二部分　服务指南

第一章　办证服务

一、证件种类

1. 布展证（参展商及搭建商布展专用，开展后作废）
2. 参展证（参展商专用）
3. 嘉宾证（参观商和普通来宾专用）
4. 贵宾证（VIP）
5. 代表团证
6. 陪同团证
7. 大会志愿者证
8. 记者证（国内、外媒体记者专用）
9. 专场会议证（场内外各种会议专用）
10. 撤展证
11. 指挥中心证

二、参展相关证件

1. 布展证：参展商、搭建商

时间：8月23日18：00～9月1日12：00

相关条件：允许携带展品进入展馆

2. 撤展证：参展商、搭建商

时间：9月6日12：00～9月8日20：00

相关条件：允许携带展品离开展馆

3. 参展证：参展商

时间：9月2日7：00～9月6日12：00

相关条件：出入场馆有效，须接受安全检查，不允许携带展品出入场馆。

三、办理方式

1. 国际招商招展部负责国外及港澳台地区参展商布展证、撤展证、参展证的申报发放工作；

2. 国内招商招展部负责国内参展商布展证、撤展证、参展证的申报发放工作；

3. 国际招商招展部市（州）工作指导组负责省内参展商布展证、撤展证、参展证的申报发放工作；

4. 参展证按每个展位办理 3 个，布展证和撤展证根据参展商需求制作并发放。

四、证件中心办公地点及联系方式

地址：中国·长春市松江路 51 号东北亚博览会执委会秘书处办公楼 612、615、619 房间

邮编：130051

联系人：邵洪祥

联系电话：0431-2799944　2796644　2790044

传真电话：0431-2799944

第二章　车辆通行证管理

一、通行证的种类和使用范围

本届博览会设主要通行证 5 类 7 种，设辅助通行证 2 类 5 种。

（一）主要通行证

1. 进场通行证（2 种）

开幕式结束后，车辆可以凭证进入会展中心停车场内并停放在指定位置。

（1）“通行证”（红底白字）：用于重要贵宾，吉林省和长春市主要领导，博览会指挥中心总指挥、副总指挥、秘书长及各部指挥长乘用的车辆，从会展中心 3 号门进出。

（2）“通行证”（黄底红字）：用于国内贵宾、兄弟省（市、区）党政代表团（包括省会和副省级城市）主要成员、各市代表团主要领导乘用的车辆，可从会展中心 4 号、6 号门进出。

2. 参会车辆通行证（2 种）

会展期间，可进入会展中心的交通管制区域，在指定门口暂停（宾客下车入场），在会展中心北侧的北海路停车场停放。

（1）“会议用车”通行证：用于国内各代表团、陪同团乘用的车辆，可在 4 号门、6 号门暂停，宾客下车入场。

（2）“外宾用车”通行证：用于国外各代表团、陪同团和其他参会外宾乘用的车辆，在1号门口暂停，宾客下车入场。

3. “参展商用车”通行证

会展期间，持参展商用车通行证可进入交通管制区域，在5号门口暂停，宾客下车入场，在北海路停车场停放。

4.“保障车”通行证

用于消防、救护、通讯、电视转播、送饭送水、保洁等为博览会提供工作服务保障的车辆，从会展中心6号门进出，按要求停放。

5.“安保车”通行证

用于博览会指挥中心总指挥、副总指挥、秘书长、各部门指挥长、副指挥长、安保部总指挥、副总指挥等为博览会提供安全保障的车辆，可从3、4、5、6号门进出，在A厅、B厅之间北侧停车场停放。

（二）辅助通行证

1. 参展物品运输通行证（2种）

运送参展物品的车辆使用，凭证可进入会展中心院内，停放在指定停车场。

（1）“布展车”通行证：布展车辆使用，9月2日8时前有效。

（2）“撤展车”通行证：撤展车辆使用，9月6日闭会后启用。

2. 专场活动通行证（4种，均为当场有效的证件）

（1）“招待酒会”车辆通行证：参加招待酒会贵宾车辆乘用车辆使用，9月2日晚凭此证可进入南湖宾馆主楼门前。

（2）“相约东北亚歌舞晚会”车辆通行证，9月2 日晚使用。

（3）“俄罗斯阿穆尔州白山市艺术团专场演出”车辆通行证，9月3日晚使用。

（4）“朝鲜两江道惠山市艺术团专场演出”车辆通行证，9月4日晚使用。

（2）~（4）均为参加晚会的来宾乘用的车辆使用，凭证可分别在文化活动中心院内和门前停车场停车。

二、发放办法

参会车辆通行证、参展商用车通行证和参展物品运输通行证，由各有关部门、各陪同团根据各自接待的人数和所需车辆，填写车辆通行证申请表（见附件），于8月20日前向接待部车辆调度组提出，核准后予以发放。

其他车辆通行证由接待部根据实际情况和会议需要确定数量，并向有关部门和陪同团发放。

三、管理办法

1. 车辆通行证加盖东北亚博会执委会秘书处章及长春市公安局交通警察支

队交通管理专用章有效。

2. 各种车辆通行证由博览会接待部车辆调度组统一管理、发放和解释。

3. 各种车辆通行证的有效期限以证件标明为准。

4. 会议期间在省内公路（包括高速公路）通行时可享受免费礼遇，但须提前到接待部车辆调度组办理相关手续后，凭通行证和免费卡放行。

5. 通行证无防伪标志无效。

第三章　展会运输、仓储、搬运服务

一、运输方式

第一届中国吉林·东北亚投资贸易博览会展品运输有两种方式：

（1）选择大会指定的运输代理；

（2）由参展商自行决定运输方式和运输人。

二、指定运输商

第二届中国吉林·东北亚投资贸易博览会指定的运输代理

1. 延边泰达国际商贸物流有限公司

总负责人：王景林

联系电话：13904471428　0440-7506368

2. 中国外运吉林集团公司

电话：0431-8932598　8932538　5520747

传真：0431-8912422　8932598　8932538　5520747

联系人：

崔丽娜：13154311906　　E-mail：clnmasha@163.com

辛培海：13159561143　　E-mail：xinph@sohu.com

骆　军：13331693633　　E-mail：luojun633@sohu.com

公司网址：www.sinotrans-jl.com

公司地址：长春市解放大路 1562 号中吉大厦

3. 嘉里大通物流有限公司吉林分公司

地址：长春市绿园区升阳街 155 号

邮编：130062

电话：0431-7822788

传真：0431-7829299

联系人：张志波 013943189898　E-mail：zhangzhibo@kerryeas.com

李　哲：013514461399　E-mail：lizhe@kerryeas.com

杜　超：013944941077　E-mail：duchao@kerryeas.com

三、运输、仓储、搬运等各项服务收费标准及要求，请参展商咨询东北亚

博览会指定运输代理，或登录东北亚博会网站和查阅通关服务指南

第三部分 附件（略）

（例文：选自中国广播网/第二届中国吉林·东北亚投资贸易博览会/展会指南）

第十二节 会展记录

一、会议记录

（一）会议记录的含义和作用

会议记录是会议期间记载会议进程和内容的原始性文件，是形成决定、决议、会议纪要等会议最后文件的基础。在一些法定性会议中，会议记录经发言者和会议领导人确认签字后，具有法律效力。其作用有以下几方面：

（1）为日后考查、研究会议提供第一手材料；

（2）在一些法定性会议中，会议记录经发言者和会议领导人确认签字后，具有法律效力；

（3）便于会议组织者及时、全面了解和掌握会议的进展情况和动向；

（4）为形成决定、决议、会议纪要等会议最后文件打好基础；

（5）经会议领导和发言者同意，可散发会议记录整理稿，以便传达和学习会议精神。

（二）会议记录的种类

按记录的详略来分，会议记录可分为详细记录、摘要记录和简易记录。

1．详细记录

重要会议应当采用详细记录，尽可能做到有言必录，以记载会议的全过程。详细记录要求记录人员掌握熟练的速记技能，运用速记方法进行记录。必要时，可以由多人同时记录，会后共同核对整理，将速记符号转换成文字。整理稿必须经每个记录人签字。经同意，也可使用录音的方法，然后根据录音整理成记录稿。

2．摘要记录

适用于一般性的会议。摘要记录与详细记录的区别仅在于，记录发言时只需记录发言人姓名、发言的要点，而不必有言必录。摘要记录可直接用规范的文字进行记录，使会议记录一次性成文，经领导人审核或经发言者确认后直接归卷，省去了会后整理的工作程序。摘要记录要做到“取其精华”，努力保持发

言者的发言风格。

3．简易记录

简易记录只要求记载会议的概况、会议的议题和结果，不必记录发言的内容和经过。简易记录由于不能全面反映会议的过程，考查研究利用的价值较低，故仅限于较为简单的事务性会议。

（三）会议记录的结构和写法

1．标题

会议记录的标题有以下两种：

（1）专用性标题。由会议名称和“记录”组成，如：“××公司 2005 年度销售工作会议记录”。大中型会议往往有主席团会议、代表团团长会议、分组讨论或审议会等，可使用格式统一的记录用纸，标题格式为：“××学会第×届代表大会第×次全体（或主席团）会议记录”。

（2）通用性标题。适用于一个单位内的所有会议。由单位名称和“会议记录”组成，如“×××会展公司会议记录”，但会议名称必须在首部的表格中显示。

2．首部

会议记录的首部任务是反映会议的基本情况，一般要求采用表格的形式，以便使每个项目清楚明了。具体项目包括：

（1）会议的名称。会议名称一定要写全称，以便于考查。如果标题中已有会议名称，这里的名称可省略。

（2）会议时间。包括开始时间、结束时间和中间休会时间。时间要具体到时、分。

（3）会议地点。应具体到会场名称或房间号码。

（4）会议主席。即会议的召集人或主持人，要写明姓名和职务。联席会议、多边会议还应当写明主持人所在的单位名称。

（5）参加人员。包括出席人、列席人、旁听人，不同性质的与会者要分类记录，并写明姓名、单位、职务。

（6）缺席人员。法定性会议记录应当反映缺席情况，这样既可以让组织者了解缺席情况，便于事后补会，也可以清楚地反映会议应该出席的范围，这对日后考查和研究会议十分重要。

3．主体

主体部分的任务是记载会议的进程和内容，具体包括：

（1）会议的议程和议题。议题的记录要完整。如果是讨论或审议某一项文件，应写明文件的完整标题。以口头方式提出的临时动议，可以作为发言来记录。

（2）发言情况。发言情况是会议记录的重点，包括发言人姓名和发言内容两部分。详细记录要求有言必录，并记录插话、争论、表态等情况。摘要记录记其发言要点即可。

（3）会议结果。包括对议题的通过、缓议、撤销、否决情况。如果经表决通过或否决了某个议题，要记录表决对象的名称、表决的方式（如口头表决、举手表决、投票表决、表决器表决等）、表决的结果（同意、反对、弃权的统计数字）。如实行多轮投票，每轮投票的情况都要记录在案。

（4）会场情况。即会议期间会场内所发生的与会议进程有关并且具有记录价值的情况，如与会者的掌声、笑声、迟到、早退、中途退场以及其他影响会议进程的情况。记录会场情况可以更加全面地反映会议的气氛、与会者的情绪和态度。

4．尾部

尾部的任务是记载署名的情况。署名是对记录的真实性郑重负责的体现。以下四种人需要署名：

（1）记录人。会议记录人必须在会议记录上签字，以示负责，同时也便于日后与其核实情况。

（2）审核人。重要的会议记录应由会议主要领导人对其进行审核，确认无误后签字。审核人对记录的真实性负领导责任。

（3）发言人。论证会、鉴定会、听证会以及国际性组织的重要会议，可以要求发言人会后对记录进行核对并签字。

（4）法定的签字人员。比如，《中华人民共和国公司法》明确规定，各类公司的股东会、董事会应当把所议事项的决定做成会议记录，出席会议的股东、董事应当在会议记录上签名。

署名一般应置于会议记录的尾部，用以表示记录完整性，同时也避免有人在正文部分私加文字。如将记录人、审核人置于首部，必须在结尾处写明“会议结束”的字样。如需发言人签署，则应当置于尾部。

（四）会议记录的要求

1．准备充分

（1）事先了解会议的目的、议题、程序、方式和手段，对一些专业性较强的会议，还应当事先阅读会议文件，掌握有关的专业知识，熟悉主要的专业术语，确保记录时得心应手。

（2）会前熟悉与会人员的姓名、职务、相貌特征、口音特点、说话习惯，以提高记录的准确性。

（3）备好必需物品。一是备好纸和笔。会议记录用纸应尽可能统一印制，格式规范。记录所用的笔墨应当符合归档的要求。如有分组会议，要事先将记录纸和笔分发到各组。二是备好必要的器材。如果会议允许做录音记录，要事先安装并调试好录音设备，确保录音质量。采用摄像机记录的，要事先选好机位和角度，配好灯光。用计算机记录的，要准备好电脑及电脑桌椅，接好电源。

2．客观真实、全面准确

客观真实、全面准确是会议记录最基本的要求，具体要做到：

（1）记录时注意力高度集中，全神贯注，用心听取每个人的发言，仔细观察发言者的表情、手势和口形，做到反应迅速、判断准确，以提高记录的全面性和准确性。

（2）会议结束后要及时核对，有的会议记录还应当请发言者本人进行核对和确认。

3．清楚规范

会议记录是立卷归档的重要材料，一般都列为永久保存，因此一定要用钢笔或毛笔记录。录音记录、速记和多人同时记录，会后要整理、誊清，并签字，以示负责。整理后的记录稿，要做到字迹清楚、文字规范、语法正确。

二、展览记录

（一）展览记录的含义和作用

展览记录是展览举办期间用以记载接待和现场情况的原始性文件，所起的作用主要是：

（1）便于组织者及时掌握展览会的现场情况，一旦发现问题，立即采取有效措施加以解决。

（2）收集和登记客户信息，便于日后进一步联系洽谈。

（二）展览记录的种类

按记录的主体来分，可分为场馆值班记录和展台接待记录。

（1）场馆值班记录。即在展览会举办期间，由主办单位派专门的工作人员对参展单位或参观者的投诉、意见、要求和建议以及现场出现的突发性事件和处理情况进行的记录。

（2）展台接待记录。即在展览期间，由参展单位的展台工作人员完成的对参观者接待情况的记录，相当于一个调查记录。当然这种记录的信息有时很难收集，因为参观者本身未必对公司的情况都十分了解。此外，询问过细也可能会引起对方的不快。因此，能记多少则记多少，对确有必要记录的参观者信息，也可在后续工作中进一步收集。

（三）展览记录的格式和内容

1．标题

标题由展览名称、记录的种类和“记录”组成，如《第七届上海国际工业博览会值班记录》、《2004 大连国际办公设备暨文化用品展览会展台接待记录》。如标题中省略展览名称，则必须在正文中加以记录。

2．正文

正文展览记录的正文都采用表格形式。场馆值班记录应当设有值班人员姓名、值班时间、值班地点、值班电话、记录事项等项目。展台接待记录应当包括展览会名称、记录日期、记录人姓名、参观者姓名、职位、单位名称、联系方式、行业类别、产品名称、经营范围、经营性质、公司规模、参会情况、成交意向等。具体内容可根据调查收集的要求制定。

附录：会议记录

模板一：

会议名称　　　会议时间

会议地点　　　记录人

出席与列席会议人员

缺席人员

会议主持人　　审阅　　　　　　签字

主要议题

发言记录：

模板二：

××公司办公会议记录

时间：一九××年×月×日×时

地点：公司办公楼五楼大会议室

出席人：×××　×××　×××　×××　×××……

缺席人：×××　×××　×××……

主持人：公司总经理

记录人：办公室主任刘××

主持人发言：（略）

与会者发言：

…

散会

主持人：×××（签名）

记录人：×××（签名）

（本会议记录共×页）

第十三节　展品清册

一、展品清册简介

展品清册是向国内外海关报关、结关的重要单证。因此，填制清单要认真仔细，数字正确，内容完整；要求做到单货相符，即清单上的展品数量和内容与实际包装箱内装的数量和内容要相同。否则，在国内外验关时，会出现麻烦或造成经济损失。

展品清单除对展品外，还包括宣传品、礼品、样本、展览用品等，都需按类分别编入清单。

二、展品清册内容

展品清册的内容分封面、目录页、本体三部分。

封面内容包括展览会名称、国别、年度、标题“展品清册”、组织者名称。

目录页内容包括序号、单位、内容 （类别）、种数、箱号、箱数、金额、体积、重量、展台号、页码。

本体是展品清册的主要内容所在，包括运输标志、展台号、页号、类别、序号、箱号、展品编号、品名、规格、数量和单位、价值（货币名称、单价和总价）、页总价小计以及箱数和金额数、重量（净重及或毛重）、尺寸、标志、制表人、审核人、批准人等。

三、编制展品清册注意事项

展品清册内容编制需要注意以下内容：

（1）编制顺序：清册按包装箱和分类（展品、卖品、宣传品、礼品）顺序编制。

（2）页码：集体运输时展品清册可以有分页码和总页码。总页码是清册的页码，分页码用于展出单位，一个单位有一个分页码系列。

（3）编号：清册内的每件展品都必须有编号。如果是同一类的数件展品，可以用同一编号。

（4）品名：展品品名要求准确，按《华盛顿条约》规定要写“学名”，这关系到上税。

（5）标价：为了方便通关，所有货物都必须标价、申报。出售品需要标价，其他展品和用品，比如礼品、宣传品、自用品、招待品、道具等，即使无商业价值也需标价。一方面是为了避免麻烦和延误，另一方面，很多国家对任何留下的物品都需上税，包括散发的展览资料、自用品等。因此，应为展品清册上的所有物品都标上价格。有些参展企业为了少缴关税，便可能在展品清册上做手脚，将货物价格标得很低。这也许会省一些小钱，但不值得，甚至是自找苦吃。首先海关人员对报关中的问题很清楚，有许多办法对付未如实申报者。万一遇损，保险公司将按报关清册价赔偿，因此，展出者还是适当地标价为好。

（6）重量：要如实标明，不要为了省费用而将重量写小，它会导致危险的后果。在实际操作中，是按清册标注的重量安排起吊设备和支撑物，如果设备承受不了实际重量便会出事故。

展品清册需要根据展出地海关要求分别编制，包括原始清册、售品清册、赠送品清册、宣传品清册、招待品清册、受损品清册、遗失品清册、回运品清册、点多品清册、点缺品清册、遗弃品清册等。不同的清册用于办理不同的手续，例如宣传品清册供散发；招待品清册用于办理进口报关，招待品用于消耗；赠品清册（也称礼品清册）用于办理进口报关，赠品供赠送；售品清册用于办理进口报关，售品供出售；展品清册用于办理保税，展毕回运。展出期间，还需随时记录展品及其他用品处理情况，包括赠送、销售等。

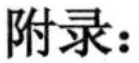

附录：

展品清单表

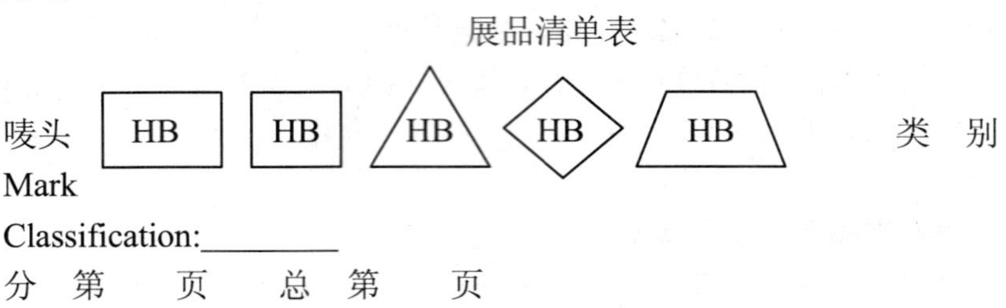

唛头 Mark　　　　类　别

Classification:________

分　第　　页　　总　第　　页

箱号 Case No.	展品编号 General No.	品名	Item（外文品名）	规格 Specification	数量 Qty.	单位 Unit	单价 Unit Price	总价 Total Value	毛重（Kg）	尺码（m³）	备考 Remark

下篇

会展合同类

学习目的：

了解各类会展合同的概念及特点，熟悉各类会展合同的写作结构，并能够区分不同种类的会展合同之间的异同。

主要内容：

会展业务合同的概念、特点以及写作结构；

会展业务协议书的概念、特征、种类以及写作要求；

会展意向书的特点及写法

思考习题：

分析比较会展业务合同、会展业务协议书及会展意向书的异同之处。

第一节　会展业务合同

一、会展业务合同的概念和特点

会展通常包括会议和展览两个方面，其中会议就有国际、国内各种不同规模、不同种类、不同层次之分。而展览更是多种多样，因其性质、内容、时间、规模等不同而不同。所以，围绕会议和展览，会展承办单位有大量的工作要做，有许多的配套服务必须向与会者、参展商、消费者等提供。在上述各种不同类型的会展中，一般都会涉及会展主办单位、会展合作者、会展支持者或赞助商、会展承办单位、与会者、参展商、消费者等多方业务关系。为了较好地协调彼此之间的关系，明确各方在会展业务中的权利和义务，必须依照《中华人民共和国合同法》有关规定签订合同，以维护自己的合法权益。

会展业务合同有广义和狭义之分。广义的会展业务合同是指所有围绕会议、展览而依法订立的各种合同的总称。狭义的会展业务合同主要是指会展承办单位为租赁会场、展馆等，或者与供货商、销售商洽谈业务时依法所订立的设立、变更、终止各方民事权利义务关系的一种书面合约或契约。

随着我国会展业的发展，会展管理水平亟待提高，尤其是会展业的法律规范方面有待进一步完善。因此，研究会展业务合同成为当前一个比较迫切的问题。会展业务合同除了具有一般合同的共性外，其个性特点表现在以下五个方面。

第一，主体的特定性。会展业务合同的各方当事人，均是与会展有某种联系的公民、法人或其他组织，如会展主办单位、会展承办单位、会展赞助商、会展参加者、会展服务者、会展消费者等。狭义的会展业务合同其当事人一方是会展承办单位。

第二，内容的财产性。会展分营利性会展和非营利性会展，无论哪种会展，其涉及的业务合同主要是指财产性。也就是说，会展业务合同的目的和内容是特定的经济利益和经济关系。

第三，标的物的单一性。会展业务合同权利义务指向的对象是单一的，它仅是指涉及会议、展览的商品、行为和智力成果等。

第四，形式的固定性。会展业务合同的订立应当采用书面形式，以更好地规范当事人之间的权利义务关系，得到法律的有效保护。另外，注意不要采用事先印刷好的格式合同。

第五，订立的合法性。会展业务合同必须依法签订。除了《中华人民共和国合同法》外，不同的会展业务合同还有不同的法律依据。

鉴于我国会展业还处于发展阶段这样一个特殊情况，会展业务合同也必然有一个不断完善的过程。在这个过程中，会展业务合同也许会出现一些新的特点，我们必须用发展的眼光来看待它。

二、会议业务合同

（一）会议合同的概念

在会议组织者决定将会展交给饭店承办后，接下来的重要工作就是签订会议销售合同。只有签订了合同，双方的权益才能得到保证。与饭店签订的销售合同的内容必须全面、详细而准确，因为它是双方合作的基础，是饭店为会展提供服务的依据。

（二）会议销售合同的内容

一份好的合同应简洁地包括所有经过协商并达成一致意见的条款。这样一份合同，为保护签订合同的双方的利益提供了最重要的法律依据。以下是饭店会展产品销售合同中常涉及的内容。

1．会议组织和饭店名称

在合同中，会议组织和饭店的名称都应清楚标明，以便清楚表明会议组织已经选择了该饭店作为会议举办地点。

2．明确的时间表

要在合同中列出会展活动日期、与会者的入店和离店日期。每项活动起始的具体时间段也应标明，这样当会议活动时间延长时，饭店能很快做出调整，利益也能得到保障。明确的时间表是十分重要的，因为饭店不希望因客人早餐时间过长而耽误布置午餐，或耽搁当天晚些时候的其他活动。

3．房间数量和种类

合同中应清楚说明所需客房的数量，并分别标明套间、单人间、双人间及标准间的数量。有时，客户还要求说明客房的具体位置。如果饭店有多座楼，还应具体指明是哪一栋楼。

4．价格

合同中应明确而清楚地说明各种房间的价格。如果双方已达成优惠价格应具体说明。如果不同位置的客房价格不同，也应将各种价格分别列出。列出套房价格时，一定要注意说明套房内具体包括几个房间，如一个起居室、一间卧室或一间起居室和两间卧室。

5．到达方式

饭店很难在同一天，甚至同一时间段接待大型会议团队的所有成员，因此，对于数百人甚至上千人的团队，一般应在合同中约定与会者分期分批抵达。在合同中应说明到达的日期从几月几日（星期几）至几月几日（星期几）。

6．公共场所

会议策划者希望饭店预留所有的公共场所，如会议室、展厅等，直至其确定活动安排和人员流动模式为止。但是如果该会议将在很久以后才举行，而且不会占用整个饭店，那么饭店就不应答应这种要求，因为饭店需要公共空间以吸引其他会议和客人。总的来说，很少有大型会展活动会占用整个饭店，一般是饭店中同时举办几个会议。因此，在合同中应对公共场所的预留问题有所说明。具体来说，可在合同中专门用一个条款来说明。例如：按照要求，饭店已预留多功能厅。举行会议的团体应在会议举行 9 个月前将最终计划报到饭店。到时，所有未使用的会展场地将交还饭店使用。

很多会议策划者喜欢将具体需要的会议室的名字写在合同中，这样就限制了饭店的灵活性。如果可能，应避免在合同中写出具体场所的名字，而在合同中约定：一旦会议组织者敲定了活动的具体程序，饭店将提供具体场地的名称。此外，在商谈公共场所的预留问题时，还应注意客房与公共场所之间的比例关系。饭店不应允许不会占用所有客房的会议团体，占用全部的会议场所。

7．免费和降价客房

在会议市场上，饭店提供一些免费客房是常事，但在具体操作上有很大的差别。例如，饭店在淡季时会比在旺季时，更容易在免费客房上给予会议组织者较大的优惠。最常见的情况是每用 50 间客房，其中有一间可以免费。饭店和客户间也会达成协议，对一部分客房降低价格。不过无论是降价还是免费，具体情况都取决于饭店销售人员与会议组织者之间商谈的结果。

8．会务场所

合同中应对会议所需的办公室、记者招待室及类似会务场所作出明确规定。如果收费，应说明价格；如果不收费，也应明确说明，但要明确规定用作此类目的的房间的最高数量限额。很多会议策划者要求饭店方面说明此类房间的具体位置，以保证这些房间能方便会议的举行。

9．登记管理

通常情况下，饭店会根据会议组织者的要求，允许会议组织者在提供与会人员名单后，自行对所需房间做出具体安排。饭店只需按照约定提供足够的客房即可。此外，有些组织者需要将套房用作接待室或用作小型展场，以降低展台费用的总投入和展台装饰的支出，这一点也应写入合同。

10．展览场地

如果会议组织者使用展览大厅需要付费，饭店应明确提出并说明收费内容，同时，还应在合同中说明哪些物品由饭店自己提供，哪些物品需要向饭店外部租用。

11．餐饮

为了保证餐饮活动正常进行，在合同中应说明会议组织者，在通知时间上的提前量。如果饭店需要更长时间的提前量，则需要具体商谈，并将之写入合同。菜单必须注明价格，并得到双方同意。大多数饭店同意设置超过保证数量一定比例的桌子，这样可以为更多的客人提供就餐。会议期间，每天用餐人数安排都应提前 48 小时由会议组织者书面交给饭店餐饮部经理。一般情况是：

20~100 人，加 5%的保证数；

101~1000 人，加 3%的保证数；

1001 人以上，加 1%的保证数。

如果不能按时收到用餐人数通知，饭店则按原估计出席人数准备餐饮和收费。

12．茶歇

在茶歇安排上，会议组织者和饭店之间经常出现矛盾。饭店在提供茶歇时，应对所有包括在内的项目进行解释，例如糕点、饮料、果汁的价格。目的是让客户认为饭店收费合理。

13．酒水

合同中应说明饭店在酒水服务方面的规定。若饭店按瓶收费，应对库存控制做出安排，会议以后应将未开启的瓶数除去。控制酒水数量的工作应由会议组织者和饭店双方共同进行，以免发生矛盾。此外，如果饭店不允许会议组织者从饭店外带进食品和酒水，应在合同中清楚地约定，以免在会议期间出现误会。典型的合同条款如下：不经饭店书面允许，不得从外部带进任何形式的食品和饮料。对于违反该规定而带进饭店内部的食品和饮料，饭店保留收取服务费的权利。

14．视听设备

会议所需要的视听设备既可由饭店提供，也可向当地的租赁公司租借。无论是哪种情况，都应说明设备和服务的价格结构。

15．总账

饭店应给会议组织者建立一个付款总账目，会议组织者必须向饭店提供一个有权签单的人员名单，经由他们签字认可的账目都将记入总账。如果有需要与会者个人付费的服务项目，双方应在合同中说明。客人离店前，饭店一定要对总账进行核查，确认无误并请会议组织者签字。

16．付款方式

合同中应明确付款方式。对于需预付的款项，应限定预付的具体日期。对于需要支付的其他款项，双方应约定具体的支付方式。

17．终止及取消条款

由于人力无法抗拒的因素（例如自然灾害、战争等），某些时候会展活动可能无法进行。合同应包括终止条款，规定在此类情况下，取消方不负违约责任。

合同中还应包括取消条款。由于很多大型会展的筹办要提前几年进行，所以有可能出现组织者要求取消活动的情况。大多数饭店会在合同中规定取消的最后期限，但这并不适用于会议组织者改变主意选择其他饭店作为会址的情况。取消条款应清楚说明，当一方没有根据条款而取消合同给对方造成损失时，应承担赔偿责任。一般的处理方式是，根据取消日期距实际使用场地日期的长短来决定赔偿数额。

18．损失条款

许多时候，会议实际使用的客房数量会比组织者预订客房的数量少。为了避免因用房数量减少过多而给饭店造成巨大损失，应在合同中加入损失条款，规定饭店有权利就此问题要求赔偿。以下是损失条款的一个样本：

入店前 1 年到 6 个月内，允许组织者无偿减少预订客房数量的 25%，对于超出 25%这一限额的客房，按照超出的实际客房数逐间收取费用；

入店前 6 个月内到 45 天，允许组织者无偿减少预订客房数量的 2%，对于超出 2%这一限额的客房，按照超出的实际客房数逐间收取费用；

在此时限后不再允许组织者减少任何客房的数量。

在损失条款有效期间，如果客房预订数量大幅度减少，或会议组织者取消任何餐饮活动，饭店保留对收费项目和标准进行重新谈判的权利。

19．保险

为了避免由于各种意外而导致会议团体人员遭受伤害或财产损失，饭店代表在与会展组织者商谈合同时，应审查会议团所办理的保险。若对方未办理，应该劝其办理必要的保险手续，以保护饭店免遭涉及人身伤害或财产损失的索赔要求。对于展览，饭店应要求参展商签署一份责任协议，以确保饭店对材料或设备的损失和失窃不负任何责任。

除了上述这些常见内容外，饭店在会议合同中还会涉及其他一些事项，如预登记的程序、行李的处理、运输安排、客房礼品的分配等。

（三）会议合同样本

饭店一般都会拟定自己的会议合同范本。但是，在具体签订合同时，有许多问题需要商谈，并应在合同中予以具体规定，以避免双方产生误解。

一般情况下，签订正式合同时，大多是在饭店会议合同范本上添加附加条款，以使合同能满足会议组织者的要求。对于会议合同，尤其是那些大型会议的合同，为了避免承担不必要的责任风险，签订合同时应请律师参与意见。

三、展览会业务合同

展览会业务合同种类繁多，根据不同的标准可以做不同的分类。

狭义的展会业务合同往往是以会展承办单位为中心主体，包括会展承办单位与会展主办单位之间签订的业务合同，会展承办单位与与会者或参展商之间签订的业务合同，会展承办单位为租赁会展场地和各种会展所需用品、洽谈会展场所的工程施工业务、为会展招聘工作人员而签订的业务合同等。另外，还有展品运输、广告、代办各种其他事项等。广义的会展业务合同则还包括主办单位与赞助商之间、参展商与消费者之间签订的各种合同。

这里介绍一些主要的会展业务合同，包括赞助合同，联合举办合同，参展合同，会展租赁合同，会展买卖合同，会展承揽合同，会展运输合同，会展仓储合同，会展供应电、水、气、热力合同，会展培训合同，会展服务合同等。合同可以单独签订，也可以合并签订，这要视具体情形而定。

会展业务合同的主要条款和一般合同的主要条款相同，包括标的、数量、质量、价款、报酬、履行期限、履行地点和方式、违约责任和解决争议方法等。但是，由于会展业务合同的种类不同，所以其具体条款也不完全相同。

（一）赞助合同

赞助合同是约束组展商和赞助商行为、保障各自权益的法律凭据。赞助商一旦决定赞助某家展览会，通常需要以正式合同形式，将组展商和赞助商之间的权利与义务关系确定下来。

除一般条款外，赞助合同还需要写明赞助标的（货币、物资等）的名称、规格、数量，赞助期，交接方式，使用要求，明确表明赞助商选择的赞助类型、获取的回报项目、款项的支付、商业秘密的保护等专项条款。

（二）联合举办合同

这是联合举办会展的单位之间签订的明确相互权利义务关系的合同。我国规定共同举办商业性会展，必须向审批部门提交各方共同签署的协议书。

除一般条款外，联合举办合同还要写明会展活动的名称、主题、会期或展期、地点（场馆）、规模（与会人数或展览面积和展位数）、会议议题或展品范围、活动形式、收费标准、盈利分配、各方的分工和责任等专项条款。

（三）参展合同

即参展单位在正式参展之前与主办单位签订的合同。

除一般条款外，参展合同要写明展览的时间和地点，展位的编号、价格、数量和配套设施，布展和撤展的要求，日程安排，展位的使用要求，退展的办法，展品、证件和人员管理规定，参展方必须知悉和遵守的事项等专项条款。

（四）会展租赁合同

租赁合同，是出租人将租赁物交付给承租人使用并收取承租人费用的合同。会展业务中的租赁合同，主要是会展承办单位为会议、展览的举办而租赁会场、展馆或租赁会展用品时，依法与相对人订立的、旨在设立民事权利义务关系的契约。会展业务中的租赁合同是双务、有偿和诺成性合同，是标的物的用益权与租金对待转移的合同。它具有以下特征：

1．会展租赁合同以转移财产使用权为目的

物的所有人对物享有占有、使用、收益和处分权。如果物的所有人或者依法有使用权及收益权者，将其对物的使用权、收益权在一定时期内有偿转让，这就是租赁。租赁和买卖不同，如果其所有人将前面所述的四项权利全部转移，并收取价款，此种行为是买卖行为。在会展业务中，往往涉及会场、展馆、柜面、会展用品等的使用问题。当会展承办单位需要使用或需要向参展商提供相应服务时，就必须采取租赁的形式。由一方将会场、展馆、柜面、会展用品等的使用权，在一定时期内转让，而另一方支付相应的租金。

2．会展租赁合同是双务合同

会展租赁合同中的出租人，负担让承租人对物进行使用、收益的义务，承租人则负担支付租金的义务。他们各自的义务也就是对方的权利。所以，会展租赁合同属于双务合同。

3．会展租赁合同在当事人之间既引起债权法律关系，又引起物权法律关系

会展租赁合同导致承租人获得物权性质的租赁权和先买权。会展租赁合同具有物权性质的法律关系表现为：第一，在会展租赁合同存续期间，出租人不得将该租赁物再出租给第三人，即一个物上只能够设立一个租赁权；第二，出租人在会展租赁合同存续期间出售租赁物的，其行为不得影响租赁合同的效力。所谓先买权，则是指出租人出售其出租物时，在同等条件下，承租人有优先购买的权利。

会展租赁合同的主要条款：

（1）租赁物的名称：即会展租赁合同的标的，可以是动产，也可以是不动产。但必须是具体、特定的非消费物，以及自由流通物。

（2）租赁物的数量。

（3）租赁物的用途。租赁物的用途是会展租赁合同中非常重要的条款，如果承租人没有按照约定用途使用承租物的，出租人可以解除合同，并要求承租人赔偿损失。

（4）租赁期限。租赁期限是会展租赁合同的主要条款之一，双方可以约定，也可以不约定。

（5）租金及其支付的期限、方式。

（6）租赁物维修等条款。

（五）会展买卖合同

买卖合同是出卖人转移标的物的所有权于买受人，买受人支付价款的合同。它是经济生活中最常见、最普遍的一种合同。会展业务中的买卖合同主要是指参展商（即供应商），将其参展产品的所有权转移给销售商或普通消费者时，依法订立的，由销售商或消费者支付价款的合同。可见，会展买卖合同是供、需双方为有偿转让一定数量的标的，而明确相互权利、义务的协议。

会展买卖合同具有以下特征：

1．会展买卖合同的标的物是会展物、技术或行为

会展买卖合同是将参展物或行为的所有权转移的合同。即参展商在收取一定价款后，便失去了对标的物的占有、使用、处分的权利。销售商或普通消费者则在支付一定的价款后，取得对标的物的占有、使用、处分的权利。在这个过程中，标的物始终是指参展物品、技术或行为等。

2．会展买卖合同是双方有偿合同

所谓双方有偿，是指会展供货商和销售商享有均等的权利和义务，在交易过程中，供货商的义务就是销售商的权利，销售商的义务就是供货商的权利。即会展中买卖双方在协商一致后，买受人有取得该转让物的物权的权利，出卖人有移交该出卖物物权的义务。

3．会展买卖合同是双务合同

会展买卖合同双方需负一定义务，供货商必须将财产所有权转移，销售商必须向供货商支付价款。也就是说，销售商不得无偿取得财产的所有权。

4．会展买卖合同是诺成性合同

一般而言，当事人之间意思表示一致，会展买卖合同即告成立，而不需要以实物的交换，作为合同成立的要件。但是，法律有特别规定的除外。

5．会展买卖合同的形式不是要式的

会展买卖合同既可用书面表示，也可用口头表示。通常大额的买卖，双方尽可能将协商一致的承诺用书面形式固定，并经双方签字后生效。如果能够经公证生效更好。当然，会展中买卖双方对达成一致意见的标的物的物权转移，也可用口头的形式约定，这种方式简单、省时，但必须符合“钱货两清”，这种形式适用于标的小、现货交易等买卖。

会展买卖合同的主要条款：

（1）双方当事人的名称或者姓名、地址。

（2）标的物的名称、品质、数量及包装方式。

（3）标的物的价格、金额、货币及价格术语。

（4）价款支付方式、时间、地点。

（5）标的物交付的方式、时间、地点。

（6）标的物的保险及运输方式。

（7）检验标准和方法。

（8）结算方式。

（9）纠纷解决方式、管辖机构及适用的法律。

（10）合同的份数，使用的文字及其效力。

（11）订立合同的时间、地点及当事人签字。

（12）其他条款（指前述各条件未涉及的内容）。

（六）会展运输合同

根据《中华人民共和国合同法》规定，运输合同是承运人将旅客或者货物从起运地点运输到约定地点，旅客、托运人或者收货人支付票款或者运输费用的合同。会展运输合同是指会展承办单位，在代办参展物品运输业务或组织与会、参展人员外出活动时，与承运人依法订立的旨在设立民事权利义务关系的合约。

以运输工具的不同为划分标准，会展运输合同可分为：公路运输合同、铁路运输合同、航空运输合同、水上运输合同四大类。以运输对象的不同为划分标准，会展运输合同可分为：旅客运输合同、货物运输合同两大类。以运输方式的不同为划分标准，会展运输合同可分为：单一运输合同、联合运输合同两种。《中华人民共和国合同法》对运输合同做了如下的规定：

（1）从事公共运输的承运人不得拒绝旅客、托运人通常合理的运输要求；

（2）承运人应当在约定期间或者合理期间内，将旅客、货物安全运输到约定地点；

（3）承运人应当按照约定的或者通常的运输路线，将旅客、货物运输到约定地点；

（4）旅客、托运人或者收货人应当支付票款或者运输费用；

（5）承运人未按照约定路线或者通常路线运输，增加票款或者运输费用的，旅客、托运人或者收货人，可以拒绝支付增加部分的票款或者运输费用。

上述规定同样也适用于会展运输合同。另外，我们还应该特别注意，异地参展和海外参展的相关法律规定。

会展运输合同的主要条款：根据《中华人民共和国合同法》规定，运输合同的条款可以由当事人协商，也可以由承运人事先拟定，或者由国家工商局等机构制定运输合同示范文本。在客运合同中，如果以车票作为合同存在的简易书面凭证的，其合同内容根据有关法律、法规的规定予以确定。会展货物运输合同的主要条款有：

（1）货物的名称、规格、数量、价款；

（2）包装要求；

（3）货物起运地点及到达地点；

（4）货物承运日期及到达日期；

（5）运输质量及安全要求；

（6）货物装卸责任和方法；

（7）收货人领取货物及验收办法；

（8）运输费用及结算方式；

（9）托运方的权利义务；

（10）承运方的权利义务；

（11）收货人的权利义务；

（12）托运方责任；

（13）承运方责任；

（14）其他条款。

（七）会展承揽合同

承揽合同是指承揽人按照定作人的要求完成一定的工作，定作人接受承揽人完成的工作成果，并给付约定报酬的合同。会展承揽合同是指会展承办单位在办理会展业务时，将相关会场、展馆的工程建设、展台搭建、会展宣传广告印刷等工作，交由其他单位或个人完成，并按约定给付报酬的契约。在此类合同中，会展承办单位为定作人，接受会展业务工作的其他单位或个人为承揽人。由于会展承揽合同是交付工作成果的合同，所以承揽人在完成工作成果过程中，因不可抗力等不可归责于双方当事人的原因，致使工作成果无法实现或标的物遭受意外毁损或遗失，承揽人应当自己承担风险损失，而不能要求定作人对其已经付出的劳务给付报酬。除此，会展承揽合同还具有如下特点：

（1）会展承揽合同为双务、有偿合同；

（2）会展承揽合同为诺成性、不要式合同；

（3）会展承揽合同的一方，即定作人为会展承办单位；

（4）该合同承揽人承揽的工作均与会展有关。

会展承揽合同主要有：会场、展馆的承建合同；展位搭建、维修合同；会展广告印刷合同、复制合同等。

会展承揽合同的主要条款：

会展承揽合同根据其种类的不同，其合同条款也不完全相同。一般而言，会展承揽合同主要条款有：

（1）双方的姓名或名称、地址、法人代表的姓名。

（2）委托的标的物（应写明标的物的全称）。

（3）标的物的数量、质量、包装、加工方法。

（4）制作标的物的原材料的质量、规格、数量及检验方法、计量单位。

（5）制作的价款、酬金及计算的依据、方法。

（6）合同履行的地点、期限、方式。

（7）工作成果质量、性能、技术要求、指标及检验方法。

（8）报酬的支付及支付的方式。

（9）争议解决的方式（协商、调解、仲裁、诉讼）。

（10）其他条款（双方当事人确定的有关事项）。

（八）会展仓储合同

仓储合同是由储存人提供场所，存放存放人的货物、物品，仓储管理人员只收取仓储费和劳务费的合同。其中，存放人交付存储物，支付规定的仓储费是仓储合同成立的必要条件。《中华人民共和国合同法》第三百八十一条规定，仓储合同是保管人储存存货人交付的仓储物，存货人支付仓储费的合同。会展仓储合同是指会展参展商为存放参展物品，依法与存储人订立的，旨在设立民事法律关系的契约。会展仓储合同有如下特点：

（1）以保管人向参展商提供仓储保管服务为合同标的。即保管人为参展商储存参展物品。“储存”包括两个方面：一是堆藏参展物品；二是保管参展物品。

（2）保管人必须以仓库为堆藏参展物品的设备。

（3）参展物品必须是动产。

（4）保管人必须是以仓储保管为其业务的人。

（5）该合同为双务、有偿合同。

（6）该合同为诺成性、不要式合同。

会展仓储合同的主要条款：

（1）仓储合同双方当事人的名称或者姓名、地址。

（2）仓储物的品名或品类。

（3）仓储物的数量、质量包装。本条应具体明确仓储物的数量，计算数量的标准、计量单位。如果货物的质量包装没有国家标准，可执行行业标准。没有行业标准，按通常的使用标准。若按通常的使用标准，双方当事人应协商一致。

（4）仓储物验收的内容、标准、方法、时间及验收人的资质条件。

（5）仓储物保管条件的要求。

（6）仓储物入库与出库的手续、时间、地点、运输方式。

（7）仓储物自然损耗的标准和对损耗的具体处理办法。

（8）仓储物计费的项目、标准、计算方法。

（9）仓储物结算的方式。

（10）仓储合同的有效期限。

（11）仓储合同的变更、解除。

（12）损害赔偿责任的具体划分。

（13）违约责任。

（14）纠纷解决的方法。

（15）其他规定。

（九）会展供用电、水、气、热力合同

供用电、水、气、热力合同，是指供电人、供水人、供气人、供热力人向用电人、用水人、用气人、用热力人提供电、水、气、热力，同时用电人、用水人、用气人、用热力人支付费用的合同。会展供用电、水、气、热力合同，是会展承办单位为了确保会展期间的电、水、气、热力供应，而依法与供电、供水、供气、供热力部门订立的一种买卖协议。其特点是：

（1）合同一方当事人为会展承办单位，另一方是有供电、供水、供气、供热力能力的单位；

（2）这种合同是有严格计划性的合同；

（3）从法律性质上看，它属于特殊的买卖合同。

会展供用电、水、气、热力合同的主要条款：根据具体提供能源的不同，此类会展业务合同的条款也不尽相同。以供电合同为例，其主要条款有：

（1）供电方式、供电质量和供电时间；

（2）用电容量和用电地址、用电性质；

（3）计量方式和电价、电费结算方式；

（4）供用电设施维护责任的划分；

（5）合同的有效期限；

（6）违约责任；

（7）双方共同认为应当约定的其他条款。

（十）会展培训合同

会展公司为培训员工或者是参展单位为培训展台工作人员，与受委托的培训机构之间签订的合同。除一般条款外，会展培训合同要写明培训的内容、对象、时间（包括课时）、地点、师资、教材、器材、证书等专项条款。

（十一）会展服务合同

会展的成功一半来自于优质的会展服务。会展服务合同是会展主办单位或承办单位与参展单位和客商之间签订的、提供有关会展服务的合同。这些服务包括会场或展位迎接和引导、报到注册、餐饮和住宿安排、发布会或签字仪式服务、翻译等内容。除一般条款外，会展服务合同应写明服务的项目名称、数量、时间、地点、价格、对服务人员要求、服务程序和标准等专项条款。

四、会展业务合同的写作结构

一般合同的表现形式是非单一的，有口头、书面之分。书面合同又有以书信、数据电文、格式条款等形式订立的合同。就会展业务合同而言，其形式应当是书面的。书面合同分为标准合同书和非标准合同书两种。标准合同书是由一方当事人预先拟订合同条款，对方当事人只能够表示全部同意或不同意。非标准合同书则是合同条款完全由各方当事人协商确定。会展业务合同应以非标准合同书为宜，这样才能够更好地体现当事人之间的平等和公平。会展业务合同书的结构主要包括三个部分：即首部、正文和尾部。

（一）首部

会展业务合同的首部是整个合同书的开头部分，一般必须写明：

（1）会展业务合同名称。如“展馆租赁合同”。

（2）合同各方当事人的身份情况。如展馆租赁合同，必须先写明出租方的单位名称、地址，以及其法定代表人的姓名、职务；再写明承租方的单位名称、地址，以及其法定代表人的姓名、职务。如果此展馆系委托第三方所租，则还必须写明委托代理人的身份。

（3）合同订立的依据、目的等。

当然，不同种类的会展业务合同首部内容也不完全相同。

（二）正文

正文是会展业务合同的核心内容，必须逐条写明。

（1）《合同法》规定的主要条款。这些主要条款包括标的、数量、质量、价款或者报酬、履行期限、履行地点和方式、违约责任和解决争议的方法等的协议意见。

（2）会展合同本身性质决定的有关条款。由于每一种不同类别的会展业务合同特点各异，所以这部分的内容也不完全相同。在拟定时，应当参照“会展业务合同的条款”中相关内容。

（3）当事人一方或者几方特别要求必须具备的条款。比如在订立展馆租赁合同时，会展承办单位对展馆设备提出的特殊要求，这不是每一种展馆租赁合同的必备条款，而是此次合同签订时，合同一方因业务的需要特别提出的。

（4）其他条款。其他条款包括合同的有效期限、合同的份数和页数等必要条款。

（三）尾部

尾部是会展业务合同的结尾部分，即落款部分。一般由合同各方当事人签名或盖章，并写明合同订立的时间。这是合同生效与否的重要环节。

经过公证或见证的会展业务合同，还要由公证或见证人员写明公证、见证意见并签名。同时，必须加盖公证机关或见证单位的印章。

另外，在“附项”部分注明附件名称以及份数。

五、会展业务合同的写作要求

每一种不同的会展业务合同都有不同的写作要求。但是综合各类会展业务的共性，有些问题必须引起注意。

1．合同主体要合格

订立会展业务合同时，首先必须审查合同主体的资格。根据《中华人民共和国合同法》第 9 条规定："当事人订立合同，应当具有相应的民事权利能力和民事行为能力。"不具备主体资格的自然人、法人或其他组织，不能成为会展业务合同的当事人。对于一些特别的会展业务合同，法律对其主体资格还有进一步的规定。如我国工商行政管理局颁布，于 1998 年 1 月 1 日开始实施的《商品展销会管理办法》规定，商品展销会的举办单位和参展经营者，必须具有合法的经营资格。双方要签订正式的书面合同，举办单位还必须到举办地的工商行政管理机关申请办理登记，领取商品展销会登记证之后，才可以发布广告，进行招商。又如，会展仓储合同的保管人，必须是经工商行政管理机关批准的，有依法从事仓储保管业务的法人或者经济组织，不具备法定的资质条件，不能从事仓储保管业务。

2．合同内容必须合法

会展业务合同的内容也即具体条款。订立会展业务合同时，对合同的每一条款都要认真审查，核实其是否有违反法律的内容，是否违背了《中华人民共和国合同法》规定的平等、自愿、公平、诚实、信用等原则。另外，合同内容还必须尊重社会公德，不得扰乱社会经济秩序和社会公共利益。不得展出法律规定禁止参展的物品，不得泄露商业秘密。

3．合同条款要具体、明确、全面

会展业务合同的内容具体规定了当事人各方的权利与义务，其条款必须具体、明确、全面，这样更有力地规范各方，使之了解彼此的权利、义务，尽量减少纠纷。

4．合同手续齐全

合同手续是否齐全、合法，直接关系到合同是否生效的问题。在订立会展业务合同时，务必重视其手续的重要性。比如，谁有资格在合同的尾部签名、盖章；是签名又盖章，还是签名或盖章等。

5．文字准确、规范、通俗

会展业务合同的文字要准确、规范、通俗。准确，就是文字要真实反映合同各方的意思表示，没有歧义。规范，就是字、词、句、标点符号等，必须符合国家对文字方面的有关规定。通俗，就是大家能够看懂，避免用词高深莫测，不知所云。

会展业务合同订立的目的，是为了设立某种民事权利义务关系，因此最起码要做到必须保证当事人能够理解条文的含义。如果文字不准确、不规范、不通俗，合同也就失去了它存在的意义。

附录：

会议承办代理合同

甲方：

乙方：云南省国际旅行社（家佳旅游）

经友好协商，甲乙双方就乙方承办/代理甲方之_________会议事宜达成如下协议，双方共同遵守执行。

一、甲方主办的_________会议全部交由乙方承办。会议地点是________________________

会议时间____年____月____日至____年____月____日。主会场是________________________

二、乙方提供如下会议服务

1．礼仪及接待

2．会议交通

3．会场布置

4．会议餐饮安排

5．会议秩序维持

6．会议秘书服务

7．会议代表住宿安排

8．会务考察安排及夜间娱乐支持

9．返程票务服务及站场接送

10．财务协助

■各项服务分叙如下：

1．礼仪及接待

乙方提供____名礼仪小姐，汽车站、火车站、机场分别安排____名礼仪，设立标志（甲方提供企业或行业标志，乙方制作），引导甲方人员报道及安排商务车辆前往下榻酒店。在下榻酒店大堂设立专用接待台（乙方负责设立），乙方提供若干名工作人员协助甲方会务组人员进行代表签到、房间安排、发放会议指南（甲乙双方共同拟定）、告知代表会议注意事项，编制会议名录。礼仪工作时间为____月____日____时至____月____日____时，下榻酒店接待人员工作时间为____月____日____时至____月____日____时，乙方提供一条接待热线电话，

热线电话开通 □国内长途 □国际长途，费用按酒店商务电话收费，记入甲方会议支出——除非甲方工作人员许可，乙方人员不得使用热线电话。

2．会议名录制作要求

开本________，____色印刷，内文纸张为________纸，封面为________，制作____份，单价为________，交货时间为____月____日前。

会议名录资料要求在____月____日前以________格式上传给________________网站。

3．会议发言材料制作

开本________，____色印刷，内文纸张为________纸，封面为________，制作____份，单价为________，交货时间为____月____日前。

■会议交通

1．站场接送

根据实际需要，乙方必须于____月____日____时至____月____日____时安排____辆____座空调巴士，7座面包车___辆，5座轿车___辆至_________机场（汽车站、火车站）。按照先到集合，统一运输的方式，安排与会代表前往下榻酒店。双方同意所有费用按运输趟次结算，其结算标准见下表。如果由于甲方原因使得预订的车辆空驶，甲方按照大巴_____元、面包车_____元、轿车_____元结算。所有交通工具的运行命令由甲方发出，并在行驶单上签字。送站场费用按上述约定交付。双方应在___月___日前，确认需要送站场的名单。甲方应该本协议签署前告知乙方此部分费用的分摊方法（会务组支付或者个人支付），甲方确认：下列人员由会务组承担送站场费用，除此之外，均由个人承担。或者：甲方确认，所有与会人员的送站场费用由会务组承担；或者全部与会人员的送站场费用均由个人承担。甲方确认：需要会议期间提前送离的人员有，具体时间是___月___日___时，乘用车标准为___座______车。

2．会务交通

乙方必须于___月___日___时至___月___日___时安排___辆___座空调巴士，7座面包车___辆，5座轿车___辆至_________酒店，用于接送会务人员至会场。甲方（或者乙方）负责通知并集合需要乘坐商务用车之人员。用车行程为（往返/单程，选择）。

于___月___日___时至___月___日___时安排___辆___座空调巴士，7座面包车___辆，5座轿车___辆至_________酒店，用于接送会务人员至 晚会/宴会现场（地点为：____）。用车行程为（往返/单程，选择）。

乙方于___月___日___时至 ___月___日___时提供______吨货车______辆，

负责运输会议材料，行程为______至______。包括装卸，费用合计为______元。

■会场布置

乙方应在__月__日前预订______________________会场，并于__月__日__点前按甲方要求完成布置。

1. 主席台要求鲜花____盆，____色地毯，绒布主持台，主席台设____席位，背景为____________材料，投影帘要求（____×____），投影仪要求____流明，配备激光指示笔（或者伸缩式教鞭）、有线/无线麦克风____个。主席台配置茶水杯（或者瓶装矿泉水），一侧放置饮水机（配瓶装矿泉水时可不用饮水机），主席台配备电工一名，会务服务小姐一名。双方确认：投影仪为（甲方自带，乙方提供甲方租赁，第三方提供），当甲方自带时，乙方仅有义务提供技术支持，不负责保证仪器正常工作；双方确认，投影仪租赁价格为____元/天，茶水提供及服务人员支持包含在会场租赁成本中。

2. 会场布置 乙方必须于____月____日____点前完成会场布置——U型、课堂式、围桌型、剧院式等供选择，安排席位不少于____个，其中前排布置需要__________，各排间距不得小于____cm；在会场安排固定摄影点____个，需要提供饮水机____台，提供小型会晤室____个，会晤室摆设桌椅不得少于____套。会场悬挂横幅____条，内容为____________________________________。会场内/外提供资料/样品展示台____个。双方确认：展示台为全新制作/租赁，规格为____×____×____，单价为____元/个。饮水机由乙方免费提供，饮用水由甲方提供（乙方可代办）。

3. 氛围支持 乙方应在____月____日____点前完成____个气球条幅悬挂，条幅内容为__________________规格是____m×____m，拱形气模____个，规格是______×______，会场内/外摆放花篮____个。同时在____月____日____×____×报纸预订____×____×版面发布相关信息（内容甲方提供）。

会场布置与氛围支持费用总计为：____________元。

4. 同声翻译系统 乙方必须于____月____日____前调试好同声翻译系统，提供____声道翻译（语种为__________），____月____日____前甲方应将发言大致领域及特点告诉口译员，并告诉口译员发言者国别与大致语言习惯。乙方提供的口译人员必须在____月____日____前熟悉所需翻译的专业领域，作同声翻译时，错误率不得超过2%。甲方发言者语速不得超过____节字/分钟。

同声翻译支持费用总计为：____________元。

■餐饮安排

双方确认，会议期间与会人员就餐地点为____________酒店____________餐厅及____________餐厅。其中中餐就餐人数不少于___人次，西餐就餐人数不少于___人次，穆斯林餐不少于___人次。早餐餐标为____元/人，正餐（中餐及晚餐）餐标为___元/人，宴会餐餐标为___元/人，早餐、正餐及宴会餐（包括西餐及穆斯林餐）食物见附件（菜谱）。会议提供的餐饮不含酒水（或者含酒水），时间是___月___日___餐至___月___日___餐止，其中___月___日___餐为宴会餐。会议人员凭_________证件（或者餐卡）就餐。早餐形式为自助餐（或者团餐），正餐为围桌式（或者自助餐）团餐，具体就餐时间由乙方制作水牌告知甲方与会人员。

商务考察旅程用餐另计。

■宴会餐/商务酒会要求

时间：___月___日___时至___月___日___时

规模：

内容：

（1）自助餐/围桌宴会

（2）演讲系统

（3）娱乐节目

（4）服务/交通

餐饮费用总计为：______元。

■其他服务安排

■会议秩序维持

为便于保密及会议正常举行，双方确认___月___日至___月___日____________会议室设立___位工作人员，工作人员由甲方/乙方负责指定/委派，主要职责是核查进入会场人员身份。进入会场人员一律凭______证件进入。此项服务费用______元/免费。

■会议秘书服务

双方确认，会议期间乙方为甲方提供如下服务：

（1）速记员___名，工作时间为____________。

（2）翻译员___名，工作时间为________。其中英文_____名，日文_____名，德文______名。

（3）会务勤杂人员______名，工作时间为____________。

（4）保健医生______名，工作时间为____________。

（5）摄影师______名，工作时间为________。录制媒介为________，规格为______，后期编辑由乙方/甲方完成。

（6）旅行顾问______名，工作时间为______。

（7）签约司仪（礼仪）____名，工作时间为______。

（8）其他——制作指示牌________块，内容________________，放置地点________________。

以上会议秘书服务费用共计______元。

■会务考察安排及夜间娱乐安排

1．会务考察

双方确认，会议期间甲方与会人员进行商务考察，线路及行程如下：

线路 1

D1：

D2：

人数：______人

线路 2

D1：

D2：

人数：______人

总人数为：______人

车辆要求：

乙方提供旅行责任保险、专业导游陪同

费用：

2．夜间娱乐安排

双方确认，会议期间甲方人员举办各类酒会或者联谊会的活动，乙方将负责代理安排。此部分费用由甲方统一支付/或者参加人员直接支付。

具体方案见附件。

■返程票务服务及站场接送

双方确认，甲方人员返程事宜由会务组织统一安排/与会人员自行支付。乙方提供返程票务代理服务（在签到会场酒店大堂提供咨询及预定处，时间为___月___日___时至___月___日时）。

1．机票 明折明扣，不收取服务费，免费送票至下榻酒店；

2．火车票 票面价格，每位收取 40 元服务费，免费送票至下榻酒店；

3．高速巴士 票面价格，免服务费，免费送票至下榻酒店；

4．船票 票面价格，免服务费，免费送票至下榻酒店；

乙方提供站场欢送服务：（时间___月___日___时至 ___月___日___时）

■住宿安排

双方确认，甲方预订客房数共计______间，其中_________饭店______级标准间______间（______元/间），商务套间___间（______元/间），行政套间___

间（______元/间）；_________饭店______级标准间______间（______元/间），商务套间___间（___元/间），行政套间___间（______元/间）。

基于与会人数有一定的机动性，双方约定乙方预留____间客房至___月___日___时，其中标间___间，套房___间。截至___月___日___时甲方实际用房如果低于预订，则按预订客房数量结算，超过的按实际结算（在预订总量的10%范围内），乙方承诺超过部分按预订价格计算。___月___日___时以后按实际用房计算。

所有用房时间为___月___日至___月___日___时。超过___月___日___时，如果甲方人员需要继续使用客房，可提前通知乙方，乙方可以与酒店交涉，尽量（但不保证）按协议价格结算。

双方确认，乙方必须在___月___日___时前获得酒店预定房间钥匙牌，按甲方指定名录登记分派房间，同时完成入住登记。

■财务咨询

■财务协助（此条款为非一次性收取会务费用组织机构适用）

双方确认，甲方与会人员签到时，乙方提供___名财务人员协助甲方收取会务费用，提供验钞设备，并协助甲方人员统计核实相关应收费用。

■其他协助

乙方在自有网络上发布会议预告信息，制作回执表单，供甲方相关人员下载填制，同时指派固定人员统计回执信息，定期向甲方报告。此项服务免费提供。

三、双方确认

以上预定及服务属于不可撤销约定。自双方签字、盖章且甲方按本条款支付预订金之日起协议立即生效。甲方于协议生效后___个工作日内支付人民币______元作为预定金。

■变更及核算原则

1. 甲方确认，除非发生以下几种情况，否则甲方不存在撤销或变更本协议理由。如果撤销或变更，乙方将有权要求甲方支付撤销或变更给乙方造成的预期损失：

◇ 战争或政治事件；

◇ 甲方进入破产程序；

◇ 甲方实体进入重组变更程序；

◇ 由于政策或法律变化导致会议不可能举行。

2. 甲方可以在预定的期间内变更会议时间，但变更通知必须于预定期限前___天抵达乙方，乙方接到甲方通知后应在___个工作日内以（□传真 □电邮 □

公函）方式回执确认，甲方在接到乙方确认文件后即表示甲乙双方就会议时间的变更达成一致，双方间的协议除会议日期外，其余不作变更。

3．乙方服务的变更 除非发生如下情形，否则乙方无权变更服务：

◇ 乙方签约的下游服务商出现法律规定的破产、停业或者其他人力不可抗拒的服务中止事件，同时乙方更换的下游服务商不能满足甲方要求；

◇ 会议地点出现重大自然灾害（包括急性传染病）；

◇ 会议地点出现重大政治事件（包括政府征用会议场所）。

如果不是由于上述原因，乙方要求变更服务，将赔偿甲方由于服务变更而导致的预期损失。出现本条款所列事项时，乙方应该在第一时间内以书面形式通报甲方，并在甲方收到通知后做出变更预案供甲方选择——乙方保证变更的服务应当不低于原来协议水准。

基于友好合作的精神，所有变更事宜双方同意协商解决。同时双方约定：

◇甲方变更或取消会议应当在协议生效后会议正式举办前个______工作日前通知乙方，除乙方已经支付的成本外（在甲方的预付款项中抵扣，不足部分乙方有权要求甲方补足，多余部分乙方同意返还甲方），乙方放弃预定收益的索赔；

◇甲方变更或取消会议的决定如果在会议前___日通知乙方，甲方应赔付乙方预期利益的______%，并不退回预付金；

◇甲方变更或取消会议的决定如果在会议前___日通知乙方，甲方应赔付乙方预期利益的 100%，并不退回预付金；

◇乙方由于非本条款原因要求改变服务或者取消的，于会议举办前___日通知甲方的，必须全额退还甲方预付款；

◇乙方由于非本条款原因要求改变服务或者取消的，于会议举办前___日通知甲方的，除退还甲方预付款外，还必须赔付甲方本协议总金额的______%；如在___日前通知甲方，乙方必须全额赔付。

4．双方约定，本协议规定的服务及费用核算原则如下：

◇ 住宿、餐饮及车辆——按协议标准结算，基于可以理解的原因，允许实际费用总量下浮 5%，即如果甲方需要的服务低于预定的 95%，按 95%结算；高于 95%的，按实际服务费用结算。

◇ 除协议规定的服务总量以外，乙方同意按协议标准提供服务预留空间，但不超过总量的 5%（指各单项服务）。甲方如果需要超过预定的服务，在 5%范围内可享受协议标准，超过部分乙方尽量但不保证提供协议标准服务。

◇ 双方确认，所有服务费用在____月____日前由甲乙双方核算认可，甲方保证一次性将款项支付给乙方——如果超过约定期限，乙方有权要求甲方支付滞纳金——标准为总量的0.5%，按日计算。

5．仲裁双方约定，如果对本协议执行出现争议，将首先协商解决；如果协商不能解决，双方将申请仲裁解决，仲裁地点为____________。

6．本协议自双方共同签章且甲方提供规定的预付金后生效。

（例文：选自昆明康辉旅游网）

展览承办代理合同

甲方：

地址：

电话：

账号：

开户行：

乙方：

地址：

电话：

账号：

开户行：

甲方委托乙方代理甲方主办/参加×××展览/博览会。为此，甲乙双方签署如下协议，共同遵守执行：

一、乙方代理项目

1．展品运输/仓储

2．展品布置

3．展位布置/装修

4．礼仪及展位人员培训

5．展物保险代理

6．参展人员住宿预定

7．会展期间/后的商务考察安排代理

8．返程票务预定

9．展期交通安排

10．展览秘书服务代理

11．餐饮及商务酒会预定

二、代理项目标准

1．展品运输/仓储

甲方之展品外包装尺寸为_______×_______cm，重量不超过_______kg，

适用 □人工 □小型装卸机械装卸。甲方自行通过 □航班 □铁路 □公路运抵______________，具体抵达______________的时间为_______月_______日（以传真通知为准）。乙方接货地点为______________，运输至______________。仓储地点由双方确定。

此项服务费用为_______元。

2．展品布置

包括将展品从仓储地点运抵______________，卸展品，按 □甲方提供 □乙方设计甲方认可之展览效果摆放展品。甲方工作人员固定并调试展品。

3．展位布置/装修

展位的布置/装修按甲方效果图及施工图进行。材料由 □甲方提供 □乙方代购。具体材料要求及质量要求甲方另附文件。

布置/装修预算见附件2。

4．礼仪及展位人员培训

乙方为甲方提供礼仪人员□男_______名 □女_______名。礼仪人员服务事项为：

●展位迎接及服务

●酒会服务

●参展嘉宾迎送服务

●引导服务

以上具体的服务程序、服务标准、服务时间见附件。

服务费用为_______元。

培训费用为_______元。

5．展物保险代理

乙方代理甲方购买展物保险，包括展品安全保险、火灾保险、参展人员伤害保险、展品失窃保险等。购买保值为_______万元。保期为_______月_______日_______时至_______月_______日 _______时。保费共计为_______元。保险理赔办法按保险公司合同进行。附保险公司合同格式。

6．参展人员住宿预定

甲方参展人员共计_______人，其中男性_______人，女性_______人，乙方代理预定______________酒店标准间_______间、行政套间_______间，入住时间为_______月_______日至_______月_______日。费用总计_______元。乙方承诺：甲方实际消费的酒店房间总数可以在预定总数的基础上增加或者减少_______间，乙方在此范围内不要求甲方承担约定更改责任。

7．会展期间/后的商务考察安排代理

乙方将代理甲方参展人员商务考察。

线路为：

交通工具为：

服务项目有：导游（语种、性别、人数）、礼品购置、旅程责任保险、考察主体联系安排、景区门票代购、旅程餐饮安排预定。

费用总计：_______元。

8．返程票务预定

为甲方参展人员提供返程票务代理，此项服务免费，但如果预定铁路车票，甲方须支付手续费——卧铺 40 元/张。航空机票为明折明扣。乙方尽量但不保证按甲方要求满足时间确定或者等级、数量要求。

9．展期交通安排

展览期间，乙方为甲方代理安排通勤交通车辆代理。车型是_______，使用_______辆，车辆形式范围_______，使用形式______，费用标准_______元/天辆，费用总计_______元。

10．展览秘书服务代理

展览期间，乙方为甲方提供如下形式的秘书服务：

●翻译

●餐饮安排/送达

●资料发放

●广告代理

●快速印刷/平面设计

●其他临时性事务

本条款涉及的服务项目除翻译须明示外，其余均可在展期临时口头或书面协商，按市场价格约定费用，其费用不包括在本协议书内。翻译的使用期限为_______月_______日至_______月_______日，语种及人数为_______语_______名、_______语_______名、_______语_______名、_______语_______名、_______语_______名，性别要求为_______，要求胜任______________________领域之 □书面 □口语翻译工作。

11．餐饮安排代理

乙方代理甲方参展人员餐饮，共计_______人，其中正餐_______餐，早餐_______餐。就餐方式为早餐是 □中式自助餐 □西式自助餐 □围桌中餐 □围桌西餐。正餐形式为 □围桌 □外买直送 □宴会。

费用分列、就餐地点、时间、交通服务及各式餐标食谱见附件。

12. 新闻发布会及商务酒会代理

甲方委托乙方于______月______日______时在____________举办____________新闻发布会。乙方代理的事项有：

（1）场地布置；

（2）器材及线路安装；

（3）邀请嘉宾的商务用车；

（4）嘉宾的住宿及餐饮安排；

（5）会后酒会安排。

各项代理的细则详见附件。

三、费用及支付方法

1．总费用

以上各项服务费用总计为______元（人民币）。

2．实际费用核定

乙方提供服务项目明细凭单（一式两份），乙方指定人员（该人员应对临时服务有认可权，双方认可之签收人笔迹）签收，乙方凭签收凭单与甲方人员核定实际费用。

3．支付办法

本协议签署生效后，甲方承诺在签署之日起______个工作日内支付总费用的______%（即人民币______元），展览布置完成后立即支付乙方总费用的______%（即人民币______元）。其余部分在展览结束后双方审核并认可实际发生费用后甲方立即或者在______个工作日内一次性支付给乙方。

四、不确定事项约定

基于临时服务的不确定性，双方约定：

（1）甲方指派____________为甲方全权代表，负责联络乙方并对下达的临时服务要求负责。

（2）甲方提出临时服务要求且乙方已经完成后，应该书面签收服务凭单（凭单格式见附件）。服务凭单将作为最后核算的依据之一。

（3）乙方指派____________为乙方全权代表，负责安排甲方下达的临时性服务要求。

五、生效、免责、变更及取消

本合同签署且甲方第一次付款到达后立即生效。合同生效后，如果甲方由于非免责原因（本合同第六款之规定事项）要求变更服务的，按下列条款处置：

1．甲方确认，除非发生以下几种情况，否则甲方不存在撤销或变更本协议理由——如果撤销或变更，乙方将有权要求甲方支付撤销或变更给乙方造成的预期损失：

●战争或政治事件；

●甲方进入破产程序；

●甲方实体进入重组变更程序；

●由于政策或法律变化导致会议不可能举行。

2. 甲方可以在预定的期间内变更会议时间，但变更通知必须于预定期限前______天抵达乙方，乙方接到甲方通知后应在______个工作日内以（□传真 □电邮 □公函）方式回执确认，甲方在接到乙方确认文件后即表示甲乙双方就会议时间的变更达成一致，双方间的协议除会议日期外，其余不作变更。

3. 乙方服务的变更——除非发生如下情形，否则乙方无权变更服务：

●乙方签约的下游服务商出现法律规定的破产、停业或者其他人力不可抗拒的服务中止事件，同时乙方更换的下游服务商不能满足甲方要求；

●会议地点出现重大自然灾害（包括急性传染病）；

●会议地点出现重大政治事件（包括政府征用会议场所）。

如果不是由于上述原因，乙方要求变更服务，将赔偿甲方由于服务变更而导致的预期损失。出现本条款所列事项时，乙方应该在第一时间内以书面形式通报甲方，并在甲方收到通知后做出变更预案供甲方选择——乙方保证变更的服务应当不低于原来协议水准。

基于友好合作的精神，所有变更事宜应双方同意协商解决。同时双方约定：

●甲方变更或取消会议应当在协议生效后会议正式举办前——个工作日前通知乙方，除乙方已经支付的成本外（在甲方的预付款项中抵扣，不足部分乙方有权要求甲方补足，多余部分乙方同意返还甲方），乙方放弃预定收益的索赔；

●甲方变更或取消会议的决定如果在会议前______日通知乙方，甲方应赔付乙方预期利益的______%，并不退回预付金；

●甲方变更或取消会议的决定如果在会议前______日通知乙方，甲方应赔付乙方预期利益的100%，并不退回预付金；

●乙方由于非本条款原因要求改变服务或者取消的，于会议举办前______日通知甲方的，必须全额退还甲方预付款；

●乙方由于非本条款原因要求改变服务或者取消的，于会议举办前______日通知甲方的，除退还甲方预付款外，还必须赔付甲方本协议总金额的______%，如在______日前通知甲方，乙方必须全额赔付。

4. 双方约定，本协议规定的服务及费用核算原则如下：

●住宿、餐饮及车辆——按协议标准结算，基于可以理解的原因，允许实际费用总量下浮5%，即如果甲方需要的服务低于预定的95%，按95%结算；

高于95%的，按实际服务费用结算。

●除协议规定的服务总量以外，乙方同意按协议标准提供服务预留空间，但不超过总量的5%（指各单项服务）。甲方如果需要超过预定的服务，在5%范围内可享受协议标准，超过部分乙方尽量但不保证提供协议标准服务。

●双方确认，所有服务费用在________月________日前由甲乙双方核算认可，甲方保证一次性将款项支付给乙方——如果超过约定期限，乙方有权要求甲方支付滞纳金——标准为总量的0.5%，按日计算。

六、生效

本协议自双方共同签章且甲方提供规定的预付金后生效。协议所提附件作为其不可分割部分，与协议主体有相同法律效力。协议一式四份，双方各执两份。

七、未尽事宜、仲裁

双方约定，如果对本协议执行出现争议，将首先协商解决；如果协商不能解决，双方将申请仲裁解决，仲裁地点为________________________________。

（例文：选自昆明康辉旅游网）

参展合同1：

甲方（组委会）：

乙方：

一、参展基本情况

第一条　乙方基本情况：

单位地址：____邮编：________

法定代表人：______________联系人：____________电子邮箱：________

电话：____________________手机：______________传真：__________

参展项目：____

第二条　房地产参展商可自愿报名纳入大会“看房直通车”路线，并提供团购优惠政策。组委会将组织专业观众参加购房团，参观纳入路线的楼盘。

1．是否参加“看房直通车”活动。　□是　　□否

2．纳入活动路线楼盘地址：____________________________________

3．参加活动楼盘优惠措施：（1）____________________________________

（2）____________________________________

二、展位及广告位订购

第三条　乙方确定参加“2005盐城（秋季）房地产交易展示会”并租用展位：展位号______________人民币______________元整（￥ ____________）。

第四条　乙方应在本合同签订后将展位费用汇入乙方如下账户：

户名：盐城市房地产业协会　账号：32001735436059366806

开户行：盐城市建行建军支行

乙方同意，自本合同签订之日起 5 个工作日内如乙方应付展位费未到甲方账户，则视同乙方自动放弃所选展位，甲方有权将该展位另作安排。

第五条　为确保展会期间乙方参展行为符合本合同、参展规则、参展商手册及展馆相关管理文件等规定，乙方在布展前，房地产类按人民币 2000 元/家；装饰装修、家居建材、房产专业服务类按 1000 元/家向盐城市新体育馆交纳布展管理押金。在展会结束时，如乙方并无违反前述文件规定的，布展管理押金如数退还，否则不予退还，如布展管理押金不足弥补乙方违规（约）或不当行为所造成的损失，甲方有权就差额部分向乙方追索。

第六条　乙方认购展会广告项目____________________，应在向甲方支付展位费的同时支付广告费人民币______________元整(￥_________元)给甲方。

广告项目		规格	确认数量	费用小计
户外类	1．拱门（主门/次门）		个	
	2．气球		个	
	3．彩旗（主门/次门）		面	
	4．帆船广告	1.8×1.2	个	
	5．广场立牌广告位		块	
内场类	1．吊旗	45cm×60cm	面	
	2．巨幅广告位	6m×8m	块	
	3．立柱广告	直径 80cm	个	
形象类	1．门票（封面/封底）			
	2．电视房展会			
	3．网上房展会			
特刊类	内页	A4	版	

以上各项合计：人民币____________元整（￥__________元）。

三、关于安全与防火责任

第七条　为贯彻“预防为主，防消结合”的安全与消防工作方针，积极落实安全与消防岗位责任制，努力搞好展馆、展会的安全与消防工作，乙方负责安排专人（_______ 先生/女士）为区域安全与防火责任人。甲乙双方确定：

1．乙方区域安全与防火责任范围，时间为：2005 年 10 月 26 日至 10 月 31 日期间，盐城市新体育“2005 盐城（秋季）房地产交易展示会”乙方展位内参展活动中。

2．乙方区域安全与防火责任人职责。

（1）协助展馆与组委会安全与防火责任人搞好安全与消防工作，共同维护展馆治安、施工、防火安全。

（2）负责本区域范围内的安全与防火工作；特装展位需在甲方规定高度（4米）、宽度范围内进行施工。如因展位坍塌、坠物、失火等原因造成现场人员生命及财产损失由乙方承担赔偿责任，甲方不承担任何损害责任及连带责任。

（3）用于建造展台的材料和陈列品必须具有阻燃性。

（4）展馆内严禁吸烟，严禁将易燃气体、液体或易生成火花的物质带入展馆。

（5）布展完毕后，乙方必须接受卫生、安全和消防等部门的检查，对不符合规定的展品或展台安装进行修改，使之符合各有关部门的规定。

（6）进出口通道、火情报警点、消防水龙头、烟感器处不得被任何其他物体所遮盖或堵塞。

（7）用透明玻璃板作隔门时，应在玻璃板上张贴适当标志，以防意外伤人事件。

（8）所有出口在任何时候都必须保持畅通无阻。

（9）在展览过程中，不允许出现中国政府明文规定的危险和违禁物品，以及色情和反动宣传品。

（10）乙方在展期内要妥善保管各自的提包、现金、手机、证件等贵重物品，不得随意丢放在展位上，贵重展品要定人看管，提高警惕，严防盗窃、诈骗行为。

（11）场馆内禁止使用太阳灯。

（12）室外展出的车辆油箱内的燃油不得超过红线。若发生燃、爆等突发事件，要保持冷静，服从公安、保卫人员指挥，尽快疏散到厅外。

（13）认真宣传、贯彻执行《中华人民共和国消防法》和其他消防法规。

（14）协助组委会保护好展馆公共场所的消防设备、设施及爱护消防器材。

（15）按规定安全使用大功率电器。

（16）同意紧急情况下物业管理人员及其职员进入乙方安全与防火区域应急处理，保证展馆内群众生命财产安全。

（17）负责向装修承建商与乙方其他工作人员转达展馆与组委会对展会期间安全和消防的管理要求。

（18）展前向组委会方面通报自身的活动安排，凡涉及安全及消防问题的，应提交预防措施。

四、参展规则

第八条　乙方必须在规定的时间内将参展费用付清，否则乙方所选展位不予保留。展位最终确认以费用到账时为准。

第九条　参展单位一旦报名确认展位，必须按时到场布展及展出，不得以任何理由不参展或提前撤展。

第十条　参展企业委派一名负责同志随时与组委会保持联络，并按组委会要求进行展位布置和积极主动地参加有关活动。

第十一条　参展单位请于 10 月 20 日前，将布展方案交至组委会进行备案审查。

第十二条　展位安排及布置由组委会统一组织。参展单位可参照展位平面布置图预定展位，重复预定展位将采用抽签办法确定，但组委会有最终整体调整权。

第十三条　展位必须采用拼装式，参展单位的展示架一律在展馆外加工，在规定时间内进场组装，乙方只能在租用的展位内进行布展、展销活动，不得占用展会通道。

第十四条　展台的装饰、产品的陈列、运输等均由参展企业自行负责。不得私自转让或容留无业个体人员出售物品，否则组委会有权将其清理出场。

第十五条　参展单位在展会期间应防火、防盗，注意用电安全。易燃、易爆、有毒等危险品，对其他企业、人员构成妨碍或危险的，组委会有权将其撤出会场。

第十六条　甲方将协助展馆的保安工作，但对乙方的来访者、参展人员及其展品所可能遭受的任何损失、风险，概不承担任何经济或法律责任。

第十七条　对于任何有损大会形象的行为，组委会有权予以处理。

第十八条　若发生不可抗力事件，组委会可根据情况缩短、延长或调整展会时间。

五、布展要求

第十九条　提交布展平面图审查：乙方请于 10 月 15 日前向甲方提交包括以下内容的平面图：展位与展台设计图。

第二十条　施工要求：

展台的搭建只有在所有技术图样（平面图、电路图）和相关材料由甲方批准后方可施工。在施工过程中应遵守以下规定：

施工单位未经甲方的书面同意，不得对展场的公共设施进行任何改动、安装和添加。

施工单位不得在展场内使用任何插销、柳钉、螺钉、销钉、粘接剂等一切可能损坏展场地板、门、柱子、玻璃、装备和现有规划展展板的材料与工具，且禁止利用柱子做受力支撑。

展台展具必须全部安装在展位区域之内，地面和空中都不得超出展位区域。

展台展具背面超出相邻展位的部分，必须进行遮盖处理，并不得有任何对本展位进行宣传的文字及画面，且必须保持整洁美观。

施工的单位在展位建造和拆除期间所用工具设备、建筑废料、未用和废弃的材料、包装材料等必须由施工单位进行处理，不允许堆放在展场。

展区地面及现有设施表面不得使用喷漆，在自有设施上使用，也只允许使用水基油漆。

特装结构必须设计合理，安装牢固。展位单位要对施工过程中的安全及展中特装安全负完全责任，因此造成的一切损失和后果由特装单位负责。

展场内严禁吸烟。不得在展馆内进行电焊、气焊作业，需在馆外作业完毕后进内拼装。

电气安装必须与最终选中的线路图相同，施工安装过程中接受甲方有关工作人员的监督。

施工单位自备足够的从展位接到插座或配电箱的电线，必须保证电线用双护套线，自备电源箱控制该展位电路，电缆通过通道时必须用护板保护。

根据用电量（用电量不得超过 12000W，超出要向甲方申请），电源线应符合如下要求：①功率负荷在 1~2 千瓦范围内，电源线导线截面不小于 2.5 平方毫米。②功率负荷在 2~3 千瓦范围内，电源线导线截面不小于 4 平方毫米。③功率负荷在 3~6 千瓦范围内，电源线截面积不小于 6 平方毫米。

展位在展会期间均须有专人负责留场维护。每天展览结束时，必须由参展商或电器负责人切断各干线电源。

第二十一条　特装加班要求及费用：

布展时间：2005 年 10 月 26 日—10 月 27 日 8：00~22：00 如确需要加班，加班时间提前 1 小时报至甲方，征得甲方的同意方可施工。

六、其他

第二十二条　本合同在履行过程中如发生争议，甲乙双方应协商解决，协商不成则一方有权向人民法院提起诉讼。

第二十三条　本合同一式两份，甲乙双方各执一份，均具同等法律效力。

甲方（签字盖章）：　　　　　　　　　乙方（签字盖章）：

2005 年　月　日

参展合同2：

一、概况

1. 展览会名称　（全称和简称以及外文名称）。

2. 展览会日期和展馆使用日期。

3. 展览会地点。

4. 组织者全称、联系人和联系地址。

5. 展览单位全称、联系人和联系地址。

6. 展览单位需要、组织者确认的场地面积。

7. 展览单位的展出目的。

8. 展出产品范围和类别。

9. 展品介绍。

10. 展览单位在展出地的代表、代理情况。

二、组织者责任

1. 提供专业的展览服务，展览整体设计、展架、展具、展览设施（电话、电脑设备除外）租用或制作、展览施工、协助布置、清洁、保卫、展览管理、展台拆除。

2. 安排组织宣传、广告、公关工作和展览，参观者，包括进口商、批发商、经销商、零售商等。

3. 提供综合市场调研资料，包括经济环境、贸易环境、市场特点、消费习惯、销售渠道、价格水平等。

4. 安排运输并负担一定比例的费用。

（1）安排运输，包括参展者的展品、展具、资料等；

（2）如果是组织者挑选的展品，组织者负担全部分运输费用。

5. 组织者提供市场信息，但是不保证提供符合每一参展者需要的市场细节；组织者将努力使展出成功但是不保证每一个参展者都取得成功，组织者有权分配场地，选择展品，布置展览。

三、参展者责任

1. 支付参展费用，以使组织者进行市场调研、宣传公关、管理工作。费用标准为______，总计为 ________。支付方式为__________，支付日期为______________。

2. 提供展品和道具清册。未在清册上列出的物品，组织者不承担因之发生的一切问题和费用。

3. 安排展览人员，并负担费用。展会开幕期间展台必须始终留有工作人员。展览人员应被授权洽谈贸易、签合同、处理展品、支付有关费用。展览人员情况必须在____年____月____日报组织者，展览人员如果自行前往展地，必须不迟于______年____月____日抵达，以便熟悉市场、布置展览、参加展前会议。

4. 根据组织者的要求和安排，在装饰展品和道具上粘贴标志并在指定日期运到指定地点。

（1）展品必须打印标记。如是在展出地生产包装的产品，展览单位所提供的物件必须超过____%；

（2）办理必要的手续、单证，包括________、______________、____________。

5. 支付展品相关费用，包括运输费用及税费。

（1）支付运输费用。运输费用也包括自展品集中地至展出地，至展览地的海运（或空运）、陆运，以及仓储、装卸、搬运、回运等费用；

（2）支付关税和可能征收的其他税费。

6. 支付展品保险费用，包括自展品集中起至展品处理或回运。供展品详细、准确的情况和资料，也括产品说明、产品目录、价格表等。

7. 资料可以随展品发运，但要在清册上标明数量、价格等细节。如果是在国外展出，应当使用展出地语言编印展出资料。组织者可以协助安排翻译，但费用由参展者承担。

8. 展览结束时，向展览经理（展团团长）提供展出总结，包括成交额、意向成交额、建立客户关系数等，以便评估总结展出工作。如果组织者在展览结束后12个月内用电话或信函等方式询问后续效果，参展者也须按要求提供情况。组织者再根据参展者所提供的情况对展出进行评估、总结，同时进行宣传。组织者在收集情况时，应注明资料为保密或公开使用。如果参展者不希望公开其资料，要事先说明。

9. 展览结束后，在组织者所规定的时间内撤走展品和道具。在展览结束前或结束时，向组织者书面说明展品处理要求。

（1）交第三者，即出售、赠送给参展企业；

（2）遗弃、销毁；

（3）在展览当地储存，以备以后展出使用；

（4）回运，如果参展者未提供书面处理要求，由组织者负责回运。

四、其他事务

1. 参展者撤回参展申请，并在展览会______天前将书面要求寄给组织者，组织者将退还订金，在_____天前将书面要求寄给组织者，退款______%；假如超过_______天以内提出撤展要求，将不退款。

2. 参展企业未按组织者要求或合同条件办理而导致损失，组织者不承担责任。如果为不可预见的原因造成全部或都分展品损失、运输失误时，组织者不承担责任。

3. 组织者将尽力选择合适的单位和人（运输公司、报关代理、设计公司、施工公司、摄影师等），但是，组织者对他们的行为不承担责任。

4. 若参展者不履行本合同条款，组织者将不受条款约束，参展者所交的费用将予以没收。

5. 组织者有权经书面通知终止本合同，取消参展者参展资格，并视情况退款。

参展单位代表签字或盖章　　　　　　　组织者代表签字

（代表姓名、职位、日期）　　　　　　（代表姓名、职位、日期）

◆租赁合同：

上海市展览场地租赁合同

签约双方：

展场经营单位（下称“甲方”）：

地址：

电话：

传真：

承租展场单位（下称“乙方”）：

注册地址：

办公地址：

电话：

传真：

根据中华人民共和国有关法律、法规和本市有关规定，甲、乙双方遵循自愿、公平和诚实信用原则，经协商一致订立本合同，以资共同遵守。

第一条 合同主体

1.1 甲方系依法取得座落于______________ 展览场地租赁经营权的法人。

1.2 乙方系本合同约定的展会的主办单位。

第二条 生效条件

本合同经双方签署生效。对依法需经政府部门审查的展会，本合同应自展会取得政府部门审查批准后生效。

第三条 租赁场地

甲方同意乙方租用位于______________，总面积为______________平方米的场地（下称“租赁场地”），用于乙方举办 ______________（展会全称）。

第四条 租赁期限

4.1 租赁期限为______年____月____日至______年____月___日，共___天；

其中，进场日期自____年____月____日至____年____月____日；

展览日期自____年____月____日至____年____月____日；

撤离场地日期为____年____月____日。

4.2 乙方每日使用租赁场地的时间为上午____至下午____。

乙方和参展商可以在前述时间之前________小时内进入展馆，在前述时间之后________小时内撤离展馆。

4.3 乙方需在上述时间之外使用租赁场地，应提前通知甲方。乙方超时使用租赁场地的，应向甲方支付超时使用费用。双方应就具体使用与收费标准协商约定，并作为合同附件。

第五条 展览服务

5.1 租赁期间双方可就以下方面选择约定租赁费用范围内的基本服务：

（1）照明服务：____

（2）清洁服务：____

（3）验证检票：____

（4）安保服务：____

（5）监控服务：____

（6）咨询服务：____

（7）其他服务：____

5.2 乙方如需甲方提供上述基本服务之外的服务或向甲方租赁各项设备，应与甲方协商，并由乙方向甲方支付费用，具体内容和收费标准应列明清单，作为合同附件。

第六条 租赁费用

6.1 租金的计算如下：

场地类型	租金/平方米/天	面积（平方米）	天数	共计
展览室内场地	人民币__/平方米/天或美元__/平方米/天			__人民币或美元
展览室外场地	人民币__/平方米/天或美元__/平方米/天			__人民币或美元
总计				__人民币或美元

6.2 如果租赁场地实际使用面积大于合同约定面积，则租金根据实际使用

的总面积做相应的调整。结算方式可由双方另行协商，签订补充协议。

6.3 乙方按如下方式支付租金：

支付日期：____________________

签定本合同之日：______年___月___日至______年___月___日起___天内展场租费比例为____%应付款____人民币或____美元

6.4 所有支付款项汇至如下账户：

以人民币支付：

银行账号：

银行名称：

银行地址：

开户名称：

以美元支付：（按支付当日中国人民银行公布的外汇汇率中间价）

银行账号：

银行名称：

银行地址：

开户名称：

Swift Cod：

6.5 对依法须经政府部门审查的展会因无法获得政府部门批准导致本合同无法生效的，乙方应通知甲方解除本合同，并按照下列规定向甲方支付补偿金。甲方在扣除补偿金后如有剩余租金，应返还乙方。

解除合同时间	补偿金
租赁期限前________ 个月以上	已付租金的________%
租赁期限前________ 个月至 ________个月	已付租金的________%
租赁期限前________ 个月至 ________个月	已付租金的________%
租赁期限前________ 个月至 ________个月	已付租金的________%

第七条 场地、设施使用

7.1 乙方应在租赁期开始前 ________天向甲方提供经双方共同选择约定的下列________ 文件：

（1）一式________ 份的设计平面图，该平面图至少应包括下列内容：

①电力及照明的用量，每个区域容量的布置图及分布供应点位置；

②电话位置分布图；

③用水区域或用水点；

④压缩空气的要求和位置；

⑤卫星电视/Internet设置图；

⑥甲方展馆内部及其周围红线范围内的其他布置设计。

（2）一份与展览有关的活动时间表，包括展览会、开幕仪式、进馆、撤馆、货运以及设备使用等的时间。

（3）一份参展企业名录和工作人员数，并请注明国内和国外参展商。

（4）一份使用公共设施的内容，包括设备、家具、礼仪设施、贵宾室和其他服务。

（5）货运单位和装修单位名录及营业执照复印件。

（6）所有参展的展品清单，特别需要注明的是有关大型设备、大电流操作的展品及会产生震动、噪声的展品清单。

7.2 为展览进行搭建、安装、拆卸、运输及善后工作及费用由乙方自行承担。乙方进行上述活动时不得影响其他承租人、展览者在公共区域的活动。

7.3 乙方不得变动或修改甲方的展馆布局、建筑结构和基础设施，或对其他影响上述事项的任何部分进行变动或修改。在租赁场地的租赁期限内，乙方如需在甲方展馆内的柱子、墙面或廊道等建筑物上进行装修、设计或张贴，须事先得到甲方书面许可。

7.4 租赁期间，双方应保持租赁场地和公共区域的清洁和畅通。乙方负责对其自身财产进行保管。

7.5 甲方有权使用或许可第三方使用甲方场地中没有租借给乙方的场地，但不得影响乙方正常使用租赁场地。

7.6 乙方对租赁期限内由乙方造成的对租赁场地、设施和公共区域的任何损害承担责任。

7.7 如果两个或两个以上的展览同期举办，登记大厅、广告阵地、货运通道等公共区域将由有关各方根据实际的租赁场地按比例共享。

第八条 保证与承诺

8.1 甲方保证与承诺：

（1）确保乙方在租赁期内正常使用租赁场地。

（2）按本合同约定的服务内容和标准提供服务。

（3）在甲方人员因工作需要进入租赁场地时，保证进入人员持有甲方出具的现行有效证件，并在进入前向乙方出示。

（4）协调乙方与同期举办的其他展览单位之间对公共区域的使用。

（5）配合乙方或有关部门维护展会秩序。

8.2 乙方保证与承诺：

（1）在租赁期前________ 天取得举办展会所需的工商、消防、治安等政府部门的批准文件并交甲方备案。

（2）在进场日期前______天向甲方提供________份展位平面图。

（3）不阻碍甲方人员因工作需要持有甲方现行有效证件进入乙方租赁场地。

（4）租赁期限届满，在撤离场地日期内将租赁场地恢复原状，返还向甲方租赁的物品并使其保持租赁前的状况。

（5）未经甲方书面同意，不得在甲方建筑物内进行广告发布。发布的广告如果涉及需要有关政府部门批准的，则负责申请办理相关审批并承担相关费用。若不能获得政府部门批准而导致展览无法如期举办，则承担相应的法律后果。

（6）对乙方雇员或其参展者在租赁期内对甲方实施的侵权行为承担连带赔偿责任。

第九条 责任保证

9.1 乙方应妥善处理与参展商之间的争议。在乙方与参展商发生争议，且双方无法协商解决时，争议双方可共同提请甲方出面进行调解。甲方无正当理由不得拒绝主持调解。调解期间任何一方明确表示不愿继续接受调解，甲方应立即终止调解。甲方的调解非争议解决的必经程序。调解不成的，调解中任何一方的承诺与保证均不作为确认争议事实的证据。在调解中，甲方应维护展会秩序，乙方应配合甲方维护展会秩序。

9.2 乙方应于租赁期开始前三十天按照本合同规定的租金总额的30%向上海市会展行业协会支付责任保证金，以保证乙方在与参展商发生争议并出现下列情况时承担相应责任：

（1）争议双方经和解达成协议，乙方承诺承担相应的赔偿或补偿责任。

（2）经审判或仲裁机关调解，争议双方达成调解，乙方承诺承担相应的赔偿或补偿责任。

（3）审判或仲裁机关对争议作出终审或终局裁决，乙方被裁决构成对参展商合法权益的侵害，应当承担相应的赔偿责任。

9.3 乙方在支付责任保证金后三天内应向甲方提供责任保证付款凭证。

第十条 知识产权

乙方为推动其展览进行对甲方名称、商标和标志的使用，须事先征得甲方书面同意。如有违反，甲方保留追究乙方侵权责任的权利。

第十一条 保险

11.1 乙方应在进场日期之前向保险公司投保展馆建筑物责任险、工作人员责任险及第三者责任险，将甲方列为受益人之一，并向甲方提供保险单复印件。

11.2 保险公司的理赔不足以支付甲方所受损失的， 甲方有权对乙方进行追偿。

第十二条 违约责任

12.1 甲方有下述行为之一的，乙方有权单方面解除本合同，并按照本合同12.4 条向甲方索要违约金：

（1）未按本合同的规定向乙方提供租赁场地，经乙方书面催告仍未提供的；

（2）未按本合同第5.1条提供基本服务，经乙方书面催告仍未提供的；

（3）未按本合同8.1（5）条维护展会秩序，致使展会因秩序混乱而无法继续进行的；

12.2 乙方未按期支付到期租金，应按日向甲方支付逾期付款金额万分之＿的违约金，付至实际付款或解除本合同之日。

12.3 乙方有下述行为之一的，甲方有权单方面解除本合同，并按照本合同12.4 条向乙方索要违约金：

（1）未按本合同规定支付场地租金、设备租赁、额外服务及超时场地使用等各项应付费用，经甲方催告后________ 天内仍未支付的；

（2）国际性展会违反本合同规定，擅自变更展题，经甲方催告后仍未纠正的；

（3）未按8.2（1）条规定向甲方提供办展所需的相关政府部门的批准文件，经甲方催告后仍未纠正的；

（4）违反本合同规定，擅自使用甲方的名称、商标或标志，经甲方催告后仍未纠正的；

（5）未按本合同9.2 条支付责任保证金，经甲方催告后仍未纠正的；

12.4 本合同12.1、12.3 条规定的违约金列明如下：

违约行为发生时间	违约金
租赁期限前________个月以上	已付租金的________%
租赁期限前________个月至________个月	已付租金的________%
租赁期限前________个月至________个月	已付租金的________%
租赁期限前________个月至________个月	已付租金的________%
租赁期限前________个月至租赁期届满	已付租金的 ________%

以上违约金不足以赔偿守约方损失的，违约方应就超额部分损失向守约方承担赔偿责任。

12.5 守约方根据12.1、12.3条单方面解除本合同，应在违约行为发生后________天内书面通知违约方，否则视为守约方放弃合同解除权，但不影响守约方向违约方索要违约金和赔偿责任。

12.6 甲方违约的，应在收到乙方解除本合同书面通知之日起________天内返还乙方已付租金，并支付违约金。乙方违约的，甲方应在乙方收到甲方解除本合同书面通知之日起________天内将已扣除乙方应付违约金后的剩余租金返还乙方。

12.7 除本合同12.1、12.3 条约定外的其他违约行为造成守约方损失，违约方应当承担赔偿责任。

第十三条 变更与解除

13.1 除本合同另有约定外，本合同未经双方协商一致不得变更与解除。

13.2 国际性展会变更展题，须取得政府审批机关的批准，并向甲方提供。

13.3 双方协商变更或解除本合同的，变更或解除方应提前 ________天以书面形式通知相对方，相对方应于收到通知后 ________天内以书面形式答复变更或解除方，逾期不答复的，视为同意变更或解除本合同。违反本条规定提出协商变更或解除的，相对方有权拒绝。

第十四条 争议解决

因执行本合同而产生或与本合同有关的争议，双方应通过友好协商解决。协商应于一方向另一方书面提出请求后立即举行。如在提出请求后三十天内无法通过协商解决，双方可选择下列第 ________种方式解决：

（1）向 ________仲裁委员会申请仲裁，仲裁裁决为终局裁决并对双方均有约束力。

（2）依法向________ 人民法院提起诉讼。

第十五条 不可抗力

15.1 本合同履行期间，任何一方发生了无法预见、无法预防、无法避免和无法控制的不可抗力事件，以致不能履行或不能如期履行合同，发生不可抗力事件的一方可以免除履行合同的责任或推迟履行合同。

15.2 本合同15.1 条规定的不可抗力事件包括以下范围：

（1）自然原因引起的事件，如地震、洪水、飓风、寒流、火山爆发、大雪、火灾、冰灾、暴风雨等；

（2）社会原因引起的事件，如战争、罢工、政府禁令、封锁等。

15.3 发生不可抗力的一方，应于不可抗力发生后________ 天内以书面形式通知相对方，通报不可抗力详尽情况，提交不可抗力影响合同履行程度的官方证明文件。相对方在收到通知后____天内以书面形式回复不可抗力发生方，逾期不回复的，视为同意不可抗力发生方对合同的处理意见。

15.4 在展会尚未开始前发生不可抗力致使本合同无法履行，本合同应当解除，已交付的租金费用应当返还，双方均不承担对方的损失赔偿。

15.5 展会进行中发生不可抗力致使本合同无法履行，本合同应当解除，已交付的租金费用应当按____返还，双方均不承担对方的损失赔偿。

15.6 发生不可抗力致使本合同需延迟履行的，双方应对延迟履行另行协商，签订补充协议。若双方对延迟履行无法达成一致，应按15.4、15.5条规定解决。

第十六条 适用法律

本合同的订立、履行、终止及其解释适用中华人民共和国现行法律。

第十七条 附件及效力

双方同意作为合同附件的文件均是本合同重要且不可分割的组成部分，与本合同同时生效并与本合同具有同等法律效力。

第十八条 信息披露

甲方可以以网页等形式对外公布本合同约定的展览会名称、馆号和展览日期等相关信息。乙方若调整展会名称、展览日期等内容，应及时书面通知甲方；因乙方未通知甲方致使甲方对外公布的展会名称、展览日期与乙方调整后的不一致，甲方不承担相关责任。

第十九条 保密

双方对基于本合同获取的相对方的办展资料、客户资源等商业信息均有保守秘密的义务。除非相对方书面同意，或法律强制性规定，双方均不得以任何形式对外披露该信息。

第二十条 通知

本合同规定和与本合同有关的所有联络均应按照收件的一方于本合同确定之地址或传真发出。上述联络如直接交付（包括通过邮件递送公司递交），则在交付时视为收讫；如通过传真发出，则在传真发出即时视为收讫，但必须有收件人随后的书面确认为证；如通过预付邮资的挂号邮件寄出，则寄出七天后视为收讫。

第二十一条 其他

本合同一式 ________份，甲乙双方各执________ 份，具有同等法律效力。

本合同未尽事宜，经双方友好协商，可订立补充条款或协议，作为本合同附件，具有同等法律效力。

甲方：____

签署日期：

乙方：____

签署日期：

（例文：选自法网）

◆运输代理合同：

各种不同的运输方式，对运输代理合同有不同的要求，在此提供民用航空货运代理合同的范本，仅供参考。

民用航空货运代理合同

（示范文本）

签订时间：______________________________

签订地点：______________________________

甲方（委托人）：________________________

法定代表人：

法定地址：　　　　　　　　　　　　邮　　编：

经办人：　　　　　　　　　　　　　联系电话：

传真：

乙方（代理人）：________________________

法定代表人：

法定地址：　　　　　　　　　　　　邮编：

经办人：　　　　　　　　　　　　　联系电话：

传真：

甲、乙双方依据《中华人民共和国合同法》及其他有关法律、法规的规定，在平等、自愿、协商一致的基础上，就国内或国际航空货物运输代理事宜，达成协议如下：

第一条　甲方委托乙方，由乙方代理甲方办理____（国内或国际）航线的航空货物运输业务。

第二条　甲方托运货物应当真实合法，乙方在任何情况下都有权拒绝受托代理危险品或其他国家法律、法规禁止、限制运输商品的运输业务。

第三条　甲方应当正确无误地、真实地制作航空货运单（附件），其内容包括收货人名称、发货人名称、货物的件数、重量、体积、目的港、出运日期、货物品名、要求航班、出运价格、运费的支付方式等要素，并送交或传真给乙方。

第四条　甲方交给乙方的运输标志（唛头）必须有以下内容：收货人名称、参考号码（如：合同号、发票号等）、目的地名称、件数。

第五条　乙方对甲方送交货物的空运业务，应及时订舱、承办收货、制单、报检、装板、交接等整套手续。

第六条　航空运输过程中，允许存在的货物数量、质量正负微差数值为：______________________。

第七条 甲方保证航空货运单上所填写货物品名和货物的运输声明价值与实际交运货物品名和货物实际价值完全一致，并对所填航空货运单及相关运输有关文件的真实性和正确性负责。

第八条 甲方未办理货物申明价值或航空保险的，由于承运人及其乙方的原因造成货物灭损的，按货物实际损失赔偿，但最高赔偿额按遗失损坏货物毛重的每公斤人民币 20 元计算。

第九条 甲方在货物出运中要求预付改为到付、到付改为预付的，应在航班到达目的港前______小时通知乙方。否则，如货物在目的港被提取，或因此增加的相应费用，由甲方承担。

第十条 甲方在货物出运后因修改运单中有关项目或变更对货物的处置方式，要求乙方代发电报通知承运人的，甲方应向乙方提交正式书面委托，由此产生的费用由甲方承担。

第十一条 甲方向乙方支付运价的标准及支付方式：__________________。

第十二条 甲方不能按时支付运费的，按_____标准向乙方偿付违约金。

第十三条 航班/日期除有特别约定外，是按乙方代表承运人承诺的货物承运航班与日期运输，未能履行而导致甲方因此受损的，乙方应承担损害赔偿责任，但是损害赔偿的最高限额不应超过货物的运输费用的 100%。

第十四条 货物交付的延误是由于不可抗力造成的，乙方不承担损害赔偿责任。货物交付延误是由于承运人的原因造成的，由乙方协助甲方向承运人提出索赔。

第十五条 货物在乙方掌管期间毁损、灭失的，但乙方证明货物的毁损、灭失是不可抗力、货物本身的自然性质或合理损耗以及甲方、甲方指定的收货人的过错造成的，乙方不承担损害赔偿责任。

第十六条 因货物运输引起的任何索赔，甲方或甲方的法律关系人应依据《中华人民共和国民用航空法》的规定，在给予乙方充分时间的基础上，在法定时效内向乙方书面报告（且提供相应的法律证据），由乙方代甲方或甲方的法律关系人向航空承运人提出索赔，费用由甲方承担，甲方不得采取拖欠或暂扣运费的手段。

第十七条 因甲方或甲方的法律关系人的原因而使乙方提出上述索赔要求的时间超出法定时效的，乙方不承担任何法律责任。

第十八条 本合同的订立、效力、解释、履行、争议的解决均适用于中华人民共和国法律。

第十九条 甲、乙双方在履行本合同过程中发生争议，应协商解决，协商不成的，策划以下第_____种方式解决争议：

（1）提交上海仲裁委员会仲裁；

（2）依法向人民法院起诉。

第二十条　本合同自双方签字或盖章之日起生效，本合同一式____份，均具有同等效力。合同履行期限自____年____月____日至____年____月____日，本合同期满之日前，经双方协商，可自行决定该合同的延长或终止。

第二十一条　经甲乙双方协商一致，可对本合同进行修改和补充，修改及补充的内容经双方签字盖章后作为合同的组成部分。

第二十二条　其他约定：______________。

甲方（盖章）：	甲方（盖章）：
法定代表人/代理人：	法定代表人/代理人：
签字：	签字：
日期：	日期：

第二节　会展业务协议书

一、会展业务协议书的概念和特征

会展业务协议书是会展活动中，有关当事人之间为设立、变更、终止民事法律关系而订立的书面契约。在实践中，协议书和合同类似。因此，人们往往把合同称为协议书，或者把协议书称为合同。根据我国法律规定，依法成立的协议受法律保护。会展业务协议书主要具有以下特征：

1．目的明确

会展业务协议书制作目的非常明确，它是当事人在会展活动中，为设立、变更、终止一定民事法律后果而订立的。

2．合意性强

会展业务协议书的订立是当事人双方或多方之间意思一致的结果。与会展业务合同不同，会展业务协议书更强调当事人之间的合意。

3．适用面广

由于会展业务协议书是当事人在平等互利的基础上确立的，强调各方的一致意思表示。所以，虽然其内容不如会展合同那么具体，但其适用范围较广泛。凡围绕会展协商一致的事项，都可以以会展业务协议书的形式表现出来。

二、会展业务协议书的种类

会展业务协议书根据不同的划分标准，可以分为不同的种类。实践中会展协议书的种类比会展合同覆盖面广，但其格式、内容要求不如会展合同具体、严格，所以当事人常常更愿意以“协议书”的形式替代“合同书”。主要的会展业务协议书有会展合作协议书、会展委托协议书、参展协议书、会展聘任协议书和会展服务承包协议书等。

1．会展合作协议书

会展合作协议书是两个以上会展主办单位，在合作主办会展时，依法订立的规范合作各方权利义务关系等事项的书面契约。我国国家工商行政管理局《商品展销会管理办法》第十条规定：两个以上单位联合举办商品展销会的，应当提交联合举办的协议书。

2．会展委托协议书

会展委托协议书是指会展主办单位和会展承办单位之间，就会展承办事项依法订立的，规范会展主办单位和会展承办单位权利义务关系等的书面契约。另外，会展承办单位在委托招展业务中也会用到此种协议书。

3．参展协议书

参展协议书是会展承办单位与参展商之间，为明确彼此的权利义务关系，而依法订立的书面契约。这是会展协议书中非常重要的一种协议书。

4．会展聘任协议书

会展聘任协议书是指会展承办单位，为雇佣会展工作人员，依法与受聘人员之间订立的、规范双方权利义务关系等事项的书面契约。

5．会展服务承包协议书

会展服务承包协议书是会展承办单位与会展服务承包提供者之间依法订立的，为了满足各种不同的会展服务需求，明确供需各方的权利义务关系的书面契约。由于会展服务需求项目种类繁多，品格各不相同，所以实践中会展服务承包协议书的种类也很多。

三、会展业务协议书的写作结构

会展业务协议书由首部、正文和尾部三部分构成。

（一）首部

1．标题

如：“××协议书”。

2．各方当事人的身份情况

当事人是自然人的，应当写明其姓名、性别、出生年月日、文化程度等合同需要反映的身份事项。当事人如果是法人或其他组织，则应当写明其名称、地址、法定代表人的姓名、职务等。

3．写明该协议书订立的目的

（二）正文

正文是会展业务协议书的核心内容，一般要根据不同种类协议书的特点，写明当事人各方意思表示一致的协议内容（即具体协议条款）。因为每一种协议书的制作目的不同，所以这部分的内容也不完全相同，制作时必须区别对待，注意拟定重点。诸如，某参展协议书的内容涉及展品运输日程安排、包装标志要求和费用、税务安排、保险安排、展品处理安排和要求、场地分配和设计、施工安排、宣传和广告、公关安排、展台人员要求和膳食、住宿安排、参展者应当提供的信息资料、退展和退款等。

（三）尾部

尾部由各方当事人签名或盖章，并写明协议订立的时间。

四、会展业务协议书的写作要求

虽然会展业务协议书的类别不同，其写作要求也就不完全相同，但一般而言，会展业务协议书写作应遵循以下要求：

（1）主体必须符合法定资格。在会展业务协议书签署前，一定要确定合同各方是否具备主体资格，有无主办、承办或参加会展的能力。

（2）条款必须反映各方意思表示。会展业务协议书的内容是合同当事人合意的表示。所以其条款应当充分体现协议设立的目的，反映当事人各方一致的意思表示，不得违背公平原则。

（3）以书面表现形式为特色。为了避免因为口头协议引起的不确定，减少会展活动各方的纠纷，会展业务协议一律应采用书面形式制作协议书。

（4）设立纠纷解决条款。实践中发生的会展业务纠纷大部分都因为合同或协议书中，事先没有设立纠纷解决的条款，而导致纠纷发生后当事人求助无门。为此，在订立会展业务协议书时，就必须设立纠纷解决的条款，如仲裁条款。

（5）文字准确规范。会展业务协议书的文字表达应当准确、规范，不产生歧义。另外，对已经签订的会展业务协议书，不得进行涂改、挖补，从而影响协议法律效力。

（6）手续齐全，符合生效条件。

案例 1：

《中国涂料在线》与展览会议合作协议

甲方：

乙方：深圳海川信息科技有限公司

甲乙双方经过友好协商，秉承服务行业、服务企业的宗旨，在坚持互惠互利的原则下，就本届展览会之宣传工作进行广告合作，具体内容如下：

一、合作项目

展会名称：

展会地点：

展会时间：

二、合作形式

1. 甲方将乙方列为支持媒体，为乙方在展览会指定宣传网站。该次展会栏目首页上提供轮回翻转广告（LOGO 图标 120cm×40cm），由乙方提供 LOGO 并指定一个链接页面。时间从协议签定之日起至展会结束。

2. 甲方为乙方提供一整版展会会刊内彩页广告，会刊印刷前由甲方自行下载制作原文件并承担印刷制作（下载地址：www.coatingol.com/exhibition，此文件规格为 210cm×285cm）。展览会结束后甲方应及时将展会会刊寄给乙方。

第一节 乙方为甲方在“中国涂料在线”（www.coatingol.com）首页提供轮回翻转广告（LOGO 图标 120cm×40cm），由甲方提供 LOGO 并指定一个链接页面，时间从协议签定之日起至展会结束。

第二节 乙方为甲方该次展会在“中国涂料在线——展会资讯”栏目发布该次展会，并在“展会资讯”栏目首页为甲方提供轮回翻转广告（LOGO 图标 150cm×50cm），并将该次展会列为“推荐展会”，乙方为甲方展览会提供新闻稿件的及时发布。

第三节 时间从协议签定之日起至展览会结束。

三、协议效力

此协议一式两份，经由甲乙双方共同认可并签字盖章后方可生效，传真或复印件与原件具有同等效力。

四、未尽事项

协议未尽事宜及所产生的分歧皆由甲乙双方秉承友好互惠的原则协商解决，或另行签署补充协议。

2. 甲方负责按总体方案和实际需求统一展馆展位划分与分配。为保证展馆的总体协调性，甲方保留调整展位的最终权利。

3. 甲方根据“首届国际文化产业博览会项目价格”收取乙方所邀请的参展商在会展期间的特殊装修展位相关费用。

4. 甲方在乙方完成约定招商任务后按照约定支付乙方代理费用。

5. 甲方负责乙方所邀请的参展商在会展期间的统一管理。

五、乙方权利与义务

1. 乙方负责代理__________展区的全面招商、招展及相关联络工作，并且承诺在201__年__月__日以前完成招商任务。

2. 乙方向甲方提供招商、招展计划书，在招商、招展时提供进度情况表，便于甲方能实时掌握招商、招展进度情况。

3. 乙方在招商过程中须统一执行甲方制定的“首届深圳国际文化产业博览会各项目的价格”，未经甲方许可，乙方不得擅自改变统一的项目价格。

4. 乙方应对其邀请的各参展商说明和要求需向甲方缴纳相关费用，具体价格请参照“首届国际文化产业博览会项目价格”的有关规定。进入交易平台的参展商，需按规定程序与甲方签订交易合同。

5. 乙方应对其邀请的各参展商说明和要求在会展期间（包括布展期和撤展期）的场馆使用及配套服务，必须遵守甲方统一制定的《展览现场及施工管理的若干规定》、《关于物业管理及安全保卫的规定》、《关于消防安全管理规定》等规定，并由甲方统一协调管理。

6. 乙方协助甲方在会展期间对乙方所邀请的参展商进行统一服务与管理。

7. 乙方须按甲方指定的目标参展商完成招商任务，目标参展商在本协议的附件中具体约定，附件与本协议具有同等的法律效力。

8. 乙方保证所邀请的参展商展出展品与技术的合法性，保证其不存在任何知识产权纠纷问题，并保证所有提交资料的真实、准确、合法。

9. 乙方有义务维护甲方的形象，不得从事有损甲方及“文博会”形象的行为。

10. 乙方在完成招商任务后有权利取得约定的代理费用。

11. 乙方有义务协助甲方解决在招商过程中发生的各种纠纷。

12. 乙方须在本合同生效后五个工作日内向甲方交纳代理保证金______，乙方完成招商任务后，甲方在展会结束之后201__年__月__日之前返还代理保证金。该代理保证金的金额为测算代理费用的___%。如果乙方没有完成招商任务，将不予返还代理保证金。

六、代理费用的支付办法

1. 乙方所招集的展位总和低于50个标准展位的（包括50个），代理费用为展位租赁费用已进款额的15%；超过50个标准展位的，代理费用为展位租赁费用已进款额的20%。

2. 乙方在完成招商任务后可以从展位租赁费用已进款额中提取相应的代理费用。

七、违约责任

甲乙双方均应正当行使权利，履行义务，保证本协议的顺利履行。任何一方未能履行本协议均应向对方承担违约赔偿责任。

八、争议处理

在甲乙双方履行本协议过程中如果发生争议，首先应当友好协商解决；协商不成，任何一方均可将该争议提交深圳仲裁委员会仲裁。

九、其他条款

1. 本协议自双方签署盖章之日起生效，至2004年11月24日结束。如需继续合作，则由甲乙双方另行协商。

2. 本协议一式两份，甲乙双方各执一份。

3. 本协议未尽之事宜，甲乙双方可另行协商并签订补充协议约定。

甲方：	乙方：
地址：	地址：
电话：	电话：
传真：	传真：
邮政编码：	邮政编码：
代表人签字（签章）：	代表人签字（签章）
签约日期：	签约日期：

案例3：

2005年×××展览项目代理协议书

代　理　协　议

编号：___

甲方：×××展览有限公司

乙方：

甲乙双方经友好协商，就甲方授权组织的______________________活动（以下简称“活动”）的招商、招展代理事宜达成如下协议：

一、合作宗旨

1. 发挥各自优势，发掘各自资源条件，优势互补，互惠互利；

2. 双方均应遵守国家有关法律、法规和活动规定。

二、甲方责任

1. 甲方对活动的合法性和质量承担全部责任；

2. 负责向乙方提供活动有关的资料、文件；

3. 甲方负责活动的组织、承办工作；

4. 甲方根据约定向乙方支付代理费，为客户统一出具正式发票。

三、乙方责任

1. 按活动的总体要求进行招商，并经常向甲方通报招商情况；

2. 在报名截止日期前，将会议费或展位费汇入甲方指定账户；

3. 执行统一标准收费，不得向参加活动的代表收取额外费用；

4. 自行承担招商、招展过程中的一切费用。

四、代理费的计算

活动内容	招商招展数量	代理费	备　注
	人/展位以下		
	人/展位以上		

注：甲方在活动结束后的3日内向乙方支付代理费。

五、其他

1. 协议自甲乙双方签字盖章之日起生效，有效期至活动结束为止；

2. 本协议一式两份，甲乙双方各持一份，具有同等效力。

甲方：×××国际会展公司　　　　乙方：

代表：　　　　　　　　　　　　代表：

年　月　日　　　　　　　　　　年　月　日

第三节　会展意向书

一、会展意向书的含义、特点和作用

1．会展意向书的含义

会展意向书是当事人之间，在签订正式协议之前，围绕会展项目进行接触、

磋商，然后形成记录、表达合作愿望的初步设想的文书。

2．会展意向书的特点

（1）预约性。会展意向书的签订，表明双方对某个会展项目的合作，建立了一种预先约定的关系，在该项目的合作上，各方具有优先权，为下一步的合作奠定了基础。

（2）非约束性。会展意向书虽然具有预约性，但仅仅表达各方当事人的合作意向，一般不具有法定约束力，也不受法律保护，这一点有异于会展合同和协议书。

（3）内容的灵活性。会展合同和协议书必须按合同法的规定具备各项基本条款，语言表述必须非常严谨。会展意向书的内容表达则十分灵活，可多可少，可详可略，语言表述也有较大的弹性，对一些尚未确定的事项，可使用一些比较模糊的语言，以便给双方留下进一步协商的余地。订立后的意向书可以随时修改。

（4）语气的协商性。会展意向书多用商量的语气，不带任何强制性，一般不使用“应当”、“必须”等强制性词语，有时还用询问、假设的语气。

3．会展意向书的作用

（1）为订立合同打好基础。会展意向书常常是订立重要会展合同的前奏曲。当事人通过签署意向书，初步确立双方的合作关系，并在此基础上展开进一步协商，最后订立正式合同或协议书。很多重大会展项目都是先订立意向书，然后再正式签署合同或协议书。

（2）提交项目审批时的必要文件。按照我国的有关规定，在涉外合作项目、基本建设项目、科技项目等重要项目的审批程序中，意向书是申报审批的必备文件。在意向书获批准后，再依据意向书编制项目建议书和可行性研究报告上报，请求正式批准。

二、会展意向书的结构和写法

1．标题

会展意向书的标题一般要写明双方合作意向的主题或项目名称，如“联合办展意向书”，以便于计算机检索标题。文种必须写“意向书”，不能写成“协议书”等。如果合作意向是在某次双边会议上达成的，也可以使用“会议纪要”、“合作备忘录”等文种。但正文中必须写清楚属于合作意向，因为经共同签署的会议纪要或者合作备忘录，也可以具有法定的约束力，如果标题和正文中均未写明属于合作意向的性质，日后容易引起纠纷。

2．双方当事人名称或姓名

意向书双方当事人名称或姓名写法与合同一样，可以不写当事人的名称或姓名，标题之下直接写开头。

3．开头

一般要说明订立意向书的目的、依据，并用“达成如下合作意向”过渡到下文。标题下不写双方当事人名称或姓名的，必须在开头部分写明双方名称或姓名。

4．主体

由于会展意向书的内容一般是粗线条的，也很少有引用和解释的必要，因此主体部分无须按正式合同写作那样采用章条式结构体例，而是用序号列出双方的合作具体意向即可。

5．结尾

意向书的写作结尾较为灵活，如说明本意向书不属于正式合同、双方保留进一步磋商的权利，以正式合同或协议书为准等意思。不必像合同或协议书那样要写明合同生效的条件、有效期限、双方保存的正本和副本的数量等。有的意向书也可以不写结尾。

6．签署

意向书也要由双方签署。由于无法定约束力，签署人不必一定是法人代表，也可以由双方的其他代表签字。

7．签署日期

写明双方实际签字的日期。

附录：

参展意向书

本单位将参加2008年5月15~18日在上海展览中心举办的“2008上海市政科技成果展”，服从统一安排。

公司名称					
地　址					
电　话		传　真		邮编	
网　址		E-mail:			
法人代表		联系人		职务	
服务申请	1．是否安排会刊广告：□是 □否 2．是否需委托布展：　□是 □否				

续表

展览方式	□ 特装空地：____________m²（36 m²起）； □ 标准展位：____________个； □ 室外空地：________ m²；
备　注	1．展费标准：标准展位（3m×3m）：9800元/个； 特装空地：1000元/ m²；室外空地：600元/ m²； 2．联系人：方承云；电话：63210061；传真：63232291　63232862； 3．展务咨询：顾建国；电话：54106745 54106769

参展单位（盖章）：

地址：

邮编：

负责人（签字）：

联系人：

电话：

传真：

日期：

2008 中国（杭州）国际循环经济产业博览会

2008 CHINA INTERNATIONAL SUSTAINABLE ECONOMY INDUSTRIALIZATION EXPO.（Hangzhou）

参会意向书回执

本单位有意向参加2008年11月15～17日在中国杭州浙江世界贸易中心举办的“2008 中国（杭州）国际循环经济产业博览会”

参展（参加）单位：	地址：
	联系电话：
	传真：
	E-mail:
	网址：
	联系人：
	业务描述：
我单位决定租用： 1．标准展位 _____个；　（6800 元/9m²） 2．光地________ m²；　（680 元/ m²）	

续表

<table>
<tr><td>展出内容为：
以上展位租金总额为________，按会务要求划入指定账号内。（户名：杭州西湖国际博览有限公司，账号： 74928100078142，开户行：杭州市商业银行朝晖支行）</td></tr>
<tr><td>是否派人参加中欧循环经济论坛： □是 □否
论文题目：</td></tr>
<tr><td>是否派人参加循环经济产业项目信息发布洽谈会： □是 □否
是否需要提供专场信息发布服务： □是 □否</td></tr>
<tr><td>是否需要代订住宿房间： □是 □否，能够自行解决
*代订的宾馆为浙江世贸君澜大饭店。这是一家五星级酒店，同时还是此次博览会展会中心所在地。
代定房间为标准间，约 800 元/间/天。</td></tr>
<tr><td>其他参展要求：</td></tr>
</table>

请填妥后复印存档，原件邮寄或传真至组委会办公室

联系人：刘睿，潘刚

地址：杭州市文二路 391 号西湖国际科技大厦 27 楼（310012）

电话：0571-87397752　　传真：0571-87397753

E-mail：forum@zjjn.cecic.cn

参考文献

[1] 毛军权，王海庄．会展文案．上海：复旦大学出版社，2006

[2] 向国敏．会展文案．上海：立信会计出版社，2006

[3] 王平辉．会展文案写作规范与范例．广西人民出版社，2008

[4] 李晓东．会展文案．北京：中国财政经济出版社，2008

[5] 杨劲祥．会展实务．大连：东北财经大学出版社，2008

[6] 谭红翔．会展策划实务．北京：对外经济贸易大学出版社，2007

[7] 杨顺勇，曹扬．会展手册．北京：化学工业出版社，2007

[8] 程爱学，徐文锋．会展全程策划宝典．北京：北京大学出版社，2008

[9] 胡平．会展管理——理论与实务．上海：华东师范大学出版社，2007

[10] 华谦生．会展策划与营销．广州：广东经济出版社，2004

[11] 向国敏．会展实务．上海：上海财经大学出版社，2005

[12] 王春雷，陈震．展览会策划与管理．北京：中国旅游出版社，2006

[13]（美）桑德拉·L. 莫罗著，武邦涛等译．会展艺术——展会管理实务．上海：上海远东出版社，2005

[14] 许传宏．会展策划．上海：复旦大学出版社，2005

[15] 刘松萍，李晓莉．会展营销与策划．北京：首都经济贸易大学出版社，2006

[16] 杨顺勇，牛淑珍，施谊．会展风险管理．北京：化学工业出版社，2007

[17] 毛金凤，韩福文．会展营销．北京：机械工业出版社，2005

[18] 刘大可．会展营销教程．北京：高等教育出版社，2006

案例 2：

招商招展代理协议书

甲　　方：　　　　　　　　　　　　乙　　方：

代表签字：　　　　　　　　　　　　代表签字：

经甲乙双方友好协商，本着平等、诚信、互利的原则，就甲方授权乙方代理首届深圳国际文化产业博览会（以下简称“文博会”）招商、招展事宜达成以下协议：

一、合作说明

1. “文博会”由____共同主办，甲方承办，将于今年____月____日至____日在______举行。

2. “文博会”的主场地安排在____馆。由甲方统一协调、统一管理、统一分配，具体内容请按照甲方制定《展馆使用管理规定》实施。

3. 展会日程：

布展时间：20____年__月__日—20____年__月__日

展览时间：20____年__月__日—20____年__月__日

撤展时间：20____年__月__日—20____年__月__日

二、招商代理

1. 本协议所称的招商代理，是指由甲方授权国内外有实力的中介组织或个人作为“文博会”招商代理人（乙方），并签订招商代理合同，授权乙方在约定的范围内招集参展商和交易商。

2. 本协议所指的完成招商任务，是指由乙方招集的、签订了参展合同并交纳了参展费用的参展商，申请使用的展馆实用面积总和达到或超过乙方约定承担招商的展馆使用面积的情况。参展费用包括展馆租赁费用和配套服务的费用。

三、代理商必须具备的资格条件

1. 具有独立承担民事法律责任的境内外法人、其他组织；

2. 具有履约能力；

3. 在中介服务领域具有较高知名度和良好的业绩，有广泛的联系渠道及客户群；

4. 熟悉对内、对外招商的运作及相关法律、法规和政策的规定；

5. 其他由甲方规定应具备的条件。

四、甲方权利与义务

1. 甲方同意授权乙方代理__________展区净地面积和标准展位面积________平方米的招商、招展及相关联络工作。